Wiebken Düx · Gerald Prein · Erich Sass · Claus J. Tully

# Kompetenzerwerb im freiwilligen Engagement

# Schriften des Deutschen Jugendinstituts: Jugend

Das Deutsche Jugendinstitut e. V. (DJI) ist ein zentrales sozialwissenschaftliches Forschungsinstitut auf Bundesebene mit den Abteilungen „Kinder und Kinderbetreuung", „Jugend und Jugendhilfe", „Familie und Familienpolitik", „Zentrum für Dauerbeobachtung und Methoden", dem Forschungsschwerpunkt „Übergänge in Arbeit" sowie den Forschungsgruppen „Gender und Lebensplanung" und „Migration, Integration und interethnisches Zusammenleben". Es führt sowohl eigene Forschungsvorhaben als auch Auftragsforschungsprojekte durch. Die Finanzierung erfolgt überwiegend aus Mitteln des Bundesministeriums für Familie, Senioren, Frauen und Jugend und im Rahmen von Projektförderung aus Mitteln des Bundesministeriums für Bildung und Forschung. Weitere Zuwendungen erhält das DJI von den Bundesländern und Institutionen der Wissenschaftsförderung.

Diese Studie entstand als Kooperationsprojekt im Rahmen des Forschungsverbunds der Technischen Universität Dortmund und des Deutschen Jugendinstituts München. Die Studie wurde vom Bundesministerium für Familie, Senioren, Frauen und Jugend sowie vom Ministerium für Schule, Jugend und Kinder des Landes NRW gefördert. Ebenso wurde der Druck der vorliegenden Publikation vom BMFSFJ finanziell unterstützt.

Wiebken Düx · Gerald Prein
Erich Sass · Claus J. Tully

# Kompetenzerwerb im freiwilligen Engagement

## Eine empirische Studie zum informellen Lernen im Jugendalter

2. Auflage

Bibliografische Information der Deutschen Nationalbibliothek
Die Deutsche Nationalbibliothek verzeichnet diese Publikation in der
Deutschen Nationalbibliografie; detaillierte bibliografische Daten sind im Internet über
<http://dnb.d-nb.de> abrufbar.

1. Auflage 2008
2. Auflage 2009



Lektorat: Stefanie Laux / Monika Mülhausen

VS Verlag für Sozialwissenschaften ist Teil der Fachverlagsgruppe
Springer Science+Business Media.
www.vs-verlag.de

Umschlaggestaltung: KünkelLopka Medienentwicklung, Heidelberg

Gedruckt auf säurefreiem und chlorfrei gebleichtem Papier

ISBN 978-3-531-16379-6

# Inhalt

# Vorwort

Vor dem Hintergrund der seit der ersten PISA-Studie zunehmenden Debatte zu den Bildungswirkungen formaler und informeller, d.h. außerschulischer Lernorte, entstand im Forschungsverbund der Technischen Universität Dortmund mit dem Deutschen Jugendinstitut München die Idee, den Lernpotenzialen des freiwilligen Engagements in Form einer empirischen Untersuchung nachzugehen. Im Rahmen des Forschungsprojekts „Informelle Lernprozesse im Jugendalter in Settings des freiwilligen Engagements" wurde von 2003 bis 2007 in Kooperation des Forschungsverbundes der Technischen Universität Dortmund und des Deutschen Jugendinstituts in München unter der Leitung von Professor Dr. Thomas Rauschenbach und Dr. Christian Lüders eine empirische Studie zu den Bildungseffekten des freiwilligen Engagements durchgeführt. Schnell wurde dabei klar, dass damit nicht nur inhaltliches, sondern auch methodisches Neuland betreten werden musste. Um informelle Lernprozesse im Kontext freiwilligen Engagements auf empirischer Grundlage beschreiben zu können, konnte nicht auf erprobte Messverfahren zurückgegriffen werden. Deshalb musste ein eigenes methodisches Design entwickelt werden.

Die empirische Studie unternimmt den Versuch, drei aktuelle wissenschaftliche Diskurse mit ihren jeweiligen Forschungstraditionen zusammenzuführen. So knüpft sie mit ihrer Fragestellung nach dem Kompetenzgewinn Jugendlicher durch ein freiwilliges Engagement an die – in den letzten Jahren stetig wachsenden – Debatten und Forschungsarbeiten zu Ehrenamt und freiwilligem bzw. bürgerschaftlichem Engagement an, berücksichtigt aktuelle Ergebnisse der Jugendarbeits- und Jugendverbandsforschung und rekurriert zudem auf die Bildungsdebatte mit ihren unterschiedlichen Forschungsschwerpunkten zu Bildung, Lernen und Kompetenzerwerb in formalen und informellen Settings.

Die Untersuchung will dazu beitragen, den – in Bezug auf Bildung und Lernen lange Zeit auf Schule fixierten – Blick auszuweiten, indem die Leistungen und Potenziale außerschulischer Lernfelder und alternativer Lernformen sichtbar gemacht werden. Denn nur in der Zusammenschau der unterschiedlichen formalen und informellen Lernorte, -inhalte, -modalitäten und -potenziale lässt sich die Bildung des Subjekts mit Blick auf die Aneignung zentraler Kompetenzen erfassen. Dabei bestätigen die empirischen Befunde die Annahme des Forschungsprojekts, dass freiwilliges Engagement ein wichtiger gesellschaftlicher Lernort im Prozess des Aufwachsens ist.

Ohne die finanzielle Förderung des Forschungsprojekts durch das Bundesministerium für Familie, Senioren, Frauen und Jugend sowie das Ministerium für Schule, Jugend und Kinder des Landes NRW wäre die Erstellung dieser empirischen Studie nicht möglich gewesen. Beiden Ministerien sei an dieser

Stelle herzlich gedankt. Bedanken möchten wir uns auch bei allen Verantwortlichen der Verbände, Vereine, Initiativen und Interessensvertretungen, die unsere Untersuchung ermöglicht und organisatorisch unterstützt haben. Unser besonderer Dank gilt den Engagierten für ihre Gesprächsbereitschaft.

Die Autoren hoffen, mit den Befunden der Studie einen konstruktiven Beitrag zur Engagement-, Bildungs- und Jugendarbeitsforschung zu leisten und die öffentliche und wissenschaftliche Diskussion um die Bildungspotenziale informeller Lernorte für junge Menschen anzuregen.

Dortmund und München im Februar 2008

*Wiebken Düx*
*Gerald Prein*
*Erich Sass*
*Claus J. Tully*

# 1. Informelle Lernprozesse im Jugendalter in Settings des freiwilligen Engagements. Eine einleitende Skizze

In Politik, Wirtschaft und Wissenschaft besteht weitgehende Einigkeit darüber, dass die menschliche Lernfähigkeit eine entscheidende Ressource für die zukünftige Gestaltung einer globalisierten Welt sowie die Möglichkeiten der individuellen Entfaltung und selbstbestimmten Lebensgestaltung des Einzelnen ist. Für die Anforderungen an Bildung und Ausbildung scheint – wie sich spätestens seit der Debatte um die Ergebnisse der PISA-Studie (Deutsches PISA-Konsortium 2001) gezeigt hat – das formale Bildungssystem allein nicht mehr zu genügen. Auch wenn Bildung und Lernen von Politik und Öffentlichkeit immer noch vorrangig der Schule zugeordnet werden, lässt sich zunehmend beobachten, dass außerschulische, häufig als „informell" bezeichnete Lernprozesse, -möglichkeiten und -orte von der bildungspolitischen Diskussion und der pädagogischen Forschung in den Blick genommen und ihre Potenziale als wichtige gesellschaftliche Ressource erkannt werden (vgl. z.B. Tully 1994; Dohmen 2001; Münchmeier/Otto/Rabe-Kleberg 2002; Furtner-Kallmünzer u.a. 2002; Brenner 2003; Otto/Rauschenbach 2004).

In dieser Debatte führen Vertreter der Verbände, aber auch der Politik und der Wissenschaft den Bereich des freiwilligen Engagements gerne als einen dieser außerschulischen Lernorte an, in dem Lern- und Bildungsprozesse, insbesondere sozialer Art, gemacht werden und das Hineinwachsen in demokratische Spielregeln unterstützt wird (vgl. Thole/Hoppe 2003; Enquete-Kommission 2002, insbesondere S. 552-563; Corsa 1998, 2003; Olk 2003; Buhl/Kuhn 2005). Es wird davon ausgegangen, dass die Jugendarbeit, aber auch andere Felder der freiwilligen Tätigkeit, mit ihren unterschiedlichen Möglichkeiten der aktiven Teilnahme, der Mitgestaltung und Verantwortungsübernahme eine breite Palette von Gelegenheiten für Lern-, Bildungs- und Entwicklungsprozesse bieten. Als ein freiwilliges, niedrigschwelliges Angebot, das an den alltäglichen Bedürfnissen, an den Freizeitinteressen und an den selbst gewählten Bildungswünschen der Heranwachsenden ansetzt, eröffnen diese Felder Möglichkeiten des Lernens, die sich von anderen Lernorten, vor allem der Schule, grundlegend unterscheiden. Folgt man der Diskussion um das freiwillige Engagement, kommt insbesondere jenen Lernorten und -gelegenheiten eine besondere Bedeutung zu, in denen Jugendliche eigene Lern-, Bildungs- und Entwicklungsprozesse in Gang setzen, indem sie im Rahmen freiwilligen Engagements Verantwortung für Dritte übernehmen (vgl. Düx 2003).

Parallel zur Debatte um Bildung und Schule wird seit längerer Zeit auch in der Forschung zu Erwerbsarbeit und Weiterbildung die Bedeutung des informellen Lernens und der zunehmenden Entgrenzung des Lernens diskutiert (vgl. Dehnbostel/Molzberger/Overwien 2003; Künzel 2005). Ausgehend von den Anforderungen des strukturellen Wandels in den Industrieländern, aber auch von der Notwendigkeit einer Angleichung der Berufsbildungssysteme auf europäischer Ebene, wird verstärkt über die Potenziale, aber vor allem auch über die Bewertung und Zertifizierung informell erworbener Fähigkeiten und Kenntnisse nachgedacht. Im Vordergrund dieser fachwissenschaftlichen Diskussion stehen somit in erster Linie Probleme des Messens und Bewertens (vgl. Neß 2005; Overwien 2005; Frank/Gutschow/Münchhausen 2005; Gerzer-Sass/Reupold/Nußhart 2006b).

Während sich kulturelle und instrumentelle Kompetenzen, wie etwa Sach- und Fachwissen oder handwerklich-technische Fähigkeiten, noch relativ präzise überprüfen und messen lassen, erweist sich dies für soziale oder personale Kompetenzen wie beispielsweise Teamfähigkeit, Toleranz, Empathie oder Durchhaltevermögen als weitaus schwieriger. Außerdem entziehen sich die lebensweltlichen Bereiche, die zur Ausbildung solcher Eigenschaften und Fähigkeiten beitragen, wie etwa Familie, Freundschaftsbeziehungen oder die Mitarbeit in gemeinnützigen Organisationen, stärker einer empirischen Erforschung und Erfassung als das formale Bildungs- und Ausbildungssystem. Offensichtlich sind die Ergebnisse informeller Lernprozesse nicht so leicht feststellbar, nachweisbar, objektivierbar, prüfbar und vergleichbar wie die Lernergebnisse aus Schule und Berufsausbildung.

Vor dem Hintergrund dieser Debatten entstand die vorliegende Studie „Informelle Lernprozesse im Jugendalter in Settings[1] des freiwilligen Engagements“.

## 1.1 Stand der Forschung

Sichtet man die Literatur zum bürgerschaftlichen Engagement, zeigt sich, wie oben bereits ausgeführt, dass überall von einem Lerngewinn Jugendlicher durch das freiwillige Engagement ausgegangen wird. So schreibt die Enquete-Kommission in ihrem Gutachten für den Bundestag, dass bürgerschaftliches Engagement „Möglichkeiten für frühzeitige Ersterfahrungen in der Arbeit gesellschaftlicher Organisationen, den Erwerb von Schlüsselqualifikationen sowie die Chance für Teilhabe und Mitbestimmung, Selbstorganisation und Interessenvertretung (bietet)“ (Enquete-Kommission 2002, S. 560). Kinder und Jugendliche werden dabei als „Menschen in Entwicklung“, als „Lernende“ verstanden, für die Engagement und Partizipation zum einen Lernanforderungen, andererseits aber zugleich einen wichtigen und zunehmend an Bedeutung gewinnenden

1 Mit dem Begriff *Setting* werden hier jene mehr oder weniger stark institutionalisierten Handlungsfelder bezeichnet, im Rahmen derer Jugendliche freiwillige Verantwortung für andere übernehmen (können).

Bildungsfaktor darstellen (vgl. ebd., S. 553). Auch die Jugendverbände selbst betonen die zentrale Bedeutung, die die Übernahme von Verantwortung sowohl für Bildungs- und Entwicklungsprozesse Jugendlicher als auch für die Zukunft einer demokratischen Bürgergesellschaft beinhaltet (vgl. BMFSF 2005).

Das wachsende öffentliche Interesse an informellen Lernprozessen zeigt sich auch daran, dass der 12. Kinder- und Jugendbericht (vgl. BMFSFJ 2006) sowie der Bildungsbericht für Deutschland (vgl. Konsortium Bildungsberichterstattung 2006) diese Form des Lernens thematisieren. Beide Berichte weisen auf die große Bedeutung informeller Lernprozesse und Lernorte für eine umfassende Bildung hin, die sowohl den gesellschaftlichen Anforderungen als auch der individuellen Entfaltung der Persönlichkeit gerecht wird. Auch in diesen beiden aktuellen nationalen Berichten, die sich mit Bildung Heranwachsender befassen, werden die Organisationen des bürgerschaftlichen Engagements als Orte informeller Bildung bestimmt, in denen „durch personale Beziehungen, durch Gelegenheitsstrukturen und Freiräume … Bildungsprozesse herausgefordert und unterstützt“ werden (BMFSFJ 2006, S. 236).

Nimmt man informelle Lernprozesse Jugendlicher im freiwilligen Engagement als Forschungsgegenstand in den Blick, so ist auffällig, dass es trotz der zahlreichen Debatten zu diesem Thema wenig Forschung und insbesondere fast keine empirische Forschung gibt. Trotz zunehmender Forschungsaktivitäten in außerschulischen Handlungsfeldern Jugendlicher[2] überwiegen nach wie vor die Studien zum formalen Lernen und zum Erwerb von Qualifikationen und Kompetenzen in Schule und beruflicher Bildung.

Um die Frage nach den bisherigen empirischen Erkenntnissen zu sozialem, politischem und geselligem Engagement Jugendlicher und den in diesem Zusammenhang vermuteten Lernprozessen und Kompetenzgewinnen zu beleuchten, sollen im Folgenden empirische Studien betrachtet werden, die sich mit dem Thema des freiwilligen Engagements Jugendlicher in der Bundesrepublik befasst haben (1). Wegen der defizitären Forschungslage zu Lernprozessen, Lerninhalten und Lernformen im Feld des freiwilligen Engagements, werden – im Blick auf ihre Ergiebigkeit für das Thema des Forschungsprojekts – auch empirische Untersuchungen zu informellen Lern- und Bildungsprozessen aus angrenzenden Bereichen einbezogen. So werden zum einen Untersuchungen zu den Lernmöglichkeiten und Bildungswirkungen anderer außerschulischer Sozialisationsfelder in Deutschland erfasst (2). Zum anderen werden Forschungsaktivitäten zu informellen Lernprozessen und Kompetenzentwicklung auf nationaler und internationaler Ebene im Zusammenhang mit dem Arbeitsmarkt diskutiert (3). Des Weiteren sollen die zunehmenden Forschungsaktivitäten zu Bildungseffekten sozialen Engagements im Bereich der Entwicklungspsychologie im anglo-amerikanischen und deutschen Sprachraum in den Blick

2 Vgl. Fischer 2001; Bruner/Dannenbeck 2002; Lehmann 2005; Müller/Schmidt/Schulz 2005; Fauser/Fischer/Münchmeier 2006; Schwab 2006; Reinders 2006; Thomas/Chang/Abt 2006, 2007.

genommen werden (4). Auch nationale und internationale empirische Untersuchungen zur politischen Bildung Jugendlicher werden hinsichtlich ihrer Befunde zum Erwerb von (politischen und demokratischen) Kompetenzen betrachtet (5). Aus dem Forschungsfeld Bildungsarmut/Bildungsungleichheit werden ebenfalls einige ausgewählte empirische Untersuchungen einbezogen (6).

*(1) Freiwilliges Engagement Jugendlicher:* Spätestens seit Mitte der 80er-Jahre lässt sich eine lang anhaltende Konjunktur der Themenbereiche Ehrenamt, freiwilliges und bürgerschaftliches Engagement in den Sozialwissenschaften, in der Öffentlichkeit und der Politik beobachten. Seit dieser Zeit wächst auch die Zahl empirischer Studien zu diesem Themenkomplex. Aus dem internationalen Kontext haben, neben der internationalen Vergleichsstudie zu ehrenamtlichem Engagement in zehn Ländern von Gaskin/Smith/Paulwitz u.a. (1996), die Arbeiten Putnams (1992, 2000) zur Entstehung und gesellschaftlichen Bedeutung von Sozialkapital besonderen Einfluss auf die Diskussion in Deutschland gehabt.

Will man sich allgemein über das soziale und gesellschaftliche Engagement Jugendlicher in Deutschland informieren, so kann man zum einen die großen Überblickstudien heranziehen wie die Zeitbudgeterhebung 2001/2 (vgl. Statistisches Bundesamt 2003), das Sozio-ökonomische Panel (DIW 2006) oder die beiden Freiwilligensurveys, zwei vom BMFSFJ in Auftrag gegebene bundesweite repräsentative Untersuchungen zum freiwilligen Engagement (vgl. BMFSFJ 2000; vgl. Gensicke/Picot/Geiss 2006). Hier erfährt man u.a. auch einiges zu Umfang, Dauer, Tätigkeitsfeldern, Motiven, Qualifikation, sozialer Integration und Engagementbereitschaft Jugendlicher. Auch die jüngeren Shell-Studien (1997, 2000, 2002, 2006) sind der Frage nachgegangen, welche Rolle das freiwillige Engagement in Vereinen, Verbänden und anderen bürgerschaftlichen Organisationen für Jugendliche spielt. Die Ergebnisse dieser Studien liefern einige Aufschlüsse über die Relevanz oben genannter Organisationen für Jugendliche; Lernprozesse in den Organisationen sind nicht dezidiert erfragt worden. Aussagen hierzu finden sich eher versteckt in einzelnen Protokollen der qualitativen Interviews oder lassen sich aus Einzelergebnissen der quantitativen Erhebung interpretieren.

Ähnlich wie in den Shell-Studien finden sich auch in den Veröffentlichungen zum Jugendsurvey (zuletzt Gille u.a. 2006) nur wenige Ergebnisse, die sich direkt auf die Lernerfahrungen von Jugendlichen in einem freiwilligen Engagement beziehen. Die Schwerpunkte der Jugendsurveys liegen auf der Erforschung von Wertvorstellungen, politischen und sozialen Orientierungen, nationaler Identität und Partizipationsbereitschaft. Gaiser/de Rijke (2006) gelangen bezüglich jugendlichen Engagements in Vereinen und Verbänden zu dem Befund, dass dieses Möglichkeiten der Interessenrealisierung, der Kommunikation, der Identitätsentwicklung sowie der Vernetzung biete. Auch in der 2002 von Jürgen Zinnecker u.a. vorgelegten Studie *null zoff & voll busy – Die erste Jugendgeneration des neuen Jahrhunderts,* in der 8.000 junge Menschen zwischen zehn und 18 Jahren zu Familie, Schule, Freizeit, Gesellschaft und Umwelt befragt wurden, spielen informelle Lernprozesse im freiwilligen Engagement allenfalls am Rande eine Rolle.

Zum anderen gibt es aber auch eine ganze Reihe von kleineren, regional begrenzten oder auf Einzelorganisationen bezogenen Studien zum freiwilligen Engagement im Jugendalter. Diese Studien beziehen sich überwiegend auf den Bereich der Jugendverbände, als den historisch seit Längerem bestehenden sozialen Gebilden, in denen Jugendliche politische, soziale, kulturelle, sportliche und naturbezogene Erfahrungen in der Gemeinschaft mit anderen sammeln können und die überwiegend in selbstorganisierter Form und auf der Basis freiwilligen Engagements geregelt werden.

In allgemeinen Überblicksstudien zum freiwilligen Engagement wurde auch das Engagement Jugendlicher in anderen gesellschaftlichen Bereichen untersucht (z.B. Politik, Sport, Kirche, Kultur, Initiativen, sozialer Bereich). Kaum erfasst ist hingegen das freiwillige Engagement in von Jugendlichen selbst organisierten, nicht in eine Organisation eingebundenen Gruppen (Musik, Theater usw.) sowie im Kontext schulischer Gelegenheiten. Eine Ausnahme bildet allein die Erhebung von Auerbach/Wiedemann (1997), die Schülerinnen und Schüler nach ihrem freiwilligen Engagement befragt haben.

Den beiden Freiwilligensurveys zufolge sind Jugendliche zwischen 14 und 24 Jahren eine der aktivsten Altersgruppen der Gesellschaft (vgl. BMFSFJ 2000; Gensicke/Picot/Geiss 2006). 36 Prozent dieser Alterskohorte übernehmen freiwillig und unbezahlt Aufgaben und Arbeiten in Vereinen, Gruppierungen, Organisationen und Einrichtungen. Dabei bezieht sich das Engagement Jugendlicher zu 70 Prozent auf die Arbeit mit Kindern und Jugendlichen, vor allem als Gruppenarbeit. 75 Prozent der jugendlichen Engagierten sind in Vereinen und gesellschaftlichen Großorganisationen tätig (etwa Kirchen). „Sport und Bewegung" bilden dabei den größten Bereich des Engagements Jugendlicher, gefolgt von „Freizeit und Geselligkeit", „Schule/Kindergarten", dem „Kirchlich/religiösen Bereich" „Kultur und Musik", sowie „Rettungsdiensten/Freiwilliger Feuerwehr". Motive sind vor allem „Spaß an der Tätigkeit", „Gemeinschaft mit anderen netten Menschen", „Erweiterung der eigenen Erfahrungen und Kenntnisse", aber auch „anderen helfen" und „etwas für das Gemeinwohl tun" (vgl. Gensicke/Picot/Geiss 2006).

Im zweiten Freiwilligensurvey aus dem Jahr 2004 (vgl. Gensicke/Picot/Geiss 2006) wurde – neu gegenüber dem ersten Freiwilligensurvey 1999 (vgl. BMFSFJ 2000) – die Frage nach dem Umfang der im Engagement erworbenen Fähigkeiten gestellt. Jugendliche zwischen 14 und 24 Jahren geben hier stärker als die übrigen Altersgruppen an, dass sie in hohem und sehr hohem Umfang Fähigkeiten erworben haben, die für sie persönlich wichtig sind. Dabei sehen Jugendliche Lerngewinne durch ihr Engagement insbesondere bezüglich Organisationstalent und Belastbarkeit (vgl. auch Konsortium Bildungsberichterstattung 2006). Für die Übernahme von ehrenamtlichen Aufgaben scheint häufig ein spezielles Fachwissen erforderlich, das auch für die spätere berufliche Tätigkeit von Nutzen sein kann (vgl. Gensicke/Picot/Geiss 2006).

Auf der Basis einer sekundäranalytischen Auswertung des zweiten Freiwilligensurvey (vgl. Gensicke/Picot/Geiss 2006), der „Civic Education Study" (vgl. Torney-Purta u.a. 2001), des Jugendsurvey (vgl. Gille u.a. 2006) sowie einer weiteren Studie aus dem Deutschen Jugendinstitut (vgl. Wahler/Tully/Preis 2004) kommt Züchner (2006) zu der Bilanz, dass die Jugendverbandsarbeit als ein bedeutsames Lernfeld für die hier teilnehmenden Jugendlichen bezeichnet werden kann. Um die spezifischen Lernpotenziale und Kompetenzgewinne durch Teilnahme und Mitarbeit in Jugendorganisationen empirisch zu erfassen, sieht er allerdings einen Bedarf an neuen Instrumenten und Verfahren, die über explorative Zugänge hinausgehen.

In der deutschen Forschung zum freiwilligen Engagement junger Menschen in der (insbesondere verbandlich organisierten) Jugendarbeit standen zunächst eher strukturelle und organisationsbezogene Fragestellungen im Vordergrund, während seit den 90er-Jahren verstärkt subjektiv-biographische Aspekte der Thematik wie Motive und Erfahrungen der einzelnen Individuen (Schüll 2004; Fauser/Fischer/Münchmeier 2006), das subjektive Bedürfnis nach Anerkennung und Unterstützungsbedarf (vgl. Funk/Winter 1993; Reichwein/Freund 1992; Bruner/Dannenbeck 2002), individuelle Handlungs- und Bewältigungsmuster in lebensweltlichen Zusammenhängen (vgl. Dörre 1995), der subjektive Sinn und die biografische Einbettung des Engagements in den Lebenskontext der Engagierten (vgl. Reichwein/Freund 1992) ins Blickfeld der Aufmerksamkeit gelangten (vgl. im Überblick Düx 1999). Als unterschiedliche Motive für ein Engagement in Jugendverbänden erscheinen der Wunsch nach sozialer Zugehörigkeit und Anerkennung (Reichwein/Freund 1992; Bruner/Dannenbeck 2002), nach Selbstverwirklichung und Selbstentfaltung (Reichwein/Freund 1992; Schüll 2004), nach beruflichen Karrierechancen (Schulze-Krüdener 1999; Reichwein/Freund 1992), sowie nach Spaß und Action (Reichwein/Freund 1992). Bruner/Dannenbeck (2002) kommen zu dem Befund, dass die freiwillige Tätigkeit in einem Jugendverband zum sukzessiven Erlernen der Übernahme sozialer Verantwortung sowie zur Selbständigkeit Heranwachsender beitragen kann (Bruner/Dannenbeck 2002).

Im Unterschied zu den Motiven sind die im freiwilligen Engagement stattfindenden Lernprozesse und erworbenen Kompetenzen bisher nur ansatzweise und am Rande erforscht (vgl. etwa Reichwein/Freund 1992; Auerbach/Wiedemann 1997; als Ausnahme hiervon vgl. Oshege 2002, der aber Lernprozesse engagierter Erwachsener beschreibt). Schon eher wird die Teilnahme an zertifizierten Qualifizierungsmöglichkeiten und -kursen abgefragt (vgl. z.B. BMFSFJ 2000; Gensicke/Picot/Geiss 2006).

Erst in letzter Zeit finden sich im Bereich der Jugendverbandsforschung eine Reihe empirischer Studien, die sich explizit mit Bildungsprozessen und Kompetenzerwerb Jugendlicher durch ein Engagement befassen, wie etwa die

Studie von Fischer (2001), die in einer Untersuchung der BUND-Jugend auch nach Kompetenzgewinnen durch freiwilliges Engagement fragt. In dieser empirischen Studie wurden ältere ostdeutsche Jugendliche retrospektiv zu ihren Erfahrungen im Engagement befragt. Dabei wurde ein weites Spektrum an Kompetenzen sichtbar. Neben verbandsspezifischem Fachwissen zu Natur- und Umweltschutz wurden insbesondere soziale Kompetenzen wie Kooperationsfähigkeit, Respekt und Toleranz sowie persönlichkeitsbildende Kompetenzen wie Selbstbewusstsein und Selbstwirksamkeitsüberzeugungen von den Befragten genannt. Lehmann (2004, 2005) stellt in seinem Praxiforschungprojekt „Jugendverbände, Kompetenzentwicklung und biografische Nachhaltigkeit" die Frage, wie Kompetenzen, die im Jugendverband erworben oder verstärkt werden, für die Lebensbewältigung und das Berufsleben Jugendlicher genutzt werden können. Schwab (2006) beschreibt an Hand der Befragung ehemaliger Jugendleiterinnen und Jugendleiter in Baden-Württemberg eine Reihe von (Selbst-)Bildungseffekten ehrenamtlicher Tätigkeit in der Jugendarbeit, insbesondere Persönlichkeitsentwicklung, soziales Lernen und lebenspraktische Fertigkeiten. Fauser/Fischer/Münchmeier (2006) versuchen in einer qualitativ und quantitativ ausgerichteten empirischen Untersuchung die Realität der evangelischen Jugendverbandsarbeit aus der subjektiven Perspektive der jugendlichen TeilnehmerInnen zu erfassen. Es wird gezeigt, dass die befragten Jugendlichen die Angebote und Möglichkeiten des Jugendverbands ihren Bedürfnissen entsprechend nutzen und mitgestalten. Eine Studie, die die Jugendfeuerwehr in Hamburg untersucht, kommt zu dem Befund, dass hier durch Verantwortungsübernahme Jugendlicher demokratische Bildungsprozesse und solidarisches Handeln gefördert werden (vgl. Richter/Jung/Riekmann 2006).

Die Frage der Erfassung und Sichtbarmachung der in einem freiwilligen Engagement informell erworbenen Kompetenzen versuchen Gerzer-Sass/Reupold/Nußhart (2006b) für die Praxis mit dem Instrument der Kompetenzbilanz zu beantworten. Diese „KOMPETENZBILANZ aus Freiwilligen-Engagement" stellt einen Versuch dar, die durch Lernen im bürgerschaftlichen Engagement erworbenen Kompetenzen im Dialog zu erfassen, transparent zu machen und deren Bewertung und Anerkennung zu unterstützen. Hierbei handelt es sich um ein Instrument der Selbst- und Fremdeinschätzung, nicht der empirischen Analyse.

*(2) Kompetenzerwerb von Kindern und Jugendlichen in anderen außerschulischen Sozialisationsfeldern:* Eine umfassende Sichtung empirischer Studien zum Kompetenzerwerb von Kindern und Jugendlichen in außerschulischen Sozialisationsfeldern nimmt Grunert (2005) in einer Expertise für den 12. Kinder- und Jugendbericht vor. Sie kommt zu dem Befund, dass die unterschiedlichen außerschulischen Lebensbereiche wie Familie, Gleichaltrigengruppe, Vereine und Verbände, Nachhilfe, Musik- und Tanzschulen, Museen oder Hobbies, Medien und Jobs in unterschiedlichem Maße als Bildungsorte

Heranwachsender charakterisiert werden können, die Gelegenheitsstrukturen für die Entwicklung unterschiedlicher Kompetenzen bieten.

Für Deutschland finden sich nur wenige Studien, die gezielt informelle Lern- und Bildungsprozesse Heranwachsender in den Blick nehmen. Zu erwähnen ist eine Untersuchung zum Thema „Informelle Bildung im Jugendalter" (vgl. Tully 1994), die die Aneignung digitaler Informationstechnologie durch Jugendliche in den Blick nimmt. Hier wird bezogen auf „Computerkompetenz" bereits das Zusammenspiel verschiedener Lernorte, Lernweisen und Vermittlungswege thematisiert. Eine Untersuchung des Deutschen Jugendinstituts (DJI) zu „Jugendlichen in neuen Lernwelten" (vgl. Wahler/Tully/Preiß 2004) analysiert selbstorganisierte Bildung jenseits institutioneller Qualifizierung. Hier wurde mit qualitativen und quantitativen Methoden versucht, Lerneffekte selbst organisierten Lernens und deren Beurteilung (durch Selbsteinschätzung der befragten Jugendlichen) zu erheben. Dabei finde – so die Autoren – ein spielerisches Changieren zwischen zweckfreier Freizeitnutzung und zukunftsorientierter Aneignung von als nützlich erachteten Qualifikationen statt. Eine weitere Studie des DJI „In der Freizeit für das Leben lernen. Eine Studie zu den Interessen von Schulkindern" erfasst Freizeitinteressen und die damit verbundenen Lernfelder von Kindern und Jugendlichen (Furtner-Kallmünzer u.a. 2002). Ein zentrales Ergebnis dieser Studie ist, dass Kinder mit einem hohen Grad an Freizeitaktivitäten auch gute Schüler sind. Die Interessenvielfalt stört die Schulleistung nicht, vielmehr gibt es einen positiven Zusammenhang zwischen Schulfreude, Schulleistungen und Aktivitätenvielfalt in der Freizeit.

Zwar liegen für einzelne Bereiche einige empirisch fundierte Ergebnisse zum Kompetenzerwerb Heranwachsender vor, etwa im Bereich der Sportvereine (vgl. Eckert u.a. 1990; Fuhs 1996; Brettschneider 2001) oder der Peergroup-Sozialisation (vgl. Zinnecker u.a. 2002; Wensierski 2003). Doch stehen Lern- und Bildungseffekte außerschulischer Lebensbereiche Heranwachsender bisher kaum im Fokus der Kindheits- und Jugendforschung.

*(3) Internationale und nationale Untersuchungen zum informellen Lernen im Kontext von Berufsarbeit:* Einen Überblick über die Begriffsgeschichte sowie Forschungsaktivitäten und -ergebnisse zum informellen Lernen auf internationaler Ebene und in Deutschland gibt Overwien (vgl. Overwien 2005). Forschungen zum informellen Lernen finden sich demnach insbesondere im anglo-amerikanischen Raum. Hier liegt ein Forschungsschwerpunkt auf der Verknüpfung informellen Lernens mit beruflicher Arbeit, Aus- und Weiterbildung (vgl. Livingstone 1999; Bell/Dale 1999). Zudem wird informelles Lernen in entwicklungspolitischen Zusammenhängen (vgl. Foley 1999) und bezogen auf soziale Bewegungen diskutiert und erforscht (vgl. Overwien 2003, 2005, 2006). Mündel/Schugurensky (2005) stellen erste Ergebnisse dreier Fallstudien zum informellen Lernen im sozialen Engagement in gemeinnützigen Organisationen in Ontario vor. Dabei gerät speziell der Zusammenhang von kollektiven und individuellen Lernprozessen in den Blick.

Auch in Deutschland sind die Forschungsarbeiten zum informellen Lernen vor allem im Kontext von Beruf, Weiterbildung und Qualifizierung für den Arbeitsmarkt angesiedelt (vgl. Dehnbostel/Molzberger/Overwien 2003; Schiersmann/Strauß 2003). In der Diskussion um das „Lebenslange Lernen" (vgl. Council of Europe 2000; Europäische Kommission 2001) und um gesamtwirtschaftliche strukturelle Veränderungsprozesse, vor allem in den neuen Bundesländern, sind eine Reihe von theoretischen Arbeiten und empirischen Studien entstanden, die sich mit dem Lernen in informellen Lernumgebungen beschäftigen. Insbesondere im Rahmen der Arbeitsgemeinschaft Betriebliche Weiterbildungsforschung e.V. (ABWF) und ihrer Geschäftsstelle Arbeitsgemeinschaft Qualifikations-Entwicklungs-Management (QUEM) ist in einer Reihe von Modellprojekten und empirischen Studien erforscht worden, inwieweit sich die in informellen Zusammenhängen erworbenen Kompetenzen auf berufliche Arbeitszusammenhänge übertragen lassen. Eine systematische Erforschung des Lernens von Jugendlichen in informellen Settings – auch im Vergleich zum schulischen Lernen – wird im QUEM-Zusammenhang nicht geleistet.

*(4) Freiwilliges Engagement in der pädagogischen und psychologischen Forschung:* Nachdem freiwilliges Engagement im anglo-amerikanischen Raum lange Zeit überwiegend unter dem Aspekt seiner Relevanz für eine demokratische Bürgergesellschaft betrachtet wurde, lässt sich in den letzten Jahren insbesondere in den USA (Youniss/Yates 1997; Torney-Purta u.a. 2001), aber auch in Deutschland, ein wachsendes wissenschaftliches Interesse an der Bedeutung freiwilligen Engagements für Entwicklungs- und Bildungsprozesse Jugendlicher feststellen (vgl. Buhl/Kuhn 2003).

Im Bereich der Erziehungswissenschaft und Entwicklungspsychologie wird Verantwortungsübernahme im Rahmen freiwilligen Engagements als eine Möglichkeit für Heranwachsende gesehen, über den Rahmen von Familie, Freundeskreis und Schule hinausgehende Erfahrungen zu machen, die für die Entwicklung ihres Selbstkonzepts, ihre moralische Entwicklung sowie ihre gesellschaftliche Verortung von grundlegender Bedeutung sind. Theoretischer Ausgangspunkt dieser Arbeiten zum Einfluss sozialen und politischen Engagements Jugendlicher auf Persönlichkeitsentwicklung und gesellschaftliche Integration ist Eriksons Konzept der Identitätsbildung Heranwachsender (vgl. Erikson 1968). Danach erweitern Jugendliche in der Adoleszenz ihren Interaktionsradius über ihr unmittelbares soziales Nahfeld hinaus und geraten zunehmend in Berührung mit anderen Gruppen und der Gesellschaft. In dieser Phase suchen Heranwachsende nach Orientierung und Sinn, die „Transzendenz" beinhalten, d.h. Familie und Selbst überschreiten, sie in Geschichte, Gegenwart und Zukunft der Gesellschaft einbinden und ihnen ermöglichen, ihren gesellschaftlichen Ort und Standpunkt zu finden (vgl. Hofer 1999).

Freiwilliges Engagement wird dabei als eine für das mittlere und späte Jugendalter bedeutsame Entwicklungsaufgabe bestimmt, deren Ziel das Hineinwachsen und die aktive Mitgestaltung der im Vergleich zum sozialen Nahraum größeren sozialen und politischen Gemeinschaft ist. In diesen Diskursen wird davon ausgegangen, dass Jugendliche mit ihrem Engagement einen Beitrag zur Weiterentwicklung einer zivilen Bürgergesellschaft leisten, Formen demokratischer Teilhabe und Mitbestimmung praktizieren und Erfahrungen machen sowie Kompetenzen erwerben, die zugleich ihrer persönlichen Entwicklung zugute kommen (vgl. Buhl/Kuhn 2005).

In amerikanischen Längsschnittstudien zu sozialem Engagement konnten positive Zusammenhänge zwischen sozialem Engagement im Jugendalter und sozialem Engagement sowie Wahlbeteiligung im Erwachsenenalter nachgewiesen werden (vgl. Verba u.a. 1995; Youniss u.a. 1997). Wie Yates/Youniss (1996) in einer empirischen Studie zum sozialen Engagement Jugendlicher in den USA festgestellt haben, kann freiwilliges Engagement in öffentlichen Kontexten persönliche Lern- und Entwicklungsprozesse insbesondere dort fördern, wo die im Engagement übernommenen Aufgaben, etwa die Betreuung sozial benachteiligter Personen, zur Reflexion der gesellschaftlichen Verhältnisse anregen. Zu ähnlichen Befunden gelangt Hofer (1999) in Deutschland mit einer empirischen Untersuchung engagierter Jugendlicher in der Freiwilligen Feuerwehr und des Roten Kreuzes. Hofer/Buhl (2000) kommen bei der Sichtung empirischer Studien zum Einfluss freiwilligen Engagements auf die Persönlichkeitsentwicklung Jugendlicher zu dem Befund, dass trotz der Heterogenität der Forschungsergebnisse von positiven Einflüssen sozialen Engagements auf die Persönlichkeitsentwicklung ausgegangen werden kann.

Ein umfassender Überblick zum Stand jüngster internationaler, insbesondere amerikanischer Forschung zum Zusammenhang von gesellschaftlichem Engagement und positiver jugendlicher Entwicklung findet sich bei Lerner/Albers/Bobeck (2007) in einer Expertise für den Carl Bertelsmann-Preis. Die Autoren weisen auf den relativ geringen Einfluss rein schulischen Lernens auf die Partizipationsbereitschaft Heranwachsender hin. Effizienter erscheinen nach diesen Studien integrative Programme, welche die Beteiligung an sinnvollen Gemeinschaftsarbeiten und außerschulischem Engagement mit schulischer Wissensvermittlung kombinieren.

Reinders (2005) hat eine Studie zu Wertvorstellungen, Zukunftsperspektiven und sozialem Engagement von 13- bis 17-jährigen Schülerinnen und Schülern durchgeführt. Er weist nach, dass soziales Engagement als dritte Säule neben Eltern und Peers einen substanziellen Beitrag zu Werteentwicklung und prosozialem Verhalten Jugendlicher leistet. In einem weiteren Beitrag (Reinders 2006) untersucht er, in welchem Umfang und wodurch vermittelt die politische Beteiligungsbereitschaft Jugendlicher durch Freiwilligenarbeit gefördert wird. Auf der Basis seiner Studie von 2005 zeigt er auf, dass es einen Effekt der Freiwilligenarbeit gibt: Freiwillig engagierte Jugendliche äußern insgesamt eine höhere Bereitschaft zu politischem Engagement als Nicht-Engagierte.

*(5) Civic Education – Forschung zur politischen Bildung:* Informelles Lernen Jugendlicher wird in vielen europäischen Ländern im Zusammenhang mit

politischer und demokratischer Erziehung und Beteiligung seit einigen Jahren auch von der Politik wahrgenommen und gefördert. Der Europarat hat in einem großen internationalen Projekt „Education for Democratic Citizenship" (1997 – 2000) die verschiedensten Formen politischer Bildungsarbeit untersucht. Dabei ergab sich, dass formales Lernen in Schulen den geringsten Effekt für die angestrebte politische Bildung hat und dass soziale und politische Kompetenzen am besten durch konkrete Erfahrungen und informelle Lernprozesse entwickelt werden (vgl. Council of Europe 2000).

Eine große, in der öffentlichen Aufregung um PISA wenig beachtete internationale Studie der IEA (International Association for the Evaluation of Educational Achievement) mit dem Titel „Citizenship and Education in Twenty-eight Countries" von Torney-Purta u.a. (2001) hat 1999 politisches Wissen und Engagement bei 14-jährigen SchülerInnen in 28 Ländern untersucht. Eins der teilnehmenden Länder war die Bundesrepublik Deutschland. Die Teilstudie für Deutschland aus diesem Projekt wurde als ein eigener Band veröffentlicht (vgl. Oesterreich 2002). Es wurde ein für alle teilnehmenden Länder verbindlicher Test entwickelt, mit dem ermittelt werden sollte, in welchem Maße Jugendliche demokratische Prinzipien und Prozesse kennen und verstehen. Mit einem schriftlichen Fragebogen wurde der Zusammenhang von politischem Wissen, politischen Einstellungen und politischer Beteiligungsbereitschaft erhoben.

Politische Teilhabe und gesellschaftliches Engagement basieren der Untersuchung zufolge zum einen auf dem Wissen um politische und demokratische Institutionen, um Entscheidungsabläufe und Mitwirkungsmöglichkeiten und -rechte, zum anderen aber auch auf konkretem Handeln. Insbesondere Schulen, in denen Demokratie im Schulalltag gelebt und praktiziert wird, fördern politisches Wissen, Verstehen und Engagement Heranwachsender (vgl. auch Oser/Biedermann 2003).

Der Studie zufolge ziehen Jugendliche es vor, sich Organisationen anzuschließen, in denen sie gemeinsam mit Gleichaltrigen tätig sein und die Erfolge ihrer Bemühungen erfahren können. Dabei geht die Zugehörigkeit zu den Organisationen mit höher ausgeprägtem politischem Wissen und Verstehen, stärker demokratisch und solidarisch ausgerichteten Einstellungen sowie intensiverem Engagement einher, wenn diese Organisationen Partizipationsmöglichkeiten in für Jugendliche relevanten Kontexten bieten. Insofern erscheinen Jugendorganisationen als Lernorte für Jugendliche, die deren Entwicklung zu gesellschaftspolitisch informierten und aktiven Bürgern anregen und unterstützen können. Für beide Studien gilt, dass sie vor allem schulisches Lernen im Bereich der politischen Bildung in den Blick rücken und die Frage nach Lernen in informellen Kontexten nur marginal berührt wird.

Auch in empirischen Studien aus dem anglo-amerikanischen Sprachraum zum „Service Learning", eines für Deutschland relativ neuen, aus Kanada und den USA stammenden Konzepts, in dem es um eine Verbindung schulischen Lernens mit Engagement im Gemeinwesen geht, gerät insbesondere die Schule in den Blick (vgl. zusammenfassend Sliwka 2003). Einbindung, Aufarbeitung und Begleitung informeller Lernprozesse durch ein soziales Engagement geschieht hier durch die Institution Schule, wobei das soziale Engagement der Schülerinnen und Schüler gezielt mit schulischen Lerninhalten und Lernprozessen verknüpft wird. Das zumeist in Projektform organisierte „Service Learning“ fördert amerikanischen Studien zufolge soziale Kompetenzen, den Abbau von Vorurteilen gegenüber anderen ethnischen Gruppen sowie gesellschaftliche Vernetzung und Solidarität (vgl. Sliwka/Petry/Kalb 2004; Sliwka 2006).

*(6) Bildungsungleichheitsforschung:* Aus der Perspektive sozialer Bildungsungleichheit finden sich einige Studien, die auf der theoretischen Basis der Bourdieu'schen Kapitaltheorie informelles Lernen und die Reproduktion sozialer Ungleichheit in den Blick nehmen. Hier ist etwa die Studie von Stecher (2005) zur Mediennutzung und -kontextualisierung von Kindern und Jugendlichen zu nennen, die nachweist, dass diese mit den soziokulturellen Sozialisationsbedingungen zusammenhängen. Bildungsbezogene Ungleichheiten setzen sich – parallel zum schulischen Bildungserwerb – auch beim Lernen außerhalb von Schule fort (vgl. Stecher 2005). Zu ähnlichen Befunden gelangen Büchner/Wahl (2005) in ihrer empirischen Untersuchung der Familie als Bildungsort, in der sie die Bedeutung familialer Bildungsleistungen im Kontext der Entstehung und Vermeidung von Bildungsarmut betrachten. Sie kommen zu dem Ergebnis, dass Schülerinnen und Schüler mit gänzlich unterschiedlichen Formen von *information literacy* bereits bei der Einschulung antreten und später immer wieder darauf zurückgreifen. Im Fall von Bildungsarmut wird dies besonders deutlich, wenn sich die in der Familie angeeigneten Basiskompetenzen nicht oder nur begrenzt kompatibel erweisen mit schulischen Anforderungen.

*Fazit:* Insgesamt ist anhand der vorliegenden Forschungsergebnisse empirisch nur wenig über Lernprozesse und Kompetenzgewinne Jugendlicher in außerschulischen Sozialisationsfeldern zu erfahren. Trotz einiger Studien, die Anregungen und erste Erkenntnisse liefern, bleiben viele Fragen unbeantwortet. Differenzierte Ergebnisse, welche Relevanz die Organisationen des freiwilligen Engagements für den Kompetenzerwerb von Kindern und Jugendlichen haben und wie sich institutionelle Strukturen und die individuellen Interessen der Jugendlichen aufeinander beziehen, liegen kaum vor. Es fehlen umfassende Untersuchungen, die das Spektrum an Organisationen des jugendlichen Engagements in den Blick nehmen. Dort, wo versucht wurde, informelle Lernprozesse oder -zuwächse zu erfassen, geschah dies zumeist auf der methodischen Grundlage qualitativer leitfadengestützter Interviews, teilweise auch in Kombination mit quantitativen Methoden. Fast immer wurden Lernprozesse und Kompetenzerwerb dabei durch Selbstbeschreibung und Selbsteinschätzung, nur selten durch (zusätzliche) Fremdbeobachtung der Befragten erhoben. Bisher fehlen aber empirische Antworten darauf, welche Inhalte, in welcher Form und an welchen Orten gelernt werden und welche Bedeutung diesen Lernprozessen und den erworbenen Kompetenzen sowohl qualitativ als auch quantitativ zukommt.

## 1.2 Fragestellung der Untersuchung

Vor dem Hintergrund der beschriebenen Forschungsdefizite werden in der vorliegenden empirischen Studie die informellen Lern- und Bildungsprozesse beleuchtet, die Jugendliche durch Verantwortungsübernahme im Rahmen eines freiwilligen Engagements durchlaufen können. Auch in dieser Untersuchung werden dementsprechende Kompetenzen über die Selbstbeschreibung und die Selbsteinschätzung der Befragten erfasst. Doch geht die Studie weiter als bisherige Forschungsarbeiten, indem die Lerninhalte, die Lernformen und -modalitäten, die Lernorte sowie die biografische Bedeutung und Nachhaltigkeit des Gelernten sowohl qualitativ als auch quantitativ untersucht werden. Dabei wird für den Bereich jugendlichen Engagements ein umfassendes repräsentatives Spektrum an Organisationen und Tätigkeitsfeldern in den Blick genommen.

Während die meisten Untersuchungen zum Engagement Jugendlicher nur das aktuelle Engagement sowie die Bereitschaft, also die potenzielle Absicht, zu einem möglichen sozialen Engagement und gesellschaftspolitischer Beteiligung erfragen (vgl. Torney-Purta u.a. 2001; Gille u.a. 2006; Shell-Studien 1997, 2000, 2002, 2006), werden in dieser Erhebung durch die retrospektive Befragung von Erwachsenen, die in ihrer Jugend engagiert waren, reale Auswirkungen des jugendlichen Engagements auf das spätere Leben im Erwachsenenalter bezüglich Kompetenzgewinn, gesellschaftlichen Engagements und politischer Partizipation erfasst. Zudem werden anders als sonst neben den Engagierten auch Nicht-Engagierte befragt, um so Unterschiede zwischen diesen beiden Gruppen hinsichtlich Kompetenz und gesellschaftlicher Beteiligung prüfen und zugleich die Relevanz der Organisationen jugendlichen Engagements für die Entwicklung und Förderung unterschiedlicher Kompetenzen beleuchten zu können.

Die Grundfrage des Forschungsprojekts lautet: Welche Lern- und Bildungserfahrungen machen Jugendliche durch Verantwortungsübernahme für Personen, Inhalte oder Dinge in unterschiedlichen Tätigkeitsfeldern, Funktionen und Positionen in heterogenen Organisationen des freiwilligen Engagements? Zentrale These des Projekts ist die Annahme, dass durch die Übernahme von Verantwortung im Rahmen freiwilligen Engagements im Jugendalter spezifische Lernerfahrungen ermöglicht werden, die sich in Inhalt, Art und Nachhaltigkeit von Lernerfahrungen in anderen Lernkontexten (z.B. Schule) unterscheiden. Zugleich setzen die Übernahme von Verantwortung für sich selbst, für andere Personen und Dinge sowie für Gemeinwesen und Gesellschaft und das entsprechende Handeln spezifische Kompetenzen und Lernerfahrungen voraus. Dabei wurde den folgenden forschungsleitenden Fragestellungen nachgegangen:

- Welche Voraussetzungen und Selektionsmechanismen ermöglichen Heranwachsenden den Zugang zu freiwilligem Engagement und damit zur Übernahme gesellschaftlicher Verantwortung? Welche Rolle spielt dabei das soziale und kulturelle Kapital der Herkunftsfamilien (vgl. Bourdieu 1983)? Werden hier ähnlich wie in der Schule soziale Bildungsungleichheiten reproduziert (vgl. Deutsches PISA-Konsortium 2001) oder können informelle Lernprozesse im Rahmen eines freiwilligen Engagements soziale und bildungsbezogene Ungleichheiten abmildern?

- Eröffnen die von der Jugendverbandsforschung beschriebenen strukturellen Rahmenbedingungen der Settings des freiwilligen Engagements besondere Lern- und Bildungsmöglichkeiten (vgl. Sturzenhecker 2003)?
- Welche Bedeutung kommt dem „Lernort Engagement“ hinsichtlich des Erwerbs von Kompetenzen gegenüber anderen Lernorten zu? Unterscheiden sich, wie in den Debatten zum informellen Lernen angenommen, die Inhalte, Formen und Lernkontexte informeller Lernprozesse im freiwilligen Engagement von Lernprozessen im formalen Bildungssystem (vgl. Europäische Kommission 2001; BMFSFJ 2006)? Wird hier anderes und anders gelernt als in der Schule?
- Finden in den Settings des freiwilligen Engagements entsprechend den Erkenntnissen der neueren Bildungsforschung umfassende Bildungsprozesse statt? Welchen Anteil an Erwerb und Weiterentwicklung der – für eine ganzheitliche Bildung wichtigen – Kompetenzen personaler, sozialer, instrumenteller und kultureller Art hat freiwilliges Engagement (vgl. Rauschenbach/Otto 2004; BMFSFJ 2006)?
- Welche Rolle spielt Verantwortungsübernahme für die Identitätsentwicklung und soziale Einbettung Heranwachsender? Lassen sich erziehungswissenschaftliche, entwicklungspsychologische und jugendsoziologische Konzepte zum Einfluss gesellschaftlicher Verantwortungsübernahme im Rahmen freiwilligen Engagements auf Persönlichkeitsentwicklung, demokratische Beteiligung und gesellschaftliche Verortung Jugendlicher bestätigen (vgl. Erikson 1968; Deci/Ryan 1985, 1990; Hofer 1999; Keupp 2000; Fend 2003)?
- Haben die im Rahmen eines Engagements gewonnenen Lernerfahrungen und Kompetenzen eine nachhaltige Wirkung? Zeigen diese im Jugendalter getätigten Investitionen in kulturelles und soziales Kapital Effekte im Erwachsenenalter?

## 1.3 Konzeptionelle und empirische Anlage der Studie

Bei dem Versuch, sich Lernprozessen Jugendlicher im Engagement anzunähern, kam das Forschungsprojekt an dem Grunddilemma nicht vorbei, dass Lern- und Bildungsprozesse mit sozialwissenschaftlichen Methoden nicht unmittelbar, sondern nur annäherungsweise abgebildet werden können – dies gilt insbesondere für Querschnittserhebungen. Zugleich erschien die Anwendung bzw. Übertragung von Testverfahren, wie sie etwa im Bereich schulischer Leistungsstudien oder betriebswirtschaftlicher Eignungsprüfungen durchgeführt werden, für den Gegenstandsbereich der Studie unangemessen. Stattdessen erforderte die Fragestellung aus methodischer Perspektive ein Forschungsdesign, das es erlaubt, sich der Vielschichtigkeit der Prozesse und Settings aus unterschiedlichen Blickwinkeln zu nähern. Bei der Frage nach Möglichkeiten, Methoden und Instrumenten zur Erfassung und Beschreibung informeller Lernprozesse und Lernzuwächse Jugendlicher in Settings des freiwilligen Engagements zeigte sich bei der Sichtung der wissenschaftlichen Literatur, dass hier kaum auf Forschungsergebnisse oder auf bewährte Instrumente und Verfahren zurückgegriffen werden konnte. So musste ein eigenes methodisches Design entwickelt werden, das nach gründlicher Reflexion und Diskussion der unterschiedlichen Verfahren sozialwissenschaftlicher Forschung als eine Kombination von quantitativen und qualitativen Zugängen konzipiert wurde, um deren jeweilige Vorteile und Möglichkeiten auszuschöpfen sowie ihre Nachteile und Einseitigkeiten durch die Kombination von beiden abzuschwächen (vgl. Mayring 2003).

Da sich Lernprozesse von außen schwerer beobachten und erfassen lassen als Wirkungen und Ergebnisse des Lernens wie Fähigkeiten und Kenntnisse, die durch kompetentes Handeln sichtbar werden können, oder personale Veränderungen, die sich in Einstellung und Habitus zeigen können, wurde in der Studie versucht, sich dem Thema Lernen insbesondere über die Beschreibung ausgeführter Tätigkeiten anzunähern (vgl. Schäffter 2001; Lompscher 2003). Wenn Bildung wie im 12. Kinder- und Jugendbericht als „aktiver Prozess der Aneignung und Auseinandersetzung, der Selbsttätigkeit im Kontext unmittelbarer Erfahrung“ des Subjekts verstanden wird (BMFSFJ 2006, S. 236), so bedeutet dies, dass der aktive Zugang zur Welt durch Tätigsein bildungsrelevant ist. Von den genannten Tätigkeiten ausgehend wurde in beiden Studien auf Kompetenzen geschlossen, die hierfür erforderlich sind. Diese Kompetenzen im Sinne anwendbaren und angewandten Wissens und Könnens, die sich in der Tätigkeit und durch die Tätigkeit bilden und vertiefen, aber auch durch die Tätigkeit sichtbar werden, werden wiederum als Ergebnisse von Lernprozessen betrachtet. Informelle Lernprozesse werden somit in der vorliegenden empirischen Studie insbesondere über die dabei entwickelten Kompetenzen in den Blick genommen (vgl. BMFSFJ 2006).

Als theoretische Bezugspunkte für die Einordnung und Bewertung des empirischen Materials wurden der Diskurs zum informellen Lernen (vgl. Dohmen 2001; Overwien 2006), die außerschulische und sozialpädagogische Bildungsdebatte nach PISA[3], jugendsoziologische, erziehungswissenschaftliche und entwicklungspsychologische Ansätze der Sozialisationsforschung[4], soziologische Theorien des Sozialkapitals (vgl. Bourdieu 1983) und der Anerkennung

3 Vgl. Bundesjugendkuratorium 2001; Otto/Rauschenbach 2004; BMFSFJ 2006; Konsortium Bildungsberichterstattung 2006.

4 Vgl. Erikson 1989; Deci/Ryan 1993; Hofer 1999; Oerter/Dreher 2002; Fend 2003; Youniss 2005.

(vgl. Honneth 1992) sowie der Diskurs zum bürgerschaftlichen Engagement herangezogen.[5] Da in diesen Diskursen mit gleicher Begrifflichkeit häufig sehr Unterschiedliches gemeint ist und sich die Konturen und semantischen Implikationen der verwendeten Begriffe wie etwa „informelles Lernen" oder „Bildung" dabei häufig vermischen und verwischen, soll an dieser Stelle kurz definiert werden, in welchem Sinne die wichtigsten Begriffe der vorliegenden Studie verstanden werden.

(1) Begriffe

Der Begriff des *informellen Lernens* hat es zwar im alltäglichen Gebrauch und in den vielfältigen Debatten zu einiger Prominenz gebracht, ist aber bei näherer Betrachtung ungenau. Lernen ist eine Leistung des menschlichen Gehirns, die physiologisch gesehen immer gleich abläuft, also weder formal noch informell sein kann (vgl. Spitzer 2002; Singer 2002). Formal, non-formal oder informell können allenfalls die Modalitäten, Situationen und Kontexte sein, in denen gelernt wird. Da die Begrifflichkeit formales, non-formales und informelles Lernen sich aber in der nationalen und internationalen Forschung inzwischen durchgesetzt hat (vgl. Dohmen 2001; Europäische Kommission 2001; Overwien 2005; BMFSFJ 2006; Konsortium Bildungsberichterstattung 2006), soll der Begriff des informellen Lernens hier trotz dieser Einwände verwandt werden im Sinne von Lernprozessen, die außerhalb des formal organisierten Bildungssystems stattfinden und im Unterschied zur Schule ohne formale Verpflichtung verlaufen, keinem Lehrplan, keiner Prüfungsordnung, keiner Leistungszertifizierung etc. unterliegen sowie in Bezug auf Lernziele, Lernzeit und Lernförderung nicht strukturiert sind. Der Begriff des informellen Lernens umfasst damit zwei Dimensionen, die im Folgenden differenziert betrachtet werden sollen: Zum einen kennzeichnet er Lernen an spezifischen Lernorten, zum anderen spezifische Lernformen.

Dieser Studie liegt ein weites Verständnis von *Bildung* zugrunde, das Bezug nimmt auf die deutsche Tradition bildungstheoretischer Überlegungen seit Humboldt. Bildung wird dabei als Aneignung von Welt und Entfaltung der eigenen Persönlichkeit, der eigenen Potenziale und Kräfte in Auseinandersetzung mit inneren und äußeren Anregungen verstanden (vgl. Dohmen 2001). Dieses auf die gesamte Person und Persönlichkeit bezogene, umfassende Konzept von Bildung, das weit über die Überlieferung von Wissen hinausgeht und „Subjektbildung, Identitätsfindung und die Fähigkeit zu einer selbstbestimmten Lebensführung, aber auch Beziehungskompetenz, Solidarität, Gemeinsinn oder die Fähigkeit zur Übernahme von sozialer Verantwortung" einschließt (Rauschenbach/Otto 2004, S. 23), findet sich auch im 12. Kinder- und Jugendbericht. In Anlehnung daran wird Bildung als Entwicklung der Persönlichkeit in vier unterschiedlichen Weltbezügen bestimmt, der subjektiven, der materiell-dingli-

5 Vgl. Keupp 2000; Rauschenbach 2001; Enquete-Kommission 2002; Gensicke/Picot/Geiss 2006.

chen, der sozialen und der kulturellen Welt (vgl. BMFSFJ 2006, S. 85). Bildungsprozesse Heranwachsender erfolgen im Zusammenspiel von Fähigkeiten, Interessen, Ressourcen und unterschiedlichen Bildungsorten, -anregungen und -gelegenheiten.

Wenn in diesem Sinne Bildung als Prozess betrachtet wird, der auf die Entwicklung und Entfaltung vielfältiger und unterschiedlicher *Kompetenzen* ausgerichtet ist (vgl. BMFSFJ 2006, S. 89), dann können Kompetenzen als das Ergebnis solcher Lern- und Bildungsprozesse angesehen werden. Entsprechend den o.g. vier Weltbezügen des sich bildenden Subjekts werden Kompetenzen als personale, instrumentelle, soziale und kulturelle Kompetenzen gefasst (vgl. BMFSFJ 2006, S. 87). Kompetenzen werden nicht als Selbstorganisations-, Verhaltens- und Handlungs*dispostionen* verstanden (wie etwa Erpenbeck/Heyse [1999] sie bestimmen), sondern als anwendbares und angewandtes Wissen und Können, die sich in einer Tätigkeit und durch die Tätigkeit bilden und vertiefen, aber auch durch die Tätigkeit sichtbar werden (vgl. Schäffter 2001; Lompscher 2003). Diesem Verständnis liegt die Annahme zugrunde, dass derjenige, der eine Aufgabe oder Tätigkeit ausführt, bestimmte Kompetenzen hierfür besitzt oder entwickelt (vgl. Dewey 1993).

Betrachtet man Bildungsprozesse und Kompetenzentwicklung auch als soziale Mechanismen der Inklusion und Exklusion, erscheint es hilfreich, eine zusätzliche theoretische Folie auf das Material zu legen. Mit seiner Kapitaltheorie hat Pierre Bourdieu (1982, 1983) einen theoretischen Zugang entwickelt, mit dem sich, in Analogie zur Beschreibung materieller Kapitalentwicklung, Bildungs- und Entwicklungsprozesse als Prozesse der Akkumulation *kulturellen und sozialen Kapitals* beschreiben lassen. Dieser zusätzliche theoretische Zugang wird im Folgenden insbesondere dort benutzt, wo soziale Ausschlussmechanismen und sich daraus ergebende Ungleichheiten vermutet werden. Unter *kulturellem Kapital* versteht Bourdieu dabei zum einen das Wissen und Können, über welches ein Individuum verfügt, zum anderen aber auch seine verfügbaren kulturellen Güter (Bücher, Maschinen, ...) sowie sein institutionalisiertes Kulturkapital, also Titel, Zeugnisse und Zertifikate. In Abgrenzung zur amerikanischen Tradition (Coleman 1988; Putnam 2001), welche *soziales Kapital* eher als ein gesellschaftliches Gut begreift, das nicht an Individuen geknüpft ist, sondern aus gesellschaftlichen Normen, Vertrauensverhältnissen und Institutionen besteht, die den sozialen Kitt einer Gesellschaft bilden, ist bei Bourdieu auch das soziale Kapital an Personen gebunden und meint die Beziehungen und Kontakte, die eine konkrete Person aktuell aktivieren und nutzen kann. In diesem Sinne wird der Begriff auch in dieser Studie verwandt.

Für die forschungsleitende Fragestellung nach Lern- und Bildungserfahrungen Jugendlicher im Rahmen eines freiwilligen Engagements ist der Aspekt der *Verantwortungsübernahme* von besonderer konzeptioneller Bedeutung. Wer Verantwortung übernimmt, ist für die Folgen des eigenen Handelns zuständig und muss dafür einstehen (vgl. Werner 2002). Unter Verantwortungsübernahme wird hier die (im juristischen Sinne) freiwillige Übernahme von Verpflichtungen gegenüber anderen verstanden. Hierbei kann es sich um kurzfristige Tätigkeiten, aber auch um langfristige Verpflichtungen in der Organisation handeln, die rechenschaftspflichtig und ggf. auch mit rechtlichen Konsequenzen verbunden sind. In der Studie wurde nur längerfristiges kontinuierliches Engagement in den Blick genommen (mindestens ein Jahr). Verantwortung wird dabei als die für die Zivilgesellschaft wichtige Fähigkeit und Bereitschaft der Bürgerinnen und Bürger betrachtet, im Rahmen einer gemeinwohlorientierten Organisation verantwortliche Aufgaben für andere und das Gemeinwesen zu übernehmen (vgl. Olk 2003). Ohne die Bereitschaft von Menschen, freiwillig und unbezahlt verantwortungsvolle Aufgaben in gemeinnützigen Organisationen zu übernehmen, wären die Vereinslandschaft und auch die Jugendverbände in Deutschland als wichtige Bausteine einer Zivilgesellschaft nicht denkbar. Gemeinwohlorientierte Organisationen wie Wohlfahrts- und Jugendverbände, aber auch Bürgerinitiativen sind dadurch entstanden, dass Bürger *Verantwortung* für gesellschaftliche Probleme und Anliegen übernehmen. Verantwortungsübernahme ist geradezu konstitutiv für gemeinnützige Organisationen. Wer sich hier engagiert, übernimmt zugleich gesellschaftliche Verantwortung.

*Freiwilliges Engagement* wird hier analog zum Freiwilligensurvey (vgl. Gensicke/Picot/Geiss 2006, S. 41) als freiwillig übernommene Aufgaben und Arbeiten verstanden, die über einen längeren Zeitraum mit einer gewissen Regelmäßigkeit unbezahlt oder gegen geringe Aufwandsentschädigung im Kontext einer Organisation ausgeübt werden. Begriffe wie „Ehrenamt“, „ehrenamtliches Engagement“ werden hier teilweise synonym verwandt, wobei der Begriff „freiwilliges Engagement“ aber mittlerweile der jugendgemäßere zu sein scheint. Der Begriff „bürgerschaftliches Engagement“ entstammt eher der politischen Debatte um die Zivilgesellschaft (vgl. ebd., S. 42) und wird von Jugendlichen kaum genutzt. Auch deshalb erscheint in diesem Kontext „freiwilliges Engagement“ als die am ehesten zutreffende Bezeichnung.

### (2) Das Forschungsdesign

Für die empirische Studie wurde zum einen eine *qualitative* Befragung in drei ausgewählten Bundesländern und zum anderen eine bundesweite *standardisierte* Erhebung durchgeführt:

- Mit Blick auf die individuellen Lernaspekte und Kompetenzen wurde ein *qualitativer* subjektorientierter Zugang zu den engagierten Jugendlichen gewählt. Mittels leitfadengestützter Face-To-Face-Interviews wurden 74 engagierte Jugendliche im Alter zwischen 15 und 22 Jahren sowie 13 ehemals engagierte Erwachsene aus den Bundesländern Nordrhein-Wetfalen, Bayern und Sachsen zu ihren (Lern-)Erfahrungen in drei unterschiedlichen Settings des freiwilligen Engagements befragt: in Jugendverbänden, in Initiativen sowie in der politischen Interessenvertretung/Schülervertretung. Hierbei standen die im Engagement gemachten Lernerfahrungen und neu erworbenen oder weiterentwickelten Kompetenzen und die damit verbundenen Vorstellungen über den Stellenwert dieser Lernprozesse im Vordergrund.

- Die *standardisierte* Erhebung wurde als retrospektive Vergleichsbefragung angelegt, in der auf der Basis einer repräsentativen Stichprobe 1.500 ehemals ehrenamtlich engagierte Erwachsene zwischen 25 und 40 Jahren per Telefoninterview zu ausgewählten Tätigkeiten und Kompetenzen sowie zu den Orten des Kompetenzerwerbs befragt wurden. Als Vergleichsgruppe wurden 552 Erwachsene der gleichen Alterskohorte befragt, die in ihrer Jugend nicht ehrenamtlich engagiert waren. Damit wurde eine Altersgruppe in den Blick genommen, die bereits einige wichtige Statuspassagen zu bewältigen hatte bzw. biografische Entscheidungen getroffen hat (wie Berufsfindung und Partnersuche und ggf. auch Familiengründung). Erhoben wurden früheres und aktuelles freiwilliges Engagement, Tätigkeiten, Kompetenzen und Kenntnisse, die jeweiligen Orte des Kompetenzerwerbs, der Transfer des erworbenen Wissens und Könnens in andere Lebensbereiche sowie die aktuelle politische und soziale Beteiligung.

Im ersten Fall geht es um die Ausführungen von Jugendlichen zur subjektiv erlebten Bedeutung von Engagement und den damit verknüpften Lernprozessen und Kompetenzgewinnen. Im zweiten Fall handelt es sich um die rückblickende Beurteilung der Phase des eigenen jugendlichen Engagements und deren Bedeutung für die eigene (biografische) Entwicklung. In beiden Erhebungen werden Kompetenzen über die Selbsteinschätzung der Befragten erfasst, d.h. sie geraten stets über den Filter subjektiver Wahrnehmung in den Blick.[6]

In der wissenschaftlichen Debatte werden die Möglichkeiten, Methoden, Verfahren und Instrumente zur Erfassung und Messung von Kompetenz kontrovers diskutiert (vgl. etwa Deutsches PISA-Konsortium 2001; Klieme u.a. 2003; Hermann 2003; Winkler 2005). So ist auch die Erhebungsform, die hier zum Erfassen von Kompetenzen gewählt wurde, in der sozialwissenschaftlichen Forschung nicht unumstritten. Deshalb wird diese Frage in Kapitel 9 noch einmal ausführlich erörtert.

Die Verknüpfung der beiden methodisch unterschiedlichen Ansätze bot die Möglichkeit, die Sicht auf Lernen und Kompetenzerwerb durch freiwilliges Engagement mit Hilfe unterschiedlicher Perspektiven zu erweitern und zu vertiefen:

- aus der *Innensicht* der aktuell Engagierten (qualitative Befragung),
- aus dem *Rückblick* Erwachsener auf ihr Engagement in ihrer Jugend (qualitative und standardisierte Befragungen),

6 Schließt man sich dem folgenden Statement der Autoren der PISA-Studie an, so scheint die Einschätzung der eigenen Kompetenzen zumindest etwas über das Interesse und Bemühen um bestimmte Aktivitäten und Fähigkeiten auszusagen: „Unabhängig von den tatsächlich vorhandenen Fähigkeiten kann die Einschätzung der eigenen Kompetenzen entscheidend dafür sein, welche Aktivitäten gewählt und mit wie viel Anstrengung Ziele verfolgt werden" (Deutsches PISA-Konsortium 2000, S. 302).

- sowie aus dem *Vergleich* mit anderen, in ihrer Jugend *nicht engagierten Personen* (standardisierte Befragung).

Beide Erhebungen wurden in einem ersten Schritt einzeln ausgewertet. Anschließend wurden die Befunde beider Untersuchungen zu den jeweiligen Fragestellungen miteinander verglichen und den Themenschwerpunkten entsprechend zusammengestellt. Bei der Darstellung der Ergebnisse wurden die Befunde themenspezifisch zugeordnet. Das heißt, die Ergebnisse werden nicht für jede Erhebung einzeln präsentiert, sondern in der Zusammenschau.

Durch die Integration quantitativer und qualitativer Forschungsmethoden wurde ein synergetischer Effekt erhofft, indem durch unterschiedliche Verfahren und Sichtweisen eine umfassendere und vertiefende Erfassung, Beschreibung und Erklärung des Forschungsgegenstands möglich wird als auf der Basis nur einer Methode (vgl. Erzberger/Prein 1997, 2000; Mayring 2003).[7]

## 1.4 Aufbau des Buches

Im Folgenden wird das Thema aus fünf unterschiedlichen Perspektiven beleuchtet, die jeweils in einem Kapitel ausgearbeitet werden. Das Buch ist zwar eine Gemeinschaftsproduktion der vier Autoren, doch tragen diese für jeweils unterschiedliche Kapitel die Letztverantwortung.

(1) Will man etwas über die spezifischen Lernerfahrungen Heranwachsender in einem freiwilligen Engagement erfahren, muss man sich zunächst *die engagierten Jugendlichen* selbst genauer ansehen. Wer sind diese jungen Menschen, die freiwillig außerhalb des sozialen Nahraums von Familie und Freundeskreis verantwortungsvolle Aufgaben übernehmen? Wo, warum und wofür übernehmen sie Verantwortung? In diesem Kapitel, das von Wiebken Düx geschrieben wurde, wird beschrieben, welche Voraussetzungen und Selektionsmechanismen für den Zugang zum Engagement und zur Übernahme von Verantwortung für andere ausschlaggebend sind. Wann und wo werden die entscheidenden Weichen für die Übernahme von Aufgaben in den untersuchten Organisationen gestellt? Welche Rolle spielt dabei das aus den Herkunftsfamilien mitgebrachte soziale und kulturelle Kapital? Ebenso werden die Motive zur Aufnahme eines Engagements beleuchtet, da diese für die Bereitschaft zum Lernen und Handeln im Engagement eine wichtige Rolle spielen. In diesen Kontext gehören auch Erfahrungen aus der freiwilligen Tätigkeit, die eine längerfristige

7 Die besondere Stärke qualitativer Verfahren liegt darin, dass mit ihrer Hilfe subjektive Sinnsetzungen, „Relevanzhorizonte“ und Handlungsorientierungen der Akteure im empirischen Material rekonstruiert werden können. Insofern können nach Kelle (1999) qualitative Erhebungen helfen, quantitative Befunde zu verstehen und zu erklären. Während quantitative Ergebnisse Zusammenhänge zwischen Strukturvariablen aufzeigen können, können qualitative Ergebnisse dazu beitragen, diese Zusammenhänge zu verstehen, indem sie Deutungsleistungen der Akteure liefern.

Übernahme von Verantwortung fördern oder erschweren. Zudem wird die Verteilung der vielfältigen unterschiedlichen Aktivitäten freiwilligen Engagements auf die verschiedenen gesellschaftlichen Bereiche und Organisationen dargestellt. Die Bandbreite an Tätigkeiten wird systematisiert und typologisch nach vier Tätigkeitsgruppen unterschieden. Diese Tätigkeitstypen werden in den folgenden Kapiteln in Bezug auf den Erwerb von Kompetenzen weiter beobachtet.

(2) Da freiwilliges Engagement nicht im luftleeren Raum stattfindet, sondern an besondere strukturelle und organisatorische Voraussetzungen und Rahmenbedingungen gebunden ist, sollen im folgenden, von Erich Sass verfassten, Kapitel nach den Engagierten *die Organisationen jugendlichen Engagements* in den Blick genommen werden. Erst in der Zusammenschau von engagiertem Subjekt und strukturellen Rahmenbedingungen der Organisationen ergeben sich grundlegende Erkenntnisse über die Kontexte, die Möglichkeiten und Grenzen des Lernens. Es wird untersucht, ob die Settings des freiwilligen Engagements Jugendlichen besondere, von anderen Lernfeldern unterscheidbare, Lerngelegenheiten eröffnen können. Dabei werden Einstieg, Arbeitsformen und Gestaltungsspielräume, Kooperation und Vernetzung ebenso beleuchtet wie Möglichkeiten der Partizipation und die Verknüpfung informeller Lernprozesse mit Weiterbildungsangeboten. Zugleich wird der Unterschied der Strukturen der untersuchten Settings gegenüber anderen Lernkontexten aufgezeigt.

(3) Nachdem die engagierten Personen sowie die Settings ihres Engagements in den beiden vorigen Kapiteln vorgestellt worden sind, wird in diesem vierten Kapitel die konzeptionelle Prämisse des Forschungsprojekts aufgegriffen, i.e. die Annahme, dass engagierte Jugendliche in den speziellen Settings des Engagements ganz spezifische, von anderen Lernorten wie etwa Schule unterscheidbare Lernerfahrungen machen können. Der Beitrag, den Wiebken Düx und Gerald Prein gemeinsam erstellt haben, befasst sich somit mit der Grundfrage der empirischen Studie nach *Lern- und Entwicklungsprozessen sowie nach Kompetenzgewinnen* Jugendlicher durch Verantwortungsübernahme im Rahmen eines Engagements. In einem ersten Schritt werden Lernformen und Lernmodalitäten in den Blick genommen, um zu untersuchen, ob im Engagement anders gelernt wird als an anderen gesellschaftlichen Lernorten. Danach folgt die Frage nach den Lerninhalten und erworbenen Kompetenzen. Hierzu werden Engagierte und Nicht-Engagierte hinsichtlich ihrer Erfahrungen, Kompetenzen und Eigenschaften verglichen und Unterschiede herausgearbeitet. In diesem Zusammenhang wird analysiert, welche speziellen Kompetenzen, personalen und sozialen Eigenschaften, Einstellungen und Werte in den Settings des Engagements gewonnen und verstärkt werden. Zudem wird das Verhältnis von Kompetenzgewinnen, Tätigkeitsprofilen bzw. -typen und Organisationsformen der Engagierten beschrieben. In diesem Kapitel wird zudem beleuchtet, welche Tätigkeitsprofile und -bereiche für den Erwerb spezifischer Kompetenzen besonders förderlich sind. Die Darstellung des biografischen

Stellenwerts der Erfahrungen aus dem Engagement und der hier erworbenen Kompetenzen für die engagierten Jugendlichen schließt diesen Punkt ab.

(4) Von *nachhaltigen Lernerfahrungen und Kompetenzgewinnen* Jugendlicher lässt sich nur dann sprechen, wenn ein Einfluss der im Engagement gewonnenen Erfahrungen, Einstellungen und Kompetenzen auf andere Lebensbereiche und insbesondere auf zeitlich nachfolgende Lebensphasen festzustellen ist oder, um mit Bourdieu zu sprechen, wenn zu erkennen ist, dass sich die getätigten Investitionen in das kulturelle und soziale Kapital im weiteren Biografieverlauf auch auszahlen. Daher wird im anschließenden Beitrag von Erich Sass und Gerald Prein die biografische Nachhaltigkeit des Lernens im Engagement in den Blick genommen. Es wird gefragt, ob Kompetenzen aus dem Engagement in aktuelle Lebensbereiche der Jugendlichen wie Schule, Freundeskreis oder Familie transferiert werden und ob ein Kompetenztransfer in das Erwachsenenalter festzustellen ist. Hier stehen der Transfer in den beruflichen Bereich sowie Fragen der gesellschaftlichen Integration und Beteiligung im Vordergrund.

(5) Während in Kapitel 4 Lernprozesse und Kompetenzgewinne auf der Hintergrundfolie der im 12. Kinder- und Jugendbericht genannten vier Kompetenzdimensionen beschrieben werden (vgl. BMFSFJ 2006, S. 87), geraten im Kapitel 6 von Claus Tully speziell die Förderung und Entfaltung personaler Kompetenz als wichtiger Bestandteil der Identitätsentwicklung in den Blick. Es wird darauf eingegangen, wie Jugendliche, indem sie sich in den Settings freiwilligen Engagements bewegen, wesentliche Schritte zur Ausbildung der eigenen Persönlichkeit realisieren. Es handelt sich hierbei um ein typisches Muster informellen Lernens in einer komplexer gewordenen Gesellschaft. Vor allem da die vertrauten Übergänge von der Schule ins Beschäftigungssystem unsicherer werden und als aufgeschoben erlebt werden, sind andere Felder, in denen personale und soziale Kompetenzen ausgebildet und erprobt werden können, wichtig. Gegenstand ist eine genuin jugendbezogene Perspektive. Die Frage nach freiwilligem Engagement, personaler Kompetenz und Identität analysiert die Bedeutung von Engagement damit aus einem anderen Blickwinkel als die vorigen Beiträge. Es geht einerseits um gesellschaftliche Erwartungen und Anforderungen und andererseits um personale Entwicklung im Hinblick auf die Ausgestaltung von Weltbezügen. Die Übernahme von Verantwortung (für sich, für andere) wird als ein Moment im Prozess des Erwachsenwerdens herausgearbeitet.

Als Abschluss des inhaltlichen Teils werden in einer kurzen *Zusammenfassung*, für die Wiebken Düx und Erich Sass verantwortlich sind, noch einmal die wichtigsten Ergebnisse der Studie dargestellt. Aus diesen Befunden leiten die beiden Autoren einige *Empfehlungen für Praxis, Politik und Wissenschaft* ab. Wiebken Düx und Erich Sass haben auch die Einleitung geschrieben.

Im letzten Kapitel, das Gerald Prein erstellt hat, werden die angewandten *methodischen Verfahren und Vorgehensweisen*, Möglichkeiten und Schwierigkeiten der Untersuchung diskutiert sowie methodische Anregungen für weitere Forschungsarbeiten gegeben.

# 2. Verantwortungsübernahme Jugendlicher im freiwilligen Engagement

Will man etwas über die spezifischen Lernerfahrungen Heranwachsender in einem freiwilligen Engagement erfahren, muss man sich zunächst die engagierten Jugendlichen selbst ansehen. Daher soll in diesem Kapitel die mit der empirischen Untersuchung in den Blick genommene Gruppe der engagierten Jugendlichen genauer beschrieben werden. Wer sind diese jungen Menschen, die freiwillig außerhalb des sozialen Nahraums von Familie und Freundeskreis verantwortungsvolle Aufgaben übernehmen? Wo, warum und wofür engagieren sie sich? Worin unterscheiden sie sich von anderen Jugendlichen? Um dies zu beantworten, wird analysiert, welche Voraussetzungen und Selektionsmechanismen für den Zugang zum Engagement und zur Übernahme von Verantwortung in gemeinnützigen Organisationen ausschlaggebend sind. Ebenso werden die Motive zur Aufnahme eines Engagements beleuchtet, da diese für die Bereitschaft zum Lernen und Handeln im Engagement eine entscheidende Rolle spielen. In diesen Kontext gehören auch Erfahrungen aus der freiwilligen Tätigkeit, die die längerfristige Übernahme von Verantwortung und damit verbundene Lernprozesse fördern. Da in dieser Studie davon ausgegangen wird, dass Lern- und Bildungsprozesse durch die aktive Aneignung von Welt stattfinden (vgl. BMFSFJ 2006) und Kompetenzen als Ergebnis dieser Lern- und Bildungsprozesse durch die ausgeführten Tätigkeiten sichtbar und fassbar werden können (vgl. Schäffter 2001; Lompscher 2003), sollen die vielfältigen Tätigkeiten der Engagierten beschrieben, schwerpunktmäßig systematisiert und den Organisationen des Engagements zugeordnet werden, um so einen Überblick über die hier vorfindbaren Tätigkeits- und Kompetenzprofile zu erhalten.
Anhand der Befunde der *qualitativen* und der *standardisierten* Erhebung sollen die folgenden Fragen untersucht werden: (2.1) Wer übernimmt gesellschaftliche Verantwortung? (2.2) Was sind Voraussetzungen und Motive hierfür? (2.3) Wo, d.h. in welchem organisatorischen Rahmen und in welchen Handlungsbereichen wird Verantwortung übernommen? (2.4) Was sind die Inhalte der freiwilligen Tätigkeit?

## 2.1 Wer übernimmt Verantwortung? Soziale Merkmale der Engagierten

Dem Zweiten Freiwilligensurvey (vgl. Gensicke/Picot/Geiss 2006) zufolge engagieren sich in Deutschland 36 Prozent aller Jugendlichen zwischen 14 und 24 Jahren. Diese Engagementquote entspricht dem Durchschnitt der Bevölkerung. Von einer unengagierten, am Gemeinwohl desinteressierten Jugend kann von daher keine Rede sein. Nach den bisherigen Forschungsergebnissen ist allerdings der Zugang zu einem freiwilligen Engagement in Organisationen und Vereinen nicht für alle Jugendlichen gleichermaßen offen.

In der Jugendverbandsforschung (vgl. Düx 1999) wie auch im Zweiten Freiwilligensurvey (vgl. Gensicke/Picot/Geiss 2006) wird die gute soziale Einbindung freiwillig engagierter Jugendlicher betont. So wird konstatiert, dass ebenso wie bei Erwachsen auch bei den Jugendlichen die sozial besser integrierten und höher ausgebildeten Befragten häufiger engagiert sind.

Dabei ist bereits die Mitgliedschaft in einem Verein oder einer Organisation, die oft die Voraussetzung für ein freiwilliges Engagement ist, abhängig von Bildungsstatus, Geschlecht und sozialer wie regionaler Herkunft. 57 Prozent aller 16- bis 29-Jährigen sind laut Jugendsurvey (vgl. Gille u.a. 2006) Mitglied in einem Verband oder Verein. Junge Frauen, Jugendliche und junge Erwachsene in Ostdeutschland, junge Menschen mit Migrationshintergrund sowie Bildungsbenachteiligte sind allerdings zu einem geringeren Anteil in Vereine eingebunden. Den beiden Freiwilligensurveys (vgl. BMFSFJ 2000; Gensicke/Picot/Geiss 2006) zufolge bilden schulische Bildung sowie soziale, regionale und ethnische Herkunft Selektionskriterien für den Zugang zu bzw. den Ausschluss von freiwilligem Engagement. Demnach sind Jugendliche mit niedrigem Schulabschluss, Migrantenjugendliche, Jugendliche aus den neuen Bundesländern sowie Jugendliche in Großstädten seltener engagiert als andere. Deutlich stärker als bei Erwachsenen ist bei Jugendlichen der Bildungsstatus der zentrale Erklärungsfaktor für freiwilliges Engagement (vgl. Gensicke/Picot/Geiss 2006).

Um in dieser Studie zu überprüfen, welche Gruppen Jugendlicher gesellschaftliche Verantwortung im Rahmen gemeinnütziger Organisationen übernehmen und welche Gruppen hiervon ausgeschlossen sind, werden zum einen auf der Basis der *standardisierten* Erhebung sozio-demografische Merkmale wie Geschlecht, Einstiegsalter, Schulbildung, soziale, ethnische und regionale Herkunft der Heranwachsenden und das Vorhandensein von Geschwistern in den Blick genommen (vgl. Tab. 2.1). Es wird untersucht, wie die Charakteristika dieser Gruppen mit Lernvoraussetzungen in anderen Feldern verknüpft sind. Soweit die Aussagen der *qualitativen* Untersuchung hierzu Erkenntnisse liefern, werden sie ebenfalls einbezogen. Zum anderen sollen die Zugangsvoraussetzungen und Beweggründe für den Einstieg in ein Engagement sowie die Motive, dabeizubleiben und längerfristig Verantwortung zu übernehmen, anhand der Daten der *qualitativen* Untersuchung analysiert werden.

In der *standardisierten* Befragung ist die Verteilung der *Geschlechter* bei den Engagierten annähernd gleich, wenngleich die Männer mit 52 Prozent leicht überwiegen (vgl. Tab. 2.1).[1]

---

1 Im Freiwilligensurvey von 2004 (vgl. Gensicke/Picot/Geiss 2006) engagieren sich anteilsmäßig ebenfalls mehr Männer (38%) als Frauen (33%) in Deutschland.

*Tab. 2.1: Geschlecht, Herkunft und Bildung nach früherem freiwilligem Engagement (in %, gewichtet, Spaltenprozent)*

| | Engagierte | Nicht-Engagierte |
|---|---|---|
| Männer | 52 | 46 |
| Frauen | 48 | 54 |
| In der alten Bundesrepublik geboren | 80 | 69 |
| In der ehemaligen DDR geboren | 16 | 18 |
| Nicht in Deutschland geboren | 4 | 13 |
| Migrationshintergrund | 13 | 25 |
| Ohne Schulabschluss | 0 | 3 |
| Hauptschulabschluss | 20 | 33 |
| Realschulabschluss/POS | 35 | 39 |
| Fachhochschulreife | 7 | 5 |
| Abitur | 39 | 21 |

Quelle: Studie „Informelle Lernprozesse"

Von den 1.500 Befragten, die sich in ihrer Jugend engagiert haben, stammen rund 16 Prozent aus *Ostdeutschland*. Bei den früher nicht engagierten Befragten sind dies etwa 18 Prozent. Aus den alten Bundesländern kommen 80 Prozent der früher Engagierten und knapp 70 Prozent der nicht Engagierten. Vergleicht man diese Befunde mit den Daten des Zweiten Freiwilligensurvey, so zeigt sich eine ähnliche Tendenz. Danach engagierten sich im Jahr 2004 in Ostdeutschland 30 Prozent und in Westdeutschland 38 Prozent der 14- bis 24-Jährigen (vgl. Gensicke/Picot/Geiss 2006, S. 204).[2] In den neuen Bundesländern sind viele Organisationen, Vereine und Verbände weniger verbreitet als in Westdeutschland, zudem lässt sich die geringere Einbindung in diese Organisationen eventuell auch mit einer gewissen Distanz ihnen gegenüber erklären. Es bestehen hier laut dem aktuellen Jugendsurvey (vgl. Gille u.a. 2006) zum einen weniger Gelegenheiten und Angebote, sich gesellschaftlich zu engagieren, zum anderen werden diese auch weniger genutzt als in den alten Bundesländern.

2 Der höhere Anteil Engagierter im Freiwilligensurvey 2004 lässt sich damit erklären, dass dort auch kurzfristiges Engagement erfasst wurde, während in der vorliegenden Erhebung nur Engagement, das ein Jahr und länger ausgeübt wurde, einbezogen wurde. Zudem muss berücksichtigt werden, dass die hier befragten Erwachsenen ihre Jugend z.T. noch zu Zeiten der DDR erlebt haben.

Im Vergleich mit den deutschstämmigen Engagierten findet sich ein deutlich geringerer Anteil an Jugendlichen mit Migrationshintergrund[3] im Engagement (vgl. Abb. 2.1). Wie sich bei der statistischen Auswertung von Schulbildung und Engagement zeigt, scheint dies vor allem mit ihrer Ausbildungssituation zusammenzuhängen. Von den früher Nicht-Engagierten sind 13 Prozent nicht in Deutschland geboren, bei den Engagierten geben dies nur ca. vier Prozent an.

*Abb. 2.1: Anteil von Migrantinnen und Migranten im freiwilligen Engagement nach Alter (in %, ungewichtet)*

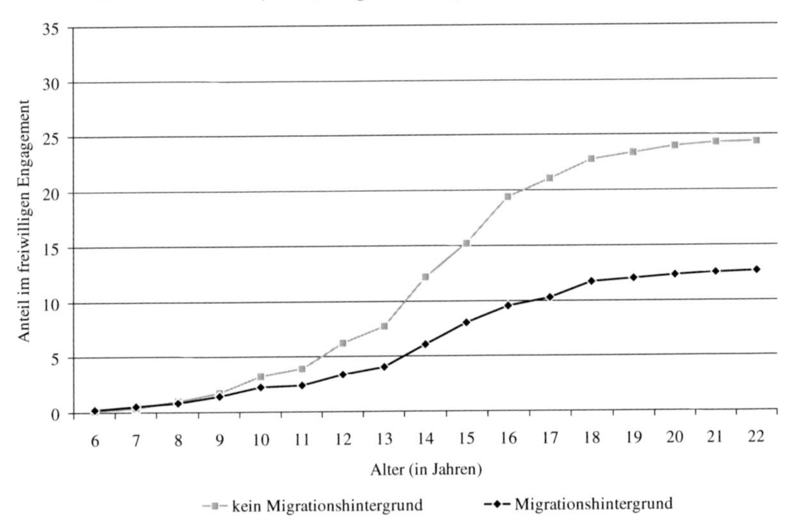


Quelle: Studie „Informelle Lernprozesse"

In der Gruppe der in ihrer Jugend Engagierten geben ebenfalls 13 Prozent einen Migrationshintergrund an und 27 Prozent der früher Nicht-Engagierten (vgl. Tab. 2.1). Im Alter von 16 Jahren waren 10 Prozent der Migrantenjugendlichen gegenüber 20 Prozent der anderen freiwillig engagiert. Diese Differenz setzt sich im weiteren Verlauf fort. Mit 22 Jahren waren 24 Prozent der Befragten ohne Migrationshintergrund und 13 Prozent der Befragten mit Migrationshintergrund im Engagement aktiv.[4]

3 Migrationshintergrund bedeutet entsprechend dem Fragebogen der *standardisierten* Untersuchung: Die Befragten selbst oder mindestens ein Elternteil sind nicht in Deutschland geboren und/oder es wurde normalerweise zu Hause nicht überwiegend deutsch gesprochen.

4 Auch in den beiden Freiwilligensurveys wurde deutlich, dass die Frage der Staatsangehörigkeit eine große Rolle für die Übernahme eines freiwilligen Engagements spielt: Stärker als in anderen Altersgruppen zeigte sich bei den 14- bis 24-Jährigen, dass Migranten dieser Alterskohorte zu geringeren Anteilen engagiert sind als gleichaltrige Deutsche.

Auch die *Ortsgröße* spielt eine Rolle für die Übernahme eines Engagements. In Gemeinden unter 5.000 Einwohnern finden sich in der Regel anteilig mehr Engagierte als in größeren Kommunen (27 Prozent aller Befragten gegenüber 20 Prozent in größeren Gemeinden).[5] Dies lässt sich insbesondere in den Bereichen Sport, Rettungsdienste, Kunst/Kultur und soziale Hilfstätigkeiten erkennen. In kleineren Gemeinden sind vermutlich mehr soziale Anreize gegeben, evtl. wird aber auch stärkerer sozialer Druck als in größeren Kommunen auf den Einzelnen ausgeübt, ein Engagement zu übernehmen (vgl. Gensicke/Picot/Geiss 2006). Zudem mangelt es hier häufig an alternativen Angeboten der Freizeitgestaltung (s.u.). Im politischen Bereich und im Bereich Schule/Schülervertretung ist es umgekehrt: Hier ist der größte Anteil engagierter Jugendlicher in den Großstädten über 500.000 Einwohnern zu verzeichnen.

Wie die *standardisierte* Befragung zeigt, scheint das Vorhandensein von *Geschwistern di*e Übernahme eines Engagements bei Jugendlichen deutscher Herkunft besonders im kirchlichen und sozialen Bereich sowie in Jugendverbänden und im Sport positiv zu beeinflussen.[6] Demgegenüber betätigen sich in den Jugendorganisationen der Parteien und Gewerkschaften verstärkt auch Einzelkinder, wobei diese eher in der Interessenvertretung, in Gremien und Ämtern und weniger in der direkten Arbeit mit Kindern und Jugendlichen aktiv sind. In den *qualitativen* Interviews berichten insbesondere im kirchlichen Bereich und in den Jugendverbänden engagierte Jugendliche, dass sie in ihrer Familie für ihre jüngeren Geschwister ähnliche Verantwortung übernommen haben wie im Engagement als Gruppenleiter für Kinder und/oder Jugendliche. Für Kinder aus Migrantenfamilien scheint sich demgegenüber die Variable „Geschwister" nicht auf die Übernahme eines Engagements auszuwirken.

Bezüglich des *Einstiegsalters* in ein Engagement zeigt sich, dass bis auf die Altersgruppe der 11- bis 14-Jährigen, bei der die Mädchen überwiegen, die jungen Männer jeweils zu einem etwas höheren Anteil ihrer Alterskohorte ein Engagement aufnehmen (vgl. Abb. 2.2).

Die entscheidenden Weichen für die Übernahme eines Engagements werden früh gestellt. Der Übergang ins Engagement erfolgt für die Mehrheit der

---

5 Dies zeigt sich ähnlich auch im Zweiten Freiwilligensurvey, danach ist der Anteil engagierter Jugendlicher umso größer, je kleiner die Gemeinde ist.

6 Allerdings stellt die Anzahl der Geschwister auch eine Proxy-Variable für Religiosität dar: So zeigen Blume u.a. auf der Basis des ALLBUS (vgl. Blume u.a. 2006, Abb. 1 und 2; vgl. auch Rost u.a. 2003, S. 103), dass die Kinderzahl mit der Religiosität zunimmt. Personen, die mit vielen Geschwistern aufgewachsen sind, stammen damit mit höherer Wahrscheinlichkeit aus religiös geprägten Haushalten als andere. Auch in der vorliegenden Erhebung zeigen sich Anhaltspunkte für einen solchen Effekt: Während Personen, die als Einzelkinder aufgewachsen sind, zu 44 Prozent angeben, keinerlei Bindungen zu einer Religionsgemeinschaft zu haben, sinkt dieser Wert bei Befragten mit drei Geschwistern auf 38 Prozent, bei denen mit vier Geschwistern auf 35 Prozent. Da in der Erhebung nicht nach der religiösen Einbindung der Befragten in ihrer Jugend gefragt wurde, kann dieser Aspekt nicht weiter untersucht werden. Wie sich im Freiwilligensurvey zeigt, sind es überwiegend die sozial gut integrierten, religiös eingebundenen Jugendlichen mit guter Schulbildung, die sich engagieren.

*Abb. 2.2: Einstiegsalter nach Geschlecht (in %, nur Engagierte, n=1.497)*

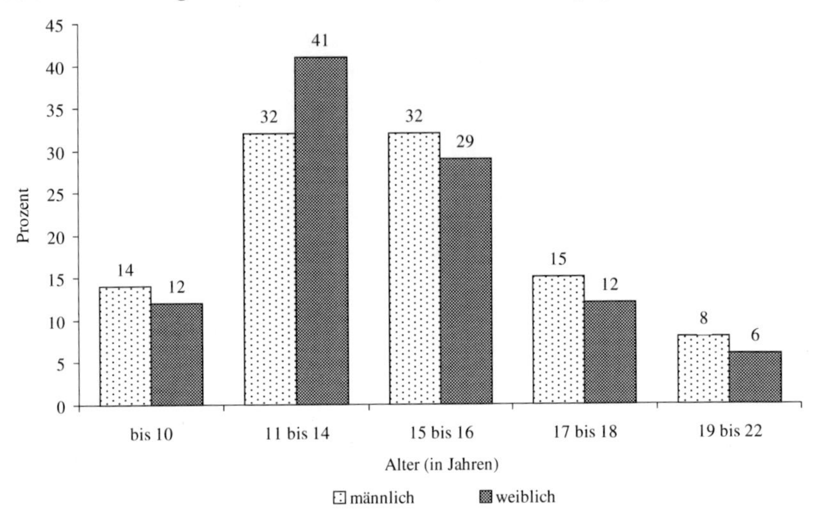


Quelle: Studie „Informelle Lernprozesse"

Befragten im Schulalter. Bis zum Alter von 16 Jahren sind nach eigenen Angaben fast 80 Prozent der Befragten bereits engagiert (weiblich: 82 Prozent, männlich: 77 Prozent). Dieses Ergebnis legt die Annahme nahe, dass die Zeitfrage wohl nicht die ausschlaggebende Rolle spielt, ob Heranwachsende sich engagieren oder nicht, da sie in diesem Alter mehrheitlich noch in der gleichen (schulischen) Ausbildungssituation sind und noch nicht durch Lehre oder Beruf so beansprucht sind, dass sie von daher keine Zeit für ein Engagement finden könnten.

Auf die Frage nach dem Alter, in dem sie mit einem Engagement begonnen haben, antworten überraschenderweise fast 200 Personen (13 Prozent der Engagierten) mit einer Altersangabe unter 11 Jahren und weitere 36 Prozent der engagierten Befragten verorten den Einstieg in ein Engagement zwischen 11 und 14 Jahren. Das bedeutet, dass fast die Hälfte (49 Prozent) aller früher Engagierten aus der *standardisierten* Erhebung bereits vor ihrem 15. Lebensjahr Aufgaben in den Organisationen übernommen hat. Die Befunde der *qualitativen* Erhebung legen hier die Interpretation nahe, dass diese Personen schon früh an den Angeboten der Organisationen teilgenommen haben, weil sie als Kinder von ihren Eltern, Geschwistern, Freunden oder Bekannten mitgenommen wurden und dadurch dann quasi selbstverständlich in die Verantwortungsübernahme hinein sozialisiert werden. Das folgende Beispiel ist hierfür typisch:

*Warum gerade CVJM, ich habe den Bezug über meine Eltern (...), ich bin von klein auf damit aufgewachsen, mit dem CVJM und dem ganzen Drumherum. Ich fand das schon immer stark und finde es jetzt auch noch (m. 21, Ev. Jugend).*

Auch Engagierte, die erst im Jugendalter in die Organisation gelangen, berichten, dass sie über Freunde und Bekannte den Zugang fanden. Im kirchlichen Bereich scheint der Einstieg auch über den Konfirmanden-, Firm- oder Religionsunterricht zu erfolgen. Insbesondere auf dem Land ist es manchmal einfach selbstverständlich, in eine Jugendorganisation einzutreten, weil alle anderen das auch machen und es sonst kaum Angebote für Heranwachsende gibt:

*Bei uns im Ort war die Landjugend (...). Also das war dann so: Man war da drin, weil alle da drin waren. Bei uns im Ort gab es nur die Landjugend oder gar nichts. Dadurch bin ich zur Landjugend gekommen (w. 32, KLJB).*

Und wer schon Teilnehmer an Angeboten oder Mitglied in der Organisation ist, rutscht oder wächst auch leicht in ein Engagement hinein.

Einige befragte Jugendliche berichten, dass sie als Teilnehmer an Angeboten der Organisationen von Hauptamtlichen, Gruppenleitern oder anderen Engagierten angesprochen wurden, ob sie nicht bestimmte Aufgaben übernehmen wollten. Andere Jugendliche beschreiben, wie sie in der Kinder- oder Jugendgruppe, bei Angeboten oder auf Freizeiten freiwillig engagierte Mitarbeiter erlebt haben, durch die sie Interesse gewonnen haben, hier auch mitzuarbeiten. Auch die Teilnahme an einer Fortbildung der Organisation kann zu einem Engagement führen. Es finden sich auch einige Jugendliche, die im Internet oder auf anderen Wegen selbst die Organisationen ihres Engagements ihren Interessen entsprechend (aus)gewählt haben.

Insgesamt gesehen scheinen die wichtigsten Auslöser für den Einstieg in ein Engagement Freunde und Bekannte, die Familie sowie eigenes Interesse zu sein. Dies bestätigen auch andere empirische Studien wie etwa die *qualitative* Befragung engagierter Jugendlicher des Kreisjugendrings München-Stadt (vgl. Bruner/Dannenbeck 2002). Ebenso stützen die Befunde einer in Brandenburg von 1996 – 1998 durchgeführten Längsschnittstudie zur Entwicklung der politischen Identität im Jugendalter die Annahme, dass soziales und politisches Engagement von Jugendlichen insbesondere im Kontext des Elternhauses sowie der Gleichaltrigenwelt sozialisiert wird (vgl. Schmid 2005). Auch Befunde aus dem anglo-amerikanischen Raum weisen darauf hin, dass das Engagement von Eltern und jugendlichen Kindern in positivem Zusammenhang steht, sowohl in Bezug auf Zugang und Beteiligung als auch auf die Art des Engagements (vgl. Buhl/Kuhn 2005).

Wie sich schon in den beiden Freiwilligensurveys in Bezug auf *Schulbildung* und Engagement zeigte, engagieren sich Schüler aus weiterführenden Schulen in weit höherem Maße als Hauptschüler. Die Daten des Zweiten Freiwilligensurvey (vgl. Gensicke/Picot/Geiss 2006) besagen, dass sich bei den 14- bis 20-jährigen Schülerinnen und Schülern in Deutschland 46 Prozent der Gymnasiasten ehrenamtlich/freiwillig engagieren, 37 Prozent der Realschüler und 23 Prozent der Hauptschüler. Die Autorinnen und Autoren des 12. Kinder- und Jugendberichts gelangen daher zu der Einschätzung, dass „freiwilliges Engagement in der Jugendarbeit … als eine besondere Bildungsform überwiegend ein Betätigungsfeld von Jugendlichen mit höherer Schulbildung" ist (vgl. BMFSFJ 2006, S. 249). Dies bestätigt sich auch in der vorliegenden Untersuchung. Eine Differenzierung des Engagements nach Schultypen zeigt sich hier bereits im Alter von 13/14 Jahren (vgl. Abb. 2.3).

*Abb. 2.3: Anteil der Engagierten nach Alter und Schulabschluss (in %, ungewichtet, n=1.497)*

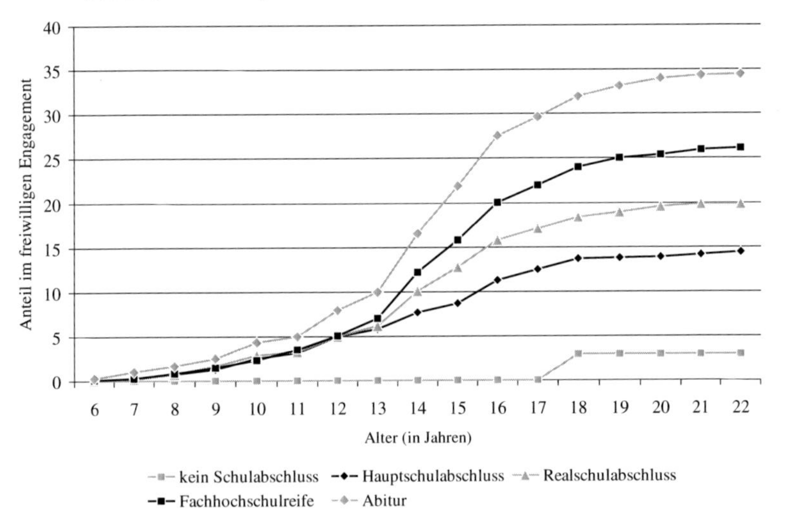


Quelle: Studie „Informelle Lernprozesse"

In diesem Alter haben bereits zehn Prozent der erwachsenen Befragten mit Abitur Aufgaben im Engagement übernommen, aber nur sieben Prozent derer mit Fachhochschulreife und sechs Prozent der ehemaligen Haupt- und Realschüler. Mit zunehmendem Alter geht die Schere weiter auseinander. Wenn Jugendliche die Schule verlassen, sind die Weichen für die Übernahme eines Engagements in der Regel schon gestellt.

Nach den Ergebnissen der PISA-Studie stellen Qualität und Ausmaß des sozialen und kulturellen Kapitals (vgl. Bourdieu 1983), das Kinder aus ihren Familien mitbringen, die entscheidenden Voraussetzungen für den schulischen Lernerfolg dar (vgl. Deutsches PISA-Konsortium 2000). Wenn man die Aussagen der befragten Jugendlichen in der *qualitativen* Erhebung betrachtet, scheint dies ähnlich auch für Lernerfolge und Kompetenzerwerb im freiwilligen Engagement zuzutreffen. Dabei hängt schon der Zugang zum Engagement – und damit auch zum hier möglichen Erwerb sozialen und kulturellen Kapitals – häufig von den sozialen Ressourcen und kulturellen Interessen im Elternhaus ab (vgl. auch Keupp 1999).

Es zeigte sich in den Interviews, dass es in der Mehrzahl der Fälle die von den Eltern vielfältig geförderten Jugendlichen ohne größere schulische und soziale Probleme sind, die ihre freie Zeit in ein Engagement einbringen und damit ihr schon im Elternhaus angelegtes soziales und kulturelles Kapital weiter vermehren können. In der Regel wird das freiwillige Engagement der Jugendlichen von der Familie unterstützt. Auch wo die Eltern selbst nicht (mehr) freiwillig engagiert sind, fördern sie das Engagement ihrer Kinder ideell oder auch materiell. Ein relativ großer Teil der Familien hat einen positiven Bezug zum Milieu der Organisationen. Nach Hofer (1999) engagieren sich Jugendliche, deren Eltern ebenfalls engagiert sind, in stärkerem Maße als andere Jugendliche.[7] Dies scheint auch zu belegen, dass trotz der Diskurse um Modernisierung und Erosion der traditionellen Milieus diese gleichzeitig immer noch auch eine wichtige Rolle für die Nachwuchsrekrutierung der klassischen Jugendorganisationen etwa konfessioneller oder politischer Art spielen (vgl. Fauser/Fischer/Münchmeier 2006).

Die jugendlichen Engagierten der *qualitativen* Untersuchung berichten überwiegend von guten Schulleistungen und sind vor allem auf dem Gymnasium zu finden. Lernen und Kompetenzerwerb im Engagement sind bei vielen der Befragten nicht Ausgleich und Kompensation zu fehlenden schulischen Erfolgen, sondern eine Möglichkeit, zusätzliches kulturelles und soziales Kapital zu erwerben. Dieses ergänzt die guten Schulleistungen und die bereits im Elternhaus erworbenen sozialen und kulturellen Ressourcen, welche gleichzeitig immer auch eine wichtige Voraussetzung für das Engagement darstellen (vgl. Vogt 2004). Buhl/Kuhn (2003) zufolge gibt es „keine gesellschaftliche Gruppe, die sich so engagiert zeigt, wie die 18- bis 20-jährigen Gymnasiastinnen und Gymnasiasten" (ebd., S. 104). Nur einige wenige Befragte der *qualitativen* Erhebung geben größere Probleme mit der Schule und den schulischen Anforderungen an.

Den Daten der *standardisierten* Erhebung lässt sich entnehmen, dass Bildung die entscheidende Variable für ein Engagement Jugendlicher ist (vgl. Gensicke/Picot/Geiss 2006). Bildung, d.h. ein hoher Schulabschluss, korreliert positiv mit einem Engagement in den unterschiedlichen Bereichen. Dies beschreiben ähnlich Gaiser/de Rijke (2006), wonach das Bildungsniveau als Indikator für kulturelles Kapital einen entscheidenden Einfluss auf das Ausmaß jugendlichen Engagements in Vereinen oder Verbänden ausübt. Auch Buhl/Kuhn (2003) konstatieren, dass die Übernahme von Verantwortung im Rahmen freiwilligen Engagements an die Dauer des Verbleibs im Bildungssystem

7 Hofer/Buhl (2000) stellen einen positiven Zusammenhang des Engagements der Eltern und der Kinder in Bezug auf Engagementbereitschaft sowie in Bezug auf die Organisationen des Engagements fest.

geknüpft ist. Jugendliche mit höherem Bildungsabschluss haben auch günstigere Ausgangsbedingungen für Möglichkeiten gesellschaftlicher Beteiligung und sozialer Integration. Zum gleichen Befund gelangt auch das Konsortium Bildungsberichterstattung (2006), wonach freiwilliges Engagement schon im Jugendalter mit dem Bildungsstatus zunimmt und umso intensiver ist, je höher der Bildungsgrad ist (ebd., S. 188). Das folgende Zitat eines jungen Engagierten ist typisch für diesen Zusammenhang:

> *Wenn ich von mir ausgehe, trifft beides zu. Zum einen dass man hier viel lernt, aber auch, dass man schon von zu Hause und aus der Schule sehr viel mitgekriegt hat. Das ist auch, wenn ich mir meine Mitstreiter hier angucke. Von unseren zwanzig sind vier, die keinen gymnasialen Hintergrund haben, die nicht gerade Abitur machen, gemacht haben oder gerade studieren. Zum anderen sind das Leute, die aus einer Art Bildungsbürgertum kommen. Man kann schon sagen, dass, wenn man sich hier engagiert, doch eine gewisse Vorbildung da ist, dass man sicherlich auch was aus dem Elternhaus mitgekriegt hat in der Richtung Demokratie und so was. Aber man lernt auch hier sehr viel. Es ist beides. Man lernt hier vielleicht auch noch andere Sachen als in der Schule oder zu Hause (m. 20, Aktion Zivilcourage).*

Diese Aussage entspricht auch den Erkenntnissen der beiden Freiwilligensurveys, wonach Engagement einen deutlichen Mittelschichtsbias aufweist.[8] In der vorliegenden Untersuchung bilden die Rettungs- und Hilfsdienste allerdings eine Ausnahme: Hier engagiert sich ein größerer Prozentsatz der Personen mit Hauptschulabschluss (5,3%) als der Gymnasiasten (3,5%) bei Organisationen wie Freiwilliger Feuerwehr oder THW[9] (vgl. auch Homfeldt 1995). Es ist anzunehmen, dass der Zugang zu den Rettungsorganisationen für Jugendliche mit geringer Schulbildung niedrigschwelliger ist als zu weltanschaulich ausgerichteten Vereinen. Das Ziel der Hilfs- und Rettungsorganisationen ist bekannt und klar: helfen und Menschen retten. Anders als in weltanschaulichen Organisationen, in denen reden und diskutieren eine große Rolle spielt, steht in den Hilfs- und Rettungsorganisationen stärker helfen, anpacken, sich körperlich einsetzen im Vordergrund.

---

8 Laut Freiwilligensurvey 2004 (Gensicke/Picot/Geiss 2006, S. 196ff.) ist Bildung ein zentraler Erklärungsfaktor für jugendliches Engagement: Jugendliche mit niedrigem Bildungsstatus sind seltener freiwillig engagiert als Jugendliche mit höherer Schulausbildung. Weitere Erklärungsfaktoren für ein Engagement sind Merkmale wie ein großer Freundeskreis und die religiöse Einbindung. Nur 22 Prozent der Jugendlichen mit niedrigem Bildungsstatus engagieren sich freiwillig gegenüber 43 Prozent der Jugendlichen mit hohem Bildungsabschluss. Das heißt, das Engagement hat eine sozial selektive Funktion, die bei Jugendlichen im Jahr 2004 gegenüber der ersten Erhebung 2000 noch zugenommen hat.

9 Technisches Hilfswerk. Zur Erklärung der Abkürzungen siehe Verzeichnis der verwandten Abkürzungen.

## 2.2 Voraussetzungen und Motive

Gemeinnützige Organisationen, Vereine und Verbände, Kirchen und Initiativen als zivilgesellschaftliche Akteure sind zur Erfüllung ihrer Aufgaben auf das aktive Engagement der Bürger angewiesen (vgl. Enquete-Kommission 2002). Um dies auch zukünftig zu gewährleisten, ist es wichtig, Jugendliche hier einzubinden. Daher soll im Folgenden anhand der Befunde der *qualitativen* Untersuchung beleuchtet werden, welche Voraussetzungen (2.2.1) und Motive für die Übernahme eines freiwilligen Engagements Jugendlicher wichtig sind. Bezüglich der Motivation sind zwei Aspekte interessant, zum einen die Frage: Warum beginnen junge Menschen mit einem Engagement? (2.2.2), zum anderen: Warum bleiben sie dabei? (2.2.3). Dabei sollen im Überblick auch Barrieren, Hindernisse und Grenzen für gesellschaftliche Verantwortungsübernahme Heranwachsender aufgezeigt werden (2.2.4).[10]

### *2.2.1 Voraussetzungen für die Übernahme eines Engagements*

Als Voraussetzung für ein Engagement wird in der Engagementforschung heute weniger die Sozialisation in einem bestimmten Milieu als vielmehr die biografische Passung des Engagements gesehen. Demnach kommt es nur dann zu einem freiwilligen Engagement, wenn in einer spezifischen Lebensphase Motiv, Anlass und Gelegenheit biografisch zusammenpassen (vgl. Jakob 1993; Beher/Liebig/Rauschenbach 2000). Die weiteren in der Forschung genannten wesentlichen Voraussetzungen für ein Engagement wie freie Zeit und materielle Absicherung (vgl. Müller/Rauschenbach 1988) scheinen für Jugendliche, die noch die Schule besuchen, in der Regel gegeben.

Fragt man die Jugendlichen der *qualitativen* Erhebung selbst, welche Voraussetzungen, Vorkenntnisse oder Kompetenzen für ihr Engagement erforderlich waren, so wird häufig darauf verwiesen, dass Motivation und Interesse an der Arbeit, den Inhalten und den Menschen entscheidende Bedingungen seien. Einige erklären, dass man alles Übrige im Engagement lernen könne.

> *Der muss in jedem Fall erst mal Interesse dafür haben, das ist das Wichtigste, den Rest kann man sich alles aneignen und abgucken und erlernen. Aber wenn das Interesse fehlt, sich damit auseinanderzusetzen, seine Freiheit dafür herzugeben, dann wird es einfach nichts (m. 22, Jugendclub)*

antwortet beispielsweise der ehrenamtliche Leiter eines Jugendclubs auf die Frage, was jemand können müsse, der seine Aufgaben übernehmen wolle. Teilweise scheinen aber auch organisations- und funktionsspezifisch bestimmte

10 Da hier nur längerfristig engagierte Jugendliche befragt wurden, geraten die förderlichen Bedingungen der Organisationen stärker in den Blick als die hemmenden. Um die für ein Engagement hinderlichen Bedingungen der Organisationen darzustellen, wäre eine Befragung von Aussteigern hilfreich. Dies konnte aber im Rahmen des Projekts nicht geleistet werden.

Vorerfahrungen, Einstellungen, Kompetenzen oder Talente für die Übernahme von Aufgaben in den Organisationen wichtig.

> *Du musst schon bestimmte Kompetenzen mitbringen, um überhaupt in so einem Vorstand bestehen zu können (...). Für meine Person kann ich sagen, dass ich das eben im Vorfeld gelernt habe. Es geht auch, denke ich, so um gewisse Talente, die man hat (w. 44, Sportjugend)*

äußert etwa eine ehemals in der Sportjugend Engagierte im Rückblick. Eine Jugendliche der evangelischen Jugend konstatiert:

> *Man musste natürlich Christ sein, um das mitmachen zu können und überhaupt das alles mittragen zu können (w. 21, Ev. Jugend).*

Bei den Rettungsdiensten wird berichtet, dass man körperlich fit sein muss, um die Aufgaben ausführen zu können. Je nach Organisation werden spezifische Interessen und Kompetenzen genannt wie politisches, ökologisches, religiöses sowie fachliches Interesse oder sportliche, handwerkliche und künstlerische Fähigkeiten. Andere Jugendliche führen aus, dass persönliche „Tugenden" wie Zuverlässigkeit, Pünktlichkeit, Offenheit und Belastbarkeit, aber auch Selbstbewusstsein und Durchsetzungsfähigkeit, Kritikfähigkeit und ein Bewusstsein für soziale Gerechtigkeit wesentliche Voraussetzungen seien. Zusammenfassend sind die in der *qualitativen* Erhebung genannten Voraussetzungen Interesse an den Inhalten der Organisation, organisations- und aufgabenspezifische Fähigkeiten sowie positive persönliche Eigenschaften.

Von den engagierten Jugendlichen werden Kompetenzen geschildert, die sowohl Voraussetzung und Anforderung als auch Ergebnis des Engagements sein können wie etwa Verantwortungsbereitschaft, rhetorische Fähigkeiten, organisatorisches Talent, Teamfähigkeit, Führungsqualitäten oder diplomatische Fähigkeiten. In den Interviews finden sich Belege dafür, dass durch die Übernahme von Verantwortung im Rahmen freiwilligen Engagements neue Kenntnisse, Fähigkeiten und Fertigkeiten gewonnen wurden, andererseits wird von einigen Befragten aber auch berichtet, dass in anderen gesellschaftlichen Lernfeldern erworbenes Wissen und Können ins Engagement eingebracht und weiterentwickelt wurden.[11] Anscheinend besteht eine Wechselwirkung zwischen Kompetenzen, die in das Engagement eingebracht werden, und Kompetenzen, die im Engagement gewonnen, erweitert oder verstärkt werden (vgl. auch Braun/Hansen/Ritter 2007). Die Verfügung über soziales und kulturelles Kapi-

11 In der *qualitativen* Befragung ließen sich sowohl Beispiele für Kompetenz als Voraussetzung als auch für Kompetenz als Effekt des Engagements finden, wie die beiden folgenden Zitate aus der Schülervertretung illustrieren: „Das ist der Mut oder das Selbstvertrauen. Das habe ich durch das politische und das Engagement in der SV gelernt. Das habe ich vorher so nicht gekonnt" (m. 18, SV; Effekt des Engagements), konstatiert ein Schülervertreter. Seine Kollegin stellt demgegenüber fest: „Dadurch, dass ich das ganz gut konnte, bin ich dann zur SV gekommen, weil ich dachte, da könnte das was für mich sein (...). Und das ist natürlich durch die SV nicht weniger geworden" (w. 18, SV).

tal scheint demnach sowohl Voraussetzung als auch Ergebnis freiwilligen Engagements zu sein (vgl. Vogt 2005), wie es diese Jugendliche ausdrückt:

> *Es ist letztendlich ein Kreislauf. Man kommt da ja nicht rein, wenn man nicht von vorneherein sich irgendwie ein bisschen interessiert. Wenn man dann da reinkommt, dann lernt man noch sehr viel mehr, das kann man dann wieder aufs normale Leben zurückbeziehen (w. 19, Ev. Jugend).*

Hier sind daher auch Exklusionsprozesse möglich, die Jugendlichen – insbesondere aus sozial und materiell benachteiligten Elternhäusern – diese Lernerfahrungen und -gewinne verwehren. Wie sich in der *standardisierten* Erhebung gezeigt hat, ist die entscheidende Voraussetzung für den Zugang zu freiwilligem Engagement die schulische Qualifikation. So sind junge Menschen mit Migrationshintergrund ebenso wie andere Jugendliche aus partizipations- und bildungsfernen Schichten häufig von den vielfältigen Möglichkeiten der Übernahme von Verantwortung in den Organisationen des Engagements ausgeschlossen. Wie dies auch im Zweiten Freiwilligensurvey festgestellt wird, scheint jugendliches Engagement sowohl sozialer Selektion unterworfen als auch selbst selektierendes Merkmal im Hinblick auf gesellschaftliche Integration zu sein (vgl. Gensicke/Picot/Geiss 2006, S. 201). Eine Hypothese des Forschungsprojekts lautete, dass die Übernahme von Verantwortung für sich selbst, für andere Personen und Dinge sowie für Gemeinwesen und Gesellschaft und das entsprechende Handeln nicht nur den Erwerb von Kompetenzen ermöglicht, sondern auch spezifische Kompetenzen und Lernerfahrungen voraussetzt (vgl. Youniss/Yates 1997; Keupp 1999; Reinders 2006). Es hat sich in der Untersuchung gezeigt, dass diese Voraussetzungen insbesondere in der besseren Schulbildung und den größeren sozialen Ressourcen der engagierten gegenüber den nicht-engagierten Jugendlichen liegen.

### 2.2.2 *Einstiegsmotive*

Bei dem Versuch, Voraussetzungen und Motive des Engagements mit Hilfe der *qualitativen* Interviews zu erfassen, tauchte erneut die beschriebene Schwierigkeit auf, dass die analytische Trennung von Voraussetzungen, Erfahrungen und Folgen des Engagements in der konkreten Praxis der Einzelnen kaum möglich ist, da Wechselwirkungen zwischen den drei Dimensionen bestehen. So kann z.B. die Auseinandersetzung mit alternativen Orientierungen, Lebensentwürfen und Perspektiven sowohl Ursache als auch Folge freiwilligen Engagements sein.

Als Hauptmotive für jugendliches Engagement werden in aktuellen empirischen Studien der Wunsch nach Gemeinschaft, Spaß an der Tätigkeit, Gemeinwohlorientierung sowie die Erwartung, eigene Interessen einbringen und umsetzen zu können, genannt (vgl. Gensicke/Picot/Geiss 2006, S. 180f.; BMFSFJ 2006). Nach Inglehart (1998) engagieren sich Jugendliche, wenn das Engagement Lernmöglichkeiten, Peergruppenkontakte und Wohlbefinden ermöglicht. Die Forschung belegt zudem, dass eine Orientierung an den eigenen Interessen, Bedürfnissen und Wünschen der Jugendlichen und altruistische Motive sich nicht ausschließen, sondern sich im Engagement vermischen (vgl. Wuthnow 1991; Düx 1999; Jugendwerk der Deutschen Shell 1997, 2000; 15. Shell Jugendstudie 2006; Fauser/Fischer/Münchmeier 2006). Dies wird in vielen Aussagen deutlich und ist manchem Engagierten auch bewusst:

*Also es macht mir Spaß (...). Selbstverständlich mach ich es auch für mich. Wenn ich eine Schulparty organisier, mach ich es für mich (m. 20, SV).*

Ebenso taucht auch der von der Engagementforschung als wichtiges Motiv benannte Wunsch nach Geselligkeit und Gemeinschaft mit Gleichaltrigen in den meisten Interviews auf:

*Und dann hat mich eine Freundin gefragt, ob ich da Lust zu hätte, und es war eher dieses Gemeinsam-etwas-Machen... gemeinsam mit anderen was machen, (...) es war wie eine Clique (w. 32, KLJB).*

Die befragten Jugendlichen nennen vielfältige Gründe für den Einstieg in ihr Engagement. Zum Teil sind dies Interessen organisations- und funktionsspezifischer Art wie pädagogische, politische, religiöse, ökologische oder technische Interessen. Andere begründen ihr Engagement damit, dass sie in der Organisation etwas bewegen, verändern und gestalten wollen:

*Ich bin da aus dem Grund reingekommen, weil ich mal gucken wollte, was man so erreichen kann, wenn man so in der Schulkonferenz sitzt und wenn man Schülersprecher ist (m. 18, SV).*

Es zeigt sich, wie in anderen thematisch ähnlichen Untersuchungen auch, ein breites Spektrum unterschiedlicher Motive und Motivbündel wie insbesondere Spaß an den Tätigkeiten im Engagement, das Bedürfnis nach Geselligkeit und Gemeinschaft sowie das Interesse an den Inhalten und Zielen der Organisationen (z.B. am Umweltschutz, an Politik, an Religion). Darüber hinaus spielen der Wunsch, etwas Sinnvolles zu tun, etwas zu bewegen und das Interesse, sich neue Räume und Erfahrungsfelder zu erschließen, eine wichtige Rolle für die Übernahme eines Engagements. Die unterschiedlichen Motive treten bei den einzelnen Befragten selten isoliert auf, sondern vermischen sich in vielfältiger Weise. Engagierte Jugendliche wollen, so könnte man zusammenfassend sagen, gemeinsam mit anderen etwas für sich und andere tun, das sinnvoll ist und zugleich Spaß macht. Jugendliche finden, wie oben dargestellt, den Einstieg in die Organisationen ihres Engagements in der Regel über Freunde, die Familie oder Bekannte. Dem Befund Ingelharts (1998) entsprechend, scheinen die Jugendlichen der *qualitativen* Erhebung ein Engagement zu übernehmen, wenn sie hier mit Gleichaltrigen zusammentreffen, sich zugehörig und anerkannt fühlen sowie ihre Interessen einbringen und umsetzen können.

### *2.2.3 Bleibemotive*

In den *qualitativen* Interviews wurden vielfältige Erfahrungen und Erlebnisse geschildert, die sich auf die Bereitschaft der Befragten zu längerfristiger Verantwortungsübernahme sowie hiermit verbundene Lernprozesse und Kompetenzgewinne positiv auszuwirken scheinen. Aus den codierten positiven Erfahrungen im Engagement ließen sich die übergeordneten Kategorien Sinn, Selbstbestimmung, Selbstwirksamkeit, Kompetenz, Förderung durch Erwachsene, Anerkennung und soziale Einbindung bilden.

Bezieht man sich hier auf Erkenntnisse der Lernmotivationsforschung, so sind diese Erfahrungen mit der Genese von Interesse und Motivation verknüpft (vgl. Deci/Ryan 1993). Wie Deci/Ryan (1985, 1993, 2002) in zahlreichen Studien in unterschiedlichen Kontexten zeigen konnten, ist die Entwicklung von Lernmotivation und Interesse abhängig vom Erleben von Autonomie, Kompetenz, Selbstwirksamkeit und sozialer Einbindung, welche als grundlegende menschliche Bedürfnisse betrachtet werden. Soziale Umweltfaktoren, die Heranwachsenden die Gelegenheit geben, diese Bedürfnisse zu befriedigen, fördern demzufolge das Auftreten intrinsischer Motivation (vgl. Deci/Ryan 1993). In ihrer Selbstbestimmungstheorie der Motivation gehen sie davon aus, dass Menschen den angeborenen Wunsch haben, ihre Umwelt zu erforschen, zu verstehen und sich anzueignen. Die Motivation zur aktiven Auseinandersetzung mit der Umwelt ist dementsprechend von Anfang an gegeben. Sie ist eine wesentliche Grundlage für den Erwerb kognitiver Fähigkeiten und die individuelle Entwicklung Heranwachsender. Umwelten, in denen wichtige Bezugspersonen Anteil nehmen, Autonomiebestrebungen des Lernens unterstützen und die Erfahrung individueller Kompetenz und Handlungswirksamkeit ermöglichen, fördern demnach die Entwicklung von Motivation, Interesse, Kompetenzerwerb und Persönlichkeitsentwicklung.

*Sinn:* Während Erkenntnissen der Jugendforschung zufolge schulische Lerninhalte und -prozesse in der Adoleszenz für viele Jugendliche an subjektiver Relevanz verlieren, wachsen Ausmaß und Bedeutung der Lernprozesse im außerschulischen Bereich (vgl. Grunert 2002; Wahler 2004). Dies bestätigt sich in der *qualitativen* Untersuchung. Wie die Befragten schildern, eignen sie sich im Engagement Kenntnisse an, wenn und weil diese für sie persönlich und für die konkrete Arbeit und Praxis in der Organisation Sinn und Relevanz besitzen. Aus den Interviews lässt sich schließen, dass die Motivation, sich mit einem Thema zu beschäftigen, steigt, wenn dieses Thema für die Befragten nicht nur eine intellektuelle, sondern auch eine emotionale Bedeutung hat. Nach Fend (2003) ist die Zeit des Heranwachsens wichtig „für die Entwicklung eines durch Sinnperspektiven abgesicherten Systems der Lernmotivation" (ebd., S. 351). Diese Lernmotivation lässt sich in vielen Aussagen erkennen. Die engagierten Jugendlichen berichten, dass sie sich auch mit eher schwierig, komplex und trocken erscheinenden Inhalten auseinandergesetzt haben, wenn sie den Sinn und die Notwendigkeit dieser Inhalte und Themen für ihre freiwillige Tätigkeit einsehen konnten wie beispielsweise juristische Kenntnisse für die Freizeitarbeit mit Kindern und Jugendlichen oder für die Durchführung politischer Aktionen. Wie in einigen Interviews sichtbar wird, scheint der im Engagement erfahrene subjektive Sinn der übernommenen Aufgaben zu einer deutlichen Identifikation mit dem eigenen Tun zu führen. Im Unterschied hierzu scheint die subjektive Sinnhaftigkeit schulischen Lernens für die Befragten eher die Ausnahme darzustellen.

Durch ihr Engagement scheinen die Engagierten zudem aber auch in einen über ihre eigene Person hinausweisenden gesellschaftlichen Sinnzusammenhang eingebunden (vgl. Krettenauer 2006). Dem Ansatz Eriksons (1968, 1989) zufolge erweitern Heranwachsende in der Pubertät ihren Interaktionsradius über Familie, Schule und Peergroup hinaus nach außen und suchen nach Orientierung und Sinn, um sich in der Gesellschaft zu verorten und Zukunftsperspektiven zu entwickeln (vgl. Hofer 1999). Die *qualitativen* Daten geben Hinweise, dass Jugendliche in einem Engagement Erfahrungen machen können, die einen über den Bereich von Familie und Peergroup hinausgehenden gesellschaftlichen Bezug und Sinn aufweisen (vgl. Youniss/Yates 1997), wie diese Aussage eines Jugendlichen aus der evangelischen Jugendarbeit zeigt:

> *Ich helfe nicht nur den Kindern damit, ich helfe der Kirche damit, ich helfe mit meiner Arbeit anderen Leuten damit (m. 16, Ev. Jugend).*

Er sieht, dass seine Arbeit nicht nur für ihn und seine Gruppe wichtig ist, sondern auch für die Kirche und darüber hinaus eine gesellschaftliche Bedeutung hat. Er hofft, durch seine Arbeit mit Kindern einen kleinen Beitrag zu Frieden und Toleranz in der Welt leisten zu können. Die hier gemachte Erfahrung, eine gesellschaftlich wertvolle Leistung zu erbringen, scheint sein Selbstwertgefühl und das Bewusstsein, in dieser Gesellschaft wichtig und nützlich zu sein, zu bestärken. So wie in dem o.g. Beispiel deutlich wird, scheint ihr Engagement einigen Jugendlichen zu ermöglichen, über ihre Tätigkeit und den gemeinsamen Diskurs in der Organisation Sinn zu erfahren sowie einen Zusammenhang zwischen dem eigenen Leben, den eigenen Werten und Zielen und der Gesellschaft herzustellen.[12]

*Selbstbestimmung:* „Sich zu engagieren, ist Ausdruck und Resultat einer eigenen Entscheidung" stellt die Enquete-Kommission des Deutschen Bundestages fest (2002, S. 87). Deci/Ryan (1993) benennen als Basis der Entwicklung von Interesse und Lernmotivation Heranwachsender die Erfahrung, eigene Handlungen frei wählen zu können. Diese Erfahrung beschreiben viele der befragten Jugendlichen in ihrem Engagement:

> *Das war auch meine Entscheidung, da rein zu gehen. Da haben meine Eltern nicht gesagt, jetzt mach' mal und tu' mal oder so, sondern das sind meine eigenen Entscheidungen gewesen. Von daher ist das schon eine Sache, die einen eigenständig macht (m. 18, SV).*

12 Dies deckt sich mit Luckmanns (1998) Befund, dass in intermediären lokalen Organisationen für den Einzelnen über Tätigkeit und Diskurs Sinn produziert wird.

Anders als beim schulischen Lernen scheinen die Lernprozesse im Engagement in der Regel freiwillig, stärker an den Interessen und Themen der Jugendlichen orientiert sowie häufig in selbst gewählten Kontexten und sozialen Bezügen zu erfolgen. Die Aussagen der engagierten Jugendlichen deuten darauf hin, dass dies ihnen einen hohen Grad an Selbstbestimmung ermöglicht (vgl. Sturzenhecker 2004a). Viele berichten, dass sie ihre Tätigkeitsbereiche und Aufgaben innerhalb des Engagements selbst gewählt haben. Die eigene Wahl bestimmter Aufgaben kann dann auch erfordern, diese mehr oder minder eigenständig vorzubereiten und durchzuführen. Einige schildern, dass sie selbst über die Inhalte und Formen ihres Lernens und Tuns entscheiden, wie dieses Zitat veranschaulichen soll:

> *Und ich hab natürlich auch immer frei entschieden, möchte ich das jetzt machen oder möchte ich lieber was anderes machen, und wenn ich irgendwas machen wollte, musste ich natürlich auch schauen, dass ich an meine Informationen komm und an das, wie mach ich's, wie plan ich's, wie geh ich dem nach (w. 24, DLRG).*

Engagierte Jugendliche beschreiben, wie sie sich selbstständig und aus eigenem Interesse gründliche Kenntnisse zu wichtigen gesellschaftlichen Themen wie etwa Erhaltung der Umwelt, Gewalt oder Friedenssicherung erarbeitet haben. Die selbst gewählte Verantwortung sowie die von vielen Befragten geschilderte Ausrichtung der übernommenen Aufgaben an ihren individuellen Interessen und Fähigkeiten kommt dem Bedürfnis Heranwachsender nach Selbstbestimmung und Autonomie entgegen und scheint in der Regel zu großer Motivation und Bereitschaft zu führen, zu lernen und zu üben, Kompetenzen und Kenntnisse für die Aufgaben im Engagement zu erwerben, sich zu informieren, auszutauschen und das gewonnene Wissen sowie die entwickelten Kompetenzen der Organisation und der Gesellschaft zugute kommen zu lassen (vgl. auch Deci/Ryan 1993; Buhl/Kuhn 2005). Aus den Aussagen der engagierten Jugendlichen lässt sich schließen, dass Freiräume für selbstbestimmtes Lernen und Handeln sowie eigene Gestaltungsmöglichkeiten in den Organisationen ihre Motivation fördern, sich hier aktiv und kreativ einzubringen.

*Selbstwirksamkeit:* Aus jugendpsychologischer Perspektive ist die Erfahrung von Handlungswirksamkeit für Heranwachsende wichtig für ihre Persönlichkeitsentwicklung und ihr Selbstbild (vgl. Erikson 1989; Noack 1990). Eine hohe Übereinstimmung intendierter und realisierter Handlungen führt demnach zu einem positiven Selbstkonzept (vgl. Bandura 1986). Entsprechend neigen Jugendliche, die die Erfahrung von Wirkungslosigkeit ihrer freiwillig übernommenen Tätigkeiten machen, dazu, sich zurückziehen (vgl. Reinders/Youniss 2005). Die Möglichkeit, sich im Engagement mit den Verhältnissen auseinanderzusetzen und sie aktiv mitzugestalten, scheint nach den Befunden von Youniss/Yates (1997) die Bereitschaft Jugendlicher zu fördern, sich zu engagieren und Verantwortung zu übernehmen. Versteht man Bildung, wie im 12. Kinder- und Jugendbericht, als „aktiven Prozess der Aneignung und Auseinandersetzung, der Selbsttätigkeit im Kontext unmittelbarer Erfahrung"

(BMFSFJ 2006, S. 365), so erscheint die Erfahrung, durch das eigene Handeln etwas bewirken und verändern zu können, als ein wichtiger Bildungsfaktor für Heranwachsende. „Kinder und Jugendliche nehmen sich als soziale Akteure wahr und erfahren, dass sie Situationen beeinflussen und gestalten können. Sie erleben sich als aktiv Agierende, als kompetent und können durch solche Erfahrungen über ihren gesellschaftlich vermittelten Status der Spielenden und Lernenden hinauswachsen" (Kirchhof u.a. 2003, S. 545).

Die Interviews geben Hinweise, dass Jugendliche im Engagement vielfältige Erfahrungen von Selbstwirksamkeit machen können. So stellt ein 19-Jähriger aus der Sportjugend fest:

> *Also das Selbstbewusstsein habe ich durch diese Rolle, die ich hier habe, dass man wichtig genommen wird, dass man Dinge bewegen kann, dass sich das auch lohnt, für manche Dinge einfach zu kämpfen, und das nimmt man dann mit (m. 19, Sportjugend).*

Diese Erkenntnis bringt ihn dazu, sich in noch größerem Umfang zu engagieren. Die Erfahrung, dass es sich lohnt, selbst etwas zu tun, sich aktiv einzubringen, weil man dadurch etwas bewirken und verändern kann, wird aus allen unterschiedlichen Organisationen berichtet.

Auch wenn die Gestaltungs- und Lernchancen der Engagierten durch die strukturellen Rahmenbedingungen der Organisationen zum Teil vorgegeben zu sein scheinen, wurden in den Gesprächen doch auch produktive Irritationen und Unstimmigkeiten zwischen den inhaltlichen Zielen sowie den strukturellen Vorgaben der Organisationen und den von den Engagierten geschilderten Gestaltungsspielräumen und Lerninhalten erkennbar (vgl. ähnlich auch Reichwein/Freund 1992). So berichten etwa befragte Frauen aus traditionell männlich dominierten Organisationen wie THW oder Feuerwehr, dass sie gelernt haben, sich in zunehmendem Maß gegenüber Männern in der Arbeit zu behaupten und Akzeptanz und Anerkennung ihrer männlichen Kollegen zu erkämpfen. Damit scheinen sie zugleich auch die Organisationen ein wenig zu verändern. So wie hier wird in einigen der *qualitativen* Interviews eine wechselseitige Konstitution sozialen Handelns und sozialer Strukturen erkennbar (vgl. Braun/Hansen/Ritter 2006): Die Jugendlichen erwerben Kompetenzen durch ihr Engagement in der Organisation und umgekehrt gestalten und verändern sie durch ihr Engagement die Organisation. So berichtet ein 16-Jähriger, der im Rahmen kirchlicher Jugendarbeit Graffiti erstellt und Hip-Hop-Veranstaltungen organisiert, von Neuerungen, die er initiiert hat:

> *Durch mich sind ein paar Sachen mehr in den Jugendkeller gekommen, neuere Gestaltung und das mit dem Hip-Hop z.B. und so (m. 16, Ev. Jugend).*

Insbesondere die Erwachsenen der *qualitativen* Befragung schildern im Rückblick auf ihr Engagement, wie durch ihre Aktivitäten nachhaltige Veränderungen in die Organisationen gekommen sind. So beschreibt etwa eine ehemalige Mitarbeiterin der Landjugend die Schaffung eines eigenen Raums für die Gemeindejugendlichen, der noch heute besteht, gegen den erbitterten Widerstand des zuständigen Pastors. Eine andere Engagierte aus dem Vorstand der gleichen Organisation berichtet, wie sie den Verband verändert hat:

> *Wir haben den Laden komplett umstrukturiert(...). Wir haben die Organisation völlig verändert (w. 40, KLJB).*

Ein ehemaliger Mitarbeiter der Sportjugend berichtet von Projekten, die er damals entwickelt hat und die heute noch weitergeführt werden.

*Erfahrung von Kompetenz*: Mit der Erfahrung von Selbstwirksamkeit ist die Erfahrung von Kompetenz verbunden. Erfahrungen individueller Kompetenz scheinen für das eigene Selbstkonzept und Selbstbewusstsein wichtig zu sein und die Motivation zur Verantwortungsübernahme zu erhöhen,[13] wie sich in manchen Interviews zeigt. So schildert eine bei der Freiwilligen Feuerwehr Engagierte, dass sie keine Schwierigkeiten habe, Verantwortung bei der Bergung Verletzter zu übernehmen, weil sie sich ihrer diesbezüglichen Fähigkeiten sicher sei:

> *Aber ich hab jetzt kein Problem, Verantwortung zu übernehmen, also weil ich in meiner Sache, in meinem Tun ja sicher bin, von dem her dann die Verantwortung für etwas übernehmen kann und es mir auch zutrau' (w. 22, DJF).*

Ähnliche Erfahrungen von Kompetenz berichten auch andere Engagierte wie beispielsweise diese junge Frau:

> *Also ich bin gut darin wirklich auch, die Verantwortung für eine Aufgabe zu übernehmen, sie durchzustrukturieren und Aufgaben zu verteilen (w. 22, Eine-Welt-Verein).*

Ein ehemaliger Schülersprecher beschreibt zunehmendes Selbstbewusstsein durch wachsendes Wissen und größer werdende Handlungskompetenz in seinem Engagement an der Schule:

> *Aber, die Sachen, die geplant wurden, wurden halt größer und mein Selbstbewusstsein wurde einfach größer. Wie ich vorgehe, da wurde ich halt sicherer, von der institutionellen Ebene; wo, wen ich ansprechen kann innerhalb der Schule, diese schulinternen Hierarchien. Nebenhierarchien wurden mir auch klar. So was ermöglichte einem dann einfach auch ein anderes Agieren als in der beschränkten Klassensituation (...). So ein Selbstbewusstsein eben. Auch zu dieser Institution SV zu sagen, das ist nicht ein Spaßverein, sondern wir sind jemand (m. 22, SV).*

Sich selbst als kompetent und den übernommenen Aufgaben gewachsen zu erfahren, scheint Selbstbewusstsein, Sicherheit und Stolz zu verleihen, wie das folgende Beispiel illustrieren soll:

> *Und da ist natürlich ein Stolz da, weil man viele Erfahrungen gemacht hat. Und also muss ich sagen, die meisten Projekte hab ich einfach positiv abgeschlossen (w. 23, DLRG).*

---

13 Dies bestätigen auch die Befunde der empirischen Untersuchung von Moschner (1998, S. 75): „Wer eigene Kompetenzen hoch einschätzt, ist eher bereit, zu helfen."

Auch Fachwissen kann ein Bewusstsein von Kompetenz hervorbringen, wie aus diesen Äußerungen eines Jugendvertreters der Sportjugend hervorgeht, der auf die Frage nach persönlichen Veränderungen durch seine freiwillige Tätigkeit antwortet:

> *Dass ich einfach Fachwissen hab und dann andere mir nicht mehr erzählen können, was richtig sein soll und ich weiß aber, dass es definitiv anders ist (m. 20, Sportjugend).*

Ähnliche Aussagen lassen sich auch bei anderen Befragten finden wie etwa bei dieser jungen Frau aus einer Umwelt-Initiative:

> *Ich hab viel gelesen. Dann hat man dieses Wissen und kann auch selbstsicherer diskutieren. Man weiß dann einfach viel mehr (...), weil man sich ja mit den Themen auch auseinandersetzen muss (w. 18, Umwelt-Initiative).*

Befragte aus allen Organisationen beschreiben, dass sie durch ihr Engagement ihre Fähigkeiten verbessern konnten, wie dieser freiwillige Mitarbeiter der Sportjugend:

> *Nach und nach bemerkt man, dass man gewisse Dinge besser kann. Das fällt einfach auf. Das ist das, was mir als erstes aufgefallen ist, einfach Dinge, dass man viel besser reden kann vor anderen Menschen und dann auch mit anderen Menschen ganz anders umgehen kann, auch wie man Menschen wahrnimmt. Das ist das, was sich so geschult hat im Laufe der Jahre hier (m. 19, Sportjugend).*

Die Befunde der *qualitativen* Befragung weisen auf eine positive Korrelation der Erfahrungen von Selbstwirksamkeit, Kompetenz und der Bereitschaft, längerfristig Verantwortung zu übernehmen, hin (vgl. Keupp 2000; Youniss/Yates 1997).

*Anregung und Unterstützung durch wichtige Erwachsene:* Um die Erfahrung von Kompetenz und Selbstwirksamkeit im Engagement machen zu können, ist es wichtig, dass Jugendliche die Chance erhalten, verantwortungsvolle Aufgaben zu übernehmen. Manche Jugendliche betonen die Bedeutung von Eigeninitiative für die Übernahme von Verantwortung, während andere berichten, dass sie von haupt- oder ehrenamtlichen Mitarbeitern angesprochen und zur Übernahme von Aufgaben ermuntert und ermutigt, manchmal auch gedrängt wurden. Für die Übernahme von Verantwortung scheint es für diese Jugendlichen – neben dem eigenen Zutrauen in ihr Können – von Bedeutung zu sein, dass ihnen von anderen Personen, insbesondere wichtigen Erwachsenen in der Organisation, verantwortungsvolle Aufgaben zugetraut und zugemutet werden. Solche wichtigen erwachsenen Ansprechpartner in den Organisationen, die sich speziell um die freiwillig Engagierten kümmern, werden in der *standardisierten* Erhebung von rund 70 Prozent der Befragten genannt (vgl. Kap. 3). Für viele der Befragten spielen diese Erwachsenen eine wichtige Rolle, etwa als Vorbilder, Anreger, Begleiter, Förderer oder auch Freunde, wie diese Interviewsequenz beispielhaft zeigen soll:

*Es gab eine Person, die mich in diese ganze Struktur reingezogen hat, in diesem Engagement im Sport,... der war der Geschäftsführer vom Kinder- und Jugendparlament, Vorstandsmitglied der Sportjugend in N. und der hat mich lange begleitet. Und das war derjenige, der gesagt hat, pass' da auf und nimm dir nicht zu viel vor. Und dann kam das nach und nach hier in der Landessportjugend: zum einen unsere Jugendbildungsreferentin, die Beauftragte ist für das JugendsprecherInnenteam. Durch sie habe ich viel gelernt, aber im Nachhinein dann auch als ich im Vorstand war, dann sind ein paar Vorstandsmitglieder, die sich ein bisschen mehr um mich gekümmert haben, fast als Mentorin oder Mentor für mich da waren. Es gab schon auf jeden Fall Personen, die einen begleiten (...). Es gibt schon förderliche Sachen hier, die mir das hier auf Landesebene sehr einfach gemacht haben, weil man einfach überall mitgenommen wird, auch gehört wird, das ist das Tolle, dass man schnell wichtig genommen wird als Jugendlicher (m. 20, Sportjugend).*

Ein anderer Engagierter nennt den Bildungsreferenten seiner Organisation seinen „kleinen Ziehvater" und Freund, der ihn im Engagement begleitet und unterstützt sowie Orientierung für seine persönliche Lebensplanung geboten hat. Es finden sich in den Interviews viele Beispiele, wo Jugendliche die Unterstützung durch wichtige Menschen in ihren Organisationen beschreiben, die ihnen Mut machen, Aufgaben zu übernehmen:

*Man wird gestützt. Ich hab immer und überall Unterstützung erhalten, sonst hätte ich das auch nicht machen können. Es gibt immer mal wieder Situationen, wo man sagt: ‚Oh Gott, warum mach ich das überhaupt?' Aber es gibt immer wieder Leute, die mir Mut machen und die einen wirklich unterstützen, die sagen: ‚Du darfst Fehler machen'... aber die Leute haben mich unterstützt und ermutigt, das zu machen (w. 22, Sportjugend).*

Mit Stolz schildern mehrere Befragte Erfolgserlebnisse aus ihrer Arbeit. Dieser Stolz bezieht sich nicht nur auf das Geleistete, sondern auch darauf, dass ihnen ein großes Maß an Verantwortung zugetraut wird. So erklärt eine Jugendliche aus einem kirchlichen Projekt für Kinder:

*Dann habe ich das dann irgendwann eigenverantwortlich übernommen. Da war ich dann auch ganz stolz, dass ich das wirklich dann alleine machen durfte, dass die mir das zugetraut haben (w. 18, Ev. Jugend).*

Die Bereitschaft zur Verantwortungsübernahme scheint für sie dadurch verstärkt zu werden, dass sie sich selbst etwas zutraut, aber auch, dass ihr von anderen, für sie wichtigen Personen, etwas zugetraut wird. Engagierte, die von wichtigen Erwachsenen in den Organisationen gefordert, ermutigt und unterstützt werden, beschreiben dies als Motivation, sich neuen Herausforderungen zu stellen und in wachsendem Maß Aufgaben zu übernehmen:

*Ich kann mich noch sehr gut daran erinnern, dass ich mir das überhaupt nicht zugetraut habe. Ich war ja grade erstmal so in diese Gruppe rein gekommen, gehörte eigentlich noch zu den jüngsten. Das war wirklich auch so ein Punkt, wo ich mir das selbst nicht zugetraut habe. Wo aber die damalige Vorsitzende mir in langen Gesprächen ihre Sichtweise deutlich gemacht hat, was an Aufgaben kommen kann; und dass sie mir das zutraut. Und dieses Zutrauen von anderen ist mir immer wieder im Laufe des ganzen Weges bei anderen großen, aber auch kleinen Dingen passiert... Zumindest als Jugendliche und junge Erwachsene hat es immer wieder Stellen gegeben, wo Leute waren, die gesagt haben: So, ich trau dir das zu, mach das. Das war so ein Motivationsschub auch, dann immer neue Herausforderungen anzunehmen (w. 40, KLJB).*

Die Daten der *qualitativen* Erhebung geben Hinweise, dass wichtige Erwachsene in den Organisationen für Jugendliche bei deren Suche nach sozialer Anerkennung und Orientierung eine bedeutende Rolle spielen können, als Menschen, die sie wichtig nehmen, ihnen verantwortungsvolle Aufgaben und Eigenständigkeit zutrauen, sie ermutigen und ihre Leistungen anerkennen, sowie als Personen, an denen sich die Jugendlichen orientieren können, von denen sie lernen können, mit denen sie sich auseinandersetzen und dabei ihre eigenen Einstellungen und Ideen überprüfen und weiterentwickeln können (vgl. Gängler 2004; BMFSFJ 2006; Buhl/Kuhn 2005). Durch solche wichtigen Erwachsenen können die Fähigkeit und die Bereitschaft Heranwachsender, verantwortungsvolle Aufgaben zu übernehmen und daran zu wachsen, in hohem Maße unterstützt werden.

*Anerkennung:* Wie sich in den Interviews gezeigt hat, ist der Wunsch nach Anerkennung ein wichtiges Motiv für die Ausübung eines Engagements. In der Sozialisationsforschung wird davon ausgegangen, dass für die Entwicklung einer eigenständigen, kompetenten und sozial verantwortlichen Persönlichkeit Fragen nach Zugehörigkeit, sozialer Anerkennung und gesicherten Beziehungen grundlegend sind (vgl. Keupp 1999; BMFSFJ 2006). Soziale Beziehungen der Anerkennung beeinflussen demzufolge Selbstbild und Verhalten Jugendlicher. Sich als eine Person mit besonderen Eigenschaften und Fähigkeiten fühlen zu können, setzt voraus, dass diese Eigenschaften und Fähigkeiten von anderen anerkannt und respektiert werden. Nur dann können junge Menschen sich auch selbst als Person erkennen und Selbstbewusstsein, Selbstachtung und Selbstwertgefühl entwickeln (vgl. Scherr 1997; Sturzenhecker 2002). Honneth (1992) beschreibt, durch welche Anerkennungsmodi existentielle Erfahrungen der eigenen Individualität vermittelt werden können: Zum einen Anerkennung durch *Liebe* (1), zum anderen durch *Recht* (2) sowie zum dritten durch *Solidarität* (3) (vgl. auch Sturzenhecker 2002).

*(1) Liebe* und persönliche Zuwendung vermitteln Heranwachsenden Anerkennung als einmalige Person, unabhängig von Eigenschaften und Fähigkeiten, und stärken damit das Selbstbewusstsein. Diese Art der Anerkennung wird nach Honneth (1992) insbesondere in Primärbeziehungen erlebt und ist wichtig als Erfahrung wechselseitiger Bindung und Abgrenzung, die Selbstständigkeit und Selbstvertrauen unterstützt. Auch in vielen Interviews berichten Jugendliche von persönlicher Zuwendung, die sie von Erwachsenen und Gleichaltrigen in den Organisationen sowie von Kindern und Jugendlichen in den Gruppen, die sie leiten, erfahren. So berichtet ein Pfadfinder davon, dass er in seiner

Gruppe – anders als im Sport, wo er nur für seine Leistung anerkannt wurde – die gewünschte Anerkennung seiner Person, so wie er ist, findet:

> *Ich habe nebenbei auch Sport gemacht, und da habe ich gemerkt, dass mich das Puschen und das Leistungsorientierte zwar schon motiviert, ich wollte schon gut sein, aber immer nur dann, wenn Training war oder Wettkämpfe. Aber wenn es weg davon ging, habe ich mich mehr nach Spaß gesehnt, und danach, dass man mich anerkennt, wie ich bin und nicht, was ich erbringe, indem ich mich zu etwas zwinge (m. 21, BdP).*

Seinen Aussagen zufolge scheint die Anerkennung und Wertschätzung, die er in seinem Engagement erfährt, eine Kompensation gegenüber den abwertenden Erfahrungen in seiner Familie zu bilden. Dass die Kinder seiner Gruppe ihn gern haben und die anderen Gruppenleiter ihn ebenfalls mögen und schätzen, lässt ihn den Ort seines Engagements als „Zuhause" empfinden. Eine sechzehnjährige Mitarbeiterin der evangelischen Jugend erfährt anders als in der Schule Anerkennung und Zuneigung von den anderen Mitarbeitern und den Kindern ihrer Gruppe, wodurch ihr Selbstbewusstsein wächst und auch ihre Bereitschaft zur Mitarbeit:

> *Ich bin wesentlich selbstbewusster geworden. Ich war vorher überhaupt nicht selbstbewusst. Ich war dadurch nicht besonders anerkannt, auch in der Schulklasse. Es ist eben Anerkennung und dadurch bin ich wesentlich selbstbewusster geworden (w. 16, Ev. Jugend).*

Ähnlich wie sie berichtet auch eine Reihe anderer Befragter von Menschen im Kontext ihres Engagements, die ihnen Anerkennung und Wertschätzung als individuelle Person vermitteln.

*(2)* Auf der Basis gegenseitiger Anerkennung der *gleichen Rechte* können die Einzelnen nach Honneth (1992) ihr „Handeln als eine von allen anderen geachtete Äußerung der eigenen Autonomie begreifen" (S. 192). Diese Achtung der anderen ermögliche dann wiederum die Ausbildung von Selbstachtung. In den Interviews wird diese Art der Anerkennung im Engagement Jugendlicher sichtbar in Möglichkeiten der Mitbestimmung, aber auch durch gleichberechtigte Zusammenarbeit im Team. Ein typisches Beispiel für Letzteres gibt dieses Zitat einer jungen Frau aus der Freiwilligen Feuerwehr:

> *Wenn man zwar dabei ist, aber nicht anerkannt oder akzeptiert wird, und dann ein Einsatz, dann ist das kein ganzes Team. Weil Team kann einfach nur also zusammenarbeiten und zusammenhalten, wenn man sich einfach völlig auf den anderen verlässt und den anderen akzeptiert und ja, einfach jeder weiß, dass jeder für den anderen auch da ist (w. 20, DJF).*

Für sie und ihre Freundin führt die Zugehörigkeit zur Freiwilligen Feuerwehr zur sozialen Integration und Anerkennung sowohl im Verein als auch im dörflichen Milieu. Ähnliche Erfahrungen der Anerkennung im Gemeinwesen durch Zugehörigkeit zu einem Verein schildern insbesondere freiwillige Mitarbeiter der Hilfs- und Rettungsdienste in ländlichen Gebieten:

*Also ich denk schon, als wie wenn man jetzt überhaupt in keinem Verein ist, und in einem kleinen Dorf, wie bei uns jetzt, nirgendwo dabei ist, dann hat man auch gar keinen Bezug zu den Menschen im Dorf selber. Und so denk ich mir, man achtet die anderen und man wird selber auch geachtet von den anderen (w. 22, DJF).*

Es finden sich einige Interviews, in denen deutlich wird, dass schon das Dazugehören und Dabeisein eine wichtige Form der Anerkennung darstellen kann, wie das folgende Beispiel aus der Gremienarbeit illustrieren soll:

*Man war schon stolz, dabei zu sein und mit drin zu sitzen und doch über Themen zu reden, die zu entscheiden sind. Wie das Geld verteilt wird. Für mich war das angenehm. Auch wenn die Sitzungen langweilig waren, dabei zu sein und etwas mitzukriegen (w. 23, Sportjugend).*

Junge Frauen aus Organisationen wie Freiwilliger Feuerwehr oder Technischem Hilfswerk, die lange nur männliche Mitglieder aufgenommen haben, berichten nicht nur von freundlicher Aufnahme und Integration in diese traditionell männlich dominierten Organisationen, sondern auch von ihrem Kampf um Anerkennung, um akzeptiert zu werden und die gleichen Aufgaben übernehmen zu können wie die Männer:

*Ich habe mindestens zwei Jahre darum gekämpft, weil vorher wurde ich immer nur abgestempelt, wenn es um Jugendraum saubermachen ging oder irgendwie was Leichtes wegräumen, sozusagen die ‚Drecksarbeit'(…). Es gab wirklich einen Punkt, da habe ich gedacht: So, jetzt ist Schluss. Da habe ich mich dann aktiv gemacht, habe die anderen regelrecht da weg geschubst, dass ich dann auch was machen konnte und die gesehen habe, dass ich auch etwas Schweres tragen kann (…). Ja, und mittlerweile ist es auch wirklich so, dass, wenn ich jetzt die Gruppenführung habe und sage, was gemacht werden soll, dass die auch echt hören und mir, wenn wir wegfahren und es bleibt nur Spülen und Putzen über, dass sie nicht sagen: ‚Komm, mach!' sondern alle machen was. Ich sogar irgendwie schon als Letzte, weil die mich dann nicht immer so als typisches Mädchen abstempeln. Das finde ich auch sehr wichtig (w. 18, THW).*

Die Anerkennung als Gleiche/r mit gleichen Rechten in Bezug auf Partizipation und Mitbestimmung schildern insbesondere Engagierte aus der Gremienarbeit, wie beispielsweise dieser 16-jährige Schülervertreter, der dadurch Anerkennung erfährt, dass er als Vertreter der Jugend bei Sitzungen des Stadtrats mitreden und mit abstimmen kann, wenn es um städtebauliche Maßnahmen geht, die Kinder und Jugendliche betreffen:

*Da sind wir in der Planung beteiligt, (…) wir sagen, das könnte man so machen oder das machen wir lieber nicht. Gerade wir als Jugendliche, wir wissen, was wir wollen. Ein 50-Jähriger kann schlecht entscheiden, was ein Jugendlicher heute haben möchte, und da ist es für uns und für ihn gut. Wir sind da offiziell als Partner mit dabei (m. 16, SV).*

Wie sich in der *standardisierten* Erhebung zeigt, scheinen nach Meinung der befragten Engagierten ausreichende Partizipations- und Mitsprachemöglichkeiten in den meisten untersuchten Organisationen vorhanden zu sein (76 Prozent aller in ihrer Jugend Engagierten geben dies an; vgl. Kap. 3). Die Anerkennung und Bestätigung, die eine Einbindung in Mitbestimmungs- und Entscheidungsprozesse für Heranwachsende bedeuten kann, verdeutlicht dieses typische Beispiel einer ehemals Engagierten:

*Also du warst einfach wer, du warst auch schon mit sechzehn oder siebzehn schon wer. Also gerade in der Zeit, wo du in der Schule so, ach Gott, werde endlich erwachsen und guck mal, da hast du auf der anderen Seite am Tisch gesessen und dich über Haushalt unterhalten. Also du hattest finanzielle Verantwortung, du hattest Verantwortung für Mitgruppenleiter, du hattest Teilnehmer unter dir, hast Freizeiten gemacht. Du warst im Ehrenamt, ich weiß nicht, ob der Begriff passt, aber ich glaube, du warst erwachsener als du in der Schule noch gehalten wurdest. In der Schule war es immer so, der Lehrer ist oben und der Schüler ist unten. Und hier warst du auf einmal dadurch, dass du dich ehrenamtlich engagiert hast, auf einer ganz anderen Ebene mit anderen Menschen. Also ich habe es so empfunden, dass ich anders wahrgenommen wurde dadurch (w. 32, KLJB).*

Ein Jugendvertreter wertet es als Zeichen besonderer Anerkennung, dass er bei der Vollversammlung der deutschen Sportjugend den Landesverband vertreten durfte:

*Oder wenn man mal sehr viel Verantwortung bekommt und den ganzen Verband vertreten darf. Ich war bei der Vollversammlung der deutschen Sportjugend, als Delegierter für die Sportjugend. Das ist schon was sehr Besonderes dann. Dann fühlt man sich gleich sehr wichtig, dann ist man motiviert (m. 19, Sportjugend).*

*(3) Soziale Wertschätzung und Solidarität* erfahren Jugendliche durch die Anerkennung ihrer individuellen Fähigkeiten, Eigenschaften und Wertorientierungen. Die Erfahrung, Leistungen zu erbringen oder Kompetenzen einzusetzen, die für die Gemeinschaft wichtig sind und von den anderen als wertvoll anerkannt werden, vermittelt Selbstwertgefühl und dient der Selbstbestätigung (vgl. Sturzenhecker 2002). Honneth (1992) bezeichnet diese Anerkennungsformen als solidarisch. Viele Befragte nennen soziale Wertschätzung als Folge ihres Engagements, wie etwa diese jungen Frauen aus der freiwilligen Feuerwehr und der evangelischen Jugend:

*(...) weil man einfach eine Aufgabe hat und man ist auch (...) irgendwo geschätzt oder anerkannt" (w. 20, FFW). „Man weiß, dass hier Leute sind, die einen brauchen oder einen mögen, und man hat die Aufgaben (w. 15, Ev. Jugend).*

Ein junger Mann aus der DLRG erklärt, dass es für sein inzwischen langjähriges Engagement entscheidend war, dass Erwachsene ihm zugehört und damit Anerkennung gegeben haben:

*Das war auch das Erste, wie ich da als 16-jähriger Pimpf eigentlich im Ortsverband war. Da waren Erwachsene, die haben auf meine Stimme gehört. Wenn ich was gesagt hab, haben die zugehört. Das war ziemlich entscheidend, denk ich, auf meinem Weg (...), dass Erwachsene mir zugehört haben (m. 23, DLRG).*

Dass die Engagementbereitschaft gefördert wird, wenn man von den anderen in der Organisation gehört, beteiligt und wichtig genommen wird, findet sich in einer Reihe von Äußerungen ähnlich wie bei dieser Erwachsenen im Rückblick:

*Also das ist ein ganz zentraler Punkt, dass ich das Gefühl hatte, ich werde ernst genommen als Person, kann mich einbringen, und gut, das hab ich dann eben auch gemacht. Aber es hätte nicht funktioniert, wenn es nicht wirklich wichtige Menschen gegeben hätte, die mich ernst genommen hätten (...). Also es braucht Leute, die dann solche Räume aufmachen. Wo man weiß, man wird akzeptiert und wird auch mit dem, was man kann, mit seinen Kompetenzen auch gefragt und kann sich einbringen (m. 38, Ev. Jugend).*

Es finden sich viele Beispiele aus den unterschiedlichen Organisationen für die große Bedeutung, die der Anerkennung für die eigenen Leistungen durch wichtige andere Personen im Engagement zukommt. So schildert etwa ein 13-Jähriger, dass er in der Hip-Hop-Community „respect" erwirbt – ein Schlüsselbegriff dieser Jugendszene –, der sich zum einen an der Qualität seiner Musikproduktion misst, zum anderen an den organisatorischen Arbeiten (Konzertmanagement, Studioarbeit), die er für seine Mitmusiker leistet. Junge Gewerkschafter schildern, wie sie sich arbeitspolitisches und betriebswirtschaftliches Wissen aneignen und deshalb von den Kollegen geschätzt werden.

Die Interviews geben Hinweise, dass in der Organisation übernommene Aufgaben sowie Menschen, die die engagierten Jugendlichen brauchen und schätzen, ihnen die Botschaft vermitteln, dass sie als Person wichtig sind. Die Daten legen die Interpretation nahe, dass Heranwachsende durch die Übernahme von wichtigen Aufgaben und Verantwortung in gemeinnützigen Organisationen, durch Dabeisein und Mitmachen sowie durch Leistung und Kompetenz Anerkennung, Achtung, Solidarität und Selbstbestätigung erfahren können. Die Anerkennung ihres Könnens und Engagements durch für die Jugendlichen wichtige andere Menschen in der Organisation scheinen dazu beizutragen, diese Kompetenzen auch einzusetzen und handelnd und lernend zu vergrößern.

*Soziale Einbindung:* Als ein Hauptmotiv für ein Engagement Jugendlicher wurde der Wunsch nach sozialer Zugehörigkeit, nach Geselligkeit und Gemeinschaft genannt. Hierzu gehören auch die beschriebenen Formen der Anerkennung sowie die Unterstützung durch wichtige erwachsene Mitarbeiter. In allen untersuchten Organisationen wird Verantwortungsübernahme in sozialen Kontexten, mit anderen und bezogen auf andere, beschrieben. Gemeinsames Handeln wird von einer jungen Frau in der Feuerwehr als das Erleben von Zusammengehörigkeit und Gemeinschaft sowie gegenseitiger Verlässlichkeit und gegenseitigen Vertrauens geschildert. Die Mitarbeiterin einer Umwelt-Initiative berichtet, dass sie im Engagement, anders als in der Schule, von Menschen, die mit ihr auf der gleichen (politischen) Wellenlänge liegen, Verständnis für ihren politischen Einsatz erfährt.

Neben der Erweiterung von Wissen und Kompetenzen spielt soziales Kapital, d.h. (neue) persönliche Kontakte und Beziehungen in allen Organisationen eine große Rolle. Ein junger Rapper etwa konnte durch sein Engagement in einer Musik-Initiative viele nützliche Kontakte knüpfen, die seiner musikalischen Karriere zugute kommen. Ähnlich erzählen auch andere von Gefälligkeiten und Unterstützung im privaten Bereich über lose Beziehungen („weak ties") aus dem Engagement.

Viele Jugendliche berichten von neuen Bekannten und Freunden, die sie durch ihre freiwillige Tätigkeit gewonnen haben. Andere erzählen von deutschlandweiten Netzwerken, in die sie durch ihr Engagement eingebunden sind: *„Man lernt viele Leute kennen dann, also das ist eine große Kontaktbörse, die man dann über ganz Deutschland knüpfen kann"* (m. 18 DGB-Jugend).

Wie sich in den Interviews zeigt, kann ein Engagement in gemeinnützigen Organisationen Jugendlichen die Möglichkeit eröffnen, soziale Netze zu knüpfen und zu vergrößern. Die Befragten berichten von Bekannten und Freunden, die sie im Rahmen ihrer freiwilligen Tätigkeit gewonnen haben, wie dieser junge Mann aus dem kirchlichen Bereich:

> *Man hat so viele Stunden und Tage zugebracht, dort auch einen Halt zu finden, eine Gruppe zu haben, wo man weiß, man ist akzeptiert, da hat man seine Freunde. Mein Freundeskreis stammt nur von hier (...). Das prägt einen (m. 20, kath. Gemeinde).*

Es wird in einigen Interviews beschrieben, dass die Gemeinschaft in der Gruppe Halt und Anerkennung gibt und zum Teil als „zweites Zuhause" betrachtet wird (vgl. Reichwein/Freund 1992), wie etwa von diesem Pfadfinder:

> *Im Grunde ist das hier bei den Pfadfindern meine Familie. Außerhalb habe ich vereinzelt Freunde, aber nicht so was wie eine Clique. Meine Clique ist hier (m. 21, BdP).*

Andere, wie dieser Gewerkschaftsvertreter, erzählen von deutschlandweiten Netzwerken, in die sie durch ihr Engagement eingebunden sind:

> *Man lernt viele Leute kennen dann: Also das ist eine große Kontaktbörse, die man dann über ganz Deutschland knüpfen kann (m. 19, Gewerkschaftsjugend).*

Ebenso beschreibt er den Nutzen, den er durch vielfältige Kontakte auf regionaler Ebene gewonnen hat:

> *Ich habe dadurch so viele Leute kennengelernt und so viele Kontakte knüpfen können. Sei es mit der Polizei, die kennen mich da jetzt relativ gut, die Leute, oder mit dem Jugendring. Ich kann fast irgendwie behaupten, wenn ich ein Problem habe, dann habe ich einen, an den ich mich wenden kann (m. 19, Gewerkschaftsjugend).*

Für die Entwicklung der eigenen Identität sind Keupp (1999) zufolge Fragen nach sozialer Zugehörigkeit und gesicherten Beziehungen für Heranwachsende äußerst wichtig. In der Entwicklungspsychologie steht das Bedürfnis nach sozialer Einbindung gleichrangig neben dem nach Autonomie (vgl. Deci/Ryan 1985). Wie die Aussagen der qualitativen Erhebung nahelegen, lassen sich im Rahmen des freiwilligen Engagements Erfahrungen sozialer Zugehörigkeit machen, die über den sozialen Nahraum der Familie hinausgehen und den Handlungsspielraum sowie das Beziehungsnetz Heranwachsender erweitern. Nach Buhl/Kuhn (2005) ist für die Verbundenheit Heranwachsender gegenüber der Gemeinschaft oder Gruppe das Erleben von Anerkennung, Zugehörigkeit und Wertschätzung wichtig. Machen sie diese Erfahrungen, sind sie demzufolge häufig auch bereit, sich aktiv für die Gemeinschaft einzusetzen.

Wie dargestellt, scheint das Engagement Jugendlicher Erfahrungen von Autonomie, Kompetenz und Selbstwirksamkeit, von sozialer Einbindung, Anerkennung und Sinn zu ermöglichen. Diese Erfahrungen wiederum können – wie die Befunde der *qualitativen* Untersuchung zeigen – die Motivation Jugendlicher, längerfristig gesellschaftliche Verantwortung in den Organisationen zu übernehmen, fördern und verstärken und zugleich zu ihrer persönlichen Entwicklung beitragen.

### *2.2.4 Hindernisse für die Übernahme von Verantwortung*

Neben den genannten – die Verantwortungsübernahme Jugendlicher fördernden – Erfahrungen und Erlebnissen, berichten die befragten Jugendlichen aber auch von Barrieren, Hindernissen und Grenzen, die ihre Arbeit im Engagement erschweren.[14] Fasst man die in der *qualitativen* Untersuchung genannten Behinderungen des Engagements zusammen, werden zeitliche und inhaltliche Überforderung, mangelnde Unterstützung, Anerkennung und Kommunikation, Desinteresse anderer Jugendlicher, fehlendes Zutrauen durch Erwachsene, aber auch starre bürokratische Strukturen, zu wenig Macht und politischer Einfluss sowie nicht ausreichende Finanzmittel für die Arbeit sichtbar. Das heißt, es handelt sich zum einen um persönliche Behinderungen der Arbeit, und zwar sowohl durch die Engagierten selbst, die sich selbst ausbeuten, überfordern und nicht nein sagen können, als auch durch erwachsene Mitarbeiter, die die Jugendlichen entweder mit Aufgaben und Anforderungen überhäufen oder im umgekehrten Fall ihnen nicht zutrauen, verantwortungsvolle Aufgaben zu übernehmen. Zum anderen existieren aber auch strukturelle Behinderungen des Engagements wie etwa zu geringe Finanzen für die Arbeit oder starre hierarchische Strukturen, die nur durch politische oder verbandspolitische Entscheidungen verändert werden können.

Wer Verantwortungsübernahme lernen soll, muss auch Gelegenheiten dafür erhalten. Zutrauen in ihr Können, Ermutigung zur Verantwortungsübernahme und Anerkennung ihrer Bemühungen erhöhen die längerfristige Engagementbereitschaft Jugendlicher, ihre Freude an der Tätigkeit sowie ihre Lernchancen. Durch die „Unterstellung von Mündigkeit“ (Sturzenhecker 2004a, S.

14 Da es an dieser Stelle um die Barrieren und Hindernisse geht, die das Engagement bereits engagierter Jugendlicher erschweren, soll die Selektion engagierter Jugendlicher auf Grund ihre höheren Ausbildung und sozialen Herkunft (siehe Abschnitt Bildung) hier nicht thematisiert werden.

451), Verantwortungsbewusstsein und Selbstständigkeit scheinen genau diese Fähigkeiten Jugendlicher herausgefordert und gefördert zu werden.

## 2.3 Die Bereiche der Verantwortungsübernahme

Wie aus den beiden Freiwilligensurveys bekannt, engagieren sich Jugendliche vor allem im Bereich des Sports, im Freizeitbereich, in der Schule und in den Kirchen.[15] Ähnlich haben sich die Befragten der *standardisierten* Erhebung als Jugendliche insbesondere in kirchlichen Organisationen und Einrichtungen (22%) sowie im Sport (21%) engagiert (vgl. Tab. 2.2). Es folgen die Rettungsdienste (12%), die Jugendverbände (10%) und der Bereich Schule/Hochschule (9%). Eher gering fallen die Zahlen der früher Engagierten in Parteien und Gewerkschaften sowie im kulturellen Bereich aus.

*Tab. 2.2: Engagementbereiche der Engagierten nach Geschlecht (in %, ungewichtet, Spaltenprozent)*

| | Männlich | Weiblich | Gesamt |
|---|---|---|---|
| Kirchen, religiöse Org. und Einrichtungen | 19 | 25 | 22 |
| Sportvereine und -verbände | 24 | 18 | 21 |
| Rettungsdienste | 16 | 8 | 12 |
| Jugendverbände[1] | 9 | 11 | 10 |
| Schule/Hochschule | 8 | 10 | 9 |
| Parteien/Gewerkschaften | 6 | 7 | 6 |
| Kunst/Kultur | 5 | 4 | 5 |
| Sonstige | 9 | 12 | 10 |
| Privat/nicht zu ermitteln | 4 | 5 | 5 |
| Anzahl | 778 | 722 | 1.500 |

1 Hier sind alle Organisationen erfasst, die sich eindeutig Jugendverbänden zuordnen lassen, d.h. hier sind auch sportliche und konfessionelle Jugendverbände sowie solche im Bereich der Hilfs- und Rettungsdienste erfasst.

Quelle: Studie „Informelle Lernprozesse“

*Mädchen und junge Frauen* engagieren sich vor allem in kirchlichen Einrichtungen, im Sport, in Jugendverbänden und an den Hochschulen. Dabei ist ein kirchliches Engagement das häufigste. Rund ein Viertel aller engagierten

15 In der *qualitativen* Befragung wurden engagierte Jugendliche aus Jugendverbänden, Initiativen und der Schülervertretung befragt. Die Jugendorganisationen dieser drei Settings lassen sich weitgehend diesen Bereichen zuordnen.

Frauen hat sich im Bereich der Kirchen eingesetzt, während dies nur 19 Prozent der Männer von sich sagen. Männlich dominiert sind der Sport (24 Prozent der Männer und 18 Prozent der Frauen) und die Hilfs- und Rettungsdienste (16 Prozent der Männer gegenüber einem Anteil von acht Prozent bei den Frauen). Dennoch ist für Männer der kirchliche Bereich nach dem Sport das größte Engagementfeld.

In allen Bereichen geben mindestens 50 Prozent der hier freiwillig Engagierten an, auch in der Kinder- und Jugendarbeit, dem klassischen Einstiegsfeld für ein jugendliches Engagement, ehrenamtlich tätig gewesen zu sein (vgl. Tab. 2.3). In einigen Bereichen sagen dies 70 Prozent und mehr (z.B. Kirche: 74 Prozent).

*Tab. 2.3: Mehrfachengagement nach Bereichen (in %, ungewichtet)*

| Von Engagierten im Bereich... | geben ...% auch den folgenden Tätigkeitsbereich an | | | | | | |
|---|---|---|---|---|---|---|---|
| | Sport | Jugendarbeit | Schule | Rettung | Kunst | Politik | Kirche |
| Sport | | 64 | 32 | 20 | 16 | 13 | 35 |
| Jugendarbeit | 43 | | 32 | 15 | 20 | 14 | 51 |
| Schule | 39 | 58 | | 15 | 21 | 22 | 35 |
| Rettung | 45 | 50 | 28 | | 16 | 10 | 29 |
| Kunst | 36 | 66 | 38 | 16 | | 17 | 54 |
| Politik | 39 | 60 | 53 | 14 | 22 | | 38 |
| Kirche | 34 | 74 | 28 | 13 | 24 | 13 | |

Beispiel: von 64 % der Personen, die „Sport“ als Tätigkeitsbereich angeben, wird auch „Jugendarbeit“ genannt.

Quelle: Studie „Informelle Lernprozesse“

Das deckt sich mit den Aussagen des Freiwilligensurvey, wonach jugendliche Engagierte überwiegend in der Arbeit mit Kindern und Jugendlichen aktiv sind (70%). Über die Hälfte derer, die sich in der Kinder- und Jugendarbeit freiwillig betätigen, nennen auch die Kirchen als Feld ihres Engagements (51%). 43 Prozent nennen den Sport (vgl. Fauser/Fischer/Münchmeier 2006). 53 Prozent der im politischen Bereich Aktiven geben auch die Schülervertretung als Betätigungsfeld an und die im Bereich Schule/Schülervertretung Engagierten betätigen sich außer in der Kinder- und Jugendarbeit (58%) auch relativ häufig im Sport (39%) sowie im kirchlichen Engagement (35%). Immerhin noch 22 Prozent der im Bereich Schule Engagierten nennen auch ein Engagement im politischen Bereich.

Die angegebenen Hauptengagementfelder der befragten Engagierten in den *neuen Bundesländern* sind Sportvereine, Schule/Hochschule, Parteien und Gewerkschaften, wobei sie in Schule/Hochschule sowie Parteien und Gewerkschaften anteilsmäßig deutlich stärker vertreten sind als die gleichaltrigen Westdeutschen. Umgekehrt ist verglichen mit den Engagierten der westlichen Bundesländer das Engagement gering in der Kirche, in Jugendverbänden, im Kulturbereich und in den Rettungsdiensten. Als Erklärung kann herangezogen werden, dass die meisten der in der DDR geborenen Befragten ihre Kindheit und ihre Jugend bzw. einen Teil ihrer Jugend vor der Wende erlebten. Zudem scheinen die unterschiedlichen historischen Entwicklungen zwischen Ost und West in der Zeit von 1945 bis 1990 bis heute nachzuwirken (vgl. Fauser/Fischer/Münchmeier 2006). Die Kirche hatte in der DDR – auch auf Druck von Partei und Regierung – ihre herausragende Bedeutung für die Mehrheit der Bevölkerung verloren. Auch heute noch hat die Kirche in den östlichen Bundesländern nicht die hohen Mitgliedszahlen wie im Westen.[16] Die Mehrheit der Jugendverbände wurde erst nach der Wiedervereinigung vom Westen aus nach Ostdeutschland re-importiert. In den Interviews zeigt sich bei den kirchlich Engagierten in Ostdeutschland deutlicher als bei denen im Westen eine religiöse Begründung ihres Engagements (vgl. ähnlich auch Fauser/Fischer/Münchmeier 2006).[17] Den Interviews lassen sich Hinweise entnehmen, dass Jugendliche, die sich in Ostdeutschland im kirchlichen Umfeld engagieren, stärker als westdeutsche Jugendliche ein intensives religiöses Interesse und eine enge kirchliche Bindung aufweisen.

## 2.4 Tätigkeitstypen

In den *qualitativen* Interviews zeigte sich eine erstaunliche Bandbreite und Fülle an übernommenen Aufgaben. Von der cliquenzentrierten Freizeitgestaltung bis hin zur Gremienarbeit mit Personalverantwortung ergibt sich ein Kontinuum von Verantwortungsfeldern, in dem sich Jugendliche in der Regel freiwillig und selbstbestimmt bewegen können. Freiwillig engagierte Heranwachsende übernehmen Verantwortung für Inhalte, für die Organisationen ihres Engagements, für Räume und Fahrzeuge, für organisatorische Abläufe und Veranstaltungen, für Finanzen und Öffentlichkeitsarbeit, aber auch für sich selbst sowie

16 Allerdings zeigt sich im Zweiten Freiwilligensurvey eine deutliche Zunahme des kirchlichen Engagements ostdeutscher Jugendlicher, 2004 engagieren sich doppelt so viele Jugendliche wie 1999. Demgegenüber ist eine Abnahme des politischen Engagements bei den Jugendlichen der neuen Bundesländer zu konstatieren. Hier hat sich die Zahl der Engagierten von 1999 bis 2004 etwa halbiert (vgl. Gensicke/Picot/Geiss 2006, S. 180, 206).

17 Fauser/Fischer/Münchmeier (2006) kommen in ihrer Studie zu dem Ergebnis, dass für die kirchlich eingebundenen Jugendlichen in Ostdeutschland religiöse Inhalte eine weit wichtigere Rolle spielen als bei westdeutschen Jugendlichen.

insbesondere für andere Menschen, d.h. für Kinder, Jugendliche, Gleichaltrige, Hilfsbedürftige, andere Engagierte bis hin zur Personalverantwortung für professionelle Mitarbeiter.[18]

Um einen Überblick über die Bandbreite und Vielfalt an Verantwortungsbereichen und übernommenen Aufgaben zu gewinnen, die in den *qualitativen Interviews* genannt wurden, wurden die von den Jugendlichen aus dem Engagement geschilderten Tätigkeiten codiert. Aus den zahlreichen Codes wurden vier übergeordnete Schlüsselkategorien gebildet, aus denen sich die folgenden vier Verantwortungsbereiche und Tätigkeitstypen ergaben:

a) *Hilfeleistung und praktische Arbeiten – der/die praktische Helfer/in:* Dieser Typus findet sein Verantwortungsfeld insbesondere im Bereich von Hilfe und Lebensrettung sowie im handwerklichen und technischen Bereich. Zum Beispiel leistet er Erste Hilfe, birgt Verletzte, wartet Fahrzeuge oder erstellt Layouts wie folgende Tätigkeitsbeschreibungen aus unterschiedlichen Organisationen verdeutlichen:

   *Flyer am Computer gestalten (w. 18, Umwelt-Initiative), Umgang mit großen Sachen, Schere und Spreitzer (w. 18, THW), Rasen mähen, Hecke schneiden, Zäune reparieren (w. 18, Ev. Jugend), Dann krieg ich 'nen Sonnenstich gekühlt, 'ne Blutung gestillt, kann ich dem Luft zufächeln oder seine brennende Kleidung löschen (m. 23, DLRG).*

b) *Gruppenarbeit und Training mit Kindern und Jugendlichen – der/die Gruppenleiter/in oder Trainer/in:* Dieser Typ ist vor allem für Personen verantwortlich. Er arbeitet insbesondere mit Kindern und Jugendlichen, hält beispielsweise Gruppenstunden, begleitet Freizeiten Heranwachsender, schlichtet Konflikte oder trainiert junge Fußballer. Als typisches Beispiel sei ein junger Gruppenleiter zitiert:

   *Ich bin Jugendgruppenleiter für eine Jugendgruppe im Altersrahmen von sechs bis ungefähr 14 Jahren. Mein Aufgabenbereich besteht halt darin, dass ich Kinder und Jugendliche betreue, auf Fahrten und auch zweimal in der Woche in einer Gruppe. Meine Aufgabe besteht darin, dass ich mich mit den Kindern beschäftige und mit ihnen spiele, ihnen ein bisschen weiteres Denken beibringe, sich in die Gruppe zu integrieren und einfach auch mit anderen Kindern in der Gruppe Spaß zu haben (m. 16, Ev. Jugend).*

c) *Organisieren von Veranstaltungen aller Art, Verwaltungsarbeiten – der/die Organisator/in:* Die als „Organisatoren" bezeichneten ehrenamtlichen Mitarbeiterinnen und Mitarbeiter tragen Verantwortung für viele unterschiedliche organisatorische Aufgaben wie etwa das Planen und Durchführen von Fahrten, die Organisation und Leitung von Festivals, die Entwicklung von Projekten. Als seine Verantwortung bezeichnet z.B. ein Freiwilliger der Feuerwehr: „*Die ganze Organisation, sei's Planung, wie wird das gemacht, was für Sachen brauch i, wos für Leit brauch i*" (m. 24, FFW). Eine Mitarbeiterin

18 Etwa in der Landesschülervertretung oder im Vorstand eines Jugendverbands.

bei der DLRG berichtet, dass sie verantwortlich war für *„Einnahmen, Ausgaben, Buchführung machen und das alles im Überblick halten"* (w. 24, DLRG).

d) *Arbeit in Ausschüssen und Gremien – der/die Funktionär/in (oder auch der/die politisch Tätige):* Dieser Typ übernimmt insbesondere politische Verantwortung. Er ist aktiv in der politischen Arbeit, in der Interessenvertretung, er leitet u.a. Sitzungen und ist in einigen Fällen sogar für die Einstellung hauptberuflicher Mitarbeiter zuständig. *„Ich bin irgendwie in allen Gremien in der Jugend, die es gibt"* (m. 18, Gewerkschaft) antwortet z.B. ein junger Gewerkschafter auf die Frage nach seinen im Engagement übernommenen Aufgaben.

Auch in der *standardisierten* Erhebung wurde nach den Hauptinhalten der freiwilligen Tätigkeit gefragt (vgl. Tab. 2.4).

*Tab. 2.4: Hauptinhalte der Tätigkeiten der Engagierten (in %, ungewichtet, n=1.500)*

| Was waren die Hauptinhalte Ihrer freiwilligen/ehrenamtlichen Tätigkeit in der eben genannten Organisation? Ich nenne Ihnen jetzt mögliche Tätigkeiten. Bitte sagen Sie mir zu jeder, ob dies zutrifft oder nicht. Ging es überwiegend um… | Anteil „trifft zu" |
|---|---|
| Hilfeleistungen bei Unfällen und Katastrophen? | 13 |
| Verwaltungstätigkeiten? | 17 |
| die Aufarbeitung fachbezogener oder politischer Themen? | 25 |
| künstlerische Tätigkeiten, wie z.B. Musik, Theater, Video? | 32 |
| Beratung? | 34 |
| Interessenvertretung und Mitsprache in Ausschüssen und Gremien? | 37 |
| persönliche Hilfeleistungen? | 38 |
| Mittelbeschaffung, wie z.B. Spenden sammeln, Sponsoren ansprechen? | 41 |
| Informations- und Öffentlichkeitsarbeit? | 50 |
| pädagogische Betreuung, die Anleitung oder das Training einer Gruppe, z.B. in der Jugendarbeit, im Sport? | 68 |
| praktische Arbeiten, die geleistet werden müssen? | 75 |
| die Organisation und Durchführung von Veranstaltungen? | 80 |

Quelle: Studie „Informelle Lernprozesse"

Erwartungsgemäß werden eher allgemein formulierte Items wie „praktische Arbeiten, die geleistet werden müssen" (75%) oder „die Organisation und Durchführung von Veranstaltungen" (80%) von einem sehr großen Anteil der Befragten beantwortet, während spezialisierte Tätigkeitsbeschreibungen wie „Hilfeleistungen bei Unfällen und Katastrophen" (13%) oder „Verwaltungstätigkeiten" (17%) nur von einer kleinen Gruppe angegeben werden. Pädagogische Aktivitäten der Betreuung, Gruppenleitung oder des Trainierens Heranwachsender nennen 68 Prozent. Die Tätigkeitsschwerpunkte zeigen sich in ähnlicher Rangfolge auch im Zweiten Freiwilligensurvey für die Altersgruppe der 14- bis 24-Jährigen (vgl. Gensicke/Picot/Geiss 2006, S. 219).[19]

Auf der Grundlage der erhobenen Variablen wurde eine Clusteranalyse gerechnet[20], die eine Aufteilung der Gruppe der Engagierten in vier Cluster ergab. Diese wurden in Analogie zu den Tätigkeitstypen der *qualitativen* Analyse als „Praktische Helfer", „Gruppenleiter und Trainer", „Organisatoren" und „Funktionäre" bezeichnet, wenngleich es graduelle Unterschiede zwischen den Typologien gibt (vgl. Abb. 2.4).

Am bedeutsamsten beim Engagement Jugendlicher ist damit die Arbeit als „Organisator" (n=654), die mit 44 Prozent beinahe die Hälfte aller Tätigkeiten ausmacht. Jugendliche sind demnach in ihrem Engagement in hohem Maße für organisatorische Aufgaben verantwortlich. Dies bestätigt sich auch in den Freiwilligensurveys. Weitere 15 Prozent der Engagierten gehören zur Gruppe der „praktischen Helfer", also zum handwerklich-technischen und helfenden Tätigkeitstyp (n=226), ein Viertel (n=373) gibt eine Tätigkeit als „Gruppenleiter oder Trainer" an und 14 Prozent der Befragten lassen sich als „Funktionäre" einordnen (n=214). Etwa zwei Prozent (n=33) konnten aufgrund fehlender Angaben nicht klassifiziert werden.

19 Erstaunlich ist die hohe Anzahl der Personen in dieser Befragung, die den Bereich Öffentlichkeitsarbeit angeben (50%), während im Freiwilligensurvey nur 25 Prozent dies als Tätigkeitsinhalt angeben. Insgesamt werden aus der Sicht der befragten Erwachsenen auf ihr jugendliches Engagement für die einzelnen Tätigkeitsinhalte deutlich höhere Werte genannt als im Freiwilligensurvey, wobei berücksichtigt werden muss, dass sich die Angaben dieser Befragung retrospektiv auf das gesamte Engagement in der Jugend beziehen und zudem nur längerfristig Engagierte (mindestens ein Jahr) befragt wurden, während im Freiwilligensurvey das aktuelle, auch kurzfristige Engagement abgefragt wird. Vielleicht verzerrt die Erinnerung an das frühere Engagement auch die Angaben in Richtung auf eine Vergrößerung der übernommenen Aufgabenbereiche und Tätigkeitsfelder.

20 Es wurde hierbei auf der Grundlage des simple matching coefficient eine Clusteranalyse nach Ward gerechnet. Andere Verfahren sowie die Vorschaltung einer Hauptkomponentenanalyse erbrachten keine wesentlich anderen Resultate, so dass die empirisch am sinnvollsten erscheinende Lösung hier gewählt wurde. Die Anzahl der Cluster wurde nach Duda und Hart bestimmt.

*Abb. 2.4: Tätigkeitscluster (in %, nur früher Engagierte, ungewichtet, n=1.500,)*

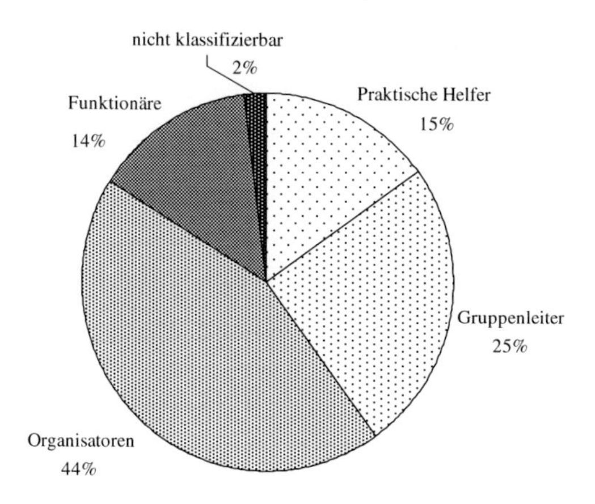


Quelle: Studie „Informelle Lernprozesse"

Da die Bezeichnungen der Cluster auf Benennungen einer *qualitativen* Typologie beruhen und die Zuordnung zu den Clustern nicht völlig trennscharf ist, sind in Tab. 2.5 die Anteile an den einzelnen Gruppen ausgewiesen, die angeben, dass die jeweils genannte Tätigkeit ein Schwerpunkt des freiwilligen Engagements gewesen sei.

a) Die Gruppe der „praktischen Helfer" beschreibt überproportional häufig ihre Tätigkeit als Hilfeleistung (Items 1 und 2). Zudem wird die Leistung praktischer Arbeiten betont (Item 3). Zwar geben auch in dieser Gruppe 58 Prozent der Befragten an, pädagogische Arbeit zu leisten, doch liegt dieser Wert deutlich unter dem der „Gruppenleiter" und „Organisatoren". Auch bei allen weiteren Items ist die Gruppe der „praktischen Helfer" deutlich unterrepräsentiert.
b) Das Cluster der „Gruppenleiter und Trainer" ist dadurch gekennzeichnet, dass bei den Items „pädagogische Betreuung" und „Organisation von Veranstaltungen" die höchsten Nennungen – auch im Vergleich zu den anderen Clustern – vorliegen. Auch diese Gruppe ist bei den übrigen Items unterrepräsentiert.
c) Auch die Gruppe der „Organisatoren" gibt pädagogische und praktische Tätigkeiten sowie die Organisation von Veranstaltungen an. Darüber hinaus beteiligt sich diese Gruppe jedoch auch zu einem nicht unerheblichen Anteil an Informations- und Öffentlichkeitsarbeit. Etwa jeweils die Hälfte arbeitet

in Gremien mit, kümmert sich um die Beschaffung von Mitteln und übt künstlerische Tätigkeiten aus. Während die ersten beiden Cluster also relativ stark spezialisierte Tätigkeitsprofile zeigen, haben „Organisatoren" generell ein breiteres Tätigkeitsspektrum.

*Tab. 2.5: Hauptinhalte der Tätigkeiten der Engagierten nach Tätigkeitscluster (in %, ungewichtet, n=1.500)*

| Was waren die Hauptinhalte Ihrer freiwilligen/ehrenamtlichen Tätigkeit in der eben genannten Organisation? Ich nenne Ihnen jetzt mögliche Tätigkeiten. Bitte sagen Sie mir zu jeder, ob dies zutrifft oder nicht. Ging es überwiegend um … | Anteil „trifft zu" (%) in Gruppe | | | |
|---|---|---|---|---|
| | Praktische Helfer (n=226) | Gruppenleiter und Trainer (n=373) | Organisatoren (n= 654) | Funktionäre (n=214) |
| (1) Hilfeleistungen bei Unfällen und Katastrophen? | 30 | 1 | 15 | 7 |
| (2) persönliche Hilfeleistungen? | 49 | 25 | 39 | 42 |
| (3) praktische Arbeiten? | 76 | 51 | 87 | 75 |
| (4) pädagogische Betreuung, Anleitung oder Training einer Gruppe? | 58 | 78 | 72 | 50 |
| (5) die Organisation von Veranstaltungen? | 11 | 95 | 93 | 88 |
| (6) Informations-/Öffentlichkeitsarbeit? | 15 | 9 | 73 | 89 |
| (7) Beratung? | 25 | 12 | 35 | 75 |
| (8) Interessenvertretung und Mitsprache in Ausschüssen und Gremien? | 4 | 7 | 51 | 82 |
| (9) die Aufarbeitung fachbezogener oder politischer Themen? | 10 | 9 | 18 | 92 |
| (10) Verwaltungstätigkeiten? | 5 | 5 | 20 | 39 |
| (11) Mittelbeschaffung, wie z.B. Spenden sammeln, Sponsoren ansprechen? | 24 | 19 | 53 | 56 |
| (12) künstlerische Tätigkeiten, wie z.B. Musik, Theater, Video? | 4 | 27 | 45 | 30 |

Quelle: Studie „Informelle Lernprozesse"

d) Das vierte Cluster der „Funktionäre" umfasst Personen, deren Tätigkeitsspektrum noch breiter ist als das der „Organisatoren", zugleich treten bei dieser Gruppe pädagogische Tätigkeiten stärker in den Hintergrund. Der Schwerpunkt der Aktivitäten liegt demgegenüber auf der Organisation und Durchführung von Veranstaltungen, Informations- und Öffentlichkeitsarbeit, Beratung, Interessenvertretung, Gremienarbeit, der Aufarbeitung fachbezogener oder politischer Themen sowie auf Verwaltungstätigkeiten.

Die Cluster stellen somit Schwerpunktsetzungen dar; dies bedeutet beispielsweise, dass pädagogische Tätigkeiten nicht auf die Gruppe der „Gruppenleiter und Trainer„ begrenzt sind, sondern auch ein großer Teil der Befragten aus den anderen Clustern dieses Item als zutreffend bewertet hat. Wichtig ist allerdings, dass Cluster a) „praktische Helfer" und b) „Gruppenleiter/Trainer" eine stärkere Spezialisierung von Tätigkeiten aufweisen als Cluster c) „Organisatoren" und d) „Funktionäre".[21] Entsprechend ihres Tätigkeitsprofils finden sich die unterschiedlichen Gruppen unterschiedlich häufig in den verschiedenen Bereichen und Organisationstypen (vgl. Abb. 2.5).

*Abb. 2.5: Verteilung der Tätigkeitstypen nach gesellschaftlichen Bereichen (in %)*

| | Praktischer Helfer | Gruppenleiter | Organisator | Funktionär |
|---|---|---|---|---|
| Parteien, Gewerkschaften | 3 | 10 | 19 | 68 |
| Schule/Hochschule | 8 | 11 | 47 | 34 |
| Jugendverbände | 6 | 24 | 56 | 14 |
| Kultur | 4 | 29 | 60 | 7 |
| Hilfs- und Rettungsdienste | 32 | 8 | 53 | 6 |
| Kirche, Religion | 11 | 37 | 47 | 6 |
| Sport | 18 | 40 | 38 | 4 |

Quelle: Studie „Informelle Lernprozesse"

Einen hohen Anteil „praktischer Helfer" weisen die Hilfs- und Rettungsdienste (32%) sowie in geringerem Maße der Sportbereich auf (18%). „Gruppenleiter und Trainer" sind überdurchschnittlich häufig in kirchlichen (37%) und Sporteinrichtungen (40%) sowie im musikalisch-künstlerischen Bereich (29%) und in Jugendverbänden (24%) engagiert, d.h. dass pädagogische Kompetenzen der Betreuung und Leitung sowie des Trainings von Gruppen insbesondere im Rahmen der Kirche, des Sports und der Jugendverbände gewonnen

21 Die Effekte, die dies hat, werden in Kapitel 4 zur Entwicklung von Fähigkeiten im freiwilligen Engagement aufgegriffen.

werden können. Im Kulturbereich wird der „Gruppenleiter“ anteilsmäßig nur noch vom „Organisator“ übertroffen (60%), der in den meisten Organisationen häufig vertreten ist. Organisatorische Aufgaben wie Planung und Durchführung von Treffen und Veranstaltungen, Verwaltungsarbeiten oder Informations- und Öffentlichkeitsarbeit spielen offensichtlich in allen Bereichen eine wichtige Rolle. Der „Funktionär“ schließlich hat – wie zu erwarten – sein Haupteinsatzfeld in Parteien und Gewerkschaften (68%), gefolgt von Schule und Hochschule (34%). Auch in Jugendverbänden ist er noch relativ häufig anzutreffen (14%).

Bezüglich der *Bildungsabschlüsse* zeigt sich bei den Tätigkeitstypen, dass die „praktischen Helfer“ mit 40 Prozent die niedrigste Abiturientenquote aufweisen. Die anderen Typen liegen eher bei 50 Prozent. Einen Hauptschulabschluss nennen jeweils zehn Prozent der „Helfer“ und „Organisatoren“, von den „Gruppenleitern“ besitzen fünf Prozent und von den „Funktionären“ sechs Prozent diesen Schulabschluss. Befragte Engagierte mit *Migrationshintergrund* verteilen sich auf die unterschiedlichen Tätigkeitstypen ähnlich wie die Engagierten ohne Migrationserfahrungen, wobei hier die geringe Anzahl der engagierten Personen mit Migrationsgeschichte berücksichtigt werden muss. Auch die Unterscheidung nach *Ost und West* zeigt bezüglich der Tätigkeitstypen keine gravierenden Differenzen. In Westdeutschland finden sich anteilsmäßig geringfügig mehr „Organisatoren“ und weniger „Funktionäre“ (14 Prozent gegenüber 17 Prozent) als in der ehemaligen DDR. Doch auch hier muss man auf Grund der geringen Anzahl Engagierter aus der ehemaligen DDR mit der Interpretation der Daten vorsichtig sein.

Betrachtet man die Verteilung der Tätigkeitstypen nach *Geschlecht*, so zeigt sich, dass Frauen bei allen Tätigkeitstypen in etwa gleich vertreten sind, etwas stärker bei den „praktischen Helfern“ (16 Prozent der Frauen gegenüber 14 Prozent der Männer) und etwas geringer bei den „Funktionären“ (14 Prozent der Frauen gegenüber 16 Prozent der Männer).

Diese annähernd geschlechtsparitätische Verteilung ändert sich allerdings, wenn man nach einer *Leitungs- oder Vorstandsfunktion* fragt. Da zeigt sich, dass 45 Prozent der Männer dies bejahen, aber nur 36 Prozent der befragten Frauen (im Zweiten Freiwilligensurvey 24 Prozent der Frauen, 32 Prozent der Männer).[22] Damit sind deutlich über die Hälfte der Leitungspositionen (57%) von Männern besetzt. Dies zeigt sich dem Freiwilligensurvey zufolge durchgängig für das Verhältnis von Männern und Frauen in Leitungspositionen in den Organisationen des freiwilligen Engagements. 2004 ist der Anteil von Frauen in Leitungspositionen gegenüber 1999 weiter gesunken (vgl. Gensicke/Picot/Geiss 2006). Es bedeutet zugleich, dass Frauen weniger Möglichkeiten erhalten, Leitungskompetenzen zu erwerben, vielleicht aber auch von sich

22 Allerdings könnte es sein, dass gerade ehemalige Gruppenleiter bei der Frage nach einer Leitungs- oder Vorstandsfunktion mit ja antworten, weil sie darunter ihr Amt als Gruppenleiter verstehen. Insofern sind bei dieser Frage Verzerrungen nicht auszuschließen (vgl. Kap. 3).

aus weniger Interesse daran haben, Vorstandspositionen und Ämter einzunehmen. Die Frage, ob für ihre im Engagement übernommenen Aufgaben in starkem Maße Führungsqualitäten erforderlich waren, bejahen 28 Prozent der Männer gegenüber 23 Prozent der Frauen. Ein Drittel der Befragten mit Migrationshintergrund (34%) gibt eine Leitungs- oder Vorstandsfunktion an, bei den Personen ohne Migrationshintergrund sind es 42 Prozent. Offensichtlich gelangen engagierte Jugendliche mit Migrationsgeschichte weniger leicht in solche Positionen und Ämter als andere. Betrachtet man die Tätigkeitstypen danach, inwieweit sie eine Leitungs- oder Vorstandsfunktion ausübten, zeigen sich – wie zu erwarten – die „Funktionäre" an der Spitze. 59 Prozent dieser Gruppe bejahen die Frage, gefolgt von den „Organisatoren" mit 48 Prozent. Bei den „Gruppenleitern" findet sich hier noch etwa ein Drittel (31%) und bei den „praktischen Helfern" noch 18 Prozent.

## 2.5 Zusammenfassung

Im Folgenden werden die wichtigsten Befunde dieses Kapitels mit Blick auf die Tätigkeitsarten und -felder im freiwilligen Engagement (a) sowie auf die sozialen Merkmale der Engagierten (b) zusammengefasst.

(a) Tätigkeitstypen und Tätigkeitsfelder

*Tätigkeitstypen:* Das Engagement der Jugendlichen lässt sich in beiden Erhebungen typologisch nach vier Tätigkeitsgruppen unterscheiden. Die wesentlichen Tätigkeitsinhalte jugendlichen Engagements sind demnach „Organisieren" (44%), „Gruppenarbeit und Training mit Kindern und Jugendlichen" (25%), „Arbeit in Ausschüssen und Gremien" (14%) sowie „handwerklich-technische Arbeiten und praktische Hilfeleistungen" (15%). Diesen Tätigkeitsprofilen entsprechen die vier Tätigkeitstypen „Organisator", „Gruppenleiter/Trainer", „Funktionär" und „praktischer Helfer". Der „Organisator" ist somit der am häufigsten vorkommende Tätigkeitstyp in den untersuchten Feldern des freiwilligen Engagements. Frauen sind bei allen Tätigkeitstypen in etwa gleich vertreten, etwas stärker bei den „praktischen Helfern" und etwas geringer bei den „Funktionären". In Leitungs- und Vorstandspositionen finden sich demgegenüber weniger Frauen als Männer. Dies zeigt sich ähnlich auch für Engagierte mit Migrationshintergrund.

*Tätigkeitsfelder:* Kirchliche Organisationen und Einrichtungen (22%) sowie Sportvereine (21%) sind die Hauptbetätigungsfelder der jungen Menschen. Es folgen Hilfs- und Rettungsdienste (12%), Jugendverbände (10%) sowie der Bereich Schule/Hochschule (9%). Eher gering fallen die Zahlen in Parteien und Gewerkschaften sowie im kulturellen Bereich aus. In allen Bereichen gibt über die Hälfte der hier früher freiwillig Engagierten an, mindestens zeitweilig auch in der Kinder- und Jugendarbeit ehrenamtlich tätig gewesen zu sein. Sie ist gewissermaßen das klassische Einstiegsfeld engagierter Jugendlicher.

Entsprechend ihres Tätigkeitsprofils finden sich die Engagierten unterschiedlich häufig in den verschiedenen Organisationen. Einen hohen Anteil des Typs „praktischer Helfer“ weisen die Rettungsdienste (32%) sowie in geringerem Maße der Sportbereich (18%) auf. „Gruppenleiter/Trainer“ sind überdurchschnittlich häufig in kirchlichen (37%) und Sporteinrichtungen (40%) sowie im musikalisch-künstlerischen Bereich (29%) und in Jugendverbänden (24%) engagiert. Im Bereich der Kultur wird der „Gruppenleiter“ anteilsmäßig nur noch vom „Organisator“ übertroffen (60%), der in den meisten Organisationen stark vertreten ist. Der „Funktionär“ schließlich hat – wie zu erwarten – sein Haupteinsatzfeld in Parteien und gewerkschaftlichen Organisationen (68%), gefolgt von Schule und Hochschule (34%). Auch in den Jugendverbänden ist er noch relativ häufig zu finden (14%).

(b) Soziale Merkmale der Engagierten

*Einstiegsalter:* Fast die Hälfte aller früher Engagierten hat bereits vor ihrem 15. Lebensjahr Aufgaben in den Organisationen übernommen. Bis zum Alter von 16 Jahren sind nach eigenen Angaben bereits etwa 80 Prozent der Befragten engagiert. Wenn Jugendliche die Schule verlassen, sind die entscheidenden Weichen für die Übernahme eines Engagements in der Regel schon gestellt.

*Zugangsmotive:* Die Auslöser für den Einstieg in ein Engagement sind überwiegend Freunde und Bekannte, die Familie sowie eigenes Interesse. Als besonders wichtige Motive werden Spaß an den Aktivitäten im Engagement, das Bedürfnis nach Geselligkeit und Gemeinschaft, das Interesse an den Inhalten und Zielen der Organisation sowie der Wunsch, etwas Sinnvolles zu tun, genannt. Engagierte Jugendliche wollen, so könnte man zusammenfassend sagen, gemeinsam mit anderen etwas für sich und andere tun, das sinnvoll ist und zugleich Spaß macht.

*Motive für ein längerfristiges Engagement:* Wie sich den *qualitativen* Interviews entnehmen lässt, können Jugendliche durch Verantwortungsübernahme im freiwilligen Engagement Erfahrungen von Sinn, Kompetenz und Handlungswirksamkeit, von Autonomie und zugleich von sozialer Einbindung und Anerkennung machen, welche der Lernmotivationsforschung zufolge psychische Grundbedürfnisse darstellen. Diese Erfahrungen wiederum können – wie die Befunde der *qualitativen* Untersuchung zeigen – die Motivation Jugendlicher, längerfristig gesellschaftliche Verantwortung in den Organisationen zu übernehmen, fördern und verstärken und zugleich zu ihrer persönlichen Entwicklung beitragen.

*Zunahme des sozialen Kapitals durch das Engagement:* Neben der Erweiterung von Wissen und Kompetenzen spielt der Erwerb sozialen Kapitals, d.h. der Aufbau (neuer) persönlicher Kontakte und Beziehungen, in allen Organisationen eine große Rolle. Wie die Aussagen der *qualitativen* Erhebung nahelegen, lassen sich im Rahmen des freiwilligen Engagements Erfahrungen sozialer Zugehörigkeit machen, die über den sozialen Nahraum der Familie hinausgehen und den Handlungsspielraum sowie das Beziehungsnetz Heranwachsender erweitern. Viele Jugendliche berichten von neuen Bekannten und Freunden, die sie durch ihre freiwillige Tätigkeit gewonnen haben. Zugleich werden Gefälligkeiten und Unterstützung im privaten Bereich über lose Beziehungen („weak ties") aus dem Engagement beschrieben. Andere berichten von deutschlandweiten Netzwerken, in die sie durch ihr Engagement eingebunden sind.

*Soziale Selektion:* Wie die Studie zeigt, ist gesellschaftliches Engagement als Ort kultureller und sozialer Ressourcen nicht für alle Jugendlichen gleichermaßen leicht zugänglich. Der Zugang zum Engagement sowie die Art des Engagements stehen in Zusammenhang mit den sozialen Ressourcen und den kulturellen Interessen im Elternhaus. Die Daten beider Erhebungen belegen ähnlich wie die beiden Freiwilligensurveys, dass sich überwiegend sozial gut integrierte deutsche Jugendliche mit höherer Schulbildung engagieren. Die entscheidende Voraussetzung für ein Engagement ist die schulische Qualifikation. Die Verfügbarkeit sozialen und kulturellen Kapitals stellt sowohl eine Voraussetzung als auch ein Ergebnis freiwilligen Engagements dar. Jugendliche aus sozial unterprivilegierten, partizipations- und bildungsfernen Bevölkerungsgruppen sind hier unterrepräsentiert. Somit stellen Lernprozesse im freiwilligen Engagement keine Kompensation sozialer Ungleichheit dar, sondern verstärken diese tendenziell noch.

# 3. Organisationen als Ermöglichungsräume

Im Folgenden soll der Frage nachgegangen werden, welche Rolle die strukturellen Rahmenbedingungen der Organisationen für informelle Lernprozesse im freiwilligen Engagement spielen. Dabei wird von der Annahme ausgegangen, dass die Freiwilligenorganisationen Jugendlichen besondere, von anderen Lernfeldern unterscheidbare, Lerngelegenheiten bieten. Es wird zu fragen sein, welche Bedeutung diesen Settings hinsichtlich des Erwerbs von Kompetenzen gegenüber anderen Lernorten zukommt, welche Unterschiede es zu diesen aber auch zwischen den einzelnen Freiwilligenorganisationen bzw. Organisationstypen gibt.

Einschränkend muss bemerkt werden, dass die Anlage der Studie keinen vollständigen Blick auf die Organisationen und ihre Strukturen zulässt. Die qualitative sowie die standardisierte Befragung richteten sich an aktuell oder ehemals engagierte Freiwillige und die hier vorgestellten Ergebnisse können nur auf deren subjektivem Blick beruhen. Eine dezidiert organisationssoziologische Perspektive wurde nicht verfolgt. So bezieht sich dieser Beitrag auch in erster Linie auf die Ergebnisse der qualitativen Interviews mit Jugendlichen und Erwachsenen aus den Settings Jugendverbände, Initiativen und Interessenvertretungen, wobei zu Fragestellungen, die Mitsprachemöglichkeiten, Leitungsfunktionen, Ansprechpartner und Hauptberufliche betreffen, auch Ergebnisse der standardisierten Telefonbefragung hinzugezogen werden.

Ein Blick auf die Organisationsstrukturen aus der subjektiven Sicht der Befragten kann den Vorteil haben, dass diese weniger von verbandsideologischen Denkmustern geprägt ist, als die Sicht der Funktionsträger an den Organisationsspitzen und dementsprechend in den Interviews seltener offiziöse Verlautbarungen und programmatische Aussagen zu erwarten sind. Dies wurde in den Interviews, insbesondere mit jüngeren Befragten ohne Leitungsfunktion, bestätigt.

Wenn Benedikt Sturzenhecker, als Vertreter einer verbandsnahen Jugendarbeitsforschung, die besonderen Strukturcharakteristika der Jugendarbeit mit „Freiwilligkeit“, „Offenheit“ und „Diskursivität“ (vgl. Sturzenhecker 2003, S. 303ff.; 2004a, S. 444ff.) beschreibt und davon ausgeht, dass diese von besonderer Funktion für Bildungsprozesse im Jugendalter sind, dann soll anhand der empirischen Ergebnisse überprüft werden, ob und in welcher Ausprägung sich diese Strukturcharakteristika in den Jugendverbänden, aber auch in den Initiativen und Interessenvertretungen feststellen lassen. Dabei ist mit „Freiwilligkeit“ in diesem Kontext die individuelle Bereitschaft zur Teilnahme und zum Engagement (vgl. Sturzenhecker 2004a, S. 444ff.; auch Delmas/Reichert/

Scherr 2004, S. 87) gemeint, „Offenheit“ erscheint als ein Attribut der Organisationen, welches in erster Linie der Verhandelbarkeit von Zielen, Inhalten und Arbeitsweisen geschuldet ist, sich aber auch auf das Fehlen von Machtmitteln, insbesondere bei der Telnehmer- und Mitarbeitergewinnung, bezieht (vgl. Sturzenhecker 2004a, S. 445), und mit „Diskursivität“ sind die, in der Regel pädagogisch vermittelten, Aushandlungsprozesse zwischen Institutionen und Individuen gemeint (vgl. ebd., S. 446).

Neben diesen Strukturcharakteristika, mit denen sich die Organisationen des freiwilligen Engagements von anderen Sozialisationsfeldern abgrenzen lassen, die sich aber auch hier in unterschiedlicher Ausprägung finden, spielen weitere Faktoren, wie Aufgabenstellung, materielle Ausstattung, hauptberufliche Unterstützung oder formelle und informelle Möglichkeiten der Partizipation eine Rolle, wenn man Aussagen über die Rolle der strukturellen Rahmenbedingungen des Lernens im Engagement treffen will.

Anhand folgender Fragestellungen soll versucht werden, ein schärferes Bild von den Rahmenbedingungen des Engagements zu zeichnen:

- Wie gestaltet sich der Einstieg in die Organisationen und in besondere Aufgabenfelder?
- Was wissen Jugendliche über die Strukturen ihrer Organisation?
- Wie werden sie in die Strukturen eingeführt?
- In welchen Arbeitsformen und Gruppenkonstellationen sind Jugendliche tätig?
- Welche Formen der organisationsinternen Partizipation nutzen sie?
- Welche Gestaltungsräume können sie nutzen? Auf welche Grenzen stoßen sie dabei?
- Wie gestaltet sich die Zusammenarbeit mit Ansprechpartnern und Hauptberuflichen?
- Welche non-formalen Bildungsangebote können genutzt werden?
- Welche Rolle spielen organisationsübergreifende Netzwerke?
- Wie unterscheiden sich die Strukturen der untersuchten Settings von anderen Lernkontexten?

## 3.1 Einstiege

Die Phase, in der Jugendliche entweder in die Organisationen selbst oder in besondere Aufgabenfelder einsteigen, erscheint besonders geeignet, um deren von Sturzenhecker benannten Strukturcharakteristika empirisch nachzugehen.

Analog zu Erkenntnissen aus der Jugendkulturforschung lassen sich die Settings des freiwilligen Engagements als Szenen beschreiben, die aus einem inneren Kern (Vorstände, Engagierte, Hauptberufliche), den Mitgliedern[1] und eher am Rande der Organisation zu positionierenden Sympathisanten bestehen (vgl. Hitzler/Bucher/Niederbacher 2001, S. 211ff.). Zu ähnlichen Ergebnissen für die Jugendverbandsarbeit kommt auch Gängler, der zwischen *Konsumenten, Stammkunden, klassischen Mitgliedern* und *ehrenamtlich Engagierten* unterscheidet (vgl. Gängler 2001, S. 901). Allerdings sind die Grenzverläufe häufig nicht genau zu definieren und die Übergänge zwischen den einzelnen Ebenen der Einbindung und Verantwortung fließend. Diese *„Alltagsoffenheit"* (Münchmeier 2004, S. 15) birgt für die Organisationen Probleme. So haben viele Organisationen bis heute Schwierigkeiten, genaue Mitgliederzahlen oder Zahlen ihrer Engagierten zu erheben (vgl. Steegmüller/Wenzl 2004, S. 32; Fauser 2004, S. 29; Grunert 2005, S. 28; Fauser/Fischer/Münchmeier 2006, S. 103ff.), ist aber gleichzeitig *„ihre riesengroße Stärke, die sie niemals antasten dürfen"* (Münchmeier 2004, S. 15[2]). Gerade diese Offenheit ermöglicht Jugendlichen einen niedrigschwelligen Zugang in die Organisationen selbst aber auch in Positionen verschiedener Verantwortungsgrade.

Wie oben gezeigt wurde, engagieren sich ca. 80 Prozent der befragten Freiwilligen zum ersten Mal mit 16 Jahren oder früher, etwa 14 Prozent haben ihr erstes Engagement mit 17 oder 18 Jahren aufgenommen und nur ca. 7 Prozent mit 19 Jahren oder später (vgl. auch Düx 1999, S. 118). Dies bedeutet, dass ein Großteil der Befragten sich in der durch Orientierungssuche und Ausprobieren geprägten Phase der Pubertät zu einem Engagement entschließt, wobei der Einstieg häufig über familiäre oder freundschaftliche Kontakte geschieht.

In der Regel zeigen sich die Organisationen offen für Personen, die zum privaten Freundeskreis der Organisationsmitglieder oder der Engagierten gehören. Sie binden diese in ihre Aktivitäten ein und gestalten so den Übergang zu verbindlicheren Formen der Beteiligung sehr niedrigschwellig. Wenn Jugendliche in den Interviews von Einstiegsprozessen berichten, wird deutlich, dass die Grenzen zwischen privaten Peergroup-Beziehungen und der Zugehörigkeit zu Organisationen nicht immer klar zu definieren sind. Dies kann als Offenheit der Organisationen gewertet werden und ist, so legen es die Intervie-

---

1 Im Verlauf der Modernisierungsdebatte haben die Jugendverbände zunehmend Abstand vom klassischen Mitgliederbegriff genommen. So unterscheidet der Landesjugendring Baden-Württemberg (1997, S. 7f.) z.B. zwischen einer *informellen Mitgliedschaft*, der *Mitgliedschaft auf Zeit* und einer *formalen Mitgliedschaft*.

2 Münchmeier bezieht sich hier auf die Jugendverbände.

wergebnisse nahe, die gängigste Form der Mitglieder- und Freiwilligengewinnung.

In ihrer Studie zur Evangelischen Jugend bezeichnen Fauser/Fischer/Münchmeier das Fehlen von familiären oder freundschaftlichen Kontakten sogar als ein Ausschlusskriterium für den Einstieg in eine Gruppe (vgl. Fauser/Fischer/Münchmeier 2006, S. 93ff.). Was für den kirchlichen Bereich zutreffen mag, konnte in der vorliegenden Untersuchung für andere Felder nicht festgestellt werden. Jugendliche finden den Einstieg auch über ihre eigenen fachlichen oder politischen Interessen und bewegen sich individuell auf die Organisationen zu, wie diese Greenpeace-Mitarbeiterin:

> *Ja, also, ich wollte was für die Umwelt tun, mich mal einsetzen und immer nicht nur reden und reden und ja, das ist schlecht … und dann hab ich erst mal im Internet geguckt und bin dann auf die Seite (der örtlichen Gruppe; E. S.) gekommen und da war dann halt eine Telefonnummer und da hab ich einfach mal angerufen und dann bin ich einfach mal vorbei gekommen (w. 15, Greenpeace).*

Dieser junge Mann aus dem THW hat einen ähnlichen Weg des Einstiegs gewählt:

> *Ich surf gern im Internet, und da bin ich halt auch mal auf thw.de gekommen, und dann hab ich mir gedacht: Ja, das gibt´s bei uns auch so was, und dann hab ich halt dann mal M. (Ortsname; E. S.) eingegeben und dann kamen vier Ortsverbände, gibt es hier in M., und dann kam ich halt auf M.-West, das ist eigentlich das Nächste. Und dann bin ich einfach mal hingefahren, hab gefragt, dass ich mir das anschau, und die haben mir alles gezeigt. Alles, also die Unterkunft hier. Das hat mir eigentlich ziemlich gut gefallen, haben sie gesagt, ich soll mal am Mittwoch kommen und mir das anschauen, und da bin ich halt zum THW gekommen (m. 15, THW).*

Insbesondere am letzten Beispiel lässt sich zeigen, wie die strukturellen Charakteristika „Freiwilligkeit“ und „Offenheit“ zusammenwirken. Der junge Engagierte recherchiert aus eigenen Stücken und fachlichem Interesse im Internet, ergreift die Initiative und stattet der Einrichtung einen Besuch ab. Diese zeigt sich ihm gegenüber offen und es gelingt, ihn für die Arbeit zu gewinnen.

In anderen Fällen ist es politisches Interesse, welches die Freiwilligen die Initiative ergreifen lässt. So berichtet eine Erwachsene, dass sie mit 17 Jahren nach einer Gruppierung gesucht hat, in der sie ihre politischen Vorstellungen verwirklichen konnte. Dass sie diese Suche schließlich zu den Jungsozialisten führte, begründet sie mit deckungsgleichen Interessen aber auch mit der aktiven Ansprache seitens der Organisation. Im folgenden Fall kommt zum politischen Interesse ein einschneidendes persönliches Erlebnis hinzu:

> *Ich habe mich schon seit der neunten, zehnten. Klasse sehr stark für Politik interessiert und habe immer geguckt, was kann man so hier in der Region machen, was mit Politik zu tun hat. Dann kam es dazu, dass ich mit ein paar Freunden irgendwo gefeiert habe und als dann die Feier vorbei war und wir um eins nach Hause gingen, wurde ein Freund von mir von Nazis überfallen. Da hat es dann in meinem Kopf klick gemacht, jetzt musst du mal was gegen Nazis machen, dich einbringen, wo du*

*was machen kannst. Dann habe ich geguckt, was gibt es in der Region. Da bin ich auf die Aktion Zivilcourage gekommen und habe dann einfach mal hier angerufen und habe gefragt, kann ich mitmachen. Dann wurde mir gesagt: klar, komm einfach mal mittwochs zum Plenum (m. 20, Aktion Zivilcourage).*

Wenn alle Interviewten berichten, dass der Erstkontakt zu den Organisationen aufgrund familiärer oder freundschaftlicher Beziehungen oder aus Eigeninitiative erfolgt ist[3], und in keinem der Interviews von zielgerichteten Anwerbestrategien der Organisationen berichtet wird, lässt sich daraus schließen, dass die Organisationen sich weitgehend auf diese Form der Mitgliedergewinnung verlassen. Wobei in den oben dokumentierten Beispielen bereits deutlich wird, dass Offenheit alleine nicht ausreicht. Eine aktive Ansprache schon bei der ersten Kontaktaufnahme erscheint als unabdingbar.

Ob Jugendliche nach den ersten Kontakten in den Organisationen bleiben, hängt von vielen Faktoren ab, für die Wehr/Lehmann, in Bezugnahme auf Keupp, den Begriff *biografische Passungen* (vgl. Wehr/Lehmann 2002, S. 44) verwenden. Gemeint sind damit Situationen, in denen die individuellen Bedürfnisse und Motive bestimmter Lebensphasen mit den Möglichkeiten und Nutzenversprechungen der Organisationen übereinstimmen.

Diese Passungsverhältnisse gewinnen an Bedeutung, wenn Jugendliche aus dem reinen Mitgliedstatus heraustreten und Verantwortung übernehmen. Der Statuswechsel zum freiwillig Engagierten erfolgt oft sukzessive und scheint, zumindest aus Sicht der Befragten, häufig ungeregelt zu erfolgen. Die Jugendlichen werden von Hauptberuflichen oder anderen Engagierten angesprochen, ob sie Aufgaben übernehmen wollen. Andere werden gewählt oder suchen sich ihre Tätigkeitsfelder selbst. Der Zugang zu verschiedenen Verantwortungsbereichen kann über eine vorherige Mitgliedschaft, aber in Einzelfällen auch ohne diese erfolgen:

*Ich bin einfach dazu gestoßen, um mal am Training teilzunehmen und dann auch da Training zu halten. Ich wusste damals nicht, dass ich das irgendwann als Chef machen sollte (m. 21, Ev. Jugend).*

Sogar zur Besetzung von Vorstandspositionen ist nicht immer der Weg über eine Mitgliedschaft und ein vorausgehendes Engagement notwendig:

*Dann kam ich in die Ausbildung rein und es hat mir tierisch gestunken, da es doch ziemlich viele Probleme gab. Dann hab ich mich einfach mal auf die Wahlliste setzen lassen und zack, war ich Vorsitzender, weil es kein anderer machen wollte (m. 22, Gewerkschaft).*

Einzelne Formulierungen in den Interviews lassen erkennen, dass die Aufforderung zur Übernahme von Verantwortung für die Jugendlichen häufig überra-

3 Zu ähnlichen Ergebnissen kommen Wehr/Lehmann in ihrer qualitativen, acht Interviews umfassenden Studie „Jugendverbände als biografisch bedeutsame Lebensorte“ (vgl. Wehr/Lehmann 2002, S. 129f.).

schend erfolgt und man – zumindest von ihrer Seite aus betrachtet[4] – nicht von einer bewussten Karriereplanung in der Freiwilligenarbeit sprechen kann:

*Der erste Kontakt war mit knapp 13, da bin ich in den Jugendverband die katholische Landjugendbewegung eingetreten und mit 16 Jahren und 2 Monaten bin ich überfallartig motiviert worden, als Vorsitzende der Ortsgruppe zu kandidieren und bin dann auch gewählt worden (w. Erw., KLJB).*

Die nachfolgende längere Sequenz aus einem Gespräch mit einem Mitglied der Landesschülervertretung NRW zeigt sehr deutlich, wie stark auch ein Weg in eine derart profilierte Position von persönlichen Bekanntschaften, Zufällen aber auch von persönlichem Interessen sowie von offenen Organisationsstrukturen abhängig sein kann:

*Das war dann ab der Elf, wo ich dann zum ersten Mal über die Schülerzeitung Kontakt zur Schülervertretung hatte und hatte das große Glück, dass in der 10. Klasse zwei meiner besten Schulfreunde die SchülerInnensprecher an der Schule waren. Ich war eben Chefredakteur an der SchülerInnenzeitung und dann wurde das eben plötzlich eine noch engere Vernetzung. Da wir uns ein Büro teilen mussten, wie das nun mal eben oft an den Schulen so ist, bekam man dann auch einen stärkeren Einblick in deren Arbeit und wir haben auch viele Aktionen von denen sozusagen publizistisch unterstützt, wenn man das in diesem kleinen Rahmen so sagen kann. Und ich bin dann im Grunde so ein Mitglied des erweiterten SV-Teams gewesen, ohne gewählt worden zu sein. Erst in der Elf, als diese beiden Freunde dann ein Jahr in Amerika waren, also die waren dann weg und dann bei uns in der Jahrgangsstufe dieses Engagement wegbrach und ich der Einzige war, der wirklich auch langfristig dabei gewesen war, habe ich dann gesagt: ,O.k., dann kandidiere ich mal für den Jahrgangsstufensprecher'. Ist ja ein Amt, das es vorher so nicht gibt, das ist ja auch in der Elf dann ganz neu und bin dann ganz überraschend mit ganz haushoher Mehrheit dann zum ersten Jahrgangsstufensprecher gewählt worden. Dann war ich auch gleich Mitglied der Schulkonferenz und Vorsitzender unserer Bezirksdelegation und (…) dann bin ich natürlich auch zur Bezirksschülervertretung gegangen und bin darüber dann zur Landesdelegiertenkonferenz. Aber ich hatte wirklich keine Ambitionen, irgendwie landespolitisch was zu machen. Mein Blickwinkel war ein ganz anderer.*

*I: Wie kommt man dann da hin?*

*Ja, da war bei mir wirklich ein Unfall, dass mich Freunde mitgeschleppt haben, die halt Landesdelegierte waren. Die sagten: ,Willst du nicht mal mitkommen?' Und ich fragte, ob das denn so spannend ist, denn man stellt sich das ja so öde vor. Was schon ,Landesdelegiertenkonferenz' heißt, stellt man sich eher öde vor. Ich wusste aber auf der anderen Seite, dass die Arbeit im Bezirk mir immer sehr viel Spaß gemacht hatte und dann fuhren noch ein paar andere Freunde mit. Dann kam ich da eben hin, das war erst alles sehr langweilig für mich, denn ich kannte ja niemanden. Ich habe dann in einem Workshop gesessen und da ist dann wohl aufgefallen, dass ich doch ganz fit und helle war und zumindest meine eigenen Ideen sehr offen äußer-*

4 Inwieweit eine derartige Personalentwicklung bewusst von Hauptberuflichen oder den verantwortlichen Freiwilligen der Organisationen betrieben wird, wurde aufgrund der Anlage der Studie nicht erhoben.

*te, wo andere dann saßen und sich nicht trauten, irgendwas zu sagen. Nach dem Workshop sprach mich dann mein ehemaliger Kollege und jetzt mein bester Freund (...) an: ,Hör mal, willst du nicht im Landesvorstand kandidieren, am Sonntag?'. Dann haben die so eineinhalb Tage inklusive einer Nacht gebraucht, mich zu überzeugen. Und dann habe ich noch so gehadert, als die mir erzählt haben, was das alles so mit sich bringt und wie schwierig das mitunter sein kann, gerade auch für die schulische Laufbahn und so, aber ich habe dann doch gesagt: Ich mache das mal. Ich bin dann tatsächlich auch gewählt worden. (...) Das war noch zu Zeiten, da gab es noch wirklich knallharte Kandidaten- und Kandidatinnenbefragungen. Deswegen war das für mich damals ein Wunder, dass ich da trotzdem so deutlich gewählt worden bin. Das gibt es heute so nicht mehr (m. 19, LSV).*

Diese Gesprächssequenz ist auch ein gutes Beispiel dafür, welche Rolle der Diskurs in solchen Prozessen der sukzessiv steigenden Verantwortungsübernahme spielt. Auch in anderen Gesprächspassagen berichtet der Befragte von durchdiskutierten Nächten, die für seine Arbeit typisch scheinen. Strukturell betrachtet erscheint es demzufolge wichtig, dass die Organisationen den Raum und die Gelegenheit für ungeplante, unstrukturierte und ausufernde Kommunikationsprozesse schaffen. Informelle Runden nach Sitzungen oder Seminaren scheinen, wie das obige Beispiel zeigt, hierzu besonders gut geeignet zu sein. Für die Verantwortlichen der Organisationen bedeutet dies, dass auch sie bereit und fähig sein müssen, sich auf Diskussionen jenseits von Tagesordnung, Protokoll und festen Arbeitszeiten einzulassen.

Gleichzeitig lässt sich diese Sequenz auch so interpretieren: Die Gelegenheit, sich mit Gleichgesinnten auszutauschen, die Nächte durchzudiskutieren, zu feiern, Selbstbestätigung zu finden, aber auch etwas zu bewirken, trifft auf Bedürfnisstrukturen des Befragten, die mit den Angeboten und Arbeitsweisen der Organisation genau zusammenpassen. Der oben zitierte Landesschülervertreter sagt selbst, dass ihm die vordergründig als anstrengend beschriebenen Arbeitsphasen besonderen Spaß machen. Die Organisation eröffnet – geplant oder nicht – einen Raum, in dem der Befragte sich in einer konkreten biografischen Phase wohlfühlt und sich mit seinen Bedürfnissen, Wünschen und Zielen angenommen fühlt. Damit sind die notwendigen Passungen für den Einstieg in ein Engagement gegeben.

## 3.2 Wissen über Strukturen

Es darf vermutet werden, dass Jugendliche im Verlauf ihres Engagements auch etwas über die Organisationen, in denen sie tätig sind, über deren Strukturen, Zielsetzungen und Geschichte lernen. Um dies zu überprüfen wurden in den Interviews einige direkte Fragen zu diesem Thema gestellt. Außerdem lassen sich aus einer Reihe von Interviewsequenzen, die sich auf andere Fragestellungen beziehen, Rückschlüsse auf das Organisationswissen der Jugendlichen ziehen.

Der folgende Auszug aus einem Gespräch mit einer seit mehreren Jahren auf der örtlichen Ebene aktiven Umweltaktivistin ist ein recht gutes Beispiel für vages Organisationswissen bei Personen, die sich selbst nicht in übergeordnete Strukturen einbringen:

*I: Weißt du, wie Greenpeace so aufgebaut ist? Kennst du die Strukturen?*

*Ja, ich kenne sie so ungefähr. Ich weiß, dass die Zentrale in Hamburg ist und dann gibt es diese ganzen Ortsgruppen. In den Ortsgruppen gibt es dann die verschiedenen Gruppen.*

*I: Weißt du auch, welche Gremien für Mitbestimmung, Entscheidungsgremien es gibt?*

*Da ist unsere Jugend jetzt nicht so mit eingebunden. Sonst ist es so, dass es immer ein Plenum gibt. Da werden auch immer irgendwelche Sprecher gewählt und so. Aber wir sind nicht stimmberechtigt, weil wir nicht zu diesem Plenum hingegangen sind.*

*I: Wenn ihr hingehen würdet, wärt ihr stimmberechtigt?*

*Ja, eigentlich ist man das, glaube ich, nach einem halben Jahr oder noch kürzer. Aber da muss man auch immer hingehen. Und für uns war das jetzt zweimal in der Woche zu viel.*

*I: Deshalb habt ihr das nicht genutzt?*

*Aber es ist schon etwas hierarchischer strukturiert. Es muss alles, was man macht, auch von Hamburg genehmigt werden, weil Greenpeace einfach auch ein Name ist, den jeder kennt und dann kann man nicht einfach etwas unter dem Namen von Greenpeace machen. Man ist natürlich auch etwas sauer, wenn man etwas machen will, und es wird nicht genehmigt (w. 18, Greenpeace).*

Auch wenn die junge Frau im gesamten Interviewverlauf als sehr informiert und engagiert erscheint, wird deutlich, dass die Organisationsstrukturen nicht ihr bevorzugtes Wissensgebiet sind. Ein Grund kann sein, dass das Interesse an Umwelt- und Entwicklungsthemen ausschlaggebend für ihr Engagement sind, weitere Gründe scheinen in der Komplexität und hierarchischen Verfasstheit der Struktur dieser Organisation zu liegen. Die Möglichkeiten der Beteiligung erscheinen ihr unzureichend. Dementsprechend gering ist das Interesse an den strukturellen Gegebenheiten ihrer Organisation ausgeprägt. Ähnlich lückenhaftes Organisationswissen findet sich bei einer Reihe von (jüngeren) Befragten ohne leitende Funktion.

Wie zu erwarten war, hängt das, was engagierte Jugendliche über ihre Organisationen und deren Strukturen wissen, in erster Linie von ihrer Funktion und dem Grad der übernommenen Verantwortung ab. Aus der folgenden Passage aus einem Interview mit einem jungen Mann aus der Diözesan-Jugendleitung der Deutschen Jugendkraft, einem katholischen Sportverband, spricht bereits der Funktionär und Politiker:

*Ich denke, man könnte einige Sachen evtl. noch straffer organisieren. Gewisse Dinge sind einfach unumgänglich und das gehört einfach zur Demokratie dazu. Man soll in Jugendverbänden Demokratie lernen, wie Beschlüsse getroffen werden, wie gewählt wird und so weiter und so fort. Das sind Dinge, die auf den ersten Blick lästig erscheinen, auf dem zweiten Blick aber unheimlich gut sind, in meinen Augen. Da dort auch vielleicht in gewisser Form selektiert wird, also wer wirklich sich dafür interessiert, kommt auch nur an gewisse Dinge ran. Man darf die ganze Sache halt nicht einfach nur so simplifizieren. Das sind die ganzen Strukturen und auf dem ersten Blick denkt man, mein Gott, muss das sein? Müssen wir unbedingt so einen Diözesantag haben, wo alles gewählt wird und auf dem zweiten Blick macht es unheimlich viel Sinn, um, wie gesagt, Demokratie zu gewährleisten (m. 20, DJK).*

Fragen nach den Organisationsstrukturen konnten insbesondere von den Jugendlichen eloquent beantwort werden, die als Gremienarbeiter und Verantwortliche in Vorständen selbst maßgeblichen Anteil an der Aufrechterhaltung dieser Strukturen haben. Befragte Gruppenleiter oder -helfer und Engagierte mit technischen oder organisatorischen Aufgabenstellungen gaben häufiger an, über die Gesamtstrukturen wenig informiert zu sein. Insgesamt gesehen, interessieren sich Jugendliche zwar für die strukturellen Rahmenbedingungen ihrer Arbeit, richten dieses Interesse aber vorrangig und sehr pragmatisch auf die Bereiche, in denen ihr Engagement stattfindet.

Auch wenn in einigen Interviews Kritik an den Strukturen z.B. hinsichtlich ihrer demokratischen Verfasstheit oder ihrer Effektivität geübt wird, wird in keinem Gespräch die Notwendigkeit von Strukturen an sich in Frage gestellt. Dies deckt sich mit den Ergebnissen einer organisationsinternen Studie, die der Bund der Deutschen Landjugend (BDL) im Jahr 2000 durchgeführt hat. Hier schätzen über die Hälfte der befragten Mitglieder die Strukturen ihrer Organisation als „durchschaubar, einfach, notwendig und zeitnah“ ein (vgl. Mücke-Hansen/Ruhe 2001, S. 28). Dort, wo sie als unzureichend beschrieben werden, wird vor allem mehr Kommunikation in Gremien gefordert.

## 3.3 Einführung in die Strukturen

Neben der Frage nach dem Umfang des Wissens über die Organisationsstrukturen, stellt sich auch die Frage nach der Form der Vermittlung. Für diesen Kontext ist dabei von besonderem Interesse ob es sich dabei um eigens angebotene non-formale Bildungsangebote, also Seminare, Vorträge, Workshops etc., handelt oder um eine Wissensaneignung in eher informellen Situationen.

Den Interviewaussagen zufolge gibt es in den Organisationen in der Regel keine standardisierten Verfahren zur Einführung neuer Mitarbeiterinnen und Mitarbeiter in die Strukturen ihrer Organisation. Spezielle Einführungskurse oder entsprechende Bausteine in allgemeinen Mitarbeiteraus- und -fortbildungen werden nur in einigen (größeren) Organisationen angeboten, wie zum Beispiel in der Gewerkschaftsjugend oder bei Greenpeace. Auch wo derartige Einführungen angeboten werden, gibt es scheinbar keine Verpflichtung zur Teilnahme. Hierzu noch mal eine Sequenz aus einem Interview bei Greenpeace:

*(...) als es unsere neue Gründung sozusagen gab, wurde das angeboten, dass das mal so einen Nachmittag mit der Erwachsenengruppe und der ganzen Jungend AG ist, aber irgendwie hatten wir das schon überlegt, wollten schon ein Datum machen und dann habe ich das irgendwie verpennt oder so. Dann war ich auch im Urlaub. Danach wollte das irgendwie keiner mehr. Auch nicht irgendwie auf einmal. Und dann so: ‚Ja, warum müssen wir das eigentlich machen? Wir kommen ja auch ganz gut so zurecht.' Man lernt das auch mit der Zeit eigentlich. (...) Ja, da gibt es so Vorträge. Ich war auch mal bei einem, da war ich nur am Anfang dabei, danach musste ich weg. Da habe ich das irgendwie erfahren. Ich habe so einen Zettel, wo das so ein bisschen draufsteht, aber so richtig schlau werde ich daraus nicht. Müsste ich irgendwie noch mal schauen (m. 15, Greenpeace).*

Aus dieser Interviewsequenz wird der geringe Grad der Verbindlichkeit, aber auch das geringe Interesse des Jugendlichen an der Teilnahme an Seminarangeboten deutlich. Ähnliche Aussagen finden sich, wenn auch nicht in dieser Klarheit, auch in anderen Interviews.

Um Einführungsprozesse zu optimieren, haben einige Organisationen schriftliche Handreichungen erstellt oder planen diese. Eine andere Form ist die der begleitenden Mentoren. Zu solchen Formen der Einführung in Strukturen finden sich in den Interviews Beispiele, die sich aber nicht verallgemeinern lassen.

Insgesamt gesehen scheint es eher der Regelfall zu sein, dass junge Engagierte, die neue Aufgaben übernehmen, selbst dafür verantwortlich sind, sich das notwendige Wissen über Strukturen und Arbeitsabläufe anzueignen. Sie greifen dabei auf vorhandenes Informationsmaterial oder auch auf Satzungen und andere Veröffentlichungen zurück, beziehen ihre Informationen aber in erster Linie von anderen Freiwilligen mit entsprechenden Erfahrungen oder – wo vorhanden – von Hauptberuflichen. Die Einschätzung, dass dazu die Initiative selbst ergriffen werden muss, zieht sich durch eine Reihe von Interviews. Stellvertretend für viele andere hierzu zwei Aussagen aus der Deutschen Jugendkraft, eine positive und eine eher kritische:

*Ja, am Anfang hört man vom ‚Diözesanvorstand', vom ‚Landesvorstand'– jetzt mittlerweile sagen einem die Sachen was – aber am Anfang stand man wie der Ochs vorm Berg davor. Tja, aber das war sehr gut hier aufgefangen worden, also im Anschluss an den Jugendhauptausschuss wurde auch genau die Struktur immer dargelegt, so und so ist die ganze Sache aufgebaut und das wurde schön grafisch dargestellt, so dass man es gut verstehen kann. Was natürlich auch immer vielfach der Fall ist, dass man immer noch von den alten Hasen lernt. Die wissen natürlich genau, wo der Hase herläuft, die können einem natürlich im Gespräch, dazu sind sie ja immer bereit, dass man da halt erfragt: Wie kommt das zustande? Wer stimmt da mit? Das sind Sachen, in die man hineinwächst aber die man dann auch natürlich wieder weitergibt.*

*I: Machen das Hauptberufliche oder wer macht das?*

*Das sind zum Teil Hauptberufliche, die hier zum Beispiel im DJK Sportbund angestellt sind aber natürlich auch die Ehrenamtlichen, die ja auch schon sehr professionell sind in ihrem Wissen, würde ich sagen, und in ihrem Können und daran lassen sie einem auch teilhaben. Davon kann man dann auch unheimlich viel lernen (m. 20, DJK).*

*I: Wie wird man denn in so eine komplexe Struktur eingeführt?*

*Ins kalte Wasser geschmissen. Ich erinnere mich an meine ersten Tage in unserer Ebene, auf der ich erstmal kein Wort verstanden habe aber wo dann natürlich Nachfragen erlaubt sind und auch Erklärungen nebenbei kommen und das Ganze dann mit der Zeit einfach auch reift. Es gibt andere, die haben das Glück und kriegen alles von vorneherein erklärt, ich bin da eher ins kalte Wasser geschmissen worden (w. 21, DJK).*

Besonders problematisch erscheint die Einführung in die Arbeit in den Schülervertretungen, wo Ämter durch Neuwahlen besetzt werden, erfahrene Vorgänger nicht immer zur Verfügung stehen und auch die Vertrauenslehrer nicht in allen Fällen die erforderlichen Unterstützungsleistungen erbringen:

*Da gab es keine Einarbeitung, weil unsere SV relativ wenig gemacht hat. (...) Die fand nicht so riesig statt, so dass das jetzt relativ viel auf Eigenarbeit zurückgeführt ist. Das heißt, ich hab mich dann informiert im Internet, SV-Erlass und so rausgesucht, durchgelesen, Schulordnung und so was. Eben solche Sachen, um dann Möglichkeiten zu finden, wie man sich als Schüler informieren kann, wie man das Interesse bei anderen weckt und wie man den anderen klar macht, was deren Rechte, aber auch ihre Pflichten sind (m. 18, SV).*

Ähnlich wird das Problem in kleineren Initiativen, in denen die Weitergabe von Organisationswissen nicht so leicht funktioniert wie in den traditionsreicheren Großorganisationen, beschrieben. Im folgenden Fall aus den sächsischen Jugendclubs gibt es allerdings eine externe hauptberufliche Unterstützungsstruktur, die dieses Manko ausgleicht:

*Mein Vorgänger hat also mich nicht direkt eingeführt, er hätte es eigentlich machen sollen. Die Gruppe ist dann schon eigentlich auseinander gewesen, und ich hab das dann halt mir selber erarbeiten müssen, durch die Unterstützung halt von Pro Jugend. Die haben halt viel unterstützt und mir gezeigt, wie es geht und wie man es macht. Das ist eigentlich immer noch der Verein hier so im Kreis, der alle Jugendclubs und Gruppen unterstützt (m. 22, Jugendclub).*

Nahezu alle Interviewpassagen zeigen, dass es sich auch bei der Einführung in die Strukturen um diskursive Prozesse handelt. Es gibt in der Regel keinen Lehrplan oder verpflichtende Seminare, mit denen die Organisationen ihre (neuen) Mitglieder und Mitarbeiter in die Strukturen einführen. Um entsprechendes Wissen zu erlangen, ist die Eigeninitiative der Engagierten gefragt. Es hängt also einerseits von dem Interesse und der Bereitschaft der Freiwilligen und andererseits von der Offenheit der Organisationen ab, ob und wieweit die Beteiligten mit den strukturellen Rahmenbedingungen vertraut gemacht werden. Sie erlangen dieses Wissen den Interviews zufolge in einer Reihe persönlicher, informeller Gespräche, durch die Beschäftigung mit Satzungen und anderen Veröffentlichungen, aber auch durch eigenes Handeln, durch das sie sukzessive selbst zum Teil dieser Strukturen werden.

Da davon ausgegangen werden kann, dass es in den befragten Organisationen neben den offiziellen auch versteckte (Macht-)Strukturen gibt (z.B. die Rolle von Ehemaligen in Jugendverbänden, die Rolle der Hauptberuflichen, komplexe Machtkonstellationen und Hierarchien), zu denen sich in den Interviews allerdings nicht viel Material findet, bedeutet die langsame Sozialisation in die Organisation für die Jugendlichen, dass sie auf diesem Wege auch hiermit Lernerfahrungen machen, die anderen Gleichaltrigen verschlossen bleiben. Es darf vermutet werden, dass gerade das Agieren in sensiblen Organisationszusammenhängen und Machtgefügen Lernprozesse auslöst, die auch in anderen Lebenssituationen nützlich sein können.

## 3.4 Arbeitsformen und Gruppenkonstellationen

Freiwilliges Engagement in den untersuchten Settings bedeutet Teamarbeit. In nahezu allen Interviews geben die Jugendlichen an, dass ihre Aktivitäten Gruppenaktivitäten sind. Nicht nur die Arbeit an der Basis der Organisationen, wie die pädagogische Arbeit mit Kindern und Jugendlichen oder die Planung von Ferienfreizeiten oder Veranstaltungen, geschieht in Teams, auch die Arbeit in Gremien und Leitungspositionen ist in der Regel ein Gruppenprozess. Auf die hohe Bedeutung der Gruppe in der Jugendarbeit ist bereits an anderer Stelle (vgl. u.a. Böhnisch 1991; Schröder 1991; Wehr/Lehmann2002, S. 62ff.: Schwab 2006, S. 321; Fischer 2001, S. 261ff.) hingewiesen worden. Sie wird durch die vorliegenden Interviews auch für die Settings „Initiativen" und „Interessenvertretung" eindrücklich bestätigt.

Die Gruppen, auch das ist den Interviews zu entnehmen, sind im Regelfall nicht nur an fachlichen Aufgaben orientierte Arbeitsgemeinschaften, wie die *„Zwangsgruppen"* (m. 19, Sportjugend) in der Schule (vgl. auch Sturzenhecker 2003, S. 304) oder Teams in der Berufswelt, sondern sie basieren häufig auf privaten und freundschaftlichen Beziehungen, so dass auch hier die Grenze zwischen dem Handeln in der Organisation und dem Privaten nur schwer gezogen werden kann (vgl. auch Wehr/Lehmann 2002, S. 130; Fischer 2001, S. 261ff.). Münchmeier warnt davor, Jugendverbandsgruppen als reine Lernorte zu betrachten. Sie müssen als *Lebensorte*, als *alltagsintegrierte Jugendräume* verstanden werden (vgl. Münchmeier 2003, S. 85). Dies wird von den Jugendlichen in der Regel ebenso gesehen und positiv bewertet. Selbstkritische Äußerungen, wie die folgende, finden sich nur selten:

> *Man lernt sich total gut kennen, was auch negativ ist, weil unsere Treffen sich in irgendwelche Klatschstunden verwandelt haben (w. 18, Greenpeace).*

Wenn der oben bereits zitierte Landesschülervertreter sein Engagement als eine unauflösliche Vermischung von Arbeit und Spaß, bzw. Freundschafts- und Arbeitsbeziehungen beschreibt, dann tut er dies stellvertretend für nahezu alle Befragte:

> *So ist dieses Ehrenamt auch mehr gewesen als nur diese Amtserfüllung, Amtswahrnehmung. Ich habe da eben auch viel Privates einspielen lassen und spätestens ab dem Zeitpunkt, an dem die Menschen, mit denen man täglich zusammenarbeitet, auch zu großen Prozentteilen identisch sind mit dem engsten Freundeskreis, ist es ohnehin nicht mehr festzustellen, was ist jetzt wirklich Arbeit und wo fängt der Spaß an. Wenn wir dann abends nach so einer Veranstaltung oder einer schwierigen Konferenz irgendwie alle im Zimmer von jemandem pennen, der hier in der Umgebung wohnt, werden wir, solange wir wach sind, über nichts anderes reden als über Politik. Ich werde dann aber nach dem Wochenende nicht den Eindruck haben, ich habe ein ganzes Wochenende lang Politik gemacht, sondern werde mich eigentlich stärker erinnern an das feucht fröhliche Beisammensein mit Freundinnen und Freunden. Dass das im Grunde politisches Arbeiten auf einer anderen Ebene gewesen ist, realisiert man nicht so deutlich (m. 19, LSV).*

Gruppenkonstellationen, in denen sich, wir hier beispielhaft beschrieben, Engagement und Privatleben untrennbar vermischen, scheinen für Jugendliche der wichtigste Bezugspunkt ihrer freiwilligen Tätigkeit zu sein. Auch wenn in den Interviews nach besonderen Erlebnissen oder prägenden Eindrücken im freiwilligen Engagement gefragt wird, nennt ein Großteil der Jugendlichen Gruppenerlebnisse. Für die Organisationen ergibt sich daraus, dass sich, unabhängig von ihrer programmatischen und ideologischen Ausrichtung, ihre Angebote, aber auch ihre Anstrengungen der Mitgliedergewinnung und Personalentwicklung weniger auf Einzelpersonen und eher auf Gruppen richten, und dabei gruppendynamische Prozesse, wie Abkapselungs- und Ausschlussmechanismen, berücksichtigt werden müssen.

Wo die befragten Jugendlichen gruppeninterne Strukturen beschreiben, scheinen diese von Arbeitsteilung geprägt zu sein. Die Aufgabenverteilung bezieht sich häufig auf die (pragmatische) Verteilung von Sachaufgaben, wie im folgenden Beispiel:

> *Wir sind ein Team. Absolut. Es wird halt, also bei den Festen, da ist es so, da setzt man sich halt zusammen eine Zeit vorher. Da wird aufgeteilt, wer macht was. Und dann macht halt jeder das, was ihm besser liegt. Also der, der mehr Kontakte zum Getränkemarkt oder so was hat, der organisiert dann das mit den Getränken oder mit den Bierbänken und so, die man braucht. Und wer mehr ein Händchen für so Verwaltungsgeschichten hat, der macht halt, organisiert das mit der Gemeinde, mit der Genehmigung usw. Und wer irgendwie so ein Gespür für Geld hat, der macht das mit der Bank und mit den Finanzen. Also so teilen wir das auf (m. 21, KLJB).*

Was dieser Jugendliche aus der bayrischen Landjugend für die örtliche Ebene und fest definierte Aufgabenfelder (hier: Organisation von Festen) beschreibt, sieht er im weiteren Verlauf des Gesprächs auch auf der überregionalen Ebene umgesetzt. Er beschreibt „Teamarbeit“ als ein Strukturprinzip seines Verbandes, welches sich bis auf die obersten Ebenen durchzieht:

*Es ist eigentlich die ganze Landjugend drauf ausgelegt, dass man im Team arbeitet (m. 21, KLJB).*

In der Kinder- und Jugendarbeit, wo es auch um enge persönliche Kontakte zum Klientel geht, bekommt Teamarbeit noch eine weitere Dimension. So beschreibt eine junge Frau aus der evangelischen Jugendarbeit mit rechtsorientierten Jugendlichen, wie wichtig es für ihr Team war, über unterschiedliche Charaktere mit unterschiedlichen Zugängen zu den oft schwierigen Jugendlichen zu verfügen.

In der Regel können die Befragten auch die Grenzen der Teamarbeit benennen. Auf die Standardfrage, ob sie sich selbst eher als *Teamarbeiter* oder *Einzelarbeiter* betrachten, wird in den meisten Interviews differenziert geantwortet und es werden, wie im folgenden Beispiel, Arbeitsbereiche benannt, in denen allein effektiver gearbeitet wird:

*Ich kann schlecht inhaltlich im Team arbeiten. Organisatorisch bin ich, glaube ich, sehr teamfähig. (...) Aber wenn es um Inhaltliches geht, also Konzepte im Team erarbeiten, inhaltliche Planung, da sitze ich lieber alleine irgendwie mit meinem Laptop im Zug oder zu Hause an meinem Computer und mache das alleine. Da bin ich wirklich Einzelgänger (m. 19, LSV).*

In den meisten Gesprächen wird offen eingeräumt, dass es aufgrund inhaltlicher oder personaler Differenzen auch zu Konflikten in den Teams kommt. Diese werden im Normalfall diskursiv und gruppenintern geregelt, wobei diese Diskurse nicht immer zu befriedigenden Lösungen führen. So berichtet eine junge Mitarbeiterin aus der evangelischen Kinderarbeit von einem schwelenden Konflikt mit ihrem Team-Kollegen, in dem es um grundlegende religiöse Meinungsverschiedenheiten geht. Die junge Freiwillige hatte eine höhere Instanz (ihre Pfarrerin) eingeschaltet, zum Zeitpunkt des Interviews aber noch keine Lösung des Problems erreicht.

Für andere Befragte sind es gerade die diskursiven Auseinandersetzungen, welche die Gruppen stärken. Enge persönliche Bindungen sind demzufolge nicht nur für die Bildung von Teams wichtig, sondern solche Beziehungen entstehen teilweise erst im Gruppenprozess, insbesondere dann, wenn es gelingt, Konflikte sichtbar zu machen und aufzuarbeiten. Dazu eine erwachsene Mitarbeiterin der Katholischen Landjugend:

*Wenn man so im Team, wenn man es wirklich ernst nimmt und intensiv zusammenarbeitet und wenn es nicht an der Oberfläche bleibt, sondern man auch das, was an Spannungen innerhalb des Teams da ist, wenn man dem nicht aus dem Weg geht, sondern es aufarbeitet, dann entstehen auch intensive Beziehungen. Nicht alle werden jetzt Freundschaften fürs Leben, aber in der Zeit sind die Beziehungen sicherlich intensiv. Und bei der Landjugend war dieser Punkt immer sehr wichtig. Auch das Untereinander, das Arbeiten im Team miteinander. Es ging nicht nur um Projekte, sondern auch: Wie arbeiten wir miteinander? Probleme anzusprechen und zu reflektieren. Das hat, glaub ich, ermöglicht, dass es eine sehr intensive Teamarbeit auch gegeben hat (w. Erw., KLJB).*

Auch wenn der Diskurs unzweifelhaft eine wichtige Rolle in den Gruppenprozessen spielt, darf nicht außer Acht gelassen werden, dass es auch Aufgaben und Arbeitsabläufe gibt, die diskursfrei und schematisch verlaufen (müssen). Vor allem in den Hilfs- und Rettungsdiensten kann Teamarbeit auch darin bestehen, eingeübte Abläufe zu reproduzieren und dabei den anderen Teammitgliedern blind zu vertrauen. In diesen Fällen sind es gerade die Abwesenheit von Diskursen und das, häufig auch in Wettbewerben eingeübte, nahtlose und automatisierte Ineinandergreifen verschiedener Arbeitsschritte, die ihre Qualität bestimmen. Nicht nur bei den teilweise gefährlichen Hilfseinsätzen, auch im alltäglichen Umgang scheint Verlässlichkeit eine wichtige Rolle zu spielen:

*Teamarbeit ist für mich, wenn ich weiß, dass ich mich auf den anderen verlassen kann, wenn man was zu machen hat. Es ist mit Sicherheit so, dass nicht ein jeder immer das richtig macht oder so vielleicht, man macht immer einen kleinen Fehler, aber auf alle Fälle ist halt, dass man sich auf den Kameraden verlassen kann, dass man nicht im Stich gelassen wird, dass man sagt, okay, der hilft mir auf alle Fälle. Und das ist eigentlich bei uns schon der Fall (m. 25, FFW).*

Von den durch rigide Kommandostrukturen und Unterordnung geprägten Arbeitsabläufen bei den Hilfseinsätzen auch auf eine autoritäre Gesamtstruktur der Hilfsorganisationen zu schließen, lässt die Interpretation der Interviews nicht zu. Auch in den Hilfsdiensten und insbesondere ihren Jugendabteilungen gibt es Tätigkeitsfelder (z.B. Feste planen, Freizeiten organisieren), die nicht von derartigen Sachzwängen bestimmt werden und Mitsprache zulassen:

*Wir wollen ja irgendwo verantwortungsbewusste oder selbstbestimmte Mitglieder oder ‚Kameraden' ist das richtige Wort. Wenn das Ziel ist, dass ich mit jemand zusammen einen anderen aus dem Wasser raus zieh, dann darf ich nicht über grundlegende Kommunikationsmuster erst diskutieren, sondern das muss einfach klar, dass es jetzt in dem Moment gerade keine Diskussion gibt, sondern dass es Momente gibt, wo eine Hierarchiestruktur gut funktioniert und dann gibt es Momente, wo man eher den Gedanken so freien Lauf lassen kann. Und dann kann da drüber auch gern gesprochen werden (m. 23, DLRG).*

Hilfsorganisationen mit starker Jugendarbeit, wie die DLRG, aber auch die Jugendfeuerwehr und das THW, bieten Freizeitaktivitäten an, die sich von anderen Jugendorganisationen kaum unterscheiden. Dementsprechend sind Möglichkeiten der Diskussion und der Mitsprache hier genauso gegeben, wie in anderen Organisationen. Aber auch dort, wo – wie z.B. beim Üben von Hilfseinsätzen – eine disziplinierte Einordnung in Befehlsketten und regulierte Abläufe verlangt ist, kann dies nicht als ein Fehlen von Demokratie gewertet werden und wird auch von den Befragten nicht so gesehen. Ihnen ist klar, dass sie mit ihrer freiwilligen Entscheidung für eine entsprechende Tätigkeit ihren partizipativen Spielraum aufgabenbezogen und zeitlich begrenzt aufgeben.

## 3.5 Partizipation

Zu Fragen der organisationsinternen Partizipation und Mitsprache kann zusätzlich auf Daten der standardisierten Erhebung zurückgegriffen werden. Den Ergebnissen folgend, scheinen die untersuchten Organisationen ihrem, für die Jugendarbeit in § 11, SBG VIII festgeschriebenen Auftrag, Mitbestimmung zu ermöglichen, gerecht zu werden (vgl. auch Schwab 2006, S. 322). Dies trifft besonders auf die Jugendverbände zu, von deren Mitarbeitern ca. 93 Prozent angeben, über ausreichende Möglichkeiten der Mitsprache zu verfügen und nur 3 Prozent dies verneinen. Im Durchschnitt aller Organisationen bezeichnen über 76 Prozent der Engagierten ihre Mitsprachemöglichkeiten als ausreichend. Bemerkenswert erscheint allerdings, dass es in den kirchlichen Einrichtungen und Organisationen (12%), bei den Rettungsdiensten (10%) und im Sport (9%) sowie den Parteien, Gewerkschaften und deren Jugendorganisationen (9%) einen erheblichen Anteil Freiwilliger ohne ausreichende Mitsprachemöglichkeiten zu geben scheint (vgl. Tab. 3.1).

*Tab. 3.1: Möglichkeiten der Mitsprache nach Organisationen und Einrichtungen*

| Art der Organisation und Einrichtung | Hatten Sie in Ihrer Organisation ausreichende Möglichkeiten zur Mitsprache | | | |
|---|---|---|---|---|
| | ja in % | teils-teils in % | nein in % | Anzahl |
| Kirchen, religiöse Organisationen | 74 | 14 | 12 | 324 |
| Sportvereine und -verbände | 78 | 13 | 9 | 315 |
| Jugendverbände | 94 | 4 | 3 | 154 |
| Parteien, Gewerkschaften und deren Jugendorganisationen | 70 | 21 | 9 | 91 |
| Schule und Hochschule | 70 | 22 | 8 | 135 |
| Kultur | 88 | 10 | 3 | 72 |
| Hilfs- und Rettungsdienste | 73 | 17 | 10 | 182 |
| Sonstige | 70 | 15 | 16 | 151 |
| Privat/nicht zu ermitteln | 80 | 11 | 9 | 66 |
| Insgesamt | 76 | 14 | 10 | 1.490 |

Quelle: Studie „Informelle Lernprozesse“

Insgesamt 40 Prozent der im Rahmen der Repräsentativerhebung befragten ehemaligen Engagierten hatte in der Phase des Engagements eine Leitungs-

oder Vorstandsposition übernommen. Besonders häufig trifft dies auf die Mitarbeiter und Mitarbeiterinnen der Jugendverbände (ca. 69%) und aus dem Bereich Parteien/Gewerkschaften (ca. 59%) zu. Unterdurchschnittlich wurden Leitungspositionen im Sport (ca. 33%) oder im Bereich Schule/Hochschule (ca. 34%) eingenommen.

Hier ist allerdings zu berücksichtigen, dass der Begriff „Leitungsfunktion", mit dem im Fragebogen operiert wurde, insbesondere in den Jugendverbänden nicht eindeutig definiert ist. Er wird hier sowohl für Funktionen in Vorständen und Gremien benutzt, auf welche die Frage eigentlich abzielte, als auch für die Funktion des Gruppenleiters einer Kinder- oder Jugendgruppe. Insgesamt geben etwa 45 Prozent der Befragten mit Leitungs- oder Vorstandsfunktion an, dass es sich bei den *Hauptinhalten* ihrer früheren freiwilligen/ehrenamtlichen Tätigkeit um *pädagogische Betreuung, die Anleitung, das Training einer Gruppe* gehandelt hat. Dies schließt allerdings ein gleichzeitiges oder nachfolgendes Engagement in Vorständen und Gremien nicht aus, sondern entspricht vor allem in den Jugendverbänden der verbandlichen Realität. Es kann dennoch vermutet werden, dass es sich bei einem Teil der Befragten mit Leitungsfunktion um ausschließliche Gruppenleiter und Trainer handelt, was allerdings auch bedeutet, dass diese Befragten ihre Aufgabe subjektiv als leitende (und nicht als ausführende) Tätigkeit ansehen (vgl. Tab. 3.2).

*Tab. 3.2: Vorstands- und Leitungspositionen nach Organisationen und Einrichtungen*

| Art der Organisation und Einrichtung | Vorstands- oder Leistungsfunktion im freiwilligen Engagement | | |
|---|---|---|---|
| | ja in % | nein in % | Anzahl |
| Kirchen, religiöse Organisationen | 39 | 61 | 327 |
| Sportvereine und -verbände | 33 | 67 | 316 |
| Jugendverbände | 69 | 31 | 154 |
| Parteien, Gewerkschaften und deren Jugendorganisationen | 59 | 41 | 92 |
| Schule und Hochschule | 34 | 66 | 137 |
| Kultur | 46 | 54 | 72 |
| Hilfs- und Rettungsdienste | 40 | 60 | 184 |
| Sonstige | 29 | 71 | 151 |
| Privat/nicht zu ermitteln | 30 | 70 | 67 |
| Insgesamt | 40 | 60 | 1.500 |

Quelle: Studie „Informelle Lernprozesse"

Auch wenn das Wissen über die Gesamtstruktur der Organisation nicht bei allen Jugendlichen in gleicher Weise vorhanden ist und nicht alle Engagierten angeben, über Mitsprachemöglichkeiten zu verfügen, kann davon ausgegangen werden, dass Entscheidungen im Regelfall in einem demokratischen Willensbildungsprozess getroffen werden. Dies trifft auf die Jugendverbände, in denen Partizipation ein lang diskutiertes Thema ist (vgl. u.a. Landesjugendring Baden-Württemberg 1997) ebenso zu, wie auf die Schülervertretungen und die Initiativen.

*Jeder hat ein Mitbestimmungsrecht. Jeder kann sagen, was er denkt und was er anders haben möchte. Das wird dann, so weit es geht, berücksichtigt, aber die endgültigen Entscheidungen fällt immer der Stammesrat. Der setzt sich aus den Stammesführern, den Stellvertretern zusammen, dem Kassenwart, dem Gildenführer, bzw. einem von den Sippenvertretern, und die treffen die wichtigen Entscheidungen. (...) Die entscheiden über die Aufgabenverteilung der einzelnen Leute (m. 16, BdP).*

Schülervertreter werden in direkter Wahl von den Schülern gewählt und üben ihr Mandat in der Schulkonferenz und teilweise auch in regionalen oder landesweiten Schülergremien aus. Gleichzeitig nutzen sie es, um sich auf informellen Wegen für ihre Mitschüler einzusetzen:

*Das heißt aber, dass ich auch neben den Möglichkeiten versuche, mit den Lehrern so zu reden, das heißt, man muss ja jetzt nicht auf sein Recht bestehen, sondern man kann versuchen, auch einen Weg zu finden, mit den Lehrern so zu reden, ob das noch eine andere Möglichkeit gibt (m. 18, SV).*

Auch aus den örtlichen Initiativen berichten die Befragten von basisdemokratischen Strukturen. Im nachfolgenden Beispiel schildert der junge Mitarbeiter außerdem ein Beispiel für direkte, computergestützte Demokratie, die in Zukunft von zunehmender Bedeutung für die Organisationen sein könnte:

*Da wir einmal die Woche Plenum haben stimmen wir jede Aktion, die wir haben, ab. Und wir haben einen gut funktionierenden internen E-mailverteiler. Wenn jemand auch kurzfristig, wenn es nicht bis zum Mittwoch ist, was machen möchte, dann schreibt der eine E-Mail und dann kann er einen Tag warten, bis er dann alle Bestätigungen oder Ablehnungen hat (m. 20, Aktion Zivilcourage).*

## 3.6 Gestaltungsräume und Grenzen

„Die Organisationskultur der Jugendarbeit ist partikularistisch ausgerichtet. Sie entwickelt ihre Leistungen lebensweltorientiert, d.h. Interessen, Bedürfnisse und Probleme der beteiligten örtlichen Adressaten haben unmittelbar Einfluss auf Themen und Inhalte der Angebote.“ Diese Aussage des zwölften Kinder- und Jugendberichts (BMSFSJ 2005, S. 238) gilt mehr oder minder auch für die anderen Felder des freiwilligen Engagements. Die Gespräche mit den Jugendlichen und Erwachsenen zeigen, dass ihr Engagement in der Regel unter Bedingungen stattfindet, die durch individuelle oder gruppenbezogene Gestaltungsräume geprägt sind. Zwar orientieren sich die Organisationen an ihren Kernaufgaben, räumen den Freiwilligen aber Raum für Eigeninitiative ein und lassen sie so maßgeblichen Einfluss auf die Aktivitäten und Inhalte nehmen. Andererseits verstehen Jugendliche, die ihnen gebotenen Freiräume zu nutzen und zu gestalten. Bereits Reichwein und Freund haben in ihrer Studie zu Biografieverläufen in der DLRG-Jugend festgestellt, dass Jugendliche sich die Organisationen subjektiv aneignen und es verstehen, deren institutionellen Vorgaben kreativ zu gestalten bzw. auch subversiv zu unterlaufen (vgl. Reichwein/Freund 1992, S. 270).

In den qualitativen Interviews geben einige Befragte an, dass ihre Organisation ihnen so gut wie keine Begrenzungen auferlegt und die Grenzen allein in der eigenen Bereitschaft zur Beteiligung und in den äußeren Rahmenbedingungen zu suchen sind:

> *Grenzen gibt es immer nur in dem Machbaren, was man selbst machen kann und was man nicht machen kann. Von der Organisation her weniger Grenzen. (...)*
>
> *I: Ist nicht so, dass sie sagen, die Idee ist unmöglich?*
>
> *Nee, gar nicht. Wie gesagt hier auf Landesebene haben wir das Glück oder haben wir das in der Zeit ein bisschen erarbeitet, mit den Projekten, die wir gemacht haben, dass wir schon eine gewisse Freiheit haben, dass sie auch schnell begeistert sind von den Ideen, die wir haben, eigentlich sogar froh sind über die Sachen, die wir mit einbringen. Klar es gibt schon Rahmenbedingungen, das ist das Einzige, was uns direkt begrenzen kann. Finanzen oder materielle Sachen, personelle Sachen. Diese Ressourcen, ansonsten nicht (m. 19, Sportjugend).*

Diese Offenheit der Organisationen bezieht sich nicht nur auf inhaltliche Aspekte sondern auch auf ideologisch-wertbezogene. So zeigt sich z.B. die kirchliche Jugendarbeit offen gegenüber Mitarbeitern, die von sich selbst sagen, wenig religiös zu sein oder der Institution Kirche kritisch gegenüberzustehen (vgl. auch Fauser/Fischer/Münchmeier 2006, S. 87ff.). So konnte z.B. eine Mitarbeiterin des VCP, eines der evangelischen Kirche nahestehenden Pfadfinderverbandes, trotz ihrer nicht-christlichen Grundeinstellung bis in dessen Gremien auf der Landesebene aufsteigen. Auf der Gemeindeebene verweigert sie sich immer dann, „wenn es mir zu christlich wird" (w. 18, VCP).

Das Zusammenspiel von großen Freiräumen und vorgegebenen Strukturen scheint von nicht zu unterschätzender Bedeutung. Die Freiwilligen nutzen die vorhandenen Strukturen zur Umsetzung eigener Ideen und Interessen und definieren so die Angebote ihrer Organisationen weitgehend selbst. Dabei nehmen ihre Handlungs- und Gestaltungsspielräume mit der Zieloffenheit der Organisationen zu. In den Initiativen, kirchlichen Gruppen und anderen weltanschaulich orientierten Organisationen erhalten Jugendliche häufiger die Gelegenheit, selbst initiativ zu werden, eigene Interessen und Ideen einzubringen oder Inhalte und Strukturen zu gestalten, als dies z.B. in den Hilfsorganisationen der Fall ist. Dabei werden durch die Bedürfnisse und Ideen der engagierten Jugendlichen auch Inhalte in die Organisationen getragen, die deren Traditionen wenig entsprechen. So berichtet z.B. ein 16-Jähriger, dass durch ihn Elemente der Hip Hop Kultur in den evangelischen Jugendkeller gekommen sind.

Ein weiteres, sehr anschauliches Beispiel für eine derartige Öffnung ist die oben bereits erwähnte Gruppe junger Frauen, die in einer evangelischen Kirchengemeinde ein Angebot für rechtsorientierte Jugendliche installiert hat. Allerdings stieß in diesem Fall die Durchsetzung des Angebots zunächst auf Widerstände in der Gemeinde:

> *Die evangelische Kirche wollte Arbeit mit den Konfirmanden haben und nicht mit Rechtsradikalen, die ja auch zu 99 Prozent aus Männern bzw. aus Jungen bestanden. Es war sehr viel Arbeit in Ausschüssen und sehr viel Gerede. Vielleicht wurde vieles auch tot geredet, wo dann einfach gesagt wurde, wir könnten das nicht machen, die zerstören nur unsere Einrichtung und zeigen kein soziales Verhalten, die reißen das Haus ab und so weiter. Und wenn einmal im Monat eine Disco gefeiert wird, dann beschweren sich die Nachbarn. Also es war sehr schwierig, bis wir irgendwann gesagt haben, dass man nicht immer nur sagen kann, die machen das und das kaputt, die haben die schlechten Eigenschaften, sondern auch mal das, was Positives passiert. Dass z.B. Jugendliche, die einmal straffällig geworden sind, nicht mehr ins Gefängnis müssen, weil wir das halt anders lösen, oder dass Mädels zu Beratungsstellen gehen, die zuhause misshandelt worden sind, oder was auch immer passiert ist. Das Positive sollte auch mal herausgeholt werden, und nicht nur, dass vielleicht mal ein Kicker oder ein Aschenbecher kaputt geht. Das ist alles für die Kirche sehr schwierig gewesen (w. 22, Ev. Jugend).*

Letztlich konnten die jungen Frauen sich mit ihren Argumenten gegen die innerkirchlichen Widerstände durchsetzen und den Jugendkeller im Gemeindehaus über mehrere Jahre betreiben. Sie nutzen den Raum und die Institution Kirche, um ihre (zunächst laienhaften) Vorstellungen von Jugendarbeit durchzusetzen. Da sich diese zudem an ein aus fachlicher Sicht problematisches Klientel wendet, wird von ihnen besondere Durchsetzungskraft und Gremienkompetenz verlangt. Im Interview kommt die junge Frau an unterschiedlichen Stellen auf entsprechende Situationen zu sprechen, so dass angenommen werden darf, dass es gerade diese Auseinandersetzungen über Spielräume und Grenzen waren, die bei ihr nachhaltige Lernprozesse ausgelöst haben.

In der Regel erkennen die Jugendlichen durchaus, dass Strukturen notwendig sind, um ihren Aktivitäten Raum zu geben. Wenn in den Interviews nach Behinderungen und Begrenzungen durch die Organisation gefragt wird, werden dementsprechend zunächst persönliche Konfrontationen mit Funktionsträgern (Hauptberufliche, Pfarrer, Vorstände) angeführt. Hier geht es häufig um fachliche oder ideologische Meinungsverschiedenheiten, die von den Jugendlichen aufgrund ihrer subjektiv gesehen schwächeren Position zwar als Begrenzungen empfunden werden, sie aber nicht an der Sinnhaftigkeit der Gesamtstruktur zweifeln lassen. Dies trifft insbesondere auf die Jugendverbände zu. Auch die Freiwilligen aus den lokalen Initiativen sehen in den in der Regel selbst geschaffenen Strukturen keine Begrenzungen. Wenn hier Kritik geäußert wird, wie z.B. bei den örtlichen Mitarbeitern von Greenpeace, dann weil ihnen Entscheidungsstrukturen zu direktiv erscheinen und von höherer Ebene Einfluss auf lokale Aktivitäten genommen wird. Aber auch hier wird keine tiefgreifende Kritik an den strukturellen Voraussetzungen des Arbeitskontextes geübt.

Grundsätzliche Kritik an den Strukturen, in denen die Arbeit stattfindet, wird nur von Schülervertretern geäußert. Diese Kritik bezieht sich aber auf die Institution Schule, nicht auf die Schülermitverwaltung im engeren Sinne:

> *Grenzen gibt es immer irgendwo, über die man nicht hinwegkommt. Ich werde nie das gesamte Schulsystem verändern können. (...) Man muss immer erst auf irgendeine Rückkopplung von der Schulleitung warten, und das bremst die ganze Dynamik, die eigentlich in bestimmten Projekten steckt (m. 17, SV).*

Im von gesetzlichen Bestimmungen, Vorschriften und Lehrplänen geprägten Kontext Schule sind die Grenzen der Spielräume freiwilligen Engagements enger gezogen, als in den anderen untersuchten Settings. Allerdings ist den Interviews zu entnehmen, dass die Engagierten auch hier versuchen, diese Spielräume weitestgehend zu nutzen.

Während in der Schule die Begrenzungen im System selbst zu liegen scheinen, führen die Befragten, insbesondere der Jugendverbände, Einschränkungen in erster Linie auf Faktoren zurück, die nicht in den Organisationen, sondern in übergeordneten Strukturen zu verantworten sind. Undurchsichtige und langwierige Beschlussverfahren der Politik und vor allem Mittelkürzungen sind die am häufigsten genannten Punkte, an denen die Befragten sich in ihrer Arbeit beschnitten sehen:

> *Ich habe auf NRW-Ebene im Ring der Pfadfinderverbände viel mit Politik zu tun. Es ging um Mittelkürzung, Landesjugendplan und so weiter. Da habe ich im Prinzip meine negativsten Erfahrungen gemacht, weil man dasitzt und es passiert nichts. Man beschließt Dinge, alles ist zäh und man meint, man macht irgendwas. Und dann entscheidet irgendjemand etwas ganz anderes.*
>
> *I.: Irgendjemand im Verband?*
>
> *Nee, in der Politik. Man weiß auch nicht wer. Man sitzt da in Gremien, Hauptausschuss, Landesjugendring. Man kümmert sich und tut, hat eigentlich das Gefühl, es läuft im Wesentlichen demokratisch, und dann kommen Entscheidungen, die machen was anderes. Ende der 90er Jahre wurde Projektarbeit beschlossen. Jetzt ist es komplett gestrichen, aus Finanzmangel. Ich habe Verständnis für Finanzkrisen. Aber was man vor fünf Jahren beschlossen hat, das ist an der Basis kaum angekommen (...) Wenn man aus der aktiven Jugendarbeit kommt und da Dinge angepackt hat und man landet da, holt man sich einen Frust nach dem anderen ab. Weil man einfach dieses Zähe, dieses Gequassel und noch mal dieses Ausbreiten und man denkt, man ist fertig, dann wird was ganz anderes entschieden, von Leuten, wo man nicht weiß warum, wieso, weshalb. Das ist überhaupt nicht durchsichtig, gar nicht (m. Erw., DPSG).*

Neben der Kritik an nicht transparenten Entscheidungsprozessen wird vorrangig die zu geringe finanzielle Ausstattung der Organisationen als Hindernis benannt. Diese wird auf Mittelkürzungen seitens der Politik zurückgeführt.

Tatsächlich sind die Organisationen, auch in ihren lokalen Ausprägungen, sehr unterschiedlich mit Finanzmitteln ausgestattet. Dies hängt häufig davon ab, welche Projekte umgesetzt werden und welche (öffentlichen) Projektmittel akquiriert werden können. Eine Studie des DJI im Bereich der Jugendverbände hat ergeben, dass 12,5 Prozent der Verbände weniger als EUR 500 pro Jahr zur Verfügung haben, einzelne Verbände, besonders solche mit festen Einrichtungen, aber auch über sechsstellige Summen jährlich verfügen können. Für 36 Prozent der Jugendverbände sind Eigenmittel die Haupteinnahmequelle. Zweitwichtigste Finanzquelle sind die Jugendämter, wobei aber 58 Prozent der befragten Verbände keine Fördermittel von dort erhalten (vgl. Mamier u.a. 2002, S. 30ff.).

Klagen über fehlende materielle Ressourcen finden sich in einer Reihe von Interviews; interessanterweise gibt es unter den befragten Erwachsenen aber auch Stimmen, welche die Mittelknappheit nicht als Begrenzung, sondern eher als Aufforderung zur Eigeninitiative betrachten:

> *Heute heißt es als Allererstes ,Nein, das gibt es nicht, das haben wir nicht, wir haben kein Geld.' Aber das hatten wir damals auch nicht. Das war auch nicht anders. Wir haben hier einem Schreiner geholfen, noch jemand aus dem Ort, bei seiner normalen Tätigkeit, damit der uns am Wochenende unten in den Kirchenräumen eine halbwegs brauchbare Holzvertäfelung angebracht hat (m. Erw., Kath. Jugend).*

Auch wenn es sich hier um Einzelmeinungen handelt, erscheint der Vermerk auf die Selbsttätigkeit und sich daraus ergebende Lernchancen bemerkenswert.

## 3.7 Ansprechpartner und Hauptberufliche

Wenn Jugendliche in den Organisationen Verantwortung übernehmen, geschieht dies in der Regel unter der Anleitung erfahrener Ansprechpersonen. Dies können Hauptberufliche sein, erwachsene Engagierte oder auch ältere, erfahrene Jugendliche. Sie geben fachliche und organisatorische Unterstützung, entwickeln Ausbildungsangebote und führen diese durch, stehen als Gesprächspartner in Konfliktfällen zur Verfügung, sorgen für die notwendige Anerkennung und stehen für die Ziele, Werte und Traditionen der Organisationen ein.

In der telefonischen Repräsentativerhebung geben ca. 70 Prozent der Befragten an, in ihrem früheren freiwilligen Engagement über derartige Ansprechpartner verfügt zu haben. Mit ca. 78 Prozent liegen die kirchlichen Organisationen und Einrichtungen[5] sowie der Bereich Schule/Hochschule über dem Durchschnitt. In den Rettungsdiensten geben sogar ca. 80 Prozent an, Ansprechpartner gehabt zu haben. Problematischer erscheint die Situation in den Sportorganisationen. Hier sehen sich über 40 Prozent der Befragten ohne Ansprechpartner (vgl. Tab. 3.3).

*Tab. 3.3: Ansprechpartner nach Organisationen und Einrichtungen*

| Art der Organisation und Einrichtung | Ansprechpartner | | |
|---|---|---|---|
| | ja in % | nein in % | Anzahl |
| Kirchen, religiöse Organisationen | 78 | 22 | 324 |
| Sportvereine und -verbände | 58 | 42 | 304 |
| Jugendverbände | 73 | 27 | 153 |
| Parteien, Gewerkschaften und deren Jugendorganisationen | 73 | 27 | 88 |
| Schule und Hochschule | 78 | 22 | 132 |
| Kultur | 72 | 28 | 72 |
| Hilfs- und Rettungsdienste | 80 | 20 | 181 |
| Sonstige | 61 | 39 | 145 |
| Privat/nicht zu ermitteln | 68 | 32 | 66 |
| Insgesamt | 70 | 30 | 1.465 |

Quelle: Studie „Informelle Lernprozesse“

Nur knapp die Hälfte der Befragten konnte während ihrer aktiven Zeit auf die Unstützung von fest angestellten, hauptberuflichen Mitarbeitern in der Organisation zurückgreifen. Während die kirchlichen Organisationen und Einrichtungen relativ häufig (ca. 74%) mit Hauptberuflichen ausgestattet sind, wozu vermutlich auch die Pfarrer und Pfarrerinnen gezählt wurden, ist in anderen Organisationen hauptberufliche Unterstützung weitaus seltener. Nur ca. 34 Prozent der ehemals Engagierten der Jugendverbände, ca. 30 Prozent der Sportvereine und -verbände und 17 Prozent der kulturellen Vereine und Gruppen geben an, dass in ihrer Organisation Hauptberufliche tätig waren (vgl. Tab. 3.4). Hier ist zu berücksichtigen, dass es sich um subjektive Einschätzungen der ehemals Engagierten handelt. So wurde in einer Studie des DJI ermittelt, dass ca. 50 Prozent aller Jugendverbände und Jugendringe auf kommunaler Ebene über Hauptberufliche verfügen (vgl. van Santen u.a. 2003, S. 70), wobei gerade in den östlichen Bundesländern viele Beschäftigte auf befristeten Stel-

5 Dieses Ergebnis deckt sich mit empirischen Ergebnissen aus einer Untersuchung zur Evangelischen Jugend. Auch hier geben 70 Prozent der Befragten an, erwachsene Leiter zu haben (vgl. Fauser/Fischer/Münchmeier 2006, S. 102).

*Tab. 3.4: Hauptberufliche nach Organisationen und Einrichtungen*

| Art der Organisation und Einrichtung | Hauptberufliche | | |
|---|---|---|---|
| | ja in % | nein in % | Anzahl |
| Kirchen, religiöse Organisationen | 74 | 26 | 325 |
| Sportvereine und -verbände | 30 | 70 | 306 |
| Jugendverbände | 34 | 66 | 153 |
| Parteien, Gewerkschaften und deren Jugendorganisationen | 66 | 34 | 88 |
| Schule und Hochschule | 45 | 55 | 137 |
| Kultur | 17 | 83 | 72 |
| Hilfs- und Rettungsdienste | 43 | 57 | 184 |
| Sonstige | 63 | 37 | 150 |
| Privat/nicht zu ermitteln | 45 | 55 | 67 |
| Insgesamt | 49 | 51 | 1.579 |

Quelle: Studie „Informelle Lernprozesse“

len tätig sind (vgl. ebd., S. 72). Für den Sport nennen andere Studien weitaus geringere Zahlen. So gehen Baur/Braun (2000, S. 79) davon aus, dass nur 14 Prozent der Sportvereine über Hauptberufliche verfügen, räumen aber der so genannten *„bezahlten Ehrenamtlichkeit“* (ebd.) einen hohen Stellenwert in diesem Bereich ein.

Wenn insgesamt etwa die Hälfte der freiwillig engagierten Jugendlichen angibt, dass es in ihrer Organisation auch hauptberufliche Mitarbeiterinnen und Mitarbeiter gibt, ist damit noch nichts über die Qualität der Zusammenarbeit ausgesagt. Hinsichtlich des Untersuchungsgegenstandes „informelles Lernen“ ist hier von besonderem Interesse, ob die Jugendlichen die Hauptberuflichen eher als fachliche Unterstützer mit Service-Aufgaben oder eher als Pädagogen mit Bildungsauftrag ansehen. So merken Nanine Delmas und Albert Scherr in ihrer Untersuchung „Bildungspotenziale der Jugendarbeit“ kritisch an: „Bildungsprozesse ereignen sich in der Jugendarbeit zu einem erheblichen Teil als Effekt der gegebenen strukturellen Bedingungen und ohne eine bewusste Ein- bzw. Mitwirkung durch die Hauptamtlichen, die darauf zielen die Diskussions- und Reflexionsprozesse der Jugendlichen zu unterstützen und voranzubringen“ (Delmas/Scherr 2005, S. 106).

Es stellt sich demnach die Frage, ob Hauptberufliche ausschließlich als Teil der Strukturen fungieren, für geregelte Abläufe sorgen und die Umsetzung der Ideen und Beschlüsse von Freiwilligen unterstützen oder ob sie selbst pädagogisch intervenieren und Situationen mit intendierten Bildungseffekten herstellen. Wenn Delmas und Scherr in ihrer Explorationsstudie, in der sowohl

Hauptberufliche als auch Freiwillige befragt wurden, zum Schluss kommen „Denn die Projektergebnisse können insgesamt keineswegs als Bestätigung der Erwartung interpretiert werden, dass die Jugendarbeit – jenseits der spezialisierten Seminar-, Aktions- und Projektangebote der politischen und kulturellen Jugendbildung – über eine theoretisch fundierte, konzeptionell ausgewiesene und professionell gestaltete Bildungspraxis verfügt" (ebd. S. 106), impliziert dies zum einen ein Bildungsverständnis, welches – von wem auch immer – vorgegebene Bildungsziele voraussetzt, zum anderen aber auch ein ungeklärtes Qualifikationsprofil der hauptberuflichen Mitarbeiterinnen und Mitarbeiter (vgl. auch Nörber 2005, S. 33).

Um dieser Fragestellung nachzugehen, wurde in allen qualitativen Interviews zunächst nach dem Vorhandensein von Hauptberuflichen gefragt und wo dies der Fall ist, auch nach den Formen der Zusammenarbeit, nach Problemen und nach generellen Einschätzungen zur Rolle von bezahlten Mitarbeiterinnen und Mitarbeitern.

Aus den Aussagen der Interviewten ergibt sich erwartungsgemäß kein homogenes Bild, wobei die Unterschiede sich weniger aus den strukturellen Unterschieden der Settings und einzelnen Organisationen und die daran geknüpften Aufgaben- und Tätigkeitsbereichen der Hauptberuflichen ergeben, sondern eher aus der Einschätzung und Bewertung konkreter Mitarbeiterinnen und Mitarbeiter. Delmas und Scherr stellen bei den Jugendarbeitern die Akzentuierung eines Verständnisses von Jugendarbeit als *„personales Angebot"* fest (vgl. ebd., S. 108). Auch die Jugendlichen geben in den entsprechenden Interviewpassagen selten allgemeine Einschätzungen zur Rolle von Hauptberuflichen ab. Es überwiegen Situations- und Problembeschreibungen, die sich aus dem Umgang mit – häufig namentlich benannten – konkreten Personen ergeben.

In einem Großteil der Interviews berichten die Freiwilligen von einer unterstützenden Funktion der Hauptberuflichen, wie hier eine junge Frau aus dem Vorstand eines sächsischen Jugendclubs. Die Jugendclubs verfügen zwar selbst – abgesehen von wenigen Ein-Euro-Kräften – nicht über hauptberufliche Kräfte, werden aber vom regional agierenden Träger Pro Jugend, in dessen Räumen auch die Interviews stattfanden, unterstützt:

> *Die haben uns betreut beim Aufbau. Gerade wie man alles macht, beim Fußbodenverlegen haben sie uns alles gezeigt, die Abrechnung haben sie uns dort reingefitzt mit den Fördermitteln und allem (w. 19, Jugendclub).*

Alle Befragten dieser Organisation betonen die positive Rolle der Hauptberuflichen und bedauern deren durch Stellenstreichungen ausgelöste zurückgehende Präsenz.

Auch dieser junge Mann aus einer bayrischen DLRG-Gruppe, der als Bildungsbeauftragter selbst Seminare durchführt, berichtet von hauptberuflicher Unterstützung, vor allem im organisatorischen Bereich:

*Jetzert haben wir noch unsere Hauptamtlichen und ohne die können wir das so nicht machen, auf keinen Fall. Also wenn ich da, sage ich mal, irgendwie ne Seminararbeit als Bildungsbeauftragter, dann ist das fast ausschließlich konzeptionell und inhaltlich. Ich muss keine Organisation machen oder so. Wenn ich auf ein Seminar fahr, bekomme ich ein E-Mail, dann kreuze ich an, was ich alles will, und dann ist das am Freitagabend da. Dann sag ich, jetzt brauch ich bitte noch 40-mal ne Kopie von der und der Datei, die hast du in dem und dem Ordner auf deinem Rechner. Und dann krieg ich das vom J. gelocht und geheftet. Und das hält uns den Rücken frei. (...) Wenn ich mich um die Organisation auch noch kümmern müsst, dann könnt ich keine zehn Seminare halten. Das wär völlig undenkbar (m. 23, DLRG).*

In dieser Interviewsequenz wird eine klare Rollenzuschreibung deutlich, die Hauptberufliche auf die Rolle von Zuarbeitern und Serviceleistern begrenzt. Noch drastischer drückt es eine freiwillige Mitarbeiterin der Sportjugend aus:

*Ehrenamt beschließt, Hauptamt führt aus.*

Um dies aber bereits im nächsten Satz zu relativieren:

*Aber es ist eigentlich eher eine Zusammenarbeit, dadurch dass die Hauptamtlichen die Sachen studiert haben und die Sachen schon zum Teil zwanzig Jahre machen (w. 23, Sportjugend).*

Auch im Setting Interessenvertretung ist die Einschätzung, dass Hauptberufliche in erster Linie ausführende Organe sind und den Freiwilligen zuarbeiten sollten, weit verbreitet. So sehen es z.B. die jungen Gewerkschaftsvertreter als eine Aufgabe von Hauptberuflichen an, Inhalte fachlich auszuarbeiten, die dann von ihnen als gewählte Vertreter präsentiert werden. In der Landesschülervertretung NRW wird die Rolle der Hauptberuflichen, vor allem der vom Unterricht teilweise freigestellten Landesverbindungslehrer, vorrangig in der Sicherung von Kontinuität und Stabilität gesehen. Dabei geht es nicht nur um den Erhalt von äußerlichen Rahmenbedingungen und Strukturen, sondern auch um die Kontinuität von inhaltlichen Positionen und um Diskussionsstränge, welche die oft kurzen Amtszeiten der gewählten Gremienvertreter überdauern können. Ihr *„Überblick"*, so eine Landesschülersprecherin, trägt wesentlich zum Bestand der LSV bei. Dies dürfte auch für andere Organisationen mit starker Mitarbeiterfluktuation gelten.

Auch wenn für eine Reihe der interviewten Freiwilligen die Servicefunktion der Hauptberuflichen im Vordergrund steht und die gute Zusammenarbeit betont wird, ist einigen Gesprächen zu entnehmen, dass Hauptberufliche Machtpositionen in den Organisationen einnehmen und diese gegenüber Freiwilligen auch ausspielen. Beispielhaft dafür die folgende Passage:

*Wir sind fünf Jugendmitarbeiter im Alter von 14 bis 21 Jahren. Wir haben eine, in Anführungszeichen, Leiterin, hauptamtliche Leiterin, die das hauptberuflich macht. Die hat die Oberhand (w. 16, Ev. Jugend).*

Im folgenden Auszug aus dem Interview mit der gleichen Jugendlichen wird deutlich, wie die Nutzung von Machtpositionen in der Praxis aussehen kann:

*Ich hatte dann der Pfarrerin, die hier ist, versprochen, dass ich dieses Jahr hier oben helfe und hab mich dann gekümmert und hab ein eigenes Theaterstück geschrieben, weil ich die Stücke, die sie zur Auswahl hatte, ziemlich bescheuert fand. Dann kam es, dass ihr das Stück nicht gefallen hat und wir aber gesagt haben, die Kinder sollen entscheiden, was sie denn gerne spielen möchten. Sie hatten sich für mein Stück entschieden und dann fing es an: ‚Wollt ihr euch das denn nicht noch mal überlegen?' und ‚Guckt euch das doch noch einmal genau an' und im Nachhinein haben sie sich nach einer halben Stunde Überredung dann wieder umentschieden, und da habe ich dann meine Sachen genommen und bin gegangen. Seitdem verstehe ich mich auch nicht mehr so besonders gut mit ihr. Da war ich auch ziemlich sauer, weil ich keine Anerkennung dafür gekriegt habe, dass ich mich wirklich bemüht habe, was Vernünftiges auf die Beine zu stellen. Das fand ich irgendwie sehr ärgerlich (w. 16, Ev. Jugend).*

Das gespannte Verhältnis zwischen den beiden Personen – die junge Gruppenleiterin kommt an anderen Stellen des Interviews mehrfach darauf zurück – ist ein persönliches. Es geht ihr nicht um eine generelle Ablehnung von Hauptberuflichen. Mit einer anderen Pfarrerin hat sie, ihren Aussagen nach, gut zusammengearbeitet. Es handelt sich eher um eine persönliche Kränkung. Sie sieht zum einen ihre Bemühungen nicht anerkannt und zum anderen, dass die Pfarrerin ihre Position ausnützt, um eigene Interessen durchzusetzen.

Derart alltägliche Konfliktsituationen können immer auch als (informelle) Lernsituationen betrachtet werden. Sie werden in der Regel nicht pädagogisch inszeniert, sondern ergeben sich aus sachlichen oder fachlichen Erfordernissen, aus inhaltlichen oder politischen Meinungsverschiedenheiten oder auch aus persönlichen Eigenarten. Das „personale Angebot" der Hauptberuflichen kann darin bestehen, Werte, Einstellungen, Traditionen und letztlich auch die Strukturen einer Organisation zu personifizieren. Sie bieten damit jungen Engagierten Möglichkeiten der Orientierung aber auch der Reibung. Damit Konflikte auch zu Anlässen „für ein Lernen über eigenverantwortliche und gewaltfreie Konfliktregulierung" (Delmas/Scherr 2005, S. 108) werden, bedarf es eines Reflexionsprozesses auf beiden Seiten. Diesen anzustoßen, liegt in erster Linie in der Verantwortung der Hauptberuflichen und kann durchaus als pädagogische Intervention verstanden werden. Ob das Lernpotenzial des oben geschilderten Konfliktes in diesem Sinne genutzt wurde, konnte im Interview nicht geklärt werden. Die junge Freiwillige hatte sich teilweise zurückgezogen, übte ihre Funktion als Gruppenleiterin einer Kindergruppe aber weiter aus.

Auch in anderen Interviews wird von Konflikten mit Hauptberuflichen berichtet. In der folgenden Passage beklagt sich die schon mehrfach zitierte Befragte aus der offenen Jugendarbeit mit rechtsorientierten Jugendlichen im Rahmen einer evangelischen Kirchengemeinde über fehlende fachliche Unterstützung:

*Es war da zwar eine pädagogische Kraft, aber die hatte von Tuten und Blasen keine Ahnung. Die hatte studiert, aber die Richtung Behindertenpädagogik. Sie hatte halt daher mit unserem Team nicht soviel zu tun gehabt. Wir wollten dann, dass sie uns sagt, wie wir bei dem und dem Konflikt besser reagieren können. (...) Aber wir haben dann immer nur den Spruch zu hören bekommen: ,Wenn ihr euch unwohl fühlt, dann lasst es sein und schickt sie nach Hause.' Das kann es aber nicht sein, und die Kirche sagte halt auch: ,Wenn die was kaputt machen, dann schmeißt sie raus oder mahnt sie.' Aber es wird halt nicht geguckt, wie man die Konflikte managt oder im Rahmen der Kommunikation pflegt, sondern einfach nur sanktioniert und nicht bearbeitet. Das war schon, glaube ich, ein Problem der Organisation Kirche, wobei man das ja nicht verübeln kann, weil es ja keine alltägliche Arbeit für die Kirche ist und die hatten da auch keine Ahnung von (w. 22, Ev. Jugend).*

In dieser Interviewpassage schwingt neben dem offensichtlichen Konfliktpotenzial, welches sich aus dem für Kirchengemeinden ungewöhnlichen Arbeitsfeld ergibt, eine weitere Problematik mit, welche die Zusammenarbeit zwischen Freiwilligen und Hauptberuflichen belasten kann: Freiwillige fühlen sich Hauptberuflichen überlegen. Entsprechende auf eine konkrete Person („die hatte von Tuten und Blasen keine Ahnung") oder auf die Organisation Kirche („und die hatten da auch keine Ahnung von") bezogene Äußerungen belegen dies deutlich. An zwei weiteren Stellen des Interviews macht die Befragte, selbst mittlerweile Studentin der Pädagogik, ihre Kritik an Hauptberuflichen deutlich:

*Aber die (rechtsorientierten Jugendlichen, E. S.) wollten da nicht hin, weil die kein Bock auf die ganzen Sozialarbeiter hatten. Das hatten sie bei uns natürlich erstmal nicht so (w. 22, Ev. Jugend).*

Über eine scheinbar misslungene Bildungsfreizeit zum Thema „Gewalt und Aggression", an der sie zusammen mit ihrer Gruppe und rechtsorientierten Jugendlichen teilgenommen hat, berichtet sie Folgendes:

*Das war eine relativ spannende Geschichte, weil die Pädagogen, die da versucht haben uns irgendwas zu erzählen und in Schach zu halten, das alles relativ platt gemacht haben und aus heutiger Sicht relativ unprofessionell. Da hat man in diesem informellen Sinne viel zwischen den Zeilen gelernt, wie man es nicht machen sollte.*

*I: Das waren Mitarbeiter des Hauses in D.?*

*Nein, Mitarbeiter der Kirche. Hauptamtlich bezahlte Leute. (...) Eine Pastorin war da noch bei. Das war ein relativ spannendes Wochenende. Für uns war das auch angenehm, für die Jugendlichen auch, für die Mitarbeiter, glaube ich, sehr anstrengend. Das war, glaube ich, nicht richtig durchdacht, wie man mit so einer Gruppe am Wochenende, an dem man vierundzwanzig Stunden miteinander konfrontiert wird, arbeiten soll. Das war auch noch eine nette Geschichte (w. 22, Ev. Jugend).*

Das Gefühl der Überlegenheit, welches Freiwillige gegenüber Hauptberuflichen entwickeln, speist sich aus mehreren Quellen. Sie haben das Gefühl, näher an der Klientel zu sein, halten sich teilweise auch fachlich für ebenbürtig und fragen sich, warum Hauptberufliche für die scheinbar gleiche Arbeit studiert haben und bezahlt werden. Gleichzeitig können sie unabhängiger agieren, da sie in keinem materiellen Abhängigkeitsverhältnis stehen und ihre Verantwortlichkeit in der Regel geringer ist als die der bezahlten Kräfte. So ist der zitierten jungen Frau eine Stelle als Honorarkraft angeboten worden, die sie aus eben diesen Gründen abgelehnt hat.

Ob und inwieweit die subjektiven Einschätzungen der Freiwilligen die Arbeit der Hauptberuflichen realistisch beschreiben, konnte nicht weiter überprüft werden. Sie können aber als Hinweis darauf gewertet werden, dass die Freiwilligen sich ihrer wichtigen Position in der Gesamtstruktur sicher sind und dass das daraus resultierende Selbstbewusstsein – wie oben geschildert – einen positiven Einfluss auf Lernprozesse hat. Auch das folgende Beispiel – diesmal aus der Katholischen Kirche – zeugt von einem schon fast fürsorglich zu nennenden Überlegenheitsgefühl:

> *Das war bis vor einem Jahr die Gemeindereferentin, die dann aber schwanger geworden ist, die ersetzt wurde durch einen Gemeindepraktikanten, der jetzt das erste Jahr Praktikum macht, frisch von der Schulbank, der Theologieschulbank kommt und hier das erste mal sich an der Gruppe ausprobiert. Und deswegen haben wir als Helferkreis wahrscheinlich die Aufgabe, ihm ein bisschen unter die Arme zu greifen, ihn in die Aufgabe mit einzuführen, ein bisschen zu zeigen, wo es lang geht, er letztendlich aber auch die Verantwortung für uns hat, trotz seiner Unerfahrenheit hat er trotzdem die Verantwortung und kümmert sich da auch (m. 20, Kath. Jugend).*

Die Frage, wer hier für wen die Verantwortung zu übernehmen hat, scheint in diesem Fall nicht ganz geklärt; in anderen Fällen kann sie klarer beantwortet werden. In Jugendverbänden aber auch in der Landesschülervertretung übernehmen jugendliche Vorstandsmitglieder direkte Personalverantwortung für Hauptberufliche (vgl. dazu auch Landesjugendring NRW 2005, S. 36ff.). Sie führen Einstellungsgespräche und sind für die Personalentwicklung in der Organisation verantwortlich. Diese Aufgaben werden von den betroffenen Freiwilligen sehr ernst genommen. So berichtete ein Befragter, dass er eigens ein Seminar zum Arbeitsrecht belegt hat, um den Aufgaben der Mitarbeiterführung besser gerecht werden zu können. Während inhaltliche Themen noch im informellen Gespräch geklärt werden können, erkennt der Befragte klar, dass der Umgang mit arbeitsrechtlichen Fragen formaleres Lernen erfordert und beschließt, ein entsprechendes Seminarangebot zu nutzen. Dieses Beispiel zeigt sehr gut, wie informelle und formale Lernkontexte anlassbezogen miteinander verschränkt werden, wenn dies für die Arbeit erforderlich ist.

Insgesamt gesehen lässt sich das Verhältnis der befragten Freiwilligen zu den hauptberuflichen Mitarbeiterinnen und Mitarbeitern nicht eindeutig beschreiben, da die stark personenbezogenen Äußerungen aus den Interviews keine Verallgemeinerungen zulassen. Die Beziehungsabhängigkeit der Aussagen entspricht aber der postulierten Diskursivität: „Die Aushandlungsprozesse sind nicht ohne eine Beziehungsgestaltung zwischen den Beteiligten machbar. Immer wieder müssen auch die Personen klären, wie sie sich gegenseitig sehen und anerkennen und wie sie ihre Beziehung gestalten wollen" (Sturzenhecker 2004a, S. 446). Bei den Engagierten ist eine Tendenz zu erkennen, die bezahlten Kräfte weniger als pädagogische Begleiter oder auch Vorbilder (vgl. auch

Fauser/Fischer/Münchmeier 2006, S. 186), sondern eher als unterstützenden (in Einzelfällen auch als behindernden) Teil der Strukturen anzusehen. Dies lässt aber noch keine Schlüsse auf die Art und Stärke der (pädagogischen) Einflussnahme von Hauptberuflichen zu. Im Gesamtgefüge der Organisationen sichern die Hauptberuflichen vor allem die Kontinuität und nehmen in Bezug auf ihre Inhalte und Ausrichtung sicherlich auch steuernde Funktionen ein.

## 3.8 Non-formale Bildungsangebote

In der Regel verfügen die Organisationen über eigene Bildungsangebote mit non-formalem Charakter.[6] So ist die für eine Jugendleitercard (Juleica) vorgeschriebene Ausbildung in den meisten Jugendverbänden Pflichtprogramm für Jugendliche, die Verantwortung in der Gruppenarbeit übernehmen wollen. Diese Ausbildung besteht aus einem Grundkurs, in dem in verschiedenen Kurseinheiten methodische, pädagogische und rechtliche Fragen angesprochen werden und der außerdem einen Erste-Hilfe-Kurs beinhaltet. Juleica-Inhaber müssen ihre Kenntnisse in regelmäßigen Fortbildungen auffrischen und erweitern. Hinzu kommen organisationsspezifische Angebote oder auch individuelle Mentorenprogramme. Wie umfangreich eine solche Ausbildung sein kann, schildert der folgende Engagierte aus einer evangelischen Kirchengemeinde in Sachsen:

> *Also bevor man das überhaupt wird, gibt es den Glaubenskurs, so nennt man das mittlerweile, das sind sechs Abende. Da erfährt man ein bisschen mehr, wer mehr wissen will. Dann gibt es einen Schnuppertag, wo man ein bisschen was lernt, was der Mitarbeiterkreis so für Aufgaben hat, für Anforderungen hat, was man mitbringen muss. Dann gibt es eine Einsteigerrüstzeit, wo man konkret noch mal Spielpädagogik lernt oder methodische Gewandtheit, also so ganz praktische Dinge auch. Dann kann man dieses Einsteigerjahr machen, wo man einen Mentor an die Seite gestellt kriegt und dann, wenn man einmal im Mitarbeiterkreis ist oder schon im Einsteigerjahr, gibt es diese vier Mitarbeiterrüstzeiten, (…) wo thematisch weitergebildet wird und einfach Austausch stattfindet. Darüber hinaus gibt es dann die Sommerrüstzeiten, wo man hinfahren kann. Und es gibt, also weniger von unserer Jugendarbeit veranstaltet, aber vom CVJM, Angebote, die Seminarcharakter haben, wo man hinfahren kann, was dann aber immer freiwillig ist (m. 19, Ev. Jugend).*

Einzelne Jugendverbände, wie die Pfadfinderverbände, haben eigene, teilweise sehr komplexe Ausbildungsverfahren entwickelt, die in verschiedenen Stufen durchlaufen werden. In den Hilfsorganisationen gibt es spezielle Ausbildungen, in denen Jugendliche langsam an die Hilfseinsätze, an denen erst ab 18 Jahren

6 Einen guten Eindruck von der Themenvielfalt und Bandbreite der non-formalen Bildungsangebote im Bereich der Jugendverbände vermitteln z.B. die Broschüre „Kompetenzen Wissen Werte. Nichtformelle und informelle Bildungsprozesse in der Jugendarbeit" des Landesjugendring NRW (2005) oder die Materialiensammlung „Jugendarbeit ist Bildung" der Offensive Jugendbildung Baden-Württemberg (Akademie der Jugendarbeit Baden-Württemberg 2004).

teilgenommen werden darf, herangeführt werden. Im Sportbereich werden Trainerausbildungen, aber auch unterschiedlichste fachbezogene Fortbildungen angeboten. In den Gewerkschaften und anderen Interessenvertretungen steht die politische Bildung im Vordergrund, aber auch andere Bildungsbereiche, wie Recht oder Rhetorik, werden abgedeckt.

Kleinere Initiativen verfügen in der Regel nicht über eigene Bildungsangebote, nutzen aber zum Teil die Aus- und Fortbildungsmöglichkeiten anderer Träger. Größere Organisationen, wie Greenpeace, bieten ihren älteren Aktivisten eine Reihe von umwelt- und sachbezogenen Aus- und Fortbildungen, bis hin zum Bootsführerschein. Für jüngere Aktive hat Greenpeace das Angebot der *green days* entwickelt, wo den Teilnehmenden aus verschiedenen örtlichen Gruppierungen eine Mischung aus Ferienfreizeit und Bildung angeboten wird:

Ein Teil der Organisationen verfügt über überregionale Bildungseinrichtungen, die neben individuellen Bildungsangeboten auch Angebote zur Koordinierung überregionaler Aktivitäten anbieten und damit als Knotenpunkte in den Netzwerken agieren. Auch Konferenzen und Treffen auf der regionalen, nationalen oder auch internationalen Ebene werden von den Engagierten als Orte der Fortbildung angesehen:

Auch wenn die Bedeutung non-formaler Bildungsangebote in den Jugendorganisationen insgesamt rückläufig zu sein scheint (vgl. Beck/Liedke 2004, S. 65) und subjekt- und bedürfnisorientierte Ansätze gegenüber den klassischen Kurs- und Seminarangeboten an Bedeutung gewinnen, spielen diese, wie auch die Interviews zeigen, weiterhin eine Rolle. Aus Sicht der befragten Jugendlichen werden Lernprozesse gerade dort angestoßen, wo sich non-formale Bildungsangebote mit informellen, gruppendynamischen Prozessen mit Freizeitcharakter mischen. Auch im Rahmen des Wirksamkeitsdialoges in NRW durchgeführte Befragungen von Teilnehmerinnen und Teilnehmern aus den Jugendverbänden an Bildungsangeboten haben ergeben, dass diese insgesamt mit den Angeboten zufrieden sind. Dies betrifft insbesondere die Inhalte und das Freizeitprogramm (vgl. Landesjugendring NRW 2004, S. 33).

## 3.9 Vernetzte Strukturen

Die qualitativen Interviews haben gezeigt, dass die Organisationen nicht als geschlossene Räume zu betrachten sind und das jugendliche Engagement in der Regel in vernetzten Strukturen stattfindet. Vermischen sich, wie oben gezeigt, an der Basis der Organisationen Aktivitäten der Cliquen und zum Teil auch der Familien mit Gruppenaktivitäten der Vereine, Verbände und Initiativen, bestehen im kommunalen Nahraum Vernetzungen zu anderen Jugend- und Erwachsenenorganisationen vor allem im Rahmen von Kirchengemeinden und Jugendringen aber auch im Sportbereich und bei den Hilfsorganisationen. Dabei können insbesondere die generationsübergreifenden Kontakte zu Erwachsenenorganisationen zu Konflikten führen, wenn diese Kontakte nicht von Gleichberechtigung und gegenseitiger Anerkennung getragen sind (vgl. Böhnisch/ Münchmeier 1989, S. 255).

Die Schülervertretungen sind häufig eng mit lokal agierenden gewerkschaftlichen Gruppen verbunden, beteiligen sich an gemeinsamen Aktionen und nutzen deren Bildungsangebote. Ein Schülervertreter, der gleichzeitig Chef einer Schülerfirma ist, berichtet von engen Kontakten zur lokalen Wirtschaft und zur Kommunalpolitik. Auch Initiativen wie Aktion Zivilcourage agieren auf der kommunalpolitischen Ebene und setzen ihre Aktionen zusammen mit anderen kommunalen Akteuren um. Vertreter der Jugendverbände, Initiativen und Schülervertretungen engagieren sich außerdem in kommunalpolitischen Gremien und Ausschüssen, wie den Kinder- und Jugendausschüssen oder den Arbeitsgemeinschaften nach SGB VIII, § 78 und sind in die Jugendhilfeplanung einbezogen (vgl. Mamier 2002, S. 35ff.). Im Rahmen der Vernetzung von Jugendarbeit und Schule kooperiert eine Reihe von Organisationen bereits mit den Schulen. Dies gilt insbesondere für den Sportbereich, aber auch einzelne Jugendverbände beteiligen sich sporadisch oder kontinuierlich an gemeinsamen Aktivitäten.

Auf überregionaler Ebene besteht für junge Engagierte die Möglichkeit, sich in verschiedenen Gremien ihrer Organisationen bis hin zur Landes- und Bundesebene zu beteiligen. Auch hier bestehen Vernetzungen in Form von Landesjugendringen und dem Bundesjugendring. Freiwillige, die auf diesen Ebenen tätig sind oder waren, berichten von guten Kontakten zur Politik und anderen Entscheidungsträgern.

In der standardisierten Erhebung wurde versucht, den Tätigkeitsradius der Organisationen mit der Frage „Wo ist diese Organisation tätig?“ zu erheben. Hier antworten 61 Prozent „nur an einem Ort, bzw. regional begrenzt“. 9 Prozent der Befragten sehen ihre Organisation auch auf der Landesebene tätig, 16 Prozent auf der Bundesebene und 14 Prozent international. Diese Aussagen sind allerdings von begrenztem Erkenntniswert. So geben mehr als zwei Drittel der Befragten aus dem Bereich „Kirche“ an, ihre Organisation sei nur örtlich bzw. regional tätig. Sie nehmen damit klaren Bezug auf ihr eigenes Aktionsfeld, bzw. auf das ihrer kirchlichen Gruppe auf Gemeindeebene. Dass es sich bei den Kirchen um international operierende Organisationen handelt, erkennen nur 18 Prozent der ehemals Engagierten aus diesem Feld. Die Angaben zu dieser Frage sind dementsprechend weniger als faktische Aussagen, sondern eher als Beschreibung des eigenen Aktionsradius bei gleichzeitiger Unkenntnis der überregionalen Organisationsstrukturen zu werten.

Von internationalen Kontakten, die durch das Engagement ermöglicht wurden, berichten Aktive aus Pfadfinderverbänden, aber auch aus kirchlichen Organisationen, Sportverbänden und der Studenteninitiative AISEC. So hat eine junge BdP-Mitarbeiterin schon mit fünfzehn Jahren an einem Internationalen Pfadfindertreffen in Thailand teilgenommen und eine junge Aktive aus dem Sportbereich war bereits Teilnehmerin einer Jugendkonferenz in Quebec und plante zum Zeitpunkt des Interviews die Teilnahme an den Olympischen Spielen in Athen als Betreuerin eines Jugendlagers.[7]

## 3.10 Strukturelle Unterschiede zu anderen Lernkontexten

Insgesamt lassen die Ergebnisse erkennen, dass es sich bei den Settings des freiwilligen Engagements um ein Lernfeld handelt, welches sich strukturell bedeutend von anderen Lernkontexten unterscheidet.

In der Familie werden Primärerfahrungen gemacht, die im Sinne der Bourdieu'schen Kapitalakkumulation prägend für die weitere Entwicklung sind. Trotz Individualisierungs- und Modernisierungstendenzen sind Familien relativ geschlossene Systeme, deren Zusammenhalt zwar einerseits brüchiger zu werden scheint und deren Auflösungserscheinungen immer mehr Kinder und Jugendliche betreffen, die aber andererseits immer noch maßgeblichen Einfluss auf die Lebenschancen Jugendlicher haben (vgl. BMFSFJ 2005: 12. Kinder- und Jugendbericht, S. 166ff.). Im Familienverbund macht ein Großteil der Heranwachsenden die ersten Erfahrungen mit Aushandlungsprozessen. Allerdings handelt es sich dabei in der Regel um Verhandlungen und Konflikte im privaten Raum, bei denen die Kinder und Jugendlichen sich in der Regel in der schlechteren, weil abhängigen Position befinden. Die Familie bleibt weitgehend dem Bereich des Privaten verhaftet, während die Freiwilligenorganisationen als intermediäre Räume fungieren, und Aushandlungsprozesse dort als öffentliches Wirken, als Partizipation im gesellschaftlichen Sinne betrachtet werden können.

Auch Freundeskreise und Cliquen sind in der Regel ohne formale Strukturen und nicht in größere Kontexte oder Netzwerke eingebunden. Die Gleichaltrigengruppe spielt eine wichtige Rolle im Prozess der persönlichen Entwicklung im Jugendalter und lässt hierarchiefrei Aushandlungsprozesse zu. Sie dient der sozialen, jugendkulturellen und personalen Orientierung und zeigt sich in der Regel als relativ homogenes Gebilde, in dem Personen anderen Alters, anderer Gesinnung oder auch eines anderen sozialen Status nur schwer einen Platz finden. Auch wenn die gemeinsame Interaktion und Aneignung von kulturellen Stilen, Lebensweisen und Räumen Kompetenzentwicklung ermöglicht (vgl. Hitzler/Pfadenhauer 2007), fehlt es den Gleichaltrigengruppen, die sich in der Regel in rein privaten Kontexten bewegen, an Möglichkeiten zur Auseinandersetzung und Beteiligung im öffentlichen Raum. Dies ist ein wesentlicher Unterschied zu in Verbänden, Vereinen, Initiativen und Interessensvertretungen organisierten Gruppen.

7 Zu Langzeitwirkungen von internationalen Jugendbegegnungen siehe auch: Thomas/Chang/Abt 2007.

Die Schule unterscheidet sich von den Settings des freiwilligen Engagements in erster Linie durch die rechtlich vorgeschriebene Pflicht zur Teilnahme. Als vorrangig auf den Erwerb formaler Bildung ausgerichtetes System kann sie nur in geringem Maße Angebote der Selbstorganisation und des freiwilligen, selbstbestimmten, auch *nicht-affirmativen* (vgl. Deller 2003) Lernens machen. Die Lernziele sind curricular vorgegeben und können nicht in einem diskursiven Prozess mit den Jugendlichen entwickelt werden (vgl. Voigts 2003, S. 39).[8] Dabei scheint der Schule der Prozess der Wissensvermittlung immer schwerer zu fallen. Steigenden gesellschaftlichen Anforderungen und zunehmenden Ansprüchen der Eltern, der Politik und der Wirtschaft stehen scheinbar immer weniger motivierte und konzentrierte Schüler gegenüber, die einen großen Anteil ihrer Zeit in der Schule verbringen müssen. Allerdings ist das Verhältnis der befragten Jugendlichen zur Schule nicht durchgehend schlecht. Viele bezeichnen sich als „gute Schüler" ohne große schulische Probleme (vgl. Sass 2006, S. 246ff.), und erkennen den Stellenwert formal erworbener Bildung durchaus an. Für andere Befragte stehen Negativerfahrungen im Vordergrund und die Schule wird als *Zwangssystem* betrachtet. Nahezu alle Jugendlichen betonen aber die Unterschiede des schulischen Lernens zum Lernen in Freiwilligenorganisationen, wo das freiwillige Engagement ihnen Möglichkeiten bietet, selbstbestimmt, selbst organisiert (vgl. Schwab/Nickolai 2004; S. 48f.) und in *entpädagogisierten Räumen* (vgl. Neubauer 2005, S. 121) ohne Leistungsdruck und Ergebnisorientierung Fähigkeiten und Kompetenzen zu entwickeln.

Alle Sozialisationsfelder enthalten Lernpotenziale; ohne Vorkenntnisse aus Familie, Clique und Schule ist auch ein freiwilliges Engagement nicht möglich. Allerdings scheint die Offenheit der Freiwilligenorganisationen bei gleichzeitiger Strukturiertheit[9] in Kombination mit der Freiwilligkeit der Verantwortungsübernahme den subjektiven Bedürfnissen Heranwachsender besonders zu entsprechen. Dies gilt insbesondere dann, wenn die Organisationsstrukturen durch ältere Ansprechpartner oder Hauptberufliche personifiziert werden.

Ein weiteres wichtiges Merkmal, welches die Freiwilligenorganisationen, vor allem die Jugendverbände, von den anderen Sozialisationsinstanzen unterscheidet, ist ihr im SGB VIII, § 12 festgeschriebenes jugendpolitisches Mandat

8 Hier findet sich auch eine systematische Auflistung der Unterschiede zwischen Jugendarbeit und Schule.

9 „Die Strukturcharakteristika der Jugendarbeit kennzeichnen sich also in dieser Interpretationsweise durch eine außerordentlich weitgehende Offenheit, die ein großes Spektrum von Teilnehmern, Zielen, Inhalten und Arbeitsweisen zulässt und deren Prozess nicht vorherbestimmt oder vorhergesagt werden kann und andererseits doch durch einen organisatorischen Rahmen, der es überhaupt erst ermöglicht, dass Menschen sich zu gemeinsamen Handlungen zusammenfinden, die als die Institution Jugendarbeit bezeichnet werden können. Nur diese Rahmung macht es möglich, dass Personen sich als Teilnehmende erfahren können und dass sie gemeinsam in einem immer wieder sich wandelnden Gestaltungsprozess der Institution eintreten" (Sturzenhecker 2004a, S. 447).

(vgl. Steegmüller/Wenzl 2005, S. 36). In Organisationen, die dieses Mandat ernst nehmen und die Interessen von Kindern und Jugendlichen im öffentlichen Raum vertreten, erhalten Jugendliche die Möglichkeit, sich in Gremien und anderen Arbeitsgruppen an solchen Prozessen zu beteiligen und entsprechende Erfahrungen im politischem Raum zu sammeln. Auch dies ist ein exklusives Lernfeld der Freiwilligenorganisationen.

## 3.11 Unterschiede zwischen Organisationen

Bereits die oben zitierte DJI-Studie zu Strukturen und Handlungsmöglichkeiten der Jugendverbände und Jugendringe hat ergeben, dass generelle bundesweite Aussagen über die Jugendarbeit nur in eingeschränktem Maße sinnvoll sind (vgl. Mamier u.a. 2002, S. 77).[10] Dies gilt auch für die anderen untersuchten Organisationsformen. Unternimmt man den Versuch, die Organisationen hinsichtlich der beschriebenen Strukturmerkmale zu unterscheiden und Organisationstypen auszudifferenzieren, gelangt man besonders schnell an Grenzen, wenn man den Fokus auf informelle Lernprozesse legt. Zwar haben die Organisationen unterschiedlich definierte Zielsetzungen und Kernaufgaben, die wiederum bestimmte Kenntnisse und Fähigkeiten der Mitarbeiterinnen und Mitarbeiter voraussetzen und dementsprechende organisationsspezifische Lernmöglichkeiten bieten, doch unterscheiden sich die untersuchten Verbände, Vereine, Initiativen und Interessenvertretungen hinsichtlich ihres Potenzials, informelle Lernprozesse anzustoßen, nur marginal. Die qualitativen Interviews legen die Vermutung nahe, dass die konkreten Gruppensituationen und Aufgabenstellungen, mit denen Jugendliche konfrontiert sind, für deren Lernprozesse maßgeblicher sind als die strukturellen Rahmenbedingungen der Gesamtorganisation.

In allen Organisationen ist die Gruppe, bzw. das Team, der bestimmende Handlungs- und somit auch Lernort. Unterzieht man diese Gruppen einer näheren Betrachtung, dann zeigt sich, dass es sich hier nicht um fest umrissene Gebilde handelt, sondern um tendenziell offene Systeme. Unterschiede zwischen Organisationen, in denen (oftmals aus versicherungstechnischen Gründen) eine Mitgliedschaft verlangt ist, wie z.B. im Sportbereich oder bei den Hilfsdiensten, und den Organisationen ohne feste Mitgliederstrukturen, wie z.B. im Bereich der kirchlichen Jugendarbeit oder den Jugendclubs, sind zwar durchaus vorhanden, lassen aber eine Beschreibung als voneinander verschiedene

10 „Die Rahmenbedingungen und damit auch die Handlungs- und Gestaltungsoptionen, unter denen die Jugendorganisationen ihre Arbeit leisten, sind sehr verschieden. Dies zeigt sich unter anderem an den sehr unterschiedlichen Ressourcenausstattungen, seien es Finanzmittel oder hauptamtliche und ehrenamtliche MitarbeiterInnen, den differierenden Aufgabenstellungen, der Bandbreite der Vernetzungsintensität mit anderen Jugendorganisationen, dem Jugendamt, anderen Institutionen oder auch an dem von Region zu Region variierenden Selbstverständnis der Jugendorganisationen“ (Mamier u.a. 2002, S. 77).

Lernkontexte nicht zu. Die Unterschiede zwischen einzelnen Gruppen innerhalb einer Organisation können durchaus größer sein als die zwischen Gruppen aus verschiedenen Organisationen.[11]

## 3.12 Diffusität als Chance

Insgesamt gesehen findet sich durch die Interviewaussagen der Jugendlichen und die Interpretation des erhobenen Materials Sturzenheckers These von den Strukturcharakteristika der Jugendarbeit bestätigt. Dies gilt nicht nur für die Jugendverbände, sondern weitgehend auch für die anderen betrachteten Settings. Die sich gegenseitig bedingenden Strukturcharakteristika „Freiwilligkeit", „Offenheit" und „Diskursivität", von denen auch nach neueren neurobiologischen und lernpsychologischen Erkenntnissen (vgl. Wild/Hofer/Pekrun 2001, S. 214ff.; Spitzer 2002, S. 141ff.) angenommen werden darf, dass sie Grundvoraussetzungen für nachhaltige Lernprozesse sind, finden sich in dieser speziellen Kombination nur im Feld des organisierten freiwilligen Engagements. Die untersuchten Settings unterscheiden sich somit von den anderen relevanten Sozialisationsfeldern des Jugendalters – Familie, Freundeskreis und Schule – auch hinsichtlich ihrer Lernpotenziale maßgeblich.

Geht man davon aus, dass es die strukturellen Charakteristika sind, welche die Settings des freiwilligen Engagements zu besonderen und eigenständigen Bildungsorten machen (vgl. Delmas/Reichert/Scherr 2004, S. 86), muss man gleichzeitig konstatieren, dass Freiwilligkeit, Offenheit und Diskursivität ein *diffuses Feld* (vgl. Thole 2003, S. 247) erzeugen. Dies wird auch von der Jugendarbeit als verunsichernd erlebt (vgl. Sturzenhecker 2003, S. 303) und muss auf den externen Betrachter dementsprechend irritierend wirken.

Aus Sicht des Lernens erscheint diese Diffusität allerdings als vorteilhaft. Sturzenhecker spricht sogar vom geheimen Curriculum der Strukturcharakteristika (vgl. Sturzenhecker 2004a, S. 447). Durch die in den Strukturen angelegte *„pädagogisch organisierte Anarchie"* (vgl. ebd., S. 446) in den Jugendorganisationen, Initiativen und Interessenvertretungen entstehen Gelegenheitsstrukturen, die Jugendlichen die Teilhabe erleichtern und ihnen niedrigschwellige Zugänge zu neuen Lernfeldern ermöglichen. Durch Teilhabe und Engagement werden Räume eröffnet, die Subjektbildung im Sinne Albert Scherrs (vgl. u.a. Scherr 2003) und Partizipation an gesellschaftlichen Prozessen ermögli-

11 Dies belegen z.B. die oben bereits angesprochenen von Fauser/Fischer/Münchmeier (2006) innerhalb der Evangelischen Jugend festgestellten großen Unterschiede zwischen ost- und westdeutschen Gruppen. Während Erstere eher fundamentalistisch und nahe an den religiös motivierten Kernaufgaben ausgerichtet sind, zeigen sich Letztere offener für andere Arbeitsfelder und jugendkulturelle Strömungen. Diese Erfahrungen wurden in der vorliegenden Untersuchung durch die Interviews mit Engagierten aus dem kirchlichen Bereich bestätigt.

chen. Solche Gelegenheiten bleiben Nichtengagierten in der Regel verschlossen.

Werden sie ergriffen, eröffnen sich Lernmöglichkeiten, die nicht auf den engen Rahmen eines lokalen Engagements begrenzt bleiben müssen, sondern sich auch aus überregionalen Angeboten der Fortbildung, internationalen Begegnungen bis hin zu Gesprächen und Auseinandersetzungen mit der Landes- oder Bundespolitik ergeben können. Ob diese Lern- und Bildungsprozesse von den Jugendlichen auch als solche verstanden und verarbeitet werden, hängt auch davon ab, inwieweit die Möglichkeit besteht, sie zu reflektieren (vgl. Lindner 2005, S. 340). Auch hierzu bestehen in den Settings des freiwilligen Engagements größere Chancen als in anderen informellen Kontexten.

## 3.13 Zusammenfassung

Wie gezeigt, verläuft nicht nur der Zugang zu den Organisationen in der Regel unstrukturiert und zunächst informell. Auch die Statuspassage von der reinen Teilnahme in das freiwillige Engagement ist in vielen Fällen kein formaler Akt sondern ein sukzessiver und diskursiver Prozess. Fast 80 Prozent der befragten Engagierten haben bereits mit 16 Jahren oder früher eine freiwillige Tätigkeit aufgenommen. Jugendliche kommen über die Familie, über Cliquen- und Freundschaftsbeziehungen oder aber aus persönlichem, fachlichem Interesse in die Organisationen. Sie bleiben, wenn sie dort emotional aufgenommen und akzeptiert werden und es ausreichend Passungen zwischen individuellen Interessen und den Inhalten der Arbeit gibt. Die Übergänge zwischen Mitgliedschaft und Nicht-Mitgliedschaft, bzw. zwischen reiner Mitgliedschaft und freiwilligem Engagement, sind nicht immer klar definiert und fließend. Auch die freiwillige Verantwortungsübernahme ist häufig von sich zufällig ergebenden personellen Konstellationen abhängig. Dies gilt auch für Gruppen mit formaleren Zugangsbedingungen, wie z.B. gewählte Gremien oder auch Schülervertretungen.

Die jungen Freiwilligen fühlen sich als Teil eines Gesamtsystems. Dementsprechend zeigen sie Interesse für die strukturellen Rahmenbedingungen ihrer Tätigkeit, richten dieses aber zunächst pragmatisch auf das unmittelbare lokale Umfeld ihres Engagements. Das Wissen der jungen Engagierten über die Strukturen ihrer Organisationen hängt in erster Linie von der Funktion ab, die sie ausüben und nimmt zu, wenn Verantwortung in Gremien übernommen wird.

Eine geplante und gezielte Einführung in die Strukturen der Organisationen für neue Mitarbeiter findet nur in Ausnahmefällen und eher in den großen Organisationen statt. In der Mehrzahl der Fälle wird der Gewinn von Strukturwissen als ein langsamer, diskursiver Prozess beschrieben, der viel Eigeninitiative erfordert. Insbesondere als Gremienvertreter sind junge Engagierte häufig gezwungen, sich das entsprechende Wissen in Eigeninitiative anzueignen. Dies geschieht auf informellem Wege, häufig in der Kommunikation mit erfahrenen Organisationsvertretern, und ist ein teilweise nicht unproblematischer Prozess, der von einigen Jugendlichen als *Sprung ins kalte Wasser* beschrieben wird. Dass sich aus solchen selbst gesteuerten Aneignungsprozessen immer auch besondere Lernchancen ergeben, scheint offensichtlich.

Teamarbeit ist die wichtigste und am meisten verbreitete Arbeitsform im Engagement. Dies gilt sowohl für organisatorische und gruppenbezogene Tätigkeiten als auch für die Leitungs- und Gremienarbeit. Das Engagement in frei gewählten Teams entspricht dem Bedürfnis der Jugendlichen nach Gemeinschaftserlebnissen und der eigenen Verortung in der Gruppe. Auch hier sind die Grenzen zwischen privaten, cliquenfixierten Aktivitäten und organisationsbezogenem Handeln nicht immer klar zu erkennen. Derart diffuse Gruppenkonstellationen sind für die Organisationen nicht immer unproblematisch und verlangen Diskursbereitschaft, bieten aber auch Chancen der positiven gegenseitigen Beeinflussung. In diskursiven Prozessen lernen die Jugendlichen, solidarisch miteinander umzugehen und ihre Stärken und Schwächen zu erkennen. Sie erfahren aber auch die Grenzen der Teamarbeit und lernen einzuschätzen, wo individuelle Arbeitsweisen sinnvoller sind. In den Hilfsdiensten, wo Teamarbeit häufig unabdingbare Voraussetzung für erfolgreiche Einsätze ist und wenig Raum für Diskurs und individuelle Freiheiten vorhanden scheint, erkennen die Jugendlichen dies an und empfinden das Zurückstellen ihrer Individualinteressen als zeitlich begrenzte Notwendigkeit.

Die untersuchten Settings des freiwilligen Engagements sind demokratisch verfasst. 76 Prozent aller Befragten bezeichnen die Mitsprachemöglichkeiten als ausreichend und 40 Prozent geben an, selbst eine Leitungsfunktion innegehabt zu haben. Besonders in den Jugendverbänden erhalten Jugendliche schnell die Chance, sich in leitenden Positionen zu bewähren. Dies trifft auf lokale Strukturen ebenso zu wie – bei entsprechender Interesse und Eignung – auf überregionale Gliederungen der Organisationen. Entscheidungen werden in der Regel in einem demokratischen Willensbildungsprozess getroffen. Die Jugendlichen nutzen ihre Möglichkeiten der Mitsprache aber auch, um informellen Einfluss auszuüben. Ansätze EDV-gestützter Meinungsbildungsprozesse sind zu erkennen.

Das Engagement findet in der Regel unter Bedingungen statt, die durch individuelle oder gruppenbezogene Gestaltungsräume geprägt sind. Die Spielräume für Eigeninitiative variieren und hängen von den Zielsetzungen der Organisationen, aber auch von den konkreten örtlichen Voraussetzungen ab. Besonders große Gestaltungsräume scheinen die weltanschaulichen Organisationen sowie die örtlichen Initiativen zu bieten. Engere Grenzen sind Jugendlichen in Großorganisationen mit stark definierten Zielen (z.B. Greenpeace, Hilfsorganisationen) und vor allem in den Schülervertretungen gesetzt. Das Ringen um Gestaltungsräume geschieht in der Regel in der konkreten Auseinandersetzung mit (häufig erwachsenen) Personen (Hauptberufliche, Lehrer, Gemeindevorstände). Begrenzt fühlen sich die Befragten in erster Linie durch finanzielle Einschränkungen, aber auch durch lange und undurchsichtige Entscheidungsprozesse der Politik.

Etwa 70 Prozent der befragten Engagierten können auf die Unterstützung von erfahrenen Ansprechpartnern, knapp die Hälfte auf Hauptberufliche zurückgreifen, wobei es hier zwischen den Organisationen erhebliche Unterschiede gibt. In den Interviews wird deutlich, dass die Freiwilligen das Vorhandensein von Hauptberuflichen in erster Linie als personales Angebot ansehen und nutzen, auch wenn die Zusammenarbeit nicht immer konfliktfrei abläuft. Dies bedeutet, dass die gegenseitigen Verhältnisse sehr personenabhängig sind und von beiden Seiten individuell ausgestaltet werden. Die Jugendlichen betrachten die Unterstützungsleistungen der Hauptberuflichen in erster Linie als Serviceleistungen, erkennen aber durchaus ihre Funktion für den Erhalt der Organisation und die Kontinuität der Arbeit an. Lernsituationen werden von den Hauptberuflichen eher selten pädagogisch konstruiert, sondern ergeben sich in der Regel aus Alltagssituationen und -konflikten. In Einzelfällen sind junge Freiwillige auch arbeitsrechtlich für angestellte Hauptberufliche verantwortlich.

Die Organisationen verfügen in der Regel über eigene, teilweise verpflichtende, non-formale Bildungsangebote, mit aufgabenbezogenen allgemein-pädagogischen, rechtlichen und organisationsspezifischen Inhalten. Deren Methodik reicht vom klassischen Wochenendkurs, über regelmäßige Trainings bis hin zu individuellen Mentorenprogrammen. Neben dem Bildungsaspekt spielt der Freizeit- und Gesellungsaspekt solcher Angebote für die Jugendlichen eine wichtige Rolle. Die Verknüpfung von non-formalen Bildungs- und informellen Freizeitangeboten vereinfacht den Zugang zu Kursen und Seminaren und verhilft insbesondere Jugendlichen mit schlechten Schulerfahrungen zu Zugängen zu unbekannten Lernformen. Kleinere Gruppierungen ohne eigene Bildungsanbote nutzen häufig die Angebote größerer Träger.

Jugendliches Engagement findet in vernetzen Strukturen statt. Die Organisationen arbeiten auf der kommunalen Ebene mit anderen Gruppierungen, mit den Schulen oder auch mit der Kommunalpolitik zusammen, so dass sich hier vielfältige individuelle Kontakte ergeben können. Die vertikale Verfasstheit der Organisationen eröffnet auch Möglichkeiten der landes- und bundesweiten, teilweise auch der internationalen Vernetzung. Auch in dieser Hinsicht fungieren die Organisationen als offene Systeme, die zur Akkumulation von sozialem Kapital beitragen und bei Interesse und entsprechenden Kompetenzen als Sprungbrett in weitergehende (freiwillige oder berufliche) Karrieren dienen können.

Die untersuchten Organisationen unterscheiden sich hinsichtlich ihres Potenzials, informelle Lernprozesse anzustoßen, untereinander nur marginal. Konkrete Gruppensituationen und die spezifischen Aufgabenstellungen Einzelner sind für Lernprozesse von größerer Bedeutung als die strukturellen Rahmenbedingungen der Gesamtorganisation.

Von anderen Lernkontexten unterscheiden sich die Strukturen der untersuchten Settings in erster Linie durch ihre gemeinsamen Charakteristika, die als „Freiwilligkeit", „Offenheit" und „Diskursivität" beschrieben werden können. Diese Strukturmerkmale implizieren eine gewisse Diffusität, die zu Verunsicherungen in der Fremd- und Selbstwahrnehmung führen kann. Andererseits macht aber gerade diese Diffusität die Settings des freiwilligen Engagements zu einem eigenständigen, vom formalen Bildungssystem abgrenzbaren Bildungsbereich mit eigenen Lernpotenzialen.

# 4. Kompetenzerwerb Jugendlicher durch freiwilliges Engagement

In diesem Kapitel wird die Grundfrage des Forschungsprojekts aufgegriffen, die lautet: Welche Lern- und Bildungserfahrungen machen Jugendliche durch Verantwortungsübernahme für Personen, Inhalte oder Dinge in unterschiedlichen Tätigkeitsfeldern, Funktionen und Positionen in heterogenen Organisationen des Engagements? Wird hier anderes und anders gelernt als an anderen gesellschaftlichen Lernorten wie etwa der Schule? Somit stellt sich die Frage nach den Formen und Modalitäten (4.1) sowie nach den Inhalten des Lernens (4.2).

## 4.1 Wie wird gelernt? Voraussetzungen und Formen der Lernprozesse im freiwilligen Engagement Jugendlicher

Eine Annahme des Forschungsprojekts war, dass die *Form* der informellen Lernprozesse in Settings des freiwilligen Engagements sich spezifisch von anderen Orten, Formen und Modalitäten des Lernens, speziell der Schule, unterscheidet, wie dies auch im 12. Kinder- und Jugendbericht beschrieben wird (vgl. BMFSFJ 2006; Dohmen 2001; Overwien 2005). Um diese Annahme zu überprüfen, wird zum einen nach den *Voraussetzungen für Lernprozesse* im Engagement gefragt (4.1.1), und zum anderen sollen die unterschiedlichen *Formen des Lernens* in den Blick gerückt werden (4.1.2). Dabei lassen sich die Voraussetzungen für Lernprozesse nur anhand der *qualitativen* Untersuchung beschreiben. Die Lernformen werden demgegenüber auch in der *standardisierten* Befragung erhoben, so dass auf dieser Basis untersucht werden kann, welche der im Engagement erworbenen Kompetenzen überwiegend informell und welche insbesondere durch Weiterbildungsangebote der Organisationen gewonnen wurden.

### *4.1.1 Voraussetzungen für Lernprozesse Jugendlicher im freiwilligen Engagement*

Aus den Aussagen der in der *qualitativen* Untersuchung befragten Jugendlichen ließen sich als wichtige Voraussetzungen für ihre geschilderten Lernprozesse im gesellschaftlichen Feld des freiwilligen Engagements die Kategorien *Freiwilligkeit (1), Frei- und Gestaltungsspielräume (2)* sowie *Verantwortungsübernahme (3)* rekonstruieren. Zudem bilden, wie im vorigen Kapitel beschrieben, die besonderen strukturellen Merkmale der Organisationen (vgl. Kap. 3) förderliche Rahmenbedingungen für Lernprozesse Jugendlicher.
*(1) Freiwilligkeit:* Freiwilligkeit ist der Enquete-Kommission des Deutschen Bundestages zufolge Kennzeichen und Bestimmungsmerkmal bürgerschaftli-

chen Engagements (vgl. Enquete-Kommission 2002). Alle Engagierten weisen darauf hin, dass der größte Unterschied zum Lernen in der Schule in der Freiwilligkeit des Lernens im Engagement liege (vgl. Düx/Sass 2005). In vielen Gesprächen ließ sich erkennen, dass die Jugendlichen lernen, weil sie selbst dies wollen, nicht weil sie dies sollen. Für die hier stattfindenden Lernprozesse spielen im Unterschied zum verpflichtenden Lernen in der Schule die freie Wahl der übernommenen Aufgaben, eigenes Interesse und Praxisbezug eine wesentliche Rolle. Entsprechend scheinen sie dem Bedürfnis junger Menschen nach Selbstbestimmung und Autonomie entgegenzukommen. Zugleich heben sie sich damit in Struktur und Inhalt deutlich von schulischen Settings ab. Die Motivationsforscher Deci/Ryan benennen als Eckpfeiler der Entwicklung von Lernmotivation und Interesse die Erfahrung, eigene Handlungen frei wählen zu können. Dabei bewirke die engagierte Aktivität des Individuums eine hohe Lernqualität und fördere zugleich die Persönlichkeitsentwicklung. Zwang und als fremdbestimmt erlebte Lernanforderungen beeinträchtigen demgegenüber die Effektivität des Lernens (vgl. Deci/Ryan 1993).

Die Daten der *qualitativen* Befragung weisen bezüglich der positiven Wirkung frei gewählter Aktivitäten in eine ähnliche Richtung. Die Aussagen der Befragten liefern Hinweise, dass die eigene Entscheidung für ein Engagement eine weit stärkere Lernmotivation sowie Identifikation mit den übernommenen Aufgaben hervorbringt als eine von außen zugewiesene Verpflichtung. Zudem scheinen die Lernprozesse hierdurch häufig auch nachhaltiger zu wirken als schulische, wie auch diese junge Greenpeace-Mitarbeiterin feststellt:

> *Aber vieles, was du so in der Schule lernst, das vergisst man ja auch ganz, ganz schnell wieder (...) das ist ein viel kurzfristigeres Lernen. Wenn du hier lernst, das ist ja ein viel tieferes Lernen. Das bringt dir mehr fürs Leben, als wenn du ein paar Lateinsachen übersetzen kannst und in Mathe ein paar Formeln auswendig kannst (w. 18, Greenpeace).*

Den Interviews lässt sich entnehmen, dass die Organisationen des Engagements insbesondere durch ihr Charakteristikum der Freiwilligkeit Lern- und Entwicklungsprozesse Jugendlicher initiieren und unterstützen können.

*(2) Frei- und Gestaltungsspielräume:* Folgt man den Aussagen der engagierten Jugendlichen, so scheinen die Arrangements, Räume und Kontexte des freiwilligen Engagements vielfältige – je nach inhaltlicher und struktureller Ausrichtung der Organisationen unterschiedlich große – Möglichkeiten und Freiräume zu bieten, um mit unterschiedlichen Lebensentwürfen, Werten und Anschauungen zu experimentieren sowie um Kenntnisse, Vorstellungen und Kompetenzen zu erproben, zu erweitern oder zu verändern. Die Jugendforschung geht davon aus, dass Heranwachsende für die Entwicklung eigener Lebensziele, Wertorientierungen und Einstellungen solche Orte und Gelegenheiten brauchen, an denen sie unabhängig von den Eltern zusammen mit Peers und anderen Erwachsenen sich selbst erproben und erfahren, eigene Interessen und Kompetenzen entwickeln und einbringen, Handlungsspielräume erweitern sowie Kontexte selbst wählen und gestalten können (vgl. Oerter/Dreher 2001;

Rauschenbach u.a. 2004). Hiervon berichten viele Befragte wie beispielsweise ein 16-jähriger Schüler, der im Rahmen kirchlicher Jugendarbeit Hip-Hop-Musik machen und Graffitis sprayen kann:

> *In diesem Freizeitbereich kann man immer noch entscheiden, was man lernt, was man macht und was man will, was man jetzt nicht will, wo man hingehen will und was man so macht (m. 16, Ev. Jugend).*

Er beschreibt im weiteren Verlauf des Interviews, dass er durch diese Möglichkeit eine Chance hatte, die illegale Sprayer-Szene zu verlassen. Auch andere Jugendliche schildern große Spielräume und vielfältige Möglichkeiten, ihre Ideen, Fähigkeiten und Interessen einzubringen, sich selbst zu erproben, aus eigenen Erfahrungen, aus Erfolgs- und Misserfolgserlebnissen, durch Anregungen wie auch durch Hindernisse zu lernen.

In der *qualitativen* Untersuchung finden sich Hinweise, dass die Bandbreite der Lern- und Gestaltungsmöglichkeiten und des Kompetenzerwerbs je nach Tätigkeitsfeld differiert. In Abhängigkeit von der inhaltlichen Ausrichtung und den vorgegebenen Zielen der Organisationen wurde ein enges oder weites Spektrum an Lerngelegenheiten, Handlungs- und Gestaltungsspielräumen für Jugendliche sichtbar. Weltanschaulich orientierte Organisationen, die in ihrer Programmatik umfassende, auf die ganze Person bezogene Ziele anstreben, scheinen sich dabei von den Hilfsorganisationen, die einen klaren Zweck verfolgen, zu unterscheiden. Obwohl soziales Lernen und der Erwerb sozialer Kompetenzen in allen hier in den Blick genommenen Organisationen genannt werden, scheint es dennoch organisationsspezifische Lerninhalte zu geben, wie etwa bei den Hilfs- und Rettungsorganisationen, am vorgeschriebenen Platz Anweisungen zu befolgen. Die eigenen Gestaltungsmöglichkeiten in Organisationen mit klaren Zweckstrukturen sind somit den Interviews zufolge gegenüber anderen Einsatzfeldern von jungen Freiwilligen beschränkter. In Ersteren scheinen oftmals klare Hierarchien zu bestehen, wer wie die Entscheidungen fällt.[1] In Organisationen, in denen die Strukturen weniger hierarchisch sind, wird von einer Reihe der engagierten Jugendlichen von relativ großer Autono-

1 Allerdings wird auch bei den Hilfs- und Rettungsdiensten dem empirischen Material zufolge nicht nur gelernt, sich einzufügen und Anweisungen schnell und ohne Diskussionen zu befolgen, sondern es wird auch situationsabhängig Reflexionsfähigkeit und Diskussionsbereitschaft erwartet und gefördert wie das folgende Beispiel eines in der DLRG engagierten Freiwilligen verdeutlicht: *„Ich denk, das ist einfach zu kurz gedacht, wenn ich überleg, dass ich im Einsatz eh 'ne Hierarchie hab, dass automatisch alles andere auch hierarchisch funktioniert. Das kann nicht sein. Ich kann ja in der Ausbildung, im Training oder in der Übung... durchaus experimentieren... Wir wollen ja irgendwo verantwortungsbewusste oder selbstbestimmte Mitglieder... Wenn das Ziel ist, dass ich mit jemand zusammen einen anderen aus 'm Wasser rauszieh, dann darf ich nicht über grundlegende Kommunikationsmuster erst diskutieren, sondern das muss einfach klar (sein, W. D.), dass es jetzt in dem Moment gerade keine Diskussion gibt, sondern dass es Momente gibt, wo eine Hierarchiestruktur gut funktioniert und dann gibt es Momente, wo man eher den Gedanken so freien Lauf lassen kann“* (m. 23, DLRG). Und er fügt hinzu, dass Jugendliche in ihrem Engagement außerhalb konkreter Einsätze *„Initiative ergreifen dürfen und wollen (...) und selber ausprobieren, wie es cool funktioniert“*.

mie, von Diskussionen und Aushandlungsprozessen bei der Gestaltung ihrer übernommenen Aufgaben berichtet. Demgegenüber wird in stärker hierarchisch strukturierten Organisationen wie Feuerwehr oder THW, die eine stärkere Spezialisierung ihrer Aufgaben, Tätigkeiten und Lernmöglichkeiten vorweisen, beschrieben, wie hier nach den Vorgaben erfahrener Mitarbeiter spezifische Techniken, Handgriffe und Routinen gelernt werden, die immer wieder geübt werden müssen, um im Einsatzfall reibungslos zu funktionieren. So scheint etwa die Feuerwehr eher ein Ort des Tuns als des Diskurses um alternative Vorgehensweisen zu sein. Es existieren *„einfach feste Regeln"*, an die sich alle MitarbeiterInnen halten müssen. Diese Art der Verantwortung erfordert im Ernstfall Zuverlässigkeit, die Bereitschaft, sich in eine Hierarchie einzufügen und sich ohne Diskussion genau an die Anweisungen Vorgesetzter zu halten:

> *Und dass sich (...) der Truppführer halt dann drauf verlassen kann, und nicht unbedingt noch mal nachschauen muss, sondern dass wir halt einfach das erledigen, was er sagt (w. 18, DJF).*

Diese Spezialisierung und Einschränkung trifft allerdings nicht für diejenigen Engagierten der Hilfsorganisationen zu, die sich in der Interessenvertretung, in Gremien und Ausschüssen betätigen. Sie berichten ähnlich wie Jugendliche in anderen Organisationen von eigenen Gestaltungsmöglichkeiten, selbst gewählten Verantwortungsbereichen und vielfältigen Lernprozessen (vgl. Kap. 3).

*(3) Verantwortungsübernahme:* Verantwortungsbereitschaft und -übernahme spielen eine besondere Rolle beim Lernen und Handeln im Engagement. Während Heranwachsende durch die lange Schulphase, die der Vorbereitung auf den „Ernst" des Lebens jenseits von Schule dient, weitgehend von gesellschaftlicher Verantwortungsübernahme ferngehalten werden (vgl. Baethge 1985), bietet freiwilliges Engagement demgegenüber die Möglichkeit, in Ernstsituationen für sich und andere Verantwortung zu übernehmen. Die befragten Jugendlichen schildern immer wieder Beispiele für die Übernahme unterschiedlicher Aufgaben, die mit Verantwortung für Menschen, Inhalte, Sachen und Abläufe verknüpft sind. Dabei lässt sich erkennen, dass sie hier anders als in der Schule Erfahrungen konkreter Nützlichkeit sowie gesellschaftlicher Relevanz ihres Tuns machen können. Dies wiederum scheint zur Stärkung ihres Selbstwertgefühls und zur Erweiterung ihrer Kompetenzen beizutragen.

Die Bereitschaft und Fähigkeit zur Verantwortungsübernahme stellen den *qualitativen* Daten zufolge eine für das freiwillige Engagement grundlegende Kompetenz dar, die in der freiwilligen Tätigkeit vorausgesetzt, eingeübt und entfaltet wird.[2] Jugendliche berichten, dass sie lernen, im Engagement Verantwortung zu übernehmen. Zugleich finden Lernprozesse durch die Übernahme von Verantwortung statt. Geschildert wird, wie übernommene Aufgaben die Verantwortung nach sich ziehen, dafür Sorge zu tragen, dass sich der Verant-

2 In psychologischen Studien wird eine positive Korrelation von Engagementbereitschaft und sozialem Verantwortungsbewusstsein belegt. Nach Moschner (1998) gilt soziales Verantwortungsbewusstsein als ein Motiv bzw. Prädikator für ehrenamtliches Engagement.

wortungsbereich im gewünschten Rahmen entwickelt. Einige der befragten Jugendlichen reflektieren die Auswirkungen, die ihr Handeln auf andere haben kann. Dabei zeigt sich, dass Verantwortung zu übernehmen für sie bedeutet, für die Folgen der eigenen Handlungen und Entscheidungen zuständig zu sein und dafür einzustehen. So versteht eine Jugendliche, die in einem kirchlichen Projekt für viele Kinder Verantwortung übernommen hat, unter Erwachsenwerden

> *auf jeden Fall auch Mitverantwortung zu übernehmen und sich über Verantwortung bewusst sein und das auch wissentlich übernehmen, obwohl man vielleicht weiß, dass man damit auch Gefahr läuft, etwas falsch zu machen, sich so was zu trauen (w. 18, Ev. Jugend).*

Während es in der Schule oft keine gravierenden Folgen hat, wenn man eine Aufgabe schlecht oder nicht erfüllt, sind die Auswirkungen im Engagement real und betreffen oft auch andere Personen, wie eine SV-Schülerin ausführt:

> *Wenn ich das Gelernte in der Klausur halt nicht anwenden kann, ist die Klausur halt schlecht, aber es ist im Grunde ja echt egal. Aber wenn ich auf einer Freizeit Mist baue, (...) dann versaue ich den Kindern die Freizeit, sorge vielleicht für Konflikte im Team, versaue mir die Freizeit (w. 18, SV).*

Obwohl sich in den *qualitativen* Interviews Arten, Formen und Inhalte der Verantwortung je nach Organisation, Funktion, Position und Persönlichkeit der Engagierten unterscheiden, sagt dies nichts über die Bedeutung und Größe der übernommenen Verantwortung aus. Bei Einsätzen in den Hilfs- und Rettungsorganisationen wird häufig große Verantwortung übernommen, auch dort, wo selbst keine großen Entscheidungs- oder Mitbestimmungsmöglichkeiten bestehen, *„weil da geht's doch irgendwo um Leben, und es geht ja auch ums Leben von meinen Kameraden“* (m. 25, FFW), wie ein Freiwilliger aus der Feuerwehr äußert. Aber auch in den anderen Organisationen werden in der *qualitativen* Untersuchung Bereiche sichtbar, in denen die übernommene Verantwortung der Jugendlichen recht groß ist und ihr Handeln schwerwiegende Folgen für die Engagierten, für andere oder für die Organisation nach sich ziehen kann. Dies veranschaulicht diese Aussage einer jungen Frau, die auf einem Reithof mit gesunden und behinderten Kindern arbeitet:

> *Ich darf mir das gar nicht überlegen, was das manchmal eigentlich für eine große Verantwortung ist, weil es so unglaublich ist zu sehen, dass die Kinder so darein vertrauen (...) Das macht einem schon manchmal Angst (w. 18, Ev. Jugend).*

Gerade in der Arbeit mit Kindern und Jugendlichen tragen die Engagierten viel Verantwortung. Hier übernehmen Jugendliche eine pädagogische Aufgabe, gleichzeitig befinden sie sich selbst noch in der Orientierungsphase.[3] In man-

3 Diese Form der pädagogischen Beziehung, die für viele Jugendverbände typisch ist, bezeichnet Gängler als „Gleichaltrigenerziehung“ (vgl. Gängler 1989).

chen Fällen scheint diese Übernahme von Verantwortung für andere in einer Zeit, in der man selbst noch nach Orientierung sucht, auch belastend, wie diese Aussage einer 16-jährigen Pfadfinderin erkennen lässt:

> *Das war auch so der Punkt, dass uns allen klar geworden ist: Wir sind von den ganzen einzelnen Gruppen die Gruppenleiter und ohne uns würde der Stamm nicht laufen. Dass wir so festgestellt haben, eigentlich liegt das alles auf zehn Schultern. Das hat uns zum einen auch schon sehr mit Stolz erfüllt, dass wir das alles so gemanagt kriegen. Und auf der anderen Seite dachten wir: Boah, eigentlich sind wir noch klein, eigentlich ist es schon wahnsinnig viel Verantwortung, die wir haben (w. 16, BdP).*

Ähnlich äußert sich ein anderer Pfadfinder, der eine Kindergruppe leitet:

> *Das Problem ist zwar, dass du noch in der Selbstfindungsphase bist, die andere Seite ist, dass du schon Verantwortung übernehmen willst für andere (m. 21, BdP).*

Er beschreibt zugleich, dass er sich durch die übernommene Verantwortung weiterentwickelt und wächst:

> *Ich habe auch heute noch nicht auf alle Fragen eine Antwort. Aber ich wachse mit jeder Gruppenstunde (m. 21, BdP).*

Solche Prozesse des Lernens und Wachsens durch Verantwortungsübernahme werden auch von anderen Engagierten geschildert. In einigen Interviews wird berichtet, wie sich die übernommene Verantwortung sukzessiv von kleineren Aufgaben zu immer größeren Verantwortungsbereichen bis hin zur Gesamtverantwortung für komplexe Projekte, große Gruppen (Ferienfreizeiten) oder bis zur Personalverantwortung für hauptberufliche Mitarbeiter entwickelt. Mit zunehmender Dauer des Engagements wachsen den Angaben der Befragten zufolge die Aufgaben und Anforderungen, damit zugleich Verantwortung, Wissen und Können sowie die Sicherheit im Umgang mit den Anforderungen. Dadurch wiederum scheint die Bereitschaft, mehr Verantwortung zu übernehmen, zu steigen, wodurch dann weitere Lernprozesse angeregt werden können. Dabei scheint die Zunahme von Verantwortung, Wissen, Kompetenzen und Kontakten durch die freiwillige Tätigkeit häufig auch mit einer zunehmenden Identifikation mit der Organisation des Engagements verbunden zu sein. Und umgekehrt scheint die wachsende Identifikation das Bemühen zu unterstützen, weitere Kompetenzen und Kenntnisse für die freiwillige Arbeit zu erwerben. Diese Übernahme gesellschaftlicher Verantwortung, d.h. sich für gesellschaftlich relevante Aufgaben einzusetzen, die Folgen des eigenen Handelns zu bedenken und für die Konsequenzen seines Tuns einzustehen, kann, wie entwicklungspsychologische Studien aus den USA belegen, Prozesse der Persönlichkeitsentwicklung sowie gesellschaftlicher Integration und Solidarität fördern (vgl. Youniss/Yates 1997).

### 4.1.2 Lernformen im freiwilligen Engagement

Betrachtet man die *qualitativen* Interviews unter der Perspektive: Wie erfolgen Lernprozesse? so wird deutlich, dass sich Lernen in vielen Situationen beiläufig oder unbewusst ereignet. Manchen Befragten erscheint Lernen selbstverständlich, trivial und nicht erwähnenswert (vgl. Oshege 2002). Der Begriff Lernen selbst wurde häufig mit schulischem oder ausschließlich kognitivem Lernen assoziiert. Manchmal wurde den Befragten erst während der Befragung bewusst, dass sie im Engagement auch etwas gelernt haben.

Informelle Lernprozesse in Settings des freiwilligen Engagements scheinen durch vielfältige Lerninhalte und -formen gekennzeichnet, die nicht wie im institutionalisierten Bildungssystem nach vorgegebenen Lehrplänen in systematischer Folge aufeinander aufbauen. Die *qualitativen* Daten weisen darauf hin, dass sich diese Lernprozesse häufig unsystematisch und zufällig durch die Tätigkeit und die praktische Auseinandersetzung mit unterschiedlichen realen Situationen, Problemen und Anforderungen ergeben (vgl. Dohmen 2001). In den Interviews lassen sich verschiedene Formen des informellen Lernens differenzieren wie etwa selbst organisiert, von anderen angeleitet, beiläufig („en passant"), intendiert, durch eigenes Handeln und eigene Erfahrung („learning by doing"), über den Austausch von Erfahrungen, am Beispiel anderer usw. (vgl. Schäffter 2001). Auch die soziale Einbettung der Lernprozesse weist eine beachtliche Vielfalt auf, beispielsweise wird allein, mit Freund/in, mit anderen Freiwilligen, im Team, mit Hauptamtlichen oder mit Vorgesetzten gelernt. Zudem werden auch in Schulungen, Kursen und Weiterbildungsangeboten der Organisationen Kompetenzen erworben (vgl. Kap. 3).[4] Die Lernmöglichkeiten und -gewinne hängen auch davon ab, wie intensiv, langfristig und anspruchsvoll die Tätigkeit ist und in welchem organisatorischen Kontext sie stattfindet.

Im Folgenden sollen drei Lernformen vorgestellt werden, die bei der Auswertung der *qualitativen Interviews* als Schlüsselkategorien rekonstruiert wurden, und die sich deutlich vom üblichen Lernen in der Schule unterscheiden: *„learning by doing" (1)*, *Lernen im Team (2)* und *Lernen von erfahrenen Mitarbeitern (3)*. Darüber hinaus soll an Hand der *standardisierten* Erhebung dargestellt werden, welche der im Engagement erworbenen Kompetenzen überwiegend informell und welche insbesondere non-formal, d.h. durch *Weiterbildungsangebote* der Organisationen gewonnen wurden *(4)*.

*(1) „Learning by doing":* Viele Aussagen der befragten Jugendlichen zur Entwicklung von Kompetenzen lassen sich so interpretieren, dass die für die Arbeit erforderlichen Kompetenzen in der Arbeit und durch die Arbeit gebildet werden:

---

4 Da es hier um informelle Lernprozesse geht, soll an dieser Stelle Lernen in Kursen und Schulungen nur insoweit berücksichtigt werden, als Befragte in der standardisieren Untersuchung angeben, auf diesem Weg bestimmte Kompetenzen erworben zu haben. Wie in der Fortbildung gelernt wird, soll hier nicht analysiert werden.

*Man lernt eine Rede reden, wenn man eine Rede redet. Man kann das nicht vorher groß proben, weil es anders ist, wenn man vor wer weiß nicht wie vielen Leuten redet. Das lernt man nur dadurch, dass man es tut. Deswegen ist das sehr eng miteinander verknüpft. Man lernt es durch das Handeln und das Handeln bestärkt das Lernen und anders herum (m. 18, SV)*

bringt ein Schülervertreter dies auf den Punkt. Ähnliche Aussagen finden sich bei einer Reihe der Interviewten, wie hier aus der Sportjugend:

*Das, was ich nicht in der Übungsleiterausbildung, sondern während der Trainerstunden (erfahren habe, W. D.), dass man halt durch die Tätigkeit und nicht durch das Hören, sondern durch die Tätigkeit lernt (m. 20, Sportjugend).*

Lernen durch das praktische Tun beschreiben vor allem die „praktischen Helfer", wie dieses typische Zitat zeigt:

*Ich bin mehr der praxisorientierte Mensch, d.h. wenn ich mich irgendwo reinsetz' und vorne jemand mich berieselt, lern ich weniger, wie wenn ich im Praktischen lern (w. 24, DLRG).*

Demgegenüber wird von „Funktionären" und „Organisatoren", aber auch von „Gruppenleitern" häufig geschildert, wie sie durch Gespräche und Diskussionen in ihrer Organisation lernen. Einige Interviews legen die Interpretation nahe, dass manche Jugendliche im Engagement besonders viel dadurch lernen, dass sie neue Aufgaben übernehmen und in einer Art „learning by doing" Dinge tun und ausprobieren, die sie vorher noch nie gemacht haben:

*Bei der SV merkt man gar nicht, dass man lernt und lernt viel mehr, wenn man es einfach macht und auch viel öfter dadurch, weil man sich einen Ruck gibt und ins kalte Wasser springt (w. 18, SV).*

Durch ihre Aktivitäten erlernt die zitierte Schülervertreterin Fähigkeiten und gewinnt Kompetenzen, von denen sie bis dahin noch gar nichts wusste. Ihre Aussagen deuten darauf hin, dass Aufgaben, die zunächst ängstigen, wenn sie gelingen, neuen Mut, neues Selbstbewusstsein und neue Kompetenzen hervorbringen können.

Die meisten Interviewten bemühen sich offensichtlich, ihre freiwillig übernommenen Aufgaben gut auszuführen. Sie beschreiben, wie sie sich dafür Informationen beschaffen, Neues lernen, erforderliche Fähigkeiten und Handlungen einüben oder ihre Kompetenzen erweitern und vertiefen. Maßgeblich für die Motivation, etwas zu lernen, scheint neben Freiwilligkeit und Selbstbestimmung zu sein, dass das Gelernte sich in der konkreten Handlungspraxis des Engagements anwenden lässt. Die befragten Jugendlichen scheinen in der Regel zum Lernen motiviert, wenn sie merken, dass ihnen bestimmte Kompetenzen oder Kenntnisse fehlen, die sie brauchen, um eine ihnen wichtige Aufgabe im Engagement auszuführen.

Zieht man hier Befunde neuerer amerikanischer Untersuchungen zur Entwicklung und Lernmotivation Heranwachsender heran („positive youth development", vgl. Larson 2000), so scheint die Kombination von Lernherausforderung und intrinsischer Motivation besonders entwicklungsfördernd zu sein. Diesen empirischen Untersuchungen zufolge werden Jugendliche in der Schule zwar kognitiv beansprucht, zeigen dabei aber deutlich niedrigere Werte auf einer Skala der intrinsischen Motivation als bei Aktivitäten in der Gleichaltrigengruppe. Bei unstrukturierten Aktivitäten in der Peergroup sei zwar die Motivation größer, doch fehle demgegenüber häufig die kognitive Herausforderung. Demnach scheinen Jugendliche insbesondere beim Sport, in Jugendorganisationen und in organisierten Freizeitaktivitäten wie Musik oder Kunst die entwicklungsförderliche Kombination von Herausforderung und intrinsischer Motivation zu erleben (vgl. Larson 2000; Buhl/Kuhn 2005).

Diese Verbindung von Lernanforderung und Motivation durch die Übernahme verantwortungsvoller Tätigkeiten im Engagement lässt sich in vielen Interviews erkennen, wenn Jugendliche ihre Aufgaben und Aktivitäten im Engagement beschreiben. Den Schilderungen der Jugendlichen folgend scheinen Tätigkeiten im Engagement wie z.B. das Produzieren einer Radiosendung, der Umgang mit schweren technischen Geräten, die Organisation eines Rockkonzerts, die Mitarbeit in Gremien oder die Arbeit mit rechtsextremen Jugendlichen Lernpotenziale freizusetzen, die als latente oder offensichtliche Anforderungen in diesen Tätigkeiten enthalten sind. Diese immanenten Lernanforderungen werden, wie sich aus den Interviews rekonstruieren lässt, von vielen Jugendlichen – bewusst oder unbewusst – aufgegriffen, indem sie versuchen, sich die für die übernommenen Aufgaben erforderlichen Kenntnisse und Kompetenzen anzueignen, sei es durch Eigeninitiative und selbstorganisiertes Lernen, sei es durch den Erfahrungsaustausch mit anderen Personen in der Organisation, sei es durch die Teilnahme an einer entsprechenden Weiterbildung. Den Aussagen aus den Interviews zufolge scheinen viele Aktivitäten im Engagement geradezu dazu herauszufordern, etwas wissen oder können zu wollen, und sich dieses Wissen oder Können auf irgendeine Weise zugänglich zu machen und anzueignen. So setzt sich beispielsweise ein 16-jähriger Gruppenleiter mit Religion auseinander, damit er den Kindern auf ihre Fragen Antworten geben kann:

> *Da habe ich mich mit beschäftigt und geguckt: Wo steht das alles? Was hat das (...) für Zusammenhänge und was sind die Grundsätze dieser Religion und was will diese Religion vermitteln? (...) wenn die Kinder fragen, dass ich ihnen das dann auch erklären kann (m. 16, Ev. Jugend).*

Den *qualitativen* Daten lässt sich entnehmen, dass die Jugendlichen als Reaktion auf die impliziten Lernherausforderungen, die in den Tätigkeiten ihres freiwilligen Engagements enthalten sind, oft selbstständig die Inhalte, Ziele und Formen ihres Lernens entwickeln. In einzelnen Bereichen und Themenfeldern lernen die befragten Heranwachsenden ihren Angaben zufolge im Engagement denn auch weit mehr als den entsprechenden Schulstoff (etwa gründliche Kenntnisse über Umweltprobleme oder musikalische Kompetenzen).

Die Aussagen der engagierten Jugendlichen legen die Annahme nahe, dass sie nicht primär um des Lernens willen lernen oder um für sich selbst Kompetenzen zu erwerben, sondern für ihre Aufgaben im Engagement. Anlass, Medium und Ziel des Lernens scheint in der Regel die Tätigkeit zu sein.[5] Im Unterschied zu schulischen Lernsituationen, in denen Lernen vor allem in „Als-ob-Formen" geschieht, d.h. mit Blick auf mögliche, spätere Anwendungsfälle fast ausschließlich im Rahmen des Übens, sind die Lernprozesse Jugendlicher im Rahmen der Verantwortungsübernahme in Settings des freiwilligen Engagements dadurch gekennzeichnet, dass in ihnen Lernen (als Übung) und Handeln (als Ernstfall) inhaltlich und zeitlich enger verknüpft sind oder gar zusammenfallen, so dass Bildungsprozesse weitaus stärker unter Ernstfallbedingungen ablaufen. Dabei scheint die Tätigkeit selbst das größte Lernpotenzial zu beinhalten. Aus den Aussagen der Jugendlichen lässt sich schließen, dass das, was sie selbst handelnd gelernt, erlebt und erfahren haben, in weit größerem Maß zu eigen gemacht wird als fremd bestimmte, vorgegebene Wissensinhalte.

*(2) Lernen im Team:* In allen untersuchten Organisationen wird Lernen in sozialen Kontexten, mit anderen und bezogen auf andere, beschrieben. Sowohl in den Hilfs- und Rettungsorganisationen als auch in offeneren Organisationszusammenhängen ist Teamarbeit eine wichtige Lern- und Arbeitsform (vgl. Kap. 3). Die meisten Befragten geben an, gerne im Team zu arbeiten. Die unbedingte Notwendigkeit zu Kooperation und Teamarbeit, die entscheidend für die Rettung von Menschenleben sein kann, unterscheidet die Hilfs- und Rettungsorganisationen von den anderen Organisationen, in denen engagierte Jugendliche zum Teil auch allein Aufgaben übernehmen und verantwortlich ausführen können. Aber auch wenn allein gelernt wird, etwa durch Lektüre oder am Computer, werden die Ergebnisse in der Regel für die freiwillige Tätigkeit genutzt und an andere in der Organisation und teilweise auch über diese hinaus in die Gesellschaft hinein weiter vermittelt. So führen Greenpeace-Aktivisten aus, wie Themen generiert werden, indem sie zunächst von Einzelnen erarbeitet und anschließend in der Gruppe gemeinsam diskutiert werden, um dann in Aktionen zu münden. Aus ursprünglich individuellen Lernprozessen scheinen so kollektive zu entstehen. Zugleich versuchte die Gruppe, ihre Kenntnisse über umweltrelevante Themen durch Aktionen wie etwa Demonstrationen sowie die Erstellung und Verteilung von Informationsmaterial in die Gesellschaft hineinzutragen.

Die Befragten schildern soziale Lernerfahrungen sowohl bezüglich der Inhalte (z.B. Verantwortungsbereitschaft, Helfen, Wertorientierungen usw.) als auch der Formen und Kontexte (mit anderen lernen, kommunizieren und kooperieren). Engagierte Jugendliche lernen in ihrer Organisation in der Kooperation mit Gleichaltrigen und mit Älteren, mit Professionellen, mit Vorgesetz-

5 Allerdings wird auch im Engagement nicht nur – wenn auch überwiegend und weit stärker als in der Schule – durch die Tätigkeit selbst gelernt, sondern auch durch Diskussionen, Experimentieren, Reflexion, Lektüre, Medien, Spiel oder durch institutionalisierte Formen wie Kurse oder Schulungen.

ten sowie teilweise auch mit unterschiedlichen Partnern außerhalb der Organisation. Dabei überwiegt das Lernen in der Peergroup. Auch wenn Erwachsene die Jugendlichen begleiten, anleiten oder unterstützen, werden Aktivitäten und Projekte im Allgemeinen gemeinsam mit Gleichaltrigen realisiert.

Die Zusammenarbeit mit Gleichaltrigen trägt, den o.g. Untersuchungen zur Lernmotivation folgend, dazu bei, dass Jugendliche eine hohe intrinsische Motivation entwickeln (vgl. Larson 2000; Buhl/Kuhn 2005). Die Aussagen der befragten Jugendlichen in der vorliegenden *qualitativen* Befragung stützen die Annahme, dass die Gleichaltrigengruppe in vielen Fällen eine wichtige Rolle für die Lernmotivation sowie für die Bereitschaft zur Verantwortungsübernahme spielt. Eine Jugendliche etwa berichtet, dass sie speziell in der Schülervertretung gelernt habe, im Team effektiv und mit Freude zu arbeiten – ganz im Unterschied zu ihren negativen Erfahrungen mit Teamarbeit im Unterricht. Die Gruppe scheint ihr Sicherheit, Anregung und Feedback zu geben, so dass sie sich dann auch an Dinge wagt, die neu sind, wie etwa auf einer Friedensdemonstration eine Rede zu halten.

Lernen in der Gleichaltrigengruppe scheint häufig leichter zu fallen als allein. Es wird beschrieben, wie in und von der Gruppe gegenseitige Motivation und Bestärkung, aber auch Kontrolle erfolgen. Den Aussagen engagierter Jugendlicher zufolge unterstützt das gemeinsame Lernen und Handeln das Erleben von Zusammengehörigkeit und Gemeinschaft. Indem man sich als zugehörig erlebt, scheint das Interesse an den Meinungen, Erfahrungen und Kompetenzen der anderen zu steigen. Zugleich scheint auch die Bereitschaft, eigene Kompetenzen, Erfahrungen und Kenntnisse an die anderen weiterzugeben, zu wachsen (vgl. Fischer 2001).

*(3) Lernen von erfahrenen Mitarbeitern:* Von vielen Befragten wird geschildert, dass sie von erwachsenen Mitarbeitern in ihren Organisationen lernen, die ihnen ihre Erfahrungen, Kenntnisse und Kompetenzen vermitteln. So berichtet ein junger Rapper aus einer Musikinitiative, dass er von anderen, die musikalisch schon weiter waren als er, viel gelernt und dadurch sein musikalisches und organisatorisches Können vergrößert habe. Dies möchte er wiederum an andere, weniger erfahrene Personen im Musik-Bereich weitergeben. Insbesondere in den Hilfsorganisationen wird beschrieben, dass ältere Mitarbeiter, die schon länger im Verein tätig sind, ihre Kenntnisse und Kompetenzen an andere, noch nicht so erfahrene Mitarbeiter weitergeben:

> *Wenn einer was genauer weiß, i sag mal, er kann einem richtig was drüber sagen, was wichtig ist, dann is er in dem Sinn a Vorbild, weil er eigentlich was besser weiß. Wenn man jung dabei ist, dann möchte man Erfahrung sammeln, sei's mit Gerätschaft oder wenn was ist, wie man's am besten machen kann. Das kann man nicht von Anfang an, das muss ma lernen so was. Und das sind eigentlich die Vorbilder, die wo sagen, so und so g'hört's gemacht (...) Das, was man da erlernt hat, das kann man weitergeben. Und das ist die Funktion, wo man sagt, man hat Erfahrung und die kann man weitergeben (m. 24, FFW).*

Den Interviews lässt sich entnehmen, dass mit der Weitergabe von Erfahrungen und Kompetenzen häufig zugleich auch – implizit oder explizit – die formellen und informellen Ziele, Werte, Normen und Standards der Organisationen überliefert werden. Dabei sind die Jugendlichen bereit, das Können und den Erfahrungsvorsprung der erwachsenen Mitarbeiter anzuerkennen und von ihnen zu lernen, wenn sie als Gleiche anerkannt werden oder wenn sie die Erwachsenen als wichtige Bezugspersonen oder Vorbilder betrachten, wie aus unterschiedlichen Organisationen berichtet wird. Damit können die Aktivitäten im Engagement die Vorteile von stärker symmetrisch angelegten Peer-Beziehungen, die neueren Erkenntnissen der Lernforschung zufolge hohe Motivation und Selbstbestimmung beinhalten (vgl. Larson 2000), mit den Vorteilen unterstützender Strukturen und durch erwachsene Bezugspersonen begleiteter Handlungsoptionen verbinden. Diese Bezugspersonen können erwachsene ehrenamtliche oder professionelle Mitarbeiter in den Organisationen sein, die nicht wie Lehrer in der Schule überwiegend mit Hierarchie, Leistung und Bewertung in Verbindung gebracht werden, sondern die Heranwachsenden als Förderer und Mentoren begleiten, wie es von vielen Jugendlichen beschrieben wird. Dies wiederum scheint zu ermöglichen, das Feld des Engagements nicht übermäßig zu pädagogisieren, sondern der Selbstbestimmung, Freiwilligkeit sowie dem Spaß in gleichberechtigten Peer-Beziehungen Raum zu geben (vgl. Buhl/Kuhn 2005).

*(4) Informelles und non-formales Lernen:* Anhand der *standardisierten* Erhebung lässt sich untersuchen, welche der genannten Kompetenzen in einem Engagement eher informell und welche stärker durch Kurse oder Schulungen erworben wurden. Hierfür wurde zuerst mit 17 unterschiedlichen Items erhoben, ob die Befragten schon einmal oder mehrfach bestimmte Tätigkeiten aus dem sozialen, kulturellen (kognitiven, organisatorischen, kreativen) oder instrumentellen (handwerklich-technischen) Bereich ausgeführt haben (vgl. BMFSFJ 2006, S. 85-87, 110f.).[6] Diese Tätigkeits- bzw. Kompetenz-Items ergaben sich bei der Systematisierung der in den *qualitativen* Interviews beschriebenen Aktivitäten und Kompetenzen (vgl. Düx 2006). Die früher Engagierten, die angaben, die 17 erfragten Kompetenzen überwiegend im freiwilligen Engagement erworben zu haben, wurden gefragt, wie sie diese dort gewonnen haben: (1) durch das Ausführen der Tätigkeit (learning by doing), (2) von anderen, (3) selbst beigebracht oder (4) in einer speziellen Schulung der Organisation. Da durch die Filterführung der Frage die Häufigkeiten zu den einzelnen Lernformen teilweise zu gering waren, wurden die ersten drei Lernformen als informelle Lernformen (learning by doing, von anderen, selbst beigebracht)

---

6 Entsprechend den vier Weltbezügen Jugendlicher, die im 12. Kinder- und Jugendbericht (BMFSFJ 2006) aufgeführt werden, ließen sich organisatorische, kognitive und kreative Tätigkeiten der kulturellen und handwerklich-technische Betätigungen der materiell-dinglichen Welt zuordnen. Personale Kompetenz wurde in der *standardisierten* Erhebung mit der Frage nach der Entwicklung sozialer und personaler Eigenschaften und Fähigkeiten (s.u.) erfasst und deshalb an dieser Stelle nicht erfragt (zur Entwicklung personaler Kompetenz vgl. auch Kap. 6).

zusammen betrachtet und dem non-formalen Lernen in Kursen oder Schulungen der Organisationen gegenübergestellt (vgl. Tab. 4.1).

*Tab. 4.1: Lernformen im freiwilligen Engagement nach Tätigkeiten (in %, ungewichtet, Zeilenprozent, nur früher Engagierte, die angeben, die Tätigkeit im Engagement gelernt zu haben)*

| Tätigkeit | Lernform im Engagement | | | |
|---|---|---|---|---|
| | Nur informell | Nur non-formal | Beides | Anzahl |
| Im Team arbeiten | 57 | 4 | 39 | 296 |
| Veranstaltungen organisieren | 76 | 2 | 23 | 274 |
| Leitungsaufgabe | 57 | 10 | 33 | 239 |
| In Gremien arbeiten | 84 | 2 | 14 | 223 |
| Andere ausbilden, trainieren | 37 | 15 | 48 | 213 |
| Erste Hilfe leisten | 5 | 37 | 58 | 156 |
| Kinder beaufsichtigen | 55 | 6 | 39 | 145 |
| Rede halten | 73 | 5 | 22 | 132 |
| Theater spielen | 83 | 6 | 11 | 72 |
| Musik machen | 46 | 19 | 35 | 65 |
| Kranke/Alte betreuen | 63 | 5 | 33 | 64 |
| Beziehungsberatung | 61 | 2 | 37 | 57 |
| Finanzabrechnung | 81 | 5 | 14 | 57 |
| Text verfassen | 77 | 2 | 21 | 53 |
| In fremder Umgebung orientieren | 77 | 0 | 23 | 53 |
| Technisches Gerät reparieren | 53 | 0 | 47 | 30 |
| Fremdsprache sprechen | 78 | 0 | 22 | 9 |
| Insgesamt | 43 | 4 | 53 | 771 |

Quelle: Studie „Informelle Lernprozesse“

Dies erschien sowohl wegen der teils geringen Anzahl an Nennungen als auch wegen inhaltlicher Überschneidungen der ersten drei Frage-Items gerechtfertigt. So kann etwa „learning by doing“ sowohl selbst beigebracht als auch von anderen angeleitet erfolgen.

Die informellen und non-formalen Anteile des Kompetenzerwerbs im Engagement zeigen sich für die 17 erfragten Tätigkeits- bzw. Kompetenzbereiche recht unterschiedlich. So läuft die Aneignung organisatorischer Kenntnisse und Fähigkeiten in der Regel über informelle Lernprozesse: Kompetenzen für die Mitarbeit in Gremien und Ausschüssen, die Organisation großer Veranstaltungen und Redenhalten in der Öffentlichkeit werden zum größten Teil informell, ohne Schulungen oder Kurse, erworben (73 bis 84 Prozent der Nennungen). Auch Kompetenzen der Teamarbeit und der Leitung werden mit fast 60 Prozent überwiegend auf informelle Weise angeeignet. Ähnliches gilt für die Beaufsichtigung von Kindern, wo über die Hälfte der Nennungen sich auf informelle Lernformen bezieht (vgl. Abb. 4.1).

*Abb. 4.1: Lernformen im freiwilligen Engagement (in %, nur früher Engagierte, die angeben, im jeweiligen Bereich etwas im Engagement gelernt zu haben; nur Lernbereiche, in denen mindestens 100 Personen Angaben gemacht haben)*

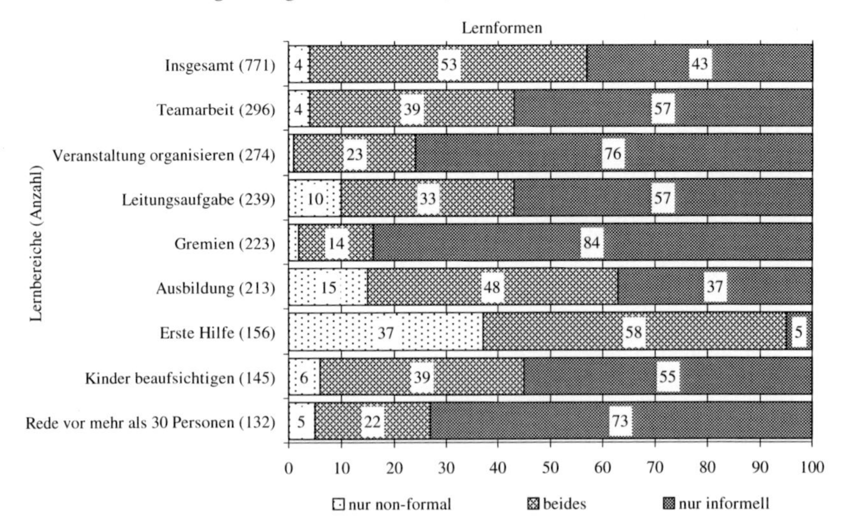


Quelle: Studie „Informelle Lernprozesse“

Demgegenüber wird die Fähigkeit, Erste Hilfe zu leisten, von den früher Engagierten fast ausschließlich in Kursen der Organisationen erlernt (97%)[7] und dann im Rahmen des Engagements geübt (60%), etwa bei Aktivitäten in den Hilfsorganisationen oder bei der verantwortlichen Teilnahme an Freizeiten Heranwachsender, wie die *qualitative* Erhebung zeigt. Über 60 Prozent derer, die angeben, im Engagement gelernt zu haben, andere auszubilden, zu unterrichten oder zu trainieren, haben hierfür Weiterbildungskurse besucht. Etwa 15 Prozent nennen ausschließlich die Bildungsangebote der Organisationen.

7 Die Erste-Hilfe-Ausbildung gehört neben anderen Modulen zur Gruppenleiterausbildung für den Erwerb der Juleica (Jugendleitercard).

Knapp die Hälfte der hier Antwortenden hat sowohl in Weiterbildungsangeboten als auch informell diese Kompetenz erworben. Hier ist anhand der *qualitativen* Interviews anzunehmen, dass dieses Können häufig im Zusammenhang mit den Ausbildungsangeboten der Organisationen erworben und dann im weiteren Verlauf des Engagements durch die Tätigkeit als Gruppenleiter/in vertieft und verbessert wurde. Immerhin 37 Prozent, also über ein Drittel, geben aber an, ohne formale bzw. non-formale Ausbildung in den Organisationen ihres Engagements andere Personen unterrichtet, ausgebildet oder trainiert zu haben. Auch hierfür finden sich Beispiele in der *qualitativen* Untersuchung. Hier stellt sich die Frage nach der Qualität dieser Tätigkeit, aber auch nach der rechtlichen Absicherung der Engagierten in dieser Tätigkeit.

Gut 40 Prozent der Engagierten in Leitungsfunktionen haben Anleitung und Ausbildung für ihre Aufgaben durch Weiterbildungsangebote erfahren, die Übrigen konnten oder mussten sich diese Kompetenzen demgegenüber informell aneignen. Letzteres ist in Bezug auf Gremienkompetenz mit 84 Prozent der Nennungen noch stärker der Fall. Nur zwei Prozent rechnen diese Kompetenz ausschließlich der Weiterbildung zu. Wie sich in den *qualitativen* Interviews zeigt, ist die kompetente Mitarbeit in Ausschüssen und Gremien häufig ein schwieriger und langwieriger Prozess, der erleichtert wird, wenn erfahrene Ansprechpartner sich um die Neuen kümmern, sie einführen und in ihrer Aufgabe begleiten und unterstützen. Fortbildungsangebote direkt für die Arbeit in Gremien gibt es kaum.[8] Ein Jugendsprecher aus der Sportjugend, der schon seit vielen Jahren engagiert ist und für sein Amt keine Einführung oder Schulung erhalten hat, beschreibt, wie er deshalb versucht, diesbezügliche Fortbildungsangebote für jüngere Mitarbeiter zu entwickeln, um ihnen Kenntnis und Nutzung der politischen und verbandlichen Strukturen im Interesse von Jugendlichen zu erleichtern.

Auch wenn es um Organisationskompetenz geht, überwiegt informelles Lernen deutlich. Über 75 Prozent der Befragten geben an, die Fähigkeit, größere Veranstaltungen und Projekte zu organisieren, informell in ihrem Engagement erworben zu haben. Hierfür finden sich viele Beispiele in der *qualitativen* Untersuchung, in denen vom Planen, Durchführen und Organisieren kleiner und großer Projekte, Veranstaltungen, Feste oder Freizeitmaßnahmen berichtet wird, wobei die Kompetenzen hierfür in der Regel auf informelle Weise erworben werden. Hin und wieder findet sich auch der Verweis auf eine Schulung durch die Organisation. Wie Organisationskompetenz informell nach und nach gewonnen wird, veranschaulicht das folgende Zitat:

> *Also erstmal ist man nur Schwimmgruppenhelfer, d.h. man hat nicht die Verantwortung inne, sondern hilft sozusagen nur mit. Und irgendwann, (...) übernimmt man halt mal 'ne Gruppe oder organisiert dann größere Sachen wie Fahrten (...) Und als*

8 In einigen Verbänden scheint die Notwendigkeit von Einführungs- und Weiterbildungsangeboten für die Arbeit in Gremien erkannt und umgesetzt zu werden, wie etwa aus der aej berichtet wird (vgl. Rehbein 2007).

*Letztes jetzt im Sommer (habe ich) ein internationales Camp organisiert. Also es baut sich sozusagen auf. Man fängt ganz klein an und traut sich dann irgendwann immer mehr zu (w. 24, DLRG).*

Ebenfalls vor allem informell gelernt wurde Teamarbeit mit knapp 60 Prozent der Nennungen, fast 40 Prozent sind zum einen darin geschult worden und haben sie zum anderen auch in der Tätigkeit angewandt und gelernt. 73 Prozent haben ohne formale oder non-formale Ausbildung gelernt, eine Rede vor größerem Publikum zu halten. Dies schildern in der *qualitativen* Erhebung insbesondere Jugendliche in Sprecher- und Vertretungsämtern, wobei in Bezug auf das erste Mal oft vom *„Sprung ins kalte Wasser"* die Rede ist. Fünf Prozent meinen, dies nur in der Weiterbildung gelernt zu haben, während 22 Prozent beide Lernbereiche, den informellen wie den non-formalen, als relevant für die Entwicklung dieser Fähigkeit ansehen. Die Beaufsichtigung von Kindern wird von knapp 40 Prozent der hier Antwortenden sowohl informell als auch in Kursen erlernt, über 50 Prozent haben dies nur informell gelernt. Wobei diese eher alltagspraktische soziale Kompetenz häufiger in der Familie als im Engagement erworben wird, wie bei der weiteren Auswertung der *standardisierten* Erhebung deutlich wird.

Insgesamt zeigt sich, dass nur vier Prozent der Befragten, die angeben, ihre Kompetenzen überwiegend im Engagement erworben zu haben, hierfür ausschließlich Kurse und Schulungen der Organisationen nennen. Die Mehrheit (53%) schreibt die Kompetenzen sowohl Bildungsangeboten in non-formalen Kontexten als auch informellen Lerngelegenheiten der Organisationen zu. Laut Zweitem Freiwilligensurvey (Gensicke/Picot/Geiss 2006) haben 26 Prozent der Engagierten zwischen 14 und 24 Jahren einmal und 44 Prozent mehrmals an Weiterbildungskursen teilgenommen. Es ist – auf der Basis der *qualitativen* Interviews – davon auszugehen, dass viele Lerninhalte, Kenntnisse und Kompetenzen, die in Weiterbildungsveranstaltungen vermittelt werden, in der Praxis des Engagements angewandt und eingeübt werden. Es zeigt sich in den Interviews, dass das Lernen durch Weiterbildungsangebote – in unterschiedlichem Ausmaß je nach Tätigkeit und Funktion – eine wichtige Rolle für den Erwerb von Kompetenzen im Rahmen jugendlichen Engagements spielen kann, aber auch, dass im Engagement informelle und non-formale Lernmöglichkeiten und -angebote ineinandergreifen und sich gegenseitig verstärken können. Insbesondere bezüglich Gremienarbeit, der Organisation von Veranstaltungen sowie Redenhalten in der Öffentlichkeit spielen Weiterbildungskurse aber nicht die entscheidende Rolle. Hier sind informelle Lernformen wichtiger.

Demgegenüber kann man insbesondere in den Hilfs- und Rettungsorganisationen bestimmte Aufgaben erst ausführen, wenn man an spezifischen Schulungen teilgenommen hat. Obwohl Fortbildungsveranstaltungen in den Organisationen wichtig und für eine Reihe von Aufgaben unerlässlich sind, zeigt sich doch auch, dass für die Aneignung vieler Kompetenzen das Handeln, Ausprobieren und Sammeln von eigenen Erfahrungen in der Praxis des Engagements ausschlaggebend sind. Gerade die Kompetenzen, in denen – wie im Folgenden noch ausgeführt wird – die Unterschiede zwischen den in ihrer Jugend Engagierten und den früher Nicht-Engagierten besonders groß sind und von denen auch eine besonders starke Förderung durch das Engagement angegeben wird, wie Organisationsvermögen, Gremienkompetenz, Team- und Leitungsfähigkeit sowie vor großem Publikum reden, wurden überwiegend informell im Engagement entwickelt. Für die Arbeit mit Kindern und Jugendlichen sowie für das Praktizieren Erster Hilfe spielen demgegenüber non-formale Angebote der Organisationen wie Kurse eine große Rolle.

*Fazit:* Während formalisiertes Lernen gesellschaftlich weitgehend als Lernen auf Zukunft, als Üben für später, als Vorratslernen ohne Handlungszwang geprägt ist, scheinen Heranwachsende im freiwilligen Engagement im Unterschied hierzu insbesondere durch das Handeln in Ernst- und Echtsituationen zu lernen. Möglichkeiten der Mitbestimmung bei der Definition der Lerninhalte, -formen und -ziele bilden einen wichtigen Unterschied zu den vorgegebenen, für die SchülerInnen häufig als fremdbestimmt erlebten Lernanforderungen der Schule. Die geringe institutionelle Macht und die fehlenden Sanktionsmöglichkeiten der Jugendorganisationen scheinen angstfreies Lernen zu ermöglichen, das keinem Lehrplan, keiner Prüfungsordnung und keiner Leistungszertifizierung unterliegt.

Aus der Perspektive des formalen Bildungssystems erscheinen die mangelnde Systematik und Strukturierung sowie fehlende Überschaubarkeit der Lerninhalte als Schwächen. Schule als formaler, von der Lebenswelt Heranwachsender abgekoppelter Lernort mit strukturellen Merkmalen wie Pflicht, Leistungsdruck und -kontrolle, Konkurrenz, Selektion und Sanktionsmöglichkeiten bietet demgegenüber die Standardisierung und Systematisierung inhaltlich und zeitlich aufeinander aufbauender Lernmodule (vgl. Dohmen 2001; Bundesjugendkuratorium 2001). Diese Form der Kompetenzvermittlung und -aneignung widerspricht der Logik und dem Eigensinn, aber auch den strukturellen Bedingungen des freiwilligen Engagements.

Die *qualitativen* Daten geben Anhaltspunkte, dass freiwilliges Engagement Lernwelt und Lebenswelt, Lernen und Handeln, Lernen und Verantwortungsübernahme in realen Situationen verbinden kann und somit einer anderen Handlungsrationalität als Schule folgt (vgl. Rauschenbach 2003). Nicht Zwang, Wettbewerb, Konkurrenz, Leistungsdruck und Benotung wie in der Schule scheinen die Jugendlichen im Engagement zum Lernen anzuspornen, sondern Freiwilligkeit, eigenes Interesse, die emotionale Bindung an die Gruppe, gemeinsamer Spaß, Möglichkeiten und Freiräume zur Mitbestimmung und Mitgestaltung sowie das Bewusstsein, Verantwortung für Dritte bzw. für wichtige Aufgaben zu tragen.

Die Kombination von hoher Motivation durch frei gewählte Aktivitäten und gemeinsamem Handeln in der Peergroup, verbunden mit den Herausforderungen durch die übernommenen Aufgaben sowie der Unterstützung durch erwachsene Bezugspersonen, bietet idealtypische lern- und entwicklungsförderliche Bedingungen, die die Settings des Engagements zu besonderen Lernfeldern und „Ermöglichungsräumen" für Heranwachsende machen, die sich deutlich von anderen Orten und Modalitäten des Lernens, insbesondere vom schulischen Lernen, unterscheiden (vgl. Deci/Ryan 1993; Larson 2000; Buhl/Kuhn 2005).

## 4.2 Was können Heranwachsende durch Verantwortungsübernahme im Rahmen eines freiwilligen Engagements lernen?

Neben der Frage nach dem *Wie* des Lernens soll anhand der beiden empirischen Erhebungen geprüft werden, *was* junge Menschen durch Verantwortungsübernahme in einem Engagement lernen, ob hier andere Kompetenzen erworben werden können als die, die in der Regel dem formalen Bildungssystem oder der Familie zugeschrieben werden. Dabei werden Kompetenzen in Anlehnung an den 12. Kinder- und Jugendbericht entsprechend den vier Weltbezügen des sich bildenden Subjekts als personale, instrumentelle, soziale und kulturelle Kompetenzen gefasst (vgl. BMFSFJ 2006, S. 87).[9] Allgemeiner Konsens in Politik, Verbänden und Forschung scheint zu sein, dass ein Engagement Jugendlicher für die Persönlichkeitsbildung wichtig ist und insbesondere personale, soziale und demokratierelevante Kompetenzen fördert (vgl. etwa Keupp 2000; Enquete-Kommission 2002; BMFSFJ 2006; Reinders 2006). So wird in der Sozialisationsforschung zu gesellschaftlichem Engagement Jugendlicher Verantwortungsübernahme im Rahmen freiwilligen Engagements als eine Möglichkeit für Heranwachsende gesehen, über den Rahmen von Familie, Freundeskreis und Schule hinausgehende Erfahrungen zu machen, die für ihre persönliche Entwicklung sowie ihre gesellschaftliche Verortung von grundlegender Bedeutung sind (vgl. Hofer 1999). In diesen Diskursen wird davon ausgegangen, dass Jugendliche mit ihrem Engagement einen Beitrag zur Weiterentwicklung einer zivilen Bürgergesellschaft leisten, Formen demokratischer Teilhabe und Mitbestimmung praktizieren und Erfahrungen machen sowie Kompetenzen erwerben, die zugleich ihrer persönlichen Entwicklung zugute kommen (vgl. Buhl/Kuhn 2005).

Um diese Annahmen zu überprüfen, gehen beide Erhebungen der Frage nach, welche Kompetenzen Jugendliche im freiwilligen Engagement erwerben können. Untersucht werden soll, inwieweit Jugendlichen in diesen Settings alternative, ergänzende, aber auch andernorts nicht zu vermittelnde Lernerfahrungen geboten werden können, die ihre personalen, sozialen, kognitiven und politischen Kompetenzen erweitern und so einen wesentlichen Beitrag zu einer selbst- und sozial verantwortlichen Persönlichkeit leisten können.

---

9 Kulturelle Kompetenz wurde noch weiter differenziert in kognitive, organisatorische und künstlerisch-kreative. Als instrumentelle Kompetenzen wurden praktische, handwerklich-technische Fähigkeiten erfasst.

Die folgenden forschungsleitenden Fragestellungen sollen im Weiteren beleuchtet werden:

- Werden durch die Übernahme von Verantwortung im Rahmen freiwilligen Engagements im Jugendalter spezifische Lern-, Bildungs- und Entwicklungsprozesse ermöglicht und spezifische Kompetenzen gewonnen und gefördert?
- Können Jugendliche in den Settings des freiwilligen Engagements andere Lernerfahrungen machen und andere Kompetenzen erwerben als in Schule und Familie? Lässt sich nachweisen, dass hier insbesondere persönlichkeitsbildende, soziale und zivilgesellschaftlich wichtige Eigenschaften und Kompetenzen eingeübt und gefördert werden?
- Verfügen Erwachsene, die sich in ihrer Jugend engagiert haben, über mehr (oder andere) Kompetenzen als ehemals Nicht-Engagierte?

Bei der Beantwortung der Fragestellung geraten – je nach Erhebung – unterschiedliche Aspekte und Facetten in den Blick. Während anhand der Aussagen der *qualitativen* Untersuchung eine große Vielfalt und Bandbreite an Kompetenzen sowie individuelle Lern-, Bildungs- und Entwicklungsprozesse im Engagement sichtbar werden, lassen sich mit den Daten der *standardisierten* Befragung Anhaltspunkte für den Erwerb und die Förderung bestimmter Erfahrungen und Kompetenzen durch ein jugendliches Engagement finden, die auch im Erwachsenenalter noch wirksam sind. Zudem können mit den Daten der *standardisierten* Untersuchung Vergleiche zwischen den in ihrer Jugend engagierten und den nicht engagierten Befragungspersonen sowie innerhalb der Gruppe der Engagierten zwischen verschiedenen Subgruppen in Bezug auf Lerninhalte und Kompetenzen durchgeführt werden. Im Einzelnen soll versucht werden, die folgenden Fragen zu beantworten, wobei jeweils, soweit möglich, beide Erhebungen einbezogen werden:

- Welche Anforderungen stellt ein freiwilliges Engagement an die Engagierten?
- Unterscheiden sich früher Engagierte und Nicht-Engagierte hinsichtlich ihrer Kompetenzen?
- Finden sich zwischen verschiedenen Subgruppen der Engagierten Unterschiede in Bezug auf Lernfelder, Lerninhalte und Kompetenzerwerb?
- Bestehen zwischen den unterschiedlichen Gruppen der Engagierten Differenzen hinsichtlich des Umfangs und der Bandbreite an Kompetenzen?
- Welche Relevanz hat der Lernort Engagement gegenüber anderen Lernorten bezüglich der Entwicklung und Förderung von Eigenschaften und Kompetenzen?
- Welchen Stellenwert hat ihr freiwilliges Engagement für die engagierten Jugendlichen?

### *4.2.1 Anforderungen des Engagements an die Engagierten*

Um die Frage nach dem Erwerb von Kompetenzen durch ein Engagement näher zu beleuchten, sollen zunächst die Anforderungen an die Engagierten in den Blick genommen werden. Die genannten Anforderungen machen deutlich, was nach Einschätzung der Befragten zur Erfüllung ihrer Aufgaben wichtig ist und lassen ausgeführte Tätigkeiten noch einmal unter dem Gesichtspunkt ihrer immanenten Lernpotenziale reflektieren. Hierzu finden sich in beiden Erhebungen Aussagen, wobei in der *qualitativen* Untersuchung nicht direkt nach Anforderungen gefragt wurde, sondern diese bei der Auswertung der Interviews rekonstruiert wurden.

In der *standardisierten* Erhebung wurden die Untersuchungspersonen direkt danach gefragt, welche Anforderungen ihr Engagement an sie stellt (vgl. Tab. 4.2).[10]

Hier wurde Verantwortungsbewusstsein als wichtigste Anforderung genannt (71%), gefolgt von der Kompetenz, mit Menschen gut umgehen zu können (70%), hoher Einsatzbereitschaft (64%) und Organisationstalent (43%). Rangfolge und Werte der Anforderungen entsprechen weitgehend den im Zweiten Freiwilligensurvey ermittelten (vgl. Gensicke/Picot/Geiss 2006).

Verantwortungsbewusstsein hat in der *standardisierten* Befragung nach Einschätzung der Engagierten selbst eine herausragende Bedeutung für ihre ehrenamtliche Tätigkeit. Dies wird in der *qualitativen* Erhebung ebenfalls sichtbar. Ebenso wird auch die Kompetenz, mit Menschen gut umgehen zu können, als wichtige Anforderung des Engagements von den Befragten, insbesondere in der Kinder- und Jugendarbeit, aber auch in der Gremienarbeit, betont.

Die häufige Nennung von Organisationstalent als wesentliche Anforderung des freiwilligen Engagements in der *standardisierten* Erhebung entspricht den Angaben zu den Inhalten des Engagements. Hier liegen „Organisation und Durchführung von Treffen oder Veranstaltungen“ mit 80 Prozent an der Spitze der Nennungen (vgl. Kap. 2). Auch im Zweiten Freiwilligensurvey (vgl. Gensicke/Picot/Geiss 2006) ist „Organisieren“ die am häufigsten genannte Tätigkeit Jugendlicher im Engagement. In den *qualitativen* Interviews berichten Jugendliche, insbesondere aus Gremien und Ämtern, aber auch im Rahmen der Gruppenleitung, von unterschiedlichsten Anforderungen organisatorischer Art. Das fängt an mit der Vorbereitung der Gruppenstunde und geht bis hin zur Organisation großer Demonstrationen (etwa gegen Fremdenfeindlichkeit) oder der Planung und Durchführung von Festivals, Freizeiten, Tagungen sowie anderen Großveranstaltungen im Rahmen ihres freiwilligen Engagements.

10 Die Anforderungen wurden in Anlehnung an den Freiwilligensurvey anhand einer vierstufigen Skala erfragt: „in starkem Maß gefordert“, „in gewissem Maß gefordert“, „eher nicht gefordert“, „gar nicht gefordert“.

*Tab. 4.2: Anforderungen an die Engagierten nach Geschlecht (Anteil „in starkem Maß", in %, ungewichtet)*

| Anforderung | Männlich | Weiblich | Gesamt |
|---|---|---|---|
| Verantwortungsbewusstsein | 71 | 72 | 71 |
| Mit Menschen gut umgehen können | 66 | 77 | 71 |
| Hohe Einsatzbereitschaft | 64 | 64 | 64 |
| Organisationstalent | 43 | 43 | 43 |
| Flexibilität | 39 | 37 | 38 |
| Belastbarkeit | 33 | 34 | 34 |
| Öffentlich auftreten können | 29 | 31 | 30 |
| Fachwissen | 30 | 22 | 26 |
| Sportliche Fähigkeiten | 30 | 22 | 26 |
| Führungsqualitäten | 28 | 23 | 26 |
| Selbstlosigkeit | 18 | 16 | 17 |
| Mutig sein | 15 | 16 | 16 |
| Handwerkl.-techn. Geschick | 14 | 8 | 11 |
| Künstlerische Kreativität | 9 | 18 | 13 |
| Mit Behörden gut umgehen können | 8 | 6 | 7 |
| Anzahl | 778 | 722 | 1.500 |

Quelle: Studie „Informelle Lernprozesse"

Bei der Auswertung der *qualitativen* Interviews stellte sich heraus, dass die von den Jugendlichen genannten Anforderungen in der Regel die Kompetenzen und Kenntnisse sind, von denen sie auch angeben, sie gut zu beherrschen. Sie beschreiben, wie sie diese im Verlauf ihres Engagements entwickelt oder in ihr Engagement eingebracht und verstärkt haben.[11] Manchmal wird in den Interviews von zu hohen Ansprüchen, Überforderung oder anfänglichen Schwierigkeiten berichtet, den Anforderungen zu entsprechen, doch die Aussagen legen insgesamt die Vermutung nah, dass die Jugendlichen davon ausgehen, den im Engagement an sie gestellten Anforderungen weitgehend gerecht zu werden. Zugleich zeigt sich als Tendenz, dass die Jugendlichen im Verlauf ihres Engagements mit steigenden Anforderungen konfrontiert werden und in zunehmendem Maß größere Aufgaben übernehmen.

11 Die Aussagen zu den Voraussetzungen für die ehrenamtliche Tätigkeit lassen sich in weiten Teilen auch als Anforderungen des Engagements lesen (vgl. Kap. 2).

In der *standardisierten* Erhebung werden von *Männern und Frauen* in den meisten Bereichen ihres Engagements etwa gleich starke Anforderungen wahrgenommen (vgl. Tab. 4.2). Männer nennen in höherem Maße als Frauen sportliche Fähigkeiten (30%:22%), Fachwissen (30%:22%), Führungsqualitäten (28%:23%) sowie handwerklich-technisches Geschick (14%:8%), während Frauen „mit Menschen gut umgehen können" (77%:66%) und künstlerische Kreativität (18%:9%) häufiger als Männer als Anforderungen bezeichnen. Diese geschlechtsspezifischen Differenzen – von Frauen werden stärker soziale Kompetenzen verlangt und von Männern eher kognitive und instrumentelle – könnten Hinweise auf eine eher traditionelle Rollenverteilung im Engagement sein, wie sich dies im Zweiten Freiwilligensurvey zeigt (vgl. Gensicke/Picot/Geiss 2006, S. 170, 211).

Greift man innerhalb der Gruppe der Engagierten der *standardisierten* Untersuchung die Unterscheidung nach *Tätigkeitstypen* auf (vgl. Kap. 2), so zeigt sich ein recht homogenes Bild der berichteten Anforderungen. Nur bezüglich des Umgangs mit Behörden weisen erwartungsgemäß „Gruppenleiter" und „praktische Helfer" deutlich geringere Werte auf als „Funktionäre" und „Organisatoren". Künstlerische Kreativität wird von den „praktischen Helfern" offensichtlich nur in geringem Maß erwartet, bei der Einschätzung der Anforderungen an handwerklich-technisches Geschick liegen dafür dann die „Gruppenleiter und Trainer" an letzter Stelle der Nennungen. Während hier alle Tätigkeitstypen die Anforderung an ihre Belastbarkeit in etwa gleich hoch einschätzen, zeigt sich in der *qualitativen* Befragung, dass insbesondere die „praktischen Helfer" in den Hilfsorganisationen sehr hohe Anforderungen an ihre Belastbarkeit schildern.[12] Sie berichten, dass sie bei Einsätzen häufig sowohl physisch als auch psychisch stark gefordert und belastet werden:

> *Da ist schon eine seelische Belastbarkeit auch dabei, (...) aber meistens ist es halt so, da denkt man nicht an das, an den Verletzten oder schaut man den nicht an, sondern da macht man seine Arbeit und schaut, dass man den raus bringt (m. 25, FFW).*

Insgesamt werden in beiden Untersuchungen zum einen soziale und personale Anforderungen an die Engagierten in besonderem Maße wahrgenommen (Verantwortungsbewusstsein, mit Menschen gut umgehen können, hohe Einsatzbereitschaft), zum anderen zeigt sich auch hier wie schon bei der Frage nach den Tätigkeitsinhalten die große Bedeutung organisatorischer Fähigkeiten (vgl. Kap. 2; Gensicke/Picot/Geiss 2006).

12 Im Zweiten Freiwilligensurvey wird Belastbarkeit neben Organisationstalent von den 14- bis 24-Jährigen als wichtigste Lernerfahrung im Engagement genannt (vgl. Gensicke/Picot/Geiss 2006).

### *4.2.2 Kompetenzunterschiede zwischen früher Engagierten und Nicht-Engagierten*

Um sich der Frage nach im Engagement erworbenen Kompetenzen[13] anzunähern, wurde in der *standardisierten* Erhebung zum einen versucht, auf der Grundlage von Selbsteinschätzungen zu erfassen, inwieweit bestimmte Eigenschaften und Fähigkeiten bei den befragten Personen entwickelt sind (1) und zum anderen, über welche relevanten Erfahrungen mit unterschiedlichen Tätigkeiten und Aufgaben sie verfügen (2).[14] Dies betrifft zwei unterschiedliche Frageblöcke des Fragebogens:

- In einem ersten Block stand die Frage im Mittelpunkt, wie stark nach Einschätzung der Befragten bei ihnen bestimmte persönliche und soziale Eigenschaften und Fähigkeiten entwickelt sind.
- In einem zweiten Block wurde zunächst nach Erfahrungen mit verschiedenen Tätigkeiten gefragt. Die einzelnen Frage-Items hierzu wurden in Analogie zu den unterschiedlichen Tätigkeits- bzw. Kompetenzbereichen gebildet, die sich bei der Systematisierung der in den *qualitativen* Interviews beschriebenen Aktivitäten und Kompetenzen ergaben (vgl. Düx 2006). In einem weiteren Schritt wurde dann bei allen Personen, die über Erfahrungen im jeweiligen Tätigkeitsbereich verfügen, nachgefragt, wie gut sie die jeweilige Tätigkeit beherrschen.

Auf der Basis dieser beiden Fragenkomplexe wurde die Hypothese überprüft, wonach Erwachsene, die in ihrer Jugend freiwillig engagiert waren, über ein höheres Maß an Kompetenzen verfügen als früher nicht engagierte Erwachsene. Ein solcher Vergleich zwischen früher Engagierten und Nicht-Engagierten ist nur anhand der *standardisierten* Befragung möglich, da in der *qualitativen* Erhebung ausschließlich engagierte Personen befragt wurden.

*(1) Personale und soziale Kompetenzen:* Um die beiden Bereiche personale sowie soziale Kompetenz in den Blick zu nehmen, wurde in der *standardi-*

13 Kompetenzen wurden dabei entsprechend den im 12. Kinder- und Jugendbericht benannten vier Dimensionen als personale, soziale, kulturelle und instrumentelle Kompetenzen beschrieben vgl. BMFSFJ 2006, S. 87), wobei kulturelle Kompetenz noch weiter differenziert wurde in kognitive, kreative und organisatorische Kompetenz.

14 Die Beantwortung dieser Frage im engeren Sinne ist allerdings an drei Bedingungen geknüpft, die in der hier bearbeiteten Untersuchung nur bedingt zutreffen: 1. eine altersunabhängige Messung der interessierenden Fähigkeiten, 2. eine Möglichkeit der Zuordnung von Lernprozessen zu unterschiedlichen Lernorten und 3. die Erhebung dieser Messdaten im Längsschnitt. Nur durch ein solches Design ließe sich letztlich beantworten, ob und in welchem Umfang bestimmte Fähigkeiten bereits vor dem Engagement vorgelegen haben, inwieweit sie in den Organisationen des freiwilligen Engagements oder an einem anderen Lernort (z.B. in der Schule oder am Arbeitsplatz) erworben wurden bzw. ob ein Lernprozess erst nach Beendigung eines Engagements abgelaufen ist. Dies wäre nur durch ein komplexes Paneldesign zu erforschen, zu dem im vorliegenden Projekt die Ressourcen nicht zur Verfügung standen. Daher konzentrieren sich die folgenden Analysen der quantitativen Erhebung auf die Auswertung so genannter „Proxy-Variablen“, d.h. von Aussagen der Befragten, die als Näherung an das oben beschriebene Design betrachtet werden können.

*sierten* Erhebung erhoben, wie stark bei den Befragten ausgewählte persönliche und soziale Eigenschaften und Fähigkeiten wie Selbstbewusstsein, Selbstständigkeit, Kritikfähigkeit, Toleranz, Belastbarkeit, Empathie oder Flexibilität entwickelt sind (vgl. Tab. 4.3).[15] Als die am besten entwickelten Fähigkeiten bezeichnen alle Befragten Belastbarkeit, Durchhaltevermögen und Toleranz. In den Antworten wird eine durchgehend positive Selbstbeurteilung der Befragten erkennbar, gleichgültig, ob sie früher engagiert waren oder nicht. Dies ist insofern erstaunlich, als ein nicht geringer Anteil der Engagierten mit positiver Selbsteinschätzung dem Engagement hier eine wesentliche Rolle zuschreibt (vgl. Tab. 4.11).[16] Zwar geben in der Jugend Engagierte durchweg häufiger als Nicht-Engagierte an, dass bei ihnen bestimmte Fähigkeiten oder Eigenschaften „sehr stark" oder „stark" entwickelt seien, doch lediglich bei einzelnen Fragestellungen war der Anteil der Engagierten um mehr als zehn Prozentpunkte größer als der der Nicht-Engagierten.[17] Vor dem Hintergrund, dass nur ein geringer Teil dieser Differenzen aufgrund der Antworten „eher nicht" oder „gar nicht" zustande kommt, sind auch diese Unterschiede als eher gering zu betrachten.[18]

Dass bei der Analyse der Einzel-Items kaum Unterschiede zwischen Engagierten und Nicht-Engagierten sichtbar werden, könnte allerdings auch daran liegen, dass diese durch die Einflüsse anderer Variablen verdeckt werden. Dies wurde multivariat an Hand eines Regressionsmodells überprüft (vgl. Kap. 9). Dabei wurden die Einzel-Items zu zwei Indizes zusammengefasst. Der erste Indikator umfasst personale Kompetenzen wie Durchhaltevermögen, Belastbarkeit, Selbstbewusstsein, die Fähigkeit, mit Unsicherheit und neuen Anforderungen umzugehen sowie die Fähigkeit, auf andere Menschen zuzugehen. Diese Items stellen zusammengenommen einen Indikator für eine aktive und selbstbewusste Hinwendung zur Welt dar. Der zweite Indikator beinhaltet die übrigen Items, die einen Indikator für soziale Kompetenz des Umgangs mit anderen darstellen.

---

15 Die fünfstufige Bewertungsskala der Frage zu persönlichen Eigenschaften und Fähigkeiten „Wie stark entwickelt ist ...?" reichte von (1) „sehr stark", (2) „stark", (3) „mittelmäßig", (4) „eher nicht" bis zu (5) „überhaupt nicht".

16 Dass hinsichtlich der Selbsteinschätzung von Eigenschaften und Fähigkeiten zwischen Engagierten und Nicht-Engagierten kaum Unterschiede bestehen, ließe sich auch so deuten, dass in der Befragung kein Bias in der Selbsteinschätzung persönlicher Kompetenzen zugunsten der Engagierten vorzuliegen scheint (z.B. Engagierte beurteilen sich immer als „besser" als Nicht-Engagierte).

17 So gaben knapp 80 Prozent der Engagierten an, über ein starkes oder sehr starkes Durchhaltevermögen zu verfügen, unter den Nicht-Engagierten waren es knapp zwei Drittel. Eine ähnlich große, gleichwohl nicht wirklich bemerkenswerte Differenz zeigte sich auch bei der Fähigkeit, auf andere Menschen zuzugehen. Von den Engagierten behaupteten knapp drei Viertel, dies „stark" oder „sehr stark" zu können, von den Nicht-Engagierten waren es gut 60 Prozent.

18 Dabei umfassen die Antwortkategorien „eher nicht" und „überhaupt nicht" ingesamt nur in einem Fall (Konfliktfähigkeit) mehr als 10 Prozent der Befragten, häufig geben sogar weniger als 5 Prozent an, über diese Fähigkeiten nicht zu verfügen.

*Tab. 4.3: Bewertung persönlicher und sozialer Eigenschaften und Fähigkeiten nach Engagement in der Jugend (in %, gewichtet, Zeilenprozent)*

| Item: Wie stark entwickelt ist… | Gruppe[1] | Bewertung (Zeilenprozent) | | | | | |
|---|---|---|---|---|---|---|---|
| | | sehr stark | stark | mittelmäßig | eher nicht | überhaupt nicht | Anzahl |
| Ihr Durchhaltevermögen? | E | 29 | 51 | 18 | 2 | 0,3 | 1.498 |
| | NE | 16 | 48 | 32 | 4 | 0,4 | 550 |
| | Gesamt | 19 | 49 | 29 | 4 | 0,3 | 2.048 |
| Ihre Belastbarkeit? | E | 31 | 51 | 16 | 1 | 0,7 | 1.496 |
| | NE | 21 | 53 | 20 | 6 | 0 | 552 |
| | Gesamt | 23 | 53 | 19 | 5 | 0,2 | 2.048 |
| Ihre Fähigkeit, das eigene Verhalten und Handeln kritisch zu hinterfragen? | E | 23 | 45 | 27 | 4 | 0,6 | 1.495 |
| | NE | 14 | 45 | 37 | 4 | 0,7 | 548 |
| | Gesamt | 16 | 45 | 35 | 4 | 0,7 | 2.043 |
| Ihr Selbstbewusstsein | E | 21 | 54 | 23 | 2 | 0,6 | 1.495 |
| | NE | 17 | 44 | 35 | 4 | 0,9 | 550 |
| | Gesamt | 18 | 46 | 32 | 4 | 0,8 | 2.045 |
| Ihre Fähigkeit, mit Unsicherheit und neuen Anforderungen umgehen zu können? | E | 14 | 50 | 32 | 3 | 0,7 | 1.498 |
| | NE | 7 | 45 | 42 | 7 | 0 | 551 |
| | Gesamt | 8 | 46 | 40 | 6 | 0,2 | 2.049 |
| Ihre Fähigkeit, sich in andere hineinversetzen zu können? | E | 28 | 46 | 22 | 3 | 0,9 | 1.498 |
| | NE | 23 | 43 | 27 | 6 | 1 | 551 |
| | Gesamt | 24 | 44 | 26 | 6 | 1 | 2.049 |
| Ihre Konfliktfähigkeit? | E | 15 | 43 | 34 | 6 | 1 | 1.493 |
| | NE | 10 | 39 | 39 | 10 | 2 | 549 |
| | Gesamt | 11 | 40 | 38 | 9 | 2 | 2.042 |
| Ihre Fähigkeit, Kompromisse auszuhandeln? | E | 20 | 50 | 26 | 4 | 0,6 | 1.494 |
| | NE | 15 | 49 | 31 | 5 | 0,5 | 550 |
| | Gesamt | 16 | 49 | 30 | 5 | 0,5 | 2.044 |
| Ihre Fähigkeit, auf andere Menschen zuzugehen? | E | 32 | 41 | 23 | 4 | 0,5 | 1.498 |
| | NE | 22 | 39 | 29 | 8 | 2 | 551 |
| | Gesamt | 25 | 39 | 28 | 7 | 1 | 2.049 |
| Ihre Toleranz gegenüber Andersdenkenden? | E | 33 | 45 | 19 | 3 | 0,5 | 1.490 |
| | NE | 28 | 48 | 20 | 2 | 1 | 548 |
| | Gesamt | 29 | 48 | 20 | 2 | 1 | 2.038 |
| Ihre Fähigkeit, mit Kritik von anderen umzugehen? | E | 9 | 42 | 41 | 7 | 1 | 1.495 |
| | NE | 7 | 42 | 43 | 7 | 2 | 551 |
| | Gesamt | 8 | 42 | 42 | 7 | 2 | 2.046 |

1 E = Engagierte; NE = Nicht-Engagierte

Quelle: Studie „Informelle Lernprozesse“

Neben einem Indikator für „freiwilliges Engagement in der Jugend" wurden als Kontrollvariablen einbezogen:

- der Migrationshintergrund sowie die Herkunft aus der DDR, da vermutet werden kann, dass soziokulturelle Unterschiede zu einer unterschiedlichen Entwicklung und Selbsteinschätzung der untersuchten Fähigkeiten und Eigenschaften führen können,
- das Geschlecht, da die Entwicklung und Wahrnehmung von Eigenschaften und Fähigkeiten sich auch geschlechtsspezifisch unterscheiden können,
- der höchste Schulabschluss, da positive Einflüsse von formaler Bildung auf das Selbstbild und den Umgang mit anderen anzunehmen sind sowie
- das Alter, da sich diese Fähigkeiten und Eigenschaften möglicherweise mit steigendem Alter erhöhen (vgl. Tab. 4.4).[19]

Insgesamt sind alle geschätzten Effekte schwach und zum Teil auch nicht signifikant. Differenzen lassen sich erkennen, wenn bei den früher Engagierten nach Tätigkeitstypen unterschieden wird. Personen, die in ihrer Jugend als „Gruppenleiter" oder „Trainer" engagiert waren, zeigen die geringsten Unterschiede zu Nicht-Engagierten. Etwas stärker sind die Effekte bei „Helfern", deutlich stärker bei „Organisatoren" und am stärksten bei „Funktionären". Insgesamt sind diese Unterschiede zwar statistisch signifikant, doch vom Ausmaß her gering, beträgt doch der maximale geschätzte Unterschied 0,31 auf einer 5-stufigen Skala.

*(2) Tätigkeiten und Kompetenzen:* Dem theoretischen Ansatz der Studie folgend, nach dem Kompetenzen über das Ausführen von Tätigkeiten fassbar werden können[20] (vgl. Kap. 1), wurde in der wichtigsten Frage der *standardisierten* Untersuchung mit 17 unterschiedlichen Items erhoben, ob die Befragten schon einmal oder mehrfach bestimmte Tätigkeiten aus dem sozialen, kulturellen (kognitiven, organisatorischen, kreativen) oder instrumentellen (handwerklich-technischen) Bereich ausgeführt haben (vgl. BMFSFJ 2006, S. 87). Die Prozentwerte der Engagierten hinsichtlich mehrfach und sehr häufig ausgeführter Tätigkeiten sind in allen einbezogenen Bereichen höher als die der Nicht-Engagierten. Besonders groß sind die Differenzen zwischen den beiden

19 Lesehilfe: Bei linearen Regressionsmodellen zeigen die Konstanten des Modells (letzte Zeile) den geschätzten Wert für die sog. Referenzkategorie, bei der alle anderen Variablen den Wert Null haben. Diese Referenzkategorien sind hier (von unten nach oben): In der Jugend nicht engagiert, im Alter unter 30, mit Abitur, männlich, nicht in der DDR geboren und ohne Migrationshintergrund. Für diese Gruppe beträgt der geschätzte (Durchschnitts-) Wert bei persönlichen Fähigkeiten und Eigenschaften 2,39 und liegt damit zwischen „stark" (2) und „mittelmäßig" (3; vgl. Tab. 4.3). Die anderen dargestellten Koeffizienten zeigen dabei die geschätzte Abweichung der jeweiligen Gruppe zur Referenzkategorie: So liegt der geschätzte Wert für Personen, die in ihrer Jugend als „Funktionäre" freiwillig engagiert waren, ansonsten aber die Attribute der Referenzkategorie besitzen (2,4) + (-0,31) = 2,09, also eher bei „stark".

20 Wenn Jugendliche in der qualitativen Befragung berichten, dass sie z.B. eine Demonstration organisiert, eine Rede vor vielen Menschen gehalten, mit Kindern gebastelt oder eine Musikgruppe geleitet haben, dann wurde daraus geschlossen, dass sie hierfür spezielle Kompetenzen und Kenntnisse eingesetzt oder entwickelt haben.

*Tab. 4.4: Persönliche sowie soziale Eigenschaften und Fähigkeiten (Lineare Regression, gewichtet)*

| Variable | Persönliche Eigenschaften und Fähigkeiten | Soziale Eigenschaften und Fähigkeiten |
|---|---|---|
| Migrationshintergrund | -0,02 | -0,04 |
| In der DDR geboren | -0,10 + | -0,14 *** |
| Frau | -0,06 | -0,13 ** |
| Höchster Schulabschluss (R: Abitur) | | |
| Hauptschulabschluss oder weniger | 0,08 | 0,02 |
| Realschulabschluss | 0,03 | 0,02 |
| Fachhochschulreife | -0,12 * | -0,02 |
| Alter (R: unter 30 J.) | | |
| 30 bis 35 J. | -0,12 * | -0,13 ** |
| 36 J. und mehr | -0,12 * | -0,08 |
| In der Jugend engagiert als (R: nicht engagiert) | | |
| praktischer Helfer | -0,19 *** | -0,13 ** |
| Gruppenleiter und Trainer | -0,14 *** | -0,04 |
| Organisator | -0,30 *** | -0,18 *** |
| Funktionär | -0,31 *** | -0,25 *** |
| Konstante | 2,39 *** | 2,48 *** |

Legende: +p<0,1 *p<0,05 **p<0,01 ***p<0,001
Je kleiner der Wert für p ist, desto höher ist die Signifikanz.
Quelle: Studie „Informelle Lernprozesse"

Gruppen im Blick auf soziale und kulturelle Kompetenz, und zwar speziell dort, wo es um Fragen zu organisatorischen Aufgaben, Gremienarbeit, öffentlichem Auftreten, pädagogischen Aktivitäten (Gruppenleitung und Training) und Teamerfahrungen, zur Publikation eigener Texte sowie zu Leitungskompetenzen geht (vgl. Tab. 4.5). So haben mehr als dreimal so viel früher Engagierte verglichen mit den Nicht-Engagierten „sehr häufig" und „mehrfach" in Gremien und Ausschüssen mitgearbeitet (41%:12%) oder Texte geschrieben, die veröffentlicht wurden (35%:12%). Früher Engagierte geben etwa doppelt so oft an, „sehr häufig" und „mehrfach" große Veranstaltungen und Projekte organisiert (56%:27%) oder eine Rede vor vielen Menschen gehalten zu haben (55%:27%). Auch haben sie in größerem Ausmaß als Nicht-Engagierte „sehr häufig" und „mehrfach" Leitungsaufgaben übernommen (70%:48%), andere

*Tab. 4.5: Tätigkeitserfahrungen nach Engagement in der Jugend (in %, gewichtet, Zeilenprozent)*

| Haben Sie (sich) schon einmal ...? | Gruppe[1] | ja, sehr häufig | ja, mehrfach | ja, einmal | nein, nie | Anzahl |
|---|---|---|---|---|---|---|
| ein technisches Gerät oder ein Fahrzeug repariert? | E | 30 | 45 | 9 | 15 | 1.497 |
| | NE | 22 | 45 | 11 | 21 | 549 |
| eine größere Aufgabe im Team bearbeitet? | E | 43 | 45 | 4 | 8 | 1.496 |
| | NE | 29 | 40 | 7 | 24 | 546 |
| selbstständig in einer völlig fremden Umgebung zurechtgefunden? | E | 20 | 50 | 11 | 20 | 1.496 |
| | NE | 13 | 41 | 16 | 31 | 552 |
| andere in Beziehungskonflikten beraten? | E | 22 | 47 | 8 | 24 | 1.499 |
| | NE | 19 | 47 | 9 | 25 | 550 |
| größere Veranstaltungen oder Projekte außerhalb Ihres Privatbereichs organisiert? | E | 14 | 42 | 7 | 40 | 1.497 |
| | NE | 5 | 22 | 9 | 65 | 552 |
| Theater gespielt? | E | 6 | 26 | 16 | 53 | 1.500 |
| | NE | 3 | 17 | 11 | 70 | 552 |
| ein längeres Gespräch in einer fremden Sprache geführt? | E | 25 | 29 | 5 | 41 | 1.499 |
| | NE | 16 | 22 | 4 | 57 | 552 |
| eine Leitungsaufgabe übernommen? | E | 31 | 39 | 8 | 23 | 1.496 |
| | NE | 21 | 27 | 9 | 43 | 550 |
| andere Personen ausgebildet, unterrichtet oder trainiert? | E | 41 | 36 | 5 | 18 | 1.498 |
| | NE | 20 | 33 | 4 | 43 | 552 |
| einen Text geschrieben, der veröffentlicht wurde? | E | 9 | 26 | 12 | 53 | 1.493 |
| | NE | 1 | 11 | 8 | 80 | 552 |
| eine Rede vor mehr als 30 Personen gehalten? | E | 14 | 41 | 14 | 32 | 1.496 |
| | NE | 4 | 23 | 14 | 59 | 550 |
| Erste Hilfe geleistet? | E | 11 | 27 | 16 | 45 | 1.497 |
| | NE | 6 | 15 | 18 | 61 | 552 |
| eine Finanzabrechnung außerhalb des privaten Bereichs erstellt? | E | 16 | 20 | 3 | 61 | 1.490 |
| | NE | 11 | 11 | 3 | 75 | 550 |
| in Ausschüssen oder Gremien mitgearbeitet? | E | 14 | 27 | 7 | 52 | 1.494 |
| | NE | 3 | 9 | 5 | 84 | 550 |
| Musik gemacht? | E | 31 | 23 | 4 | 42 | 1.499 |
| | NE | 18 | 19 | 5 | 58 | 552 |
| alte oder kranke Menschen betreut? | E | 21 | 23 | 9 | 47 | 1.499 |
| | NE | 19 | 21 | 9 | 52 | 552 |
| nicht eigene Kinder länger als eine Stunde beaufsichtigt? | E | 55 | 37 | 2 | 6 | 1.498 |
| | NE | 43 | 42 | 3 | 13 | 552 |

1 E = Engagierte; NE = Nicht-Engagierte

Quelle: Studie „Informelle Lernprozesse“

Personen ausgebildet, unterrichtet oder trainiert (77%:53%) sowie größere Aufgaben im Team bearbeitet (88%:69%).

Besonders schwach sind Unterschiede zwischen Engagierten und Nicht-Engagierten in Bereichen, die eher alltagspraktische soziale und instrumentelle Kompetenzen berühren wie etwa kleine Kinder sowie alte und kranke Menschen betreuen, in Beziehungskonflikten beraten oder ein technisches Gerät reparieren. Aber auch bei den kulturellen Kompetenzen, die man eher in der Schule oder der Berufsausbildung erwirbt, wie musikalische Fertigkeiten, eine Fremdsprache sprechen oder eine Finanzabrechnung erstellen, sind die Differenzen zwischen früher Engagierten und früher Nicht-Engagierten relativ gering. Dies lässt sich anhand eines Vergleichs der Mittelwerte[21] zwischen den beiden Gruppen besonders gut erkennen (vgl. Tab. 4.6).

Dabei zeigt sich, wie oben bereits beschrieben, dass früher Engagierte gegenüber früher Nicht-Engagierten einen deutlichen Vorsprung an Erfahrungen bei sieben (von insgesamt 17) abgefragten Tätigkeiten vorweisen: Auf einer Skala von 1 (sehr häufig) bis 4 (nie) hatten die früher Engagierten um mindestens einen halben Punkt häufiger

- „größere Aufgaben im Team bearbeitet“,
- „größere Veranstaltungen und Projekte organisiert“,
- „Leitungsaufgaben übernommen“,
- „andere Personen ausgebildet, unterrichtet oder trainiert“,
- „einen eigenen Text veröffentlicht“,
- „eine Rede vor mehr als 30 Personen gehalten“ und
- „in Ausschüssen und Gremien mitgearbeitet“.

Die Aussage, wie häufig jemand eine Tätigkeit ausgeübt hat, sagt aber nicht notwendigerweise etwas über deren Qualität aus. Um dies zu untersuchen, wurden daher diejenigen Personen, die eine Tätigkeit mindestens einmal ausgeführt hatten und damit in der Lage waren, auf einer empirischen Basis die eigenen Fähigkeiten zu beurteilen, um eine Selbsteinschätzung gebeten, wie gut sie diese Tätigkeiten beherrschen. Waren bei den Erfahrungen mit den erfragten Tätigkeiten deutliche Differenzen erkennbar, so zeigen sich hier zwischen den in der Jugend Engagierten und den Nicht-Engagierten weder im Vergleich derjenigen, die etwas „sehr gut“ oder „gut“ können, wesentliche Unterschiede, noch im Vergleich derjenigen, die etwas „eher schlecht“ oder „gar nicht“ können. Auch hier tendieren die Befragten zu eher positiver Selbsteinschätzung. Wenn Erfahrungen mit den erfragten Aktivitäten vorliegen, scheint der Lernort demnach für deren Qualität nicht ausschlaggebend zu sein. Freiwilliges Engagement führt somit entsprechend der Einschätzung der Befragten nicht zu einer höheren Qualität der Aktivitäten oder Kompetenzen als andere Lernorte auch, aber zu mehr

21 Ein Vergleich von Medianen, der dem Skalentyp angemessener gewesen wäre, führte nur in Einzelfällen zu Differenzen, so dass hier Mittelwerte gebildet wurden, die eigentlich Intervallskalenqualität voraussetzen.

Gelegenheiten, vielfältige Erfahrungen mit unterschiedlichen Tätigkeiten zu sammeln.

Im Rahmen der ersten deskriptiven Analysen waren in einigen Tätigkeitsfeldern deutliche Erfahrungsunterschiede zwischen in ihrer Jugend Engagierten und Nicht-Engagierten festgestellt worden. Wie bereits im Rahmen der Analysen zu Eigenschaften und Fähigkeiten thematisiert, könnten diese Unterschiede allerdings auf Einflüssen anderer, vorgelagerter Faktoren beruhen: So

*Tab. 4.6: Tätigkeitserfahrungen nach Engagement in der Jugend (Mittelwerte und Mittelwertsdifferenzen, gewichtet, sortiert nach Differenz)*

| Item: Haben Sie (sich) schon einmal ...?[1] | Gruppe[2] | | Differenz |
|---|---|---|---|
| | E | NE | |
| andere in Beziehungskonflikten beraten? | 2,3 | 2,4 | 0,1 |
| alte oder kranke Menschen betreut? | 2,8 | 2,9 | 0,1 |
| ein technisches Gerät oder ein Fahrzeug repariert? | 2,1 | 2,3 | 0,2 |
| selbstständig in einer völlig fremden Umgebung, zum Beispiel im Ausland, zurechtgefunden? | 2,3 | 2,6 | 0,3 |
| Theater gespielt? | 3,2 | 3,5 | 0,3 |
| Erste Hilfe geleistet? | 3,0 | 3,3 | 0,3 |
| eine Finanzabrechnung außerhalb des privaten Bereichs erstellt? | 3,1 | 3,4 | 0,3 |
| nicht eigene Kinder länger als 1 Stunde beaufsichtigt? | 1,6 | 1,9 | 0,3 |
| ein längeres Gespräch in einer fremden Sprache geführt? | 2,6 | 3,0 | 0,4 |
| Musik gemacht? | 2,6 | 3,0 | 0,4 |
| eine größere Aufgabe im Team bearbeitet? | 1,8 | 2,3 | 0,5 |
| größere Veranstaltungen, Projekte oder Aktionen außerhalb Ihres Privatbereichs organisiert? | 2,7 | 3,3 | 0,6 |
| eine Leitungsaufgabe übernommen? | 2,2 | 2,8 | 0,6 |
| einen Text geschrieben, der veröffentlicht wurde? | 3,1 | 3,7 | 0,6 |
| andere Personen ausgebildet, unterrichtet oder trainiert? | 2,0 | 2,7 | 0,7 |
| eine Rede vor mehr als 30 Personen gehalten? | 2,6 | 3,3 | 0,7 |
| in Ausschüssen oder Gremien mitgearbeitet? | 3,0 | 3,7 | 0,7 |

1 1=ja, sehr häufig; 2=ja, mehrfach; 3=ja, einmal; 4=nein, nie. Hier ist zu beachten, dass bei dieser 4-stufigen Skala ein kleiner Wert (1 oder 2) auf große Erfahrung mit der erfragten Tätigkeit verweist, ein hoher Wert (3) auf geringe (bzw. 4=keine) Erfahrung.

2 E = Engagierte; NE = Nicht-Engagierte

Quelle: Studie „Informelle Lernprozesse"

wurde etwa in Kap. 2 herausgestellt, dass Engagierte in der Regel einen höheren Bildungsgrad aufweisen als Nicht-Engagierte. Unterschiede könnten demnach Effekte unterschiedlicher formaler Bildung sein. Daher wurde im Rahmen einer weiteren multivariaten Analyse geprüft, wie stark sich Engagierte und Nicht-Engagierte in Bezug auf die folgenden zusammengefassten Indizes unterscheiden, wenn weitere Variablen statistisch kontrolliert werden. Anhand einer Hauptkomponentenanalyse (vgl. Kap. 9) wurden Indikatoren gebildet, die die folgenden Bereiche umfassen:

- „Größere Veranstaltungen organisieren", „Texte veröffentlichen", „vor einem größeren Personenkreis Reden halten" und „in Gremien mitarbeiten". Diese erste Gruppe von Items bildet zusammengenommen Indikatoren für organisatorische Tätigkeiten.
- „Im Team eine größere Aufgabe bearbeiten", „Leitungsaufgaben übernehmen", „andere ausbilden, unterrichten oder trainieren". Hier sind Items erfasst, die Leitungs- und Ausbildungstätigkeiten betreffen.
- Items zu musischen Kompetenzen „Theater spielen" und „Musik machen". Dieser Indikator umfasst damit künstlerisch-musische Kompetenzen.
- Mit den Items „sich selbstständig in einer völlig fremden Umgebung orientieren" und „ein längeres Gespräch in einer Fremdsprache führen" werden Erfahrungen erfasst, die den Umgang mit Fremdheit beinhalten.
- „Erste Hilfe leisten" und „alte oder kranke Menschen betreuen" fassen Erfahrungen mit helfenden und pflegenden Tätigkeiten zusammen.
- „Reparatur von technischen Geräten oder Fahrzeugen" werden als Indikator für technisch-instrumentelle Fähigkeiten angesehen.

Diese empirisch ermittelten Indikatoren gruppieren sich etwas anders als die zugrunde gelegten theoretischen Kompetenzdimensionen des 12. Kinder- und Jugendberichts (BMFSFJ 2006; vgl. Kap. 9). Sie lassen sich als ganz spezifische Ausprägungen sozialer Kompetenz („Leiten und Ausbilden" sowie „Helfen und Pflegen"), kultureller Kompetenz (Organisieren, künstlerisch-musische Aktivitäten, Umgang mit Fremdheit) sowie instrumenteller Kompetenz (technische Tätigkeiten) fassen.

Für die weitere Analyse der Kompetenzunterschiede zwischen Engagierten und Nicht-Engagierten wurde auf das Variablenset zurückgegriffen, das bereits bei den vorigen Regressionsanalysen (vgl. Tab. 4.4) genutzt wurde, und zwar die Variablen Migrationshintergrund, Herkunft aus der DDR, Geschlecht, höchster Schulabschluss und Alter. Die geschätzten Koeffizienten eines linearen Regressionsmodells, in dem neben den o.g. Kontrollvariablen das freiwillige Engagement in der Jugend als dichotome Variable einbezogen wird, sind in Tab. 4.7 dargestellt.

Die deutlichen Unterschiede hinsichtlich der Erfahrungen mit den erfragten Tätigkeiten zwischen den in ihrer Jugend Engagierten und Nicht-Engagierten bleiben auch unter Kontrolle der berücksichtigten Variablen beste-

*Tab. 4.7: Tätigkeitserfahrungen nach Bereichen I (lineare Regression, unstandardisierte Koeffizienten, gewichtet, hoher Wert = geringere Erfahrung, Wertebereich: 1 bis 4)*

| | Erfahrungsbereich | | | | | |
|---|---|---|---|---|---|---|
| | Gerät reparieren | Organisatorisch | Leitung und Ausbildung | Umgang mit Fremdheit | Musisch | Hilfe Pflege |
| Migrationshintergund (R=nein) | 0,01 | 0,04 | 0,15 + | -0,44 *** | 0,17 * | -0,13 |
| Geburt in der DDR (R=nein) | 0,03 | 0,16 *** | 0,09 | 0,37 *** | 0,36 *** | 0,09 |
| Frau | 0,71 *** | 0,11 * | 0,29 *** | 0,16 * | -0,31 *** | -0,14 * |
| Schulabschluss (R=Abitur) | | | | | | |
| Hauptschulabschluss oder weniger | -0,02 | 0,43 *** | 0,47 *** | 0,83 *** | 0,41 *** | -0,25 ** |
| Realschulabschluss | -0,07 | 0,30 *** | 0,14 * | 0,52 *** | 0,27 *** | -0,23 *** |
| Fachhochschulreife | -0,26 * | 0,04 | -0,23 ** | 0,08 | 0,16 + | -0,33 *** |
| Alter (R=24 bis 29 J.) | | | | | | |
| 30 bis 35 J. | -0,14 | -0,16 ** | -0,25 ** | -0,20 * | 0,13 | -0,09 |
| 36 bis 40 J. | -0,19 + | -0,21 *** | -0,29 *** | -0,09 | 0,19 * | -0,19 ** |
| in der Jugend engagiert (R=nein) | -0,18 *** | -0,57 *** | -0,46 *** | -0,26 *** | -0,31 *** | -0,32 *** |
| Konstante | 2,10 *** | 3,27 *** | 2,37 *** | 2,40 *** | 2,92 *** | 3,54 *** |

Legende: + p<0,1 * p<0,05 **p< 0,1 *** p<0,01
Quelle: Studie „Informelle Lernprozesse"

hen.[22] In ihrer Jugend Engagierte verfügen somit in allen untersuchten Bereichen über größere Erfahrungen mit den genannten Tätigkeiten. Am stärksten

22 Die Effekte der Kontrollvariablen sind weitgehend plausibel und erwartbar. Personen mit Migrationshintergrund haben deutlich mehr Erfahrung im Umgang mit Fremdheit. In der DDR Geborene haben demgegenüber genau damit weit geringere Erfahrungen als alle anderen. Frauen nennen im musischen sowie im helferisch-pflegerischen Bereich breitere Erfahrungen, in allen anderen Feldern geringere als Männer. Der stärkste Gender-Effekt wird dabei im technischen Bereich deutlich. Bildung hat bei den meisten Erfahrungsbereichen deutliche Effekte: Je höher der Schulabschluss ist, desto häufiger sind in der Regel auch die berichteten Erfahrungen. Zwei Ausnahmen gibt es hierbei: Im helferisch-pflegerischen Bereich kehrt sich der Effekt von Bildung z.T. um. Nimmt man hier die Personen mit Fachhochschulreife heraus, so sind Erfahrungen mit Tätigkeiten in diesem Bereich umso höher, je niedriger der Bildungsabschluss ist. Im technischen Bereich findet sich – abgesehen von den Personen mit Fachhochschulreife – kein Bildungseffekt.

sind – wie nach den bivariaten Analysen zu erwarten – die Effekte in den Bereichen „Organisation"[23] und „Leitung und Ausbildung" – und dies auch, wenn so wesentliche Drittvariablen wie schulische Bildung und Geschlecht mitbetrachtet werden. Zwar signifikante, aber von der Stärke her nur geringe Unterschiede finden sich in den anderen Bereichen.

Es zeigen sich deutliche positive Zusammenhänge zwischen der Aussage, wie oft eine Tätigkeit ausgeübt wurde und der Selbsteinschätzung der jeweiligen Qualität (*Wie gut können Sie ...?*). Da zudem die Indizes, die auf der Basis der Angaben zu Erfahrungen mit den erfragten Tätigkeiten gebildet wurden, eine höhere Reliabilität aufweisen als die, die zusätzlich die Selbsteinschätzung des Könnens berücksichtigen (vgl. Kap. 9), wird im Rahmen der weiteren Untersuchung der *standardisierten* Erhebung vor allem auf die Erfahrungsindizes zurückgegriffen (*Haben Sie schon einmal, mehrfach, sehr häufig oder nie folgende Tätigkeiten ausgeübt?*), wenn Kompetenzen in den Blick genommen werden.

### *4.2.3 Kompetenzunterschiede innerhalb der Gruppe der Engagierten*

Im Folgenden soll der Einfluss soziodemografischer Merkmale wie Geschlecht und Schulbildung sowie der Tätigkeitsinhalte (Tätigkeitstypen) auf den Kompetenzerwerb der Engagierten geprüft werden.

*Gender:* Die geschlechtsbezogenen Unterschiede, die sich bei allen Befragten der *standardisierten* Erhebung zeigten, finden sich ähnlich auch, wenn man nur das Sample der früher Engagierten betrachtet. Engagierte Frauen haben bei den Tätigkeitsnennungen die meisten Tätigkeiten seltener ausgeführt als engagierte Männer, Ausnahmen bilden kreative und fürsorgliche Tätigkeiten: Musik und Theater, die Betreuung von Alten, Kranken und Kindern sowie Beratung in Beziehungskonflikten.[24] Somit zeigt sich hier wiederum ein geschlechtsspezifischer Bias in Richtung traditioneller Rollen. Bei den engagierten Männern liegt Teamarbeit an der Spitze der Nennungen (90%:85%). Sie weisen auch hohe Prozentwerte bei der Frage nach Ausbildung oder Training anderer (82%:72%), der Übernahme von Leitungsaufgaben (77%:61%) sowie bei der Orientierung in fremder Umgebung auf (76%:62%).

Allerdings finden sich in den *qualitativen* Interviews Aussagen engagierter Frauen, insbesondere aus den Rettungs- und Hilfsorganisationen wie Freiwilliger Feuerwehr und Technischem Hilfswerk, die Emanzipationsprozesse erkennen lassen. So beschreiben die hier engagierten Frauen, wie sie in ihrem Engagement gelernt haben, sich in traditionell männlich dominierten Organisationen gegenüber Männern zu behaupten und diese dazu zu bringen, sie in der

23 Im Zweiten Freiwilligensurvey geben Jugendliche insbesondere Belastbarkeit und Organisationstalent als Kompetenzen an, die sie durch das freiwillige Engagement erworben haben (vgl. Gensicke/Picot/Geiss 2006).

24 Engagierte Frauen erzielen die höchsten Werte für Kinderbetreuung (94%), Teamarbeit (85%), Beratung in Beziehungskonflikten (73%) und Ausbildung anderer Personen (72%).

freiwilligen Arbeit als Gleiche zu akzeptieren. Sie berichten, dass sie sich selbst verändert hätten, stärker und selbstbewusster geworden seien und durch ihre Beharrlichkeit auch die traditionell männlich dominierten Organisationen ein Stück weit verändert hätten (vgl. Kap. 6).

*Schulbildung:* Um zu überprüfen, ob freiwilliges Engagement einen kompensatorischen Effekt zum schulischen Kompetenzerwerb hat, wurden anhand eines linearen Regressionsmodells Interaktionseffekte von Engagement und Schulabschlüssen geschätzt (vgl. Tab. 4.8).[25]

Die Effekte der Kontrollvariablen bleiben in diesem Modell weitgehend stabil. Da keiner der Interaktionseffekte zwischen Engagement und Schulbildung signifikant und negativ ist, kann in Bezug auf die untersuchte Fragestellung geschlossen werden, dass in ihrer Jugend engagierte Personen mit niedrigeren Bildungsabschlüssen in Bezug auf den Erwerb von Kompetenzen nicht in besonderem Maße vom Engagement profitieren.[26] Ein Engagement scheint somit in der Regel die formalen Bildungsunterschiede nicht zu kompensieren.

Demgegenüber ließen sich in der *qualitativen* Befragung auch einige Beispiele finden, wo das Engagement bildungsrelevante Alternativerfahrungen zu schulischen Misserfolgen bieten konnte, wie dies am Beispiel eines jungen Mannes aus der Sportjugend besonders deutlich wird. Zur Zeit des Interviews ist er 28 Jahre alt, hat eine Ausbildung als Diplom-Sozialpädagoge erfolgreich abgeschlossen und ist als Breitensportreferent eines Kreissportbundes tätig. Seit seiner Jugend ist er auf Landesebene in verschiedenen Gremien der Sportjugend ehrenamtlich aktiv. Demnächst wird er in einem Forschungsprojekt promovieren.

Betrachtet man seine schulische Laufbahn, so ist diese Entwicklung erstaunlich; denn er hat als Jugendlicher alle weiterführenden Schulformen erfolglos durchlaufen. Er wird nach der Grundschule zunächst auf ein christliches Elitegymnasium geschickt, nach Schwierigkeiten dort kommt er an das städtische Gymnasium. Es folgen Gesamtschule, Realschule, Hauptschule. Doch überall schildert er das Gleiche: Er scheitert an den Strukturen der Schule sowie am mangelnden Eingehen der Lehrer auf seine Person und seine individuellen Interessen:

> *Also ich würde jetzt mal so provokant sagen, in der Schule habe ich nichts gelernt (...) was mir stark gefehlt hat, das war ich. Also ich selber bin in der Schule gar nicht da gewesen. Das spielte keine Rolle. Da spielten irgendwelche Inhalte und Fächer eine Rolle, aber nicht ich (m. 28, Sportjugend).*

25 Würden z.B. Befragte mit Hauptschulabschluss in besonderer Weise vom freiwilligen Engagement profitieren, müsste der Interaktionseffekt „freiwillig engagiert x Hauptschulabschluss" signifikant und negativ sein.

26 Wenn es überhaupt einen Interaktionseffekt von Engagement und Schulbildung gibt, dann in die Richtung, dass früher Engagierte mit niedriger formaler Bildung in Bezug auf Kompetenzen geringere Unterschiede zu früher Nicht-Engagierten aufweisen als Engagierte mit hohen Bildungsabschlüssen.

*Tab. 4.8: Tätigkeitserfahrungen nach Bereichen II (lineare Regression mit Interaktionseffekt Bildung x Engagement, unstandardisierte Koeffizienten, gewichtet, hoher Wert = geringere Erfahrung, Wertebereich: 1 bis 4)*

| | Erfahrungsbereich | | | | | |
|---|---|---|---|---|---|---|
| | Gerät reparieren | Organisatorisch | Leitung Ausbildung | Umgang Fremdheit | Musisch | Hilfe Pflege |
| Migrationshintergund (R=nein) | 0,01 | 0,04 | 0,15 + | -0,44 *** | 0,17 * | -0,12 |
| Geburt in der DDR (R=nein) | 0,03 | 0,16 *** | 0,09 | 0,37 *** | 0,37 *** | 0,09 |
| Frau | 0,71 *** | 0,11 * | 0,29 *** | 0,16 * | -0,31 *** | -0,14 * |
| Schulabschluss (R=Abitur) | | | | | | |
| Hauptschulabschluss oder weniger | -0,01 | 0,36 *** | 0,44 *** | 0,74 *** | 0,38 *** | -0,32 ** |
| Realschulabschluss | -0,10 | 0,26 *** | 0,09 | 0,46 *** | 0,26 ** | -0,27 ** |
| Fachhochschulreife | -0,35 * | -0,02 | -0,33 ** | -0,01 | 0,11 | -0,43 ** |
| Alter (R=24 bis 29 J.) | | | | | | |
| 30 bis 35 J. | -0,14 | -0,16 ** | -0,25 ** | -0,20 * | 0,13 + | -0,09 |
| 36 bis 40 J. | -0,19 * | -0,21 *** | -0,29 *** | -0,08 | 0,19 * | -0,19 ** |
| in der Jugend engagiert (R=nein) | -0,23 ** | -0,69 *** | -0,57 *** | -0,43 *** | -0,36 *** | -0,44 *** |
| Interaktion engagiert * Schulabschluss | | | | | | |
| Hauptschulabschluss oder weniger | -0,10 | 0,31 ** | 0,10 | 0,37 ** | 0,19 | 0,32 * |
| Realschulabschluss | 0,13 | 0,10 | 0,16 + | 0,16 | 0,01 | 0,07 |
| Fachhochschulreife | 0,31 * | 0,18 | 0,33 ** | 0,31 * | 0,17 | 0,33 * |
| Konstante | 2,12 *** | 3,31 *** | 2,40 *** | 2,45 *** | 2,94 *** | 3,58 *** |

Legende: + p<0,1 * p<0,05 **p< 0,1 *** p<0,01
Quelle: Studie „Informelle Lernprozesse“

Ohne Abschluss verlässt er die Schule. Sein Resümee bezüglich seiner Erfahrungen mit Schule fällt entsprechend vernichtend aus: „Schule – das war für mich pure Gewalt.“

Ganz anders stellen sich seine Erfahrungen aus seinen unterschiedlichen ehrenamtlichen Aktivitäten dar. Im Sportverein ist er bereits als kleines Kind. Im Alter von 14 Jahren beginnt nicht nur sein Engagement als Mannschaftsführer und Teamer bei Freizeiten im Sportverein, er wird in diesem Alter auch Schülersprecher, engagiert sich wenig später bei den Jusos und schließlich auch noch im Stadtjugendring. Darüber gelangt er in den Jugendhilfeausschuss sowie in diverse Gremien der Landessportjugend. Im weiteren Verlauf seines Engagements entwickelt und organisiert er erfolgreich große Projekte für die Sportjugend.

Anfangs ist sein Trainer sein Vorbild, später der Jugendbildungsreferent, der ihm den Zivildienst in der Sportjugend ermöglicht, eine Verbindung zur Fachoberschule herstellt und ihn drängt, dort einen Schulabschluss zu machen. Es folgt das Studium der Sozialpädagogik, das er über eine Honorartätigkeit in der Sportjugend finanziert. Die vielen Kontakte, die er durch seine ehrenamtlichen Aktivitäten schließen konnte, kommen ihm für seinen Berufseinstieg zugute: Direkt nach dem Studium erhält er mehrere Stellenangebote von Personen, die ihn aus seinem Engagement kennen. Für ihn scheint sein Engagement den Weg zu Bildung sowie persönlicher und beruflicher Orientierung maßgeblich beeinflusst zu haben, so dass er als Fazit konstatiert:

> *Ich habe festgestellt, dass ich durch das Engagement unheimlich stark profitiere, was auch mein zukünftiges Leben angeht. Ich habe eigentlich alles das, was ich jetzt bin oder wo ich jetzt bin, durch das Engagement erreicht (...) Auch von der Persönlichkeitsentwicklung her, da war das Engagement das maßgebliche Feld (m. 28, Sportjugend).*

*Tätigkeitstypen:* Wie auch schon bei den Analysen zu personalen und sozialen Kompetenzen dargestellt, umfasst freiwilliges Engagement unterschiedliche Arten von Tätigkeiten. Um zu prüfen, inwieweit bestimmte Tätigkeitsarten spezifische Lernpotenziale enthalten, wurden die freiwillig Engagierten wiederum in die Tätigkeitstypen „Helfer", „Gruppenleiter/Trainer", „Organisator" und „Funktionär" aufgeteilt. Die Referenzkategorie bilden auch hier die früher Nicht-Engagierten. Tabelle 4.9 zeigt die Ergebnisse der Modellschätzungen.

Auch hier bleiben die Parameter für die Kontrollvariablen weitgehend konstant. Wie bei den Analysen zu personalen und sozialen Kompetenzen zeigen sich aber deutliche Effekte der Art der Tätigkeit im freiwilligen Engagement. Dabei sind – mit einer Ausnahme – die Erfahrungen nach Tätigkeitstyp hierarchisch geordnet: „Praktische Helfer" haben den geringsten Erfahrungsvorsprung vor Nicht-Engagierten, „Gruppenleiter und Trainer" einen etwas höheren, gefolgt von „Organisatoren" und „Funktionären". Lediglich bei helferisch-pflegerischen Tätigkeiten liegen „praktische Helfer" und „Funktionäre" auf gleichem Niveau. Dies erstaunt nicht, was die „praktischen Helfer" angeht, wohl aber bei den „Funktionären".

Wenn also das freiwillige Engagement Effekte auf Erfahrungen mit Tätigkeiten – und damit auf Kompetenzen – hat, dann ist das Ausmaß dieser Wirkungen deutlich an den Typ der ausgeübten Tätigkeiten geknüpft. Es zeigt sich ein sehr starker Effekt auf Erfahrungen und Kompetenzen im organisatorischen Bereich. Die stärksten Effekte sind bei „Funktionären" und „Organisatoren" zu beobachten, schwächer ist der Effekt bei „Gruppenleitern/Trainern" und „praktischen Helfern". Einen vergleichbaren Effekt – wenngleich weniger stark differenziert – zeigen die Tätigkeiten als „Funktionär", „Organisator", „Gruppenleiter" und „Helfer" auch bei Erfahrungen im Bereich von Leitungs- und Ausbildungstätigkeiten.

*Tab. 4.9: Tätigkeitserfahrungen nach Bereichen III (lineare Regression mit Tätigkeitstypen, unstandardisierte Koeffizienten, gewichtet, hoher Wert = geringere Erfahrung, Wertebereich: 1 bis 4)*

| | Erfahrungsbereich | | | | | |
|---|---|---|---|---|---|---|
| | Gerät reparieren | Organisatorisch | Leitung Ausbildung | Umgang Fremdheit | Musisch | Hilfe Pflege |
| Migrationshintergrund (R=nein) | 0,01 | 0,04 | 0,15 + | -0,44 *** | 0,18 * | -0,12 |
| Geburt in der DDR (R=nein) | 0,03 | 0,16 *** | 0,09 | 0,37 *** | 0,36 *** | 0,09 |
| Frau | 0,71 *** | 0,10 * | 0,29 *** | 0,16 * | -0,31 *** | -0,14 * |
| Schulabschluss (R=Abitur) | | | | | | |
| Hauptschulabschluss oder weniger | -0,02 | 0,42 *** | 0,47 *** | 0,83 *** | 0,41 *** | -0,24 ** |
| Realschulabschluss | -0,07 | 0,29 *** | 0,14 * | 0,52 *** | 0,27 *** | -0,23 *** |
| Fachhochschulreife | -0,26 ** | 0,03 | -0,23 ** | 0,08 | 0,16 + | -0,32 ** |
| Alter (R=24 bis 29 J.) | | | | | | |
| 30 bis 35 J. | -0,14 | -0,15 ** | -0,25 ** | -0,20 * | 0,14 + | -0,09 |
| 36 bis 40 J. | -0,19 + | -0,21 *** | -0,29 *** | -0,09 | 0,19 * | -0,20 ** |
| in der Jugend engagiert in Tätigkeit (R=nein) | | | | | | |
| Helfer | -0,06 | -0,24 *** | -0,32 *** | -0,12 + | -0,13 + | -0,39 *** |
| Gruppenleiter/ Trainer | -0,15 * | -0,45 *** | -0,36 *** | -0,20 ** | -0,25 *** | -0,13 * |
| Organisator | -0,24 *** | -0,64 *** | -0,51 *** | -0,30 *** | -0,37 *** | -0,36 *** |
| Funktionär | -0,17 * | -0,89 *** | -0,62 *** | -0,40 *** | -0,40 *** | -0,39 *** |
| Konstante | 2,10 *** | 3,27 *** | 2,36 *** | 2,40 *** | 2,92 *** | 3,53 *** |

Legende: + p<0,1 * p<0,05 **p< 0,1 *** p<0,01

Quelle: Studie „Informelle Lernprozesse"

### *4.2.4 Umfang und Bandbreite der Kompetenzen engagierter Jugendlicher*

Die Jugendlichen der *qualitativen* Erhebung beschreiben eine breite Palette an Kompetenzen, Betätigungs- und Lernfeldern, an Anregungen und Gestaltungsmöglichkeiten in ihrem Engagement. Kompetenzen werden in den Interviews zum Teil von den Jugendlichen konkret benannt oder sie können aus ihren Tätigkeitsbeschreibungen abgeleitet werden. Dabei handelt es sich nicht nur um häufig genannte personale und soziale Kompetenzen wie Kommunikationsfähigkeit, Belastbarkeit, Selbstbewusstsein oder Teamfähigkeit, sondern um vielfältige Fähigkeiten und Kenntnisse politischer, fachlicher, organisationsspezifischer, kreativer, technisch-instrumenteller, praktischer, medialer oder organisatorischer Art. So lernen Jugendliche hier beispielsweise nicht nur mit behinderten und verhaltensauffälligen Kindern umzugehen oder ein offenes Angebot für rechtsextremistische Jugendliche zu entwickeln, sondern auch den Umgang mit schwerem technischem Gerät, die Organisation einer Demonstration, das Verfassen von Pressetexten, die Produktion einer Radiosendung, eine Rede vor großem Publikum zu halten, für viele Personen zu kochen, Sitzungen zu leiten oder strategisches Vorgehen in Gremien. Aber es werden auch überraschende Kompetenzen genannt wie Graffiti-Sprayen oder Rappen. Das Spektrum der hier beschriebenen Kompetenzen und Aneignungsformen erwies sich als wesentlich breiter und bunter als zu Beginn der Forschungsarbeiten angenommen. Von der cliquenzentrierten Freizeitgestaltung bis hin zur Gremienarbeit mit Personalverantwortung ergibt sich ein Kontinuum von Betätigungsfeldern und Lernmöglichkeiten.

Ob früher Engagierte gegenüber früher nicht Engagierten eine größere Bandbreite an Erfahrungen und Kompetenzen besitzen, kann, wie bereits erwähnt, nicht mit den *qualitativen* Daten, sondern nur im Rahmen der *standardisierten* Erhebung untersucht werden. Diese Hypothese wurde an Hand einer multivariaten Analyse überprüft (vgl. Tab. 4.10).[27] Dabei wurden wieder Migrationshintergrund, Herkunft aus der DDR, Geschlecht, höchster Schulabschluss und Alter als Kontrollvariablen einbezogen. Zudem wurde bei den in ihrer Jugend freiwillig Engagierten nach Tätigkeitstypen unterschieden.

Es zeigt sich kein Migrationseffekt, hingegen berichten Frauen und in der DDR Geborene über weniger Erfahrungen mit den erfragten Tätigkeiten. Die Breite der erworbenen Kompetenzen hängt zudem deutlich mit der Schulbil-

27 Hierzu wurden die im vorherigen Kapitel genutzten Indikatoren für Erfahrungen recodiert und zu einem Summenindex zusammengefasst. Dabei wurde die Anzahl der Tätigkeiten aufsummiert, die die Befragten überdurchschnittlich häufig – gemessen an der Gesamtgruppe – ausgeführt hatten. Der so generierte Index gibt also die Anzahl der Tätigkeitsbereiche an, in denen der oder die Befragte überdurchschnittliche Erfahrungen hat. Bei dieser Auswertung wurden unterschiedliche Modellannahmen zu Grunde gelegt (metrische oder ordinale Variable, diskrete Zählvariable). Da alle Modelle zu nahezu identischen Ergebnissen führten, wird ein Probit-Modell für ordinalskalierte Variablen dargestellt, das vergleichsweise voraussetzungsarm ist.

dung zusammen: Personen mit höheren Schulabschlüssen verfügen über ein breiteres Spektrum.

Wie nach den vorherigen Analysen zu erwarten, wirkt sich auch das freiwillige Engagement positiv auf die Bandbreite von Erfahrungen und Kompetenzen aus. Früher Engagierte beschreiben mehr Kompetenzen als früher nicht Engagierte. Wenngleich das Spektrum der Erfahrungen und Kompetenzen sich in der *standardisierten* Befragung nicht so vielfältig, weit und bunt darstellt wie in der *qualitativen* Erhebung, lässt sich doch auch hier eine große Bandbreite an Erfahrungen und Kompetenzen der Engagierten erkennen, die sich aber unterschiedlich auf verschiedene Gruppen von Engagierten sowie auf Tätigkeitsprofile und -bereiche verteilen. Abgesehen von einigen Spezialisierungen im Bereich von Hilfe und Pflege gewinnen „Funktionäre" und „Organisatoren" durch ihre Aktivitäten im Engagement größere und breitere Erfahrungs-

*Tab. 4.10: Bandbreite an Erfahrungen und Kompetenzen (ordinales Probit-Modell, ungewichtet, unstandardisierte beta-Koeffizienten, hoher Wert = breite Erfahrungen)*

| | beta |
|---|---|
| Migrationshintergrund (R=nein) | 0,00 |
| Geburt in der DDR (R=nein) | -0,38 *** |
| Frau (R=Mann) | -0,27 *** |
| Schulabschluss (R=Abitur) | |
| Hauptschulabschluss oder weniger | -0,74 *** |
| Realschulabschluss | -0,50 *** |
| Fachhochschulreife | 0,11 |
| Alter (R=24 bis 29 J.) | |
| 30 bis 35 J. | 0,25 * |
| 36 bis 40 J. | 0,26 ** |
| In der Jugend engagiert in Tätigkeit (R=nicht engagiert) | |
| Helfer | 0,39 *** |
| Leiter/Trainer | 0,54 *** |
| Organisator | 0,86 *** |
| Funktionär | 1,04 *** |
| Konstanten | |
| Schwelle 1 | -1,73 *** |
| Schwelle 2 | -0,71 *** |
| Schwelle 3 | -0,07 |
| Schwelle 4 | 0,56 *** |
| Schwelle 5 | 1,28 *** |
| Schwelle 6 | 2,11 *** |

Legende: +p<0,1 *p<0,05 **p<0,01 ***p<0,001

Quelle: Studie „Informelle Lernprozesse"

zuwächse als „Gruppenleiter“ und „praktische Helfer“ sowie Nicht-Engagierte. Engagierte der *standardisierten* Erhebung unterscheiden sich demnach in Bezug auf Kompetenzen deutlich nach Tätigkeitstypen, d.h. nach Profilen der Tätigkeit im freiwilligen Engagement. Auch die Befunde der *qualitativen* Befragung deuten darauf hin, dass der in den Hilfs- und Rettungsdiensten überwiegende Typ des „praktischen Helfers“ eher verbandsspezifische Kompetenzen der praktischen Hilfe und Lebensrettung erlangt, im Unterschied zu den vielfältigen, weit gefächerten Kompetenzen der anderen Engagierten.

Die Befunde beider Erhebungen legen die Annahme nahe, dass die Lernmöglichkeiten in Rettungsdiensten überwiegend einen Spezialisten, den Typ des „praktischen Helfers“, hervorbringen, der die speziellen Kompetenzen der Katastrophenhilfe, Krankenversorgung und Lebensrettung sowie des Umgangs mit schwerem technischem Gerät erwirbt, die er in der Regel auch nur hier und später eventuell noch im Gesundheitsbereich anwenden kann. Den Ergebnissen der *standardisierten* Erhebung folgend, scheint auch der Typ des „Gruppenleiters“ ein eher spezifisches, gegenüber „Organisator“ und „Funktionär“ eingeschränkteres Spektrum an Kompetenzen zu gewinnen, nämlich insbesondere Kompetenzen der Gruppenarbeit und des Organisierens, was sich aber anhand der *qualitativen* Interviews so eindeutig nicht bestätigen lässt.[28] So könnte man pauschalisierend den Typ des „praktischen Helfers“ und den „Gruppenleiter“ als Spezialisten bezeichnen, die in ihrem Engagement funktionsspezifische Kompetenzen und Kenntnisse erlangen, „Organisatoren“ und „Funktionäre“ dagegen als „allrounder“ oder „Generalisten“, die in ihrem Engagement vielfältige Kompetenzen in großem Umfang und in vielen unterschiedlichen Bereichen erwerben und weiter entwickeln.

### *4.2.5 Der gesellschaftliche Lernort Engagement*

Die Feststellung, dass Engagierte mehr Kompetenzen besitzen als Nicht-Engagierte, sagt erst einmal nur etwas darüber aus, inwiefern sich Personen, die in ihrer Jugend engagiert waren, von früher Nicht-Engagierten unterscheiden. Sie sagt noch nicht, ob dies an deren Engagement oder an anderen Einflussfaktoren liegt und wo die Kompetenzen erworben wurden. In den *qualitativen* Interviews ließ sich teilweise nicht mehr genau rekonstruieren, ob die genannten Fähigkeiten und Kompetenzen der Jugendlichen bereits in das freiwillige Engagement eingebracht und dann vertieft oder hier neu erworben wurden (vgl. Kap. 2). Eine grundsätzliche Schwierigkeit der Erfassung von Kompetenzen liegt darin, dass bei einer Querschnittsuntersuchung, wie sie hier vorgenommen wurde, Lernzuwächse nur schwer ermittelt und die jeweiligen formalen und informellen Lernanteile rückblickend oft nicht genau bestimmt werden können. Die Lebenswelt

28 Dies kann allerdings auch an der Auswahl der Befragten der *qualitativen* Erhebung liegen, die in der Regel von den Verbänden benannt wurden und oft über ein großes Spektrum an Kompetenzen verfügen.

besteht aus ungezählten Lernfeldern, -formen und -anlässen, die im biografischen Verlauf nebeneinander oder nacheinander existieren. Neue Lernerfahrungen knüpfen immer an bereits vorhandene an. Daher konnten die Befragten der *qualitativen* Untersuchung Lerneffekte wie den Erwerb von Kompetenzen oder Einstellungen nur in manchen Fällen eindeutig spezifischen Lerngelegenheiten und -umgebungen wie dem freiwilligen Engagement zuordnen. Es ließ sich daher in den *qualitativen* Interviews oft nicht genau klären, ob die Kompetenzen der Jugendlichen eher Ursache oder eher Wirkung ihres Engagements sind.[29]

Die Frage, welchen Einfluss das Engagement auf den Erwerb der genannten Fähigkeiten, Eigenschaften, Erfahrungen und Kompetenzen hatte, wurde daher in der *standardisierten* Befragung in unterschiedlicher Form aufgegriffen. So wurde zum einen nach der Förderung persönlicher und sozialer Eigenschaften und Fähigkeiten durch das Engagement gefragt (1). Zum anderen wurde erhoben, welchen Stellenwert freiwilliges Engagement im Vergleich mit anderen Lernorten für die Entwicklung von Kompetenzen einnimmt. Dazu wurden diejenigen, die angaben, eine der in den 17 Items der Hauptfrage erfragten Handlungen schon einmal, mehrfach oder sehr häufig ausgeübt zu haben und mindestens relativ gut zu können, weiter gefragt: Wo haben Sie das überwiegend gelernt: in Familie, Schule, Ausbildung/Beruf, Freundeskreis, Hobby oder freiwilligem Engagement? (2) Zudem wurde der Kompetenzerwerb im Engagement in Abhängigkeit von Tätigkeitsfeld und Tätigkeitstyp in den Blick genommen (3). Aspekte der Entwicklung und Förderung von Wertorientierungen (4) sowie demokratischer Bildung durch das freiwillige Engagement (5) wurden demgegenüber auf der Basis der *qualitativen* Interviews erfasst.

*(1) Förderung personaler und sozialer Kompetenzen:* Die meisten der früher Engagierten weisen dem Engagement eine wichtige Rolle für die Förderung persönlicher und sozialer Eigenschaften und Fähigkeiten zu (vgl. Tab. 4.11).

Insgesamt wird die Wirkung des freiwilligen Engagements bei dieser Frage als eher hoch eingeschätzt. Nur ein sehr kleiner Teil der in ihrer Jugend Engagierten gibt an, dass das Engagement für die Entwicklung der erfragten Fähigkeiten und Eigenschaften gar keine Bedeutung hatte; die entsprechenden Antwortanteile liegen im einstelligen Prozentbereich. Auch der Anteil der Befragten, die „eher weniger" von positiven Effekten des Engagements auf die Ausbildung unterschiedlicher Kompetenzen und Eigenschaften ausgehen, liegt im Schnitt nur knapp über zehn Prozent. Bemerkenswert ist dabei, dass kaum Unterschiede in der Selbsteinschätzung persönlicher sowie sozialer Eigenschaften und Fähigkeiten der in ihrer Jugend engagierten gegenüber den nicht engagierten Befragten nachweisbar waren (vgl. Tab. 4.3), die Engagierten dem

29 Vgl. Reinders (2005), in dessen empirischer Erhebung sich die Frage ähnlich stellt nach Sozialisations- oder Selektionswirkungen des Engagements.

*Tab. 4.11: Förderung von Eigenschaften und Fähigkeiten durch freiwilliges Engagement (in %, ungewichtet, Zeilenprozent, nur Engagierte)*

| Förderung durch freiwilliges Engagement | sehr stark | stark | mittel-mäßig | eher weni-ger | über-haupt nicht | Anzahl |
|---|---|---|---|---|---|---|
| Zugehen auf andere | 29 | 42 | 18 | 7 | 4 | 1.093 |
| Toleranz | 23 | 36 | 23 | 11 | 7 | 1.165 |
| Selbstbewusstsein | 20 | 44 | 25 | 7 | 4 | 1.114 |
| Konfliktfähigkeit | 19 | 37 | 28 | 11 | 5 | 866 |
| Empathie | 18 | 36 | 27 | 11 | 7 | 1.110 |
| Kompromissfähigkeit | 16 | 39 | 28 | 11 | 6 | 1.033 |
| Umgang mit Unsicherheit | 15 | 37 | 32 | 12 | 5 | 967 |
| Fähigkeit zur Selbstkritik | 14 | 34 | 31 | 16 | 5 | 1.035 |
| Umgang mit Kritik anderer | 14 | 38 | 32 | 12 | 6 | 744 |
| Belastbarkeit | 13 | 36 | 34 | 13 | 5 | 1.223 |
| Durchhaltevermögen | 12 | 37 | 38 | 10 | 4 | 1.194 |

Quelle: Studie „Informelle Lernprozesse“

Engagement aber gleichwohl eine wichtige Rolle für die Entwicklung dieser Kompetenzen zuschreiben (vgl. Abb. 4.2).

Besonders stark gefördert wurden nach Selbstauskunft der Engagierten die Fähigkeit, auf andere Menschen zuzugehen (71%) und das eigene Selbstbewusstsein (64%). Dies zeigt sich ähnlich auch anhand der qualitativen Daten. Es folgen in der standardisierten Erhebung mit jeweils über 50 Prozent der Nennungen Toleranz, Konfliktfähigkeit, Kompromissbereitschaft, Empathie sowie Umgang mit Unsicherheit.[30] Auch zur Förderung dieser Kompetenzen durch das Engagement finden sich in den qualitativen Interviews zahlreiche Beispiele, insbesondere von Jugendlichen aus der Interessenvertretung sowie der Gruppenleitung.

Genau die beiden Gruppen, bei denen nach eigener Einschätzung bestimmte persönliche und soziale Eigenschaften und Fähigkeiten besonders ausgeprägt sind, nämlich „Organisatoren“ und „Funktionäre“ (vgl. Tab. 4.4), geben auch eine stärkere Förderung dieser Kompetenzen durch das Engagement

30 Im Zweiten Freiwilligensurvey aus dem Jahr 2004 (vgl. Gensicke/Picot/Geiss 2006) geben Jugendliche Lerngewinne durch ihr Engagement insbesondere bezüglich Organisationstalent und Belastbarkeit an (vgl. auch Konsortium Bildungsberichterstattung 2006).

*Abb. 4.2: Förderung persönlicher und sozialer Eigenschaften und Fähigkeiten durch das Engagement (sehr stark und stark gefördert; in %)*

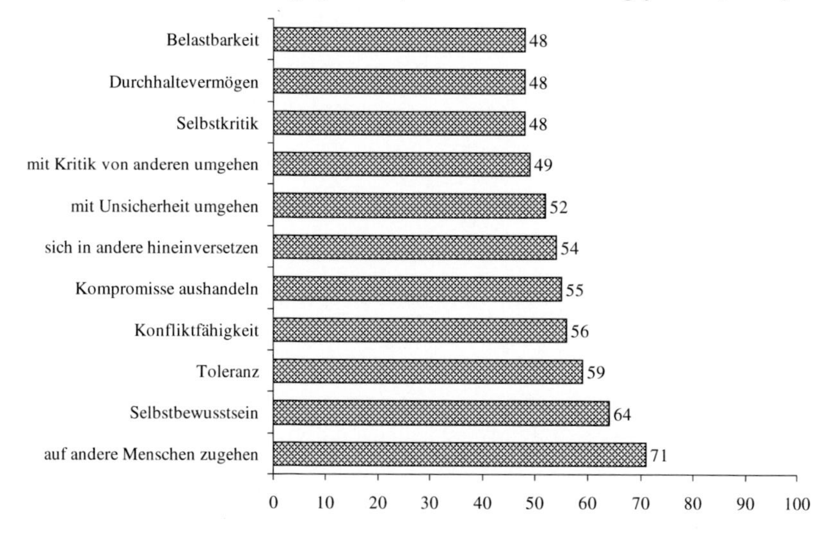


Quelle: Studie „Informelle Lernprozesse“

an als die anderen Engagierten.[31] Dieser Unterschied wird durch einen einfachen Mittelwertsvergleich der Tätigkeitstypen sichtbar (vgl. Tab. 4.12).[32]

Zugleich bleibt festzuhalten, dass auch die Typen „Helfer“ und „Gruppenleiter“, deren Selbsteinschätzung der erfragten Eigenschaften und Fähigkeiten sich kaum von den früher Nicht-Engagierten unterscheidet, dem Engagement diesbezüglich gleichwohl einen großen Lerneffekt zusprechen.[33] Das heißt, in der *standardisierten* Befragung zeigen sich zwar insgesamt kaum Unterschiede zwischen in ihrer Jugend Engagierten und Nicht-Engagierten bezüglich der

---

31 Diese Daten bestätigen die in Tabelle 4.4 festgestellten Unterschiede zur Ausprägung von Eigenschaften und Fähigkeiten. Eine multivariate Prüfung der Relation zwischen den Gruppen, bei denen diese Eigenschaften und Fähigkeiten stärker ausgeprägt sind und denen, die dem freiwilligen Engagement eine besondere Bedeutung in Bezug auf die Förderung zuschreiben, ergab signifikante Effekte in Bezug auf eine sehr viel positivere Wirkung des Engagements beim Tätigkeitstyp des „Organisators“ und des „Funktionärs“.

32 Die Unterschiede, die auf einer Skala von 1 (sehr stark) bis 5 (gar nicht) erfasst sind, sind jedoch nicht besonders stark ausgeprägt. Sie bewegen sich bei allen Positionen zwischen „stark“ und „mittelmäßig“.

33 Auf die Frage an alle Befragungspersonen: *Wie stark entwickelt ist Ihr Durchhaltevermögen; Ihre Belastbarkeit…?* (vgl. Tab. 4.3) wurden die Engagierten, die stark und sehr stark geantwortet hatten, weiter gefragt: *Wie stark wurde diese Fähigkeit in Ihrem freiwilligen Engagement gefördert?* Die Zustimmung der Engagierten zur Förderung ihrer persönlichen und sozialen Fähigkeiten durch ihr jugendliches Engagement könnte evtl. durch die Art der Fragestellung, die eher Zustimmung suggeriert, verstärkt worden sein (vgl. Kap. 9).

*Tab. 4.12: Förderung persönlicher und sozialer Eigenschaften und Fähigkeiten nach Tätigkeitstypen, (Mittelwertsvergleich[1], ungewichtet, nur Engagierte)*

| Gruppe Tätigkeitstyp | Mittelwert „Förderung durch freiwilliges Engagement“ |
|---|---|
| Helfer | 2,7 |
| Gruppenleiter | 2,7 |
| Organisatoren | 2,4 |
| Funktionäre | 2,4 |

1 Hier ist zu beachten, dass diese 5-stufige Skala der Logik von Schulnoten folgt: Ein kleiner Wert verweist auf eine starke Förderung, ein hoher Wert auf schwache Förderung der Eigenschaften und Fähigkeiten.

Quelle: Studie „Informelle Lernprozesse“

Einschätzung ihrer persönlichen und sozialen Eigenschaften und Fähigkeiten; dennoch werten alle früher Engagierten ihr Engagement als wichtig für die Entwicklung dieser Kompetenzen, am stärksten die Gruppe der „Organisatoren“ und „Funktionäre“. Somit ist anzunehmen, dass für die früher Nicht-Engagierten andere Lernorte bezüglich der Entwicklung und Förderung sozialer und personaler Kompetenzen in etwa den gleichen Effekt gehabt haben könnten wie das Engagement für die in ihrer Jugend Engagierten. Die in Wissenschaft und Politik vertretene Annahme, dass das Engagement Jugendlicher ein wichtiger Lernort für den Erwerb und die Förderung sozialer Kompetenzen ist (vgl. Enquete-Kommission 2002; Reinders 2006), lässt sich somit anhand der *standardisierten* Untersuchung zwar bestätigen, jedoch lassen sich hier keine Hinweise darauf finden, dass das Engagement ein exklusiver Lernort hierfür ist.

Demnach zeigt sich, dass die Engagierten beider Erhebungen ihr Engagement als förderlich für den Erwerb personaler und sozialer Kompetenz bewerten, Plausibilisierungen für diese Einschätzung sich aber nur in den *qualitativen* Interviews anhand der Schilderungen von Erfahrungen und Lernprozessen finden. Eine fördernde Wirkung ihres Engagements in Bezug auf Persönlichkeitsentwicklung und soziale Kompetenz wird hier sowohl von Erwachsenen im Rückblick als auch von vielen jugendlichen Engagierten beschrieben (vgl. Kap. 6). Als wichtige personale Kompetenzen, die im Engagement erworben oder weiterentwickelt wurden, werden hier schwerpunktmäßig Selbstbewusstsein, Mut, Selbstständigkeit, Belastbarkeit, Zuverlässigkeit, Offenheit sowie die Entwicklung von Werten und Einstellungen genannt. In den Interviews lassen sich Hinweise darauf finden, dass personale Kompetenzen insbesondere durch die Bewältigung vielfältiger, häufig neuer, ungewohnter Aufgaben und Situationen gewonnen oder verstärkt werden, aber auch durch das Aushalten frustrierender Erfahrungen und die Bereitschaft, auch nach Rückschlägen weiterzumachen. Bei allen in die Befragung einbezogenen Organisationen nennen die Befragten neben persönlichen Eigenschaften und Fähigkeiten ebenso auch eine große Vielfalt sozialer Kompetenzen[34], die sie im Engagement einsetzen, erlernen oder erweitern, wie insbesondere Verantwortungsbereitschaft, Kommunikations-, Kooperations- und Kritikfähigkeit, Leitungs- und Führungskompetenz sowie Toleranz (vgl. Düx 2006). Eine Reihe der von den Befragten in der *qualitativen* Befragung genannten Kompetenzen werden in der beruflichen Aus- und Weiterbildung als „Schlüsselkompetenzen" bezeichnet wie z.B. Kommunikationskompetenz, die Fähigkeit zur Teamarbeit und Verantwortungsübernahme sowie organisatorische Kompetenzen, aber auch – was auch viele engagierte Jugendliche anführen – Selbstbewusstsein und Selbstständigkeit.

*(2) Freiwilliges Engagement im Vergleich mit anderen Lernorten:* In der Hauptfrage der *standardisierten* Erhebung wurden sowohl früher Engagierte als auch Nicht-Engagierte, die angaben, eine der 17 erfragten Tätigkeiten mindestens einmal und mindestens „relativ gut" ausgeführt zu haben, nach dem hauptsächlichen Ort des Erwerbs dieser Kompetenz befragt. Um typische Lernorte (Familie, Schule, Ausbildung/Beruf, Engagement, Freizeit/Hobby/Freundeskreis) für bestimmte Tätigkeiten zu bestimmen, wurde zunächst auf der Grundlage der Gesamtstichprobe untersucht, welche Kompetenzen an welchen Orten überwiegend erworben wurden (vgl. Tab. 4.13).

Als wichtigsten Lernort gaben die befragten Erwachsenen die berufliche Ausbildung bzw. die Arbeitsstelle an: Insgesamt wurde dieser Lernort bei acht erfragten Tätigkeiten genannt. Soziale und kulturelle Kompetenzen wie Teamarbeit, Leitungsvermögen, Ausbildung anderer oder die Erstellung von Finanzabrechnungen werden typischerweise im beruflichen Umfeld erworben. Auch der Erwerb der anderen Fähigkeiten lässt sich weitgehend einem bestimmten Lernort zuordnen: So werden kulturelle Kompetenzen wie Fremdsprachen und Theaterspiel überwiegend in der Schule erworben, in der Familie hingegen soziale Kompetenzen betreuender und pflegerischer Art. Technische, aber auch musische Kenntnisse, das Zurechtfinden in fremder Umgebung oder die Beratung in Beziehungskonflikten sind dagegen bestimmte instrumentelle und soziale Kompetenzen, die vor allem im Freizeitbereich und mit Freunden gewonnen werden. Betrachtet man die Gesamtgruppe in Bezug auf die 17 ausgewählten Tätigkeiten, gibt es demnach keinen Bereich, der hauptsächlich durch das freiwillige Engagement erschlossen wird.

Stellt man die informellen Lernorte Engagement, Familie sowie Freizeit/Sonstiges (vgl. Anm. 2 in Tab. 4.13) den formalen Lernorten Schule und

34 In der Psychologie stellt soziale Kompetenz ein komplexes Gefüge unterschiedlicher Voraussetzungen, Fähigkeiten und Möglichkeiten einer Person dar. Dabei gelten Kommunikationsfähigkeit und Kooperationsfähigkeit als besonders wichtige Bestandteile. Das Vermögen, mit anderen zu kommunizieren und zu kooperieren, bildet eine mehrdimensionale und facettenreiche Handlungskompetenz, die durch verschiedene Fähigkeiten, Kenntnisse, Motive, Einstellungen, Werthaltungen usw. geprägt wird (vgl. Deutsches PISA-Konsortium 2000).

*Tab. 4.13: Förderung von Kompetenzen nach Lernorten (in %, gewichtet, Zeilenprozent, Gesamtgruppe, Modalwerte[1] fett)*

| Kompetenz | Engagement | Familie | Schule | Ausbildung/ Beruf | Sonstiges[2] | Anzahl |
|---|---|---|---|---|---|---|
| Kinder beaufsichtigen | 3 | **62** | 1 | 6 | 27 | 1.814 |
| Teamarbeit | 8 | 8 | 7 | **58** | 19 | 1.808 |
| Ausbildung, Unterricht, Training | 7 | 2 | 3 | **71** | 17 | 1.583 |
| in fremder Umgebung zurechtfinden | 2 | 16 | 4 | 15 | **63** | 1.567 |
| Leitungsaufgabe | 7 | 4 | 5 | **70** | 14 | 1.501 |
| technisches Gerät reparieren | 1 | 27 | 1 | 26 | **45** | 1.465 |
| Beziehungsberatung | 2 | 29 | 1 | 9 | **59** | 1.444 |
| Veranstaltungsorganisation | 14 | 5 | 5 | **43** | 33 | 1.176 |
| Rede halten | 6 | 5 | 20 | **39** | 30 | 1.164 |
| Fremdsprache | 1 | 8 | **52** | 16 | 25 | 1.129 |
| Alte oder Kranke betreuen | 2 | **47** | 1 | 27 | 23 | 1.005 |
| Erste Hilfe | 7 | 4 | 8 | 34 | **48** | 864 |
| Musik | 3 | 7 | 24 | 4 | **62** | 841 |
| Text schreiben | 4 | 1 | 27 | **42** | 26 | 832 |
| in Gremien arbeiten | 23 | 2 | 4 | **39** | 31 | 807 |
| Finanzabrechnung | 4 | 4 | 8 | **72** | 13 | 732 |
| Theater | 7 | 2 | **57** | 6 | 29 | 662 |

1 Der Modus oder Modalwert einer Verteilung ist jener Wert, der in einer Datenmenge am häufigsten vorkommt.

2 Die Kategorie „Sonstiges" umfasst zum überwiegenden Teil Lernorte aus dem Freizeitbereich, d.h. die Nennungen „mit Freunden", „in der Freizeit", „beim Hobby" sowie andere, nicht klassifizierbare Antworten.

Quelle: Studie „Informelle Lernprozesse"

Ausbildung/Beruf gegenüber, so zeigt sich bei der Auswertung der 17 Tätigkeits-Items, dass im formalen Bildungsbereich vorzugsweise (zwischen 60 und 80 Prozent) kulturelle Kompetenzen (in den Feldern Leitung, Finanzen, Fremdsprachen, Texte schreiben, Reden halten und Theater spielen) sowie spezifische soziale Kompetenzen der Teamarbeit und Ausbildung anderer gewonnen werden. Für die Entwicklung von Fähigkeiten und Kenntnissen der Veranstaltungsorganisation und Gremienarbeit wird der formale Bereich von jeweils etwa 40 Prozent genannt.

Demgegenüber werden den informellen Lernfeldern insbesondere soziale Kompetenzen betreuender, pflegerischer und beziehungsbezogener Art sowie musikalische und alltagspraktische instrumentelle Kompetenzen zugerechnet. Zudem werden auch Organisations- und Gremienkompetenz in stärkerem Maße außerhalb von Schule und Beruf/Ausbildung gewonnen. Das heißt, für das Zusammenleben wichtige soziale Kompetenzen sowie für den Einzelnen nützliches alltagspraktisches Know-how werden ebenso wie musikalisches Können (z.B. ein Musikinstrument spielen) in der Regel außerhalb des formalen Bildungssystems erworben. Die Aneignung dieser Kompetenzen geschieht im Rahmen von Schule im Allgemeinen selten, und wenn, dann eher beiläufig, zufällig und in informellen Zusammenhängen (vgl. Rauschenbach 2004).

Da nur die Gruppe der Engagierten im Rahmen des Engagements lernen konnte, wurden in einem weiteren Schritt ausschließlich die Angaben der früher Engagierten zur Bedeutung der verschiedenen Lernorte für den Erwerb der 17 erfragten Kompetenzen ausgewertet (vgl. Tab. 4.14).

*Tab. 4.14: Förderung von Kompetenzen nach Lernorten (in %, ungewichtet, Zeilenprozent, nur Engagierte, Modalwerte fett)*

| Kompetenz | Engagement in % | Familie in % | Schule in % | Ausbildung/ Beruf in % | Sonstiges[2] in % | Anzahl |
|---|---|---|---|---|---|---|
| Teamarbeit | **22** | 6 | 6 | 53 | 13 | 1.376 |
| Kinder beaufsichtigen | 11 | 47 | 0,4 | 13 | 29 | 1.342 |
| Ausbildung, Unterricht, Training | **18** | 2 | 4 | 61 | 15 | 1.239 |
| In fremder Umgebung zurechtfinden | 5 | 14 | 5 | 17 | 59 | 1.187 |
| Leitungsaufgabe | **20** | 2 | 5 | 58 | 15 | 1.179 |
| technisches Gerät reparieren | 3 | 32 | 2 | 26 | 38 | 1.088 |
| in Beziehungskonflikten beraten | 6 | 23 | 1 | 14 | 56 | 1.063 |
| Veranstaltungen organisieren | **29** | 5 | 5 | 37 | 24 | 972 |
| Rede halten | 14 | 4 | 13 | 49 | 21 | 956 |
| Fremdsprache | 1 | 5 | 50 | 22 | 21 | 875 |
| alte oder kranke Menschen betreuen | 9 | 38 | 1 | 30 | 23 | 759 |
| Text schreiben | 7 | 2 | 30 | 40 | 20 | 715 |
| in Gremien arbeiten | **32** | 2 | 6 | 34 | 27 | 708 |
| Erste Hilfe | 23 | 3 | 3 | 36 | 36 | 680 |
| Musik | 10 | 9 | 22 | 3 | 56 | 668 |
| Finanzabrechnung | 10 | 2 | 6 | 69 | 13 | 582 |
| Theater | 14 | 3 | 45 | 7 | 32 | 521 |

Quelle: Studie „Informelle Lernprozesse"

Auch hier zeigen sich wieder die bereits für die Gesamtgruppe festgestellten Schwerpunkte des Lernens, d.h. auch für früher Engagierte stellt das Engagement im Blick auf die 17 erfragten Tätigkeitsfelder in keinem Bereich den Lernort dar, an dem der überwiegende Teil dieser Gruppe angibt, Kompetenzen erworben zu haben. Allerdings nannten die in ihrer Jugend engagierten Erwachsenen bei dieser Frage eine Reihe von Fähigkeiten, bei denen das Engagement immerhin der zweitwichtigste Lernort war. Dies gilt für die spezifischen kulturellen und sozialen Kompetenzen, in Gremien oder im Team zu arbeiten, Veranstaltungen zu organisieren, Leitungsaufgaben zu übernehmen sowie andere auszubilden oder zu trainieren. Diese Fähigkeiten können normalerweise in einer beruflichen Tätigkeit bzw. Ausbildung gewonnen werden. Dies bedeutet somit, dass die im Engagement erworbenen Kompetenzen auch für den Arbeitsmarkt relevant sind.

*(3) Unterschiedliche Kompetenzgewinne der verschiedenen Akteure:* Eine multivariate Analyse von Kompetenzunterschieden einerseits und Lernorten andererseits bringt Ergebnisse, die sich weitgehend decken (vgl. Kap. 9): Ein Effekt des Engagements ist danach vor allem bei den Tätigkeiten festzustellen, bei denen zuvor bereits größere Unterschiede zwischen früher engagierten und früher nicht engagierten Befragten festgestellt wurden. Etwas mehr als die Hälfte (51%) der früher Engagierten geben an, Kompetenzen aus den erfragten 17 Tätigkeitsfeldern im Rahmen ihres Engagements erworben zu haben.[35] Etwa 30 Prozent von ihnen sehen ihr Engagement als wichtigstes Lernfeld für Kompetenzen in den Bereichen Organisation und Leitung, 13 Prozent im Bereich Hilfe und Pflege. Wie bereits in der deskriptiven Auswertung der Einzelvariablen deutlich geworden ist, spielt hingegen das freiwillige Engagement in den übrigen Bereichen eine deutlich geringere Rolle: Nicht einmal jeder zehnte Engagierte (8%) gibt an, Kompetenzen im musischen Bereich hauptsächlich im Engagement erworben zu haben, im technischen Bereich sind es nur zwei Prozent, im Bereich „Umgang mit Fremdheit“ nur rund vier Prozent.[36]

Freiwillig Engagierte scheinen somit vor allem in den Bereichen organisatorischer und Leitungskompetenzen durch ihr Engagement vielfältige Gelegenheiten zu finden, diese Kompetenzen zu erwerben und zu vertiefen. Dies sind auch die Kompetenzen, bei denen sich die Werte der Engagierten und Nicht-Engagierten besonders stark unterscheiden. Es sind also weniger Kompetenzen, die in Schule oder Familienalltag erworben werden, sondern Management-, Leitungs- und Gremienkompetenzen, die man später, insbesondere im Berufsleben, gut brauchen kann bzw. häufig dort erst erwirbt. Auf Grund der langen Schulphase beginnt die Berufsausbildung für die Gruppe der jugendlichen Engagierten oft später als der Kompetenzerwerb im Engagement. Das heißt, dass sich im Schul- und Jugendalter Organisations-, Leitungs-, Gremien- sowie pädagogische Kompetenzen fast nur in einem Engagement erwerben lassen.

35 Hierbei muss noch einmal daran erinnert werden, dass aufgrund der Filterführung die Frage nach den Lerneffekten des Engagements nur den Personen gestellt wurde, die (1.) angegeben hatten, die erfragte Tätigkeit mindestens schon einmal ausgeführt zu haben und (2.) das eigene Können als mindestens „relativ gut“ bewerteten.

36 Allerdings muss hierbei in Rechnung gestellt werden, dass (1.) die verschiedenen Bereiche durch eine unterschiedlich große Anzahl von Items repräsentiert werden und (2.) durch die Filterführung eine unterschiedlich große Anzahl von Befragten diese Frage erreicht.

Auch in der *qualitativen* Erhebung erweist sich Engagement als ein Ermöglichungsfeld für den Erwerb bzw. die Weiterentwicklung dieser Kompetenzen, insbesondere bei den beiden Typen „Funktionär“ und „Organisator“, wie dieses Zitat eines Studentenvertreters, der vorher Schülersprecher war, deutlich macht:

> *Die ganze Organisationskompetenz, die man da erwirbt, (...) Institutionskompetenz, nützt mir natürlich optimal. Einfach, dass ich weniger Angst vor Behörden habe und vor so Institutionen, (...) Dass ich mich auch sicherer in Gremien bewegen kann, auch hier an der Universität (m. 22, ehemals SV).*

Zugleich sind einige dieser genannten Kompetenzen wie Mitarbeit in Gremien und Ausschüssen, also die Kenntnis und Anwendung formal-demokratischer Spielregeln und Entscheidungen, Teamarbeit, Leitungs- und Führungskompetenzen sowie öffentlich reden können Kompetenzen, die einen demokratischen Umgang mit anderen, die Teilnahme an demokratischen Verfahren, gesellschaftliche Partizipation und Mitbestimmung unterstützen können.

Wie bei den bisherigen Fragestellungen ist auch beim Lernen im Engagement davon auszugehen, dass nicht nur das freiwillige Engagement, sondern auch andere Variablen zu Unterschieden in den Lernprozessen führen. Aus diesem Grund wurden bei der Auswertung der Frage nach Tätigkeiten und Kompetenzen in der Repräsentativerhebung mittels Regressionsmodellen wiederum Herkunft, Geschlecht, Schulbildung und Alter kontrolliert sowie beim freiwilligen Engagement zwischen den vier Tätigkeitstypen unterschieden (vgl. Tab. 4.15).

Wie deutlich wird, schreiben Migranten und in der DDR Geborene sowie Frauen dem freiwilligen Engagement in geringerem Umfang Lerneffekte zu. Interessanterweise findet sich innerhalb der Gruppe der Engagierten kein Effekt von Schulbildung. Sehr deutlich sind hier die Unterschiede nach Tätigkeitstyp im Engagement: So berichten „praktische Helfer“ und „Gruppenleiter“ insgesamt von geringeren Lerneffekten als „Organisatoren“ und „Funktionäre“. In den Kompetenzbereichen Organisation und Leitung/Ausbildung, in denen insgesamt die stärksten Lerneffekte bericht werden, findet sich – mit geringfügigen Abweichungen bei zwei Kontrollvariablen[37] – dasselbe Muster wieder. Ansonsten geben die Gruppen die stärksten Lerneffekte an, bei denen in diesen Bereichen auch hinsichtlich der Kompetenzen die größten Unterschiede zu den Nicht-Engagierten bestanden.[38]

---

37 Lernen im Bereich Organisation ist bei Personen mit Hauptschulabschluss geringer ausgeprägt, im Bereich Leitung/Ausbildung ist der Parameter für „Migrationshintergrund“ nicht signifikant, hat aber dasselbe Vorzeichen.

38 Demgegenüber finden sich in den Bereichen Technik und Umgang mit Fremdheit, in denen insgesamt nur bei einer Minderheit das Engagement den wichtigsten Lernort darstellte, keine signifikanten Effekte des Tätigkeitstyps. Im Bereich Technik ist die einzig signifikante Variable das Geschlecht: Auch im freiwilligen Engagement profitieren Frauen hiervon in geringerem Maße. Beim „Umgang mit Fremdheit“ hingegen wird ein Bildungseffekt sichtbar – Engagierte mit niedrigerer Schulbildung profitieren in diesem Feld weniger als Abiturienten.

*Tab. 4.15: Lernen durch freiwilliges Engagement nach Kompetenzbereich (logistische Regression, ungewichtet, nur Engagierte, hoher Wert = viel im Engagement gelernt)*

| | Lernen im Engagement im Kompetenzbereich ... | | | | | | |
|---|---|---|---|---|---|---|---|
| | Alle Bereiche | Technik | Organisation | Leitung | Umgang mit Fremdheit | Musisch | Hilfe/ Pflege |
| Migrationshintergrund | -0,29+ | 0,01 | -0,33+ | -0,26 | -0,09 | -0,59+ | -0,05 |
| In der DDR geboren | -0,66*** | -0,68 | -0,59** | -0,68*** | -0,60 | -0,39 | -0,72** |
| Frau | -0,38*** | -1,35** | -0,48*** | -0,34** | -0,10 | 0,25 | -0,44*** |
| Höchster Schulabschluss (R:Abitur) | | | | | | | |
| Hauptschulabschluss oder weniger | -0,05 | -0,71 | -0,41+ | -0,04 | -0,91 | 0,43 | 1,05*** |
| Realschulabschluss | 0,04 | -0,64 | -0,05 | -0,15 | -0,68* | 0,26 | 0,65*** |
| Fachhoch schulreife | 0,08 | -0,31 | -0,15 | -0,21 | -1,36* | 0,24 | 0,60* |
| Alter (R: unter 30 J.) | | | | | | | |
| 30 bis 35 J. | 0,15 | 0,47 | 0,11 | 0,12 | 0,36 | 0,32 | 0,06 |
| 36 J. und mehr | 0,16 | 0,21 | -0,06 | -0,12 | 0,42 | 0,24 | -0,02 |
| In der Jugend engagiert als (R: als Helfer) | | | | | | | |
| Gruppenleiter | -0,01 | -0,70 | 0,28 | 0,21 | -0,35 | 0,99** | -1,41*** |
| Organisator | 0,41** | -0,05 | 0,93*** | 0,60*** | -0,27 | 1,07** | -0,66*** |
| Funktionär | 0,36+ | -0,69 | 1,18*** | 0,57** | -0,45 | 0,47 | -0,74** |
| Konstante | 0,01 | -3,11*** | -1,23*** | -0,81*** | -2,77*** | -3,62*** | -1,37*** |

+p<0,1 *p<0,05 **p<0,01 ***p<0,001

Quelle: Studie „Informelle Lernprozesse"

Spezifische Lerngelegenheiten werden in den Bereichen Musik und Theater sowie Hilfe und Pflege sichtbar. So zeigen sich im musischen Bereich positive Effekte bei „Gruppenleitern" und „Organisatoren". Diese haben gegenüber „Funktionären" und „praktischen Helfern" wohl gerade in Handlungsfeldern wie Jugend- oder Kulturarbeit größere Möglichkeiten, kreative Fähigkeiten zu entwickeln. Deutlich anders ist der Bereich Hilfe und Pflege: Hier berichtet die Gruppe der „praktischen Helfer“ über besonders starke Lerneffekte, „Gruppenleiter/Trainer“ dagegen über die geringsten. In diesem Bereich sind es also nicht „Funktionäre“ und „Organisatoren“, die beim Lernen im Engagement an der Spitze stehen, sondern Personen mit niedriger Schulbildung, die, wie sich bereits zeigte, im Bereich der Hilfs- und Rettungsdienste zu größeren Anteilen als Personen mit höherer Schulbildung engagiert sind.[39] Insgesamt werden Lernen und Kompetenzerwerb in den meisten Feldern des freiwilligen Engagements durch Herkunft und Geschlecht gefiltert. Sieht man von Hilfe und Pflege ab – einem Bereich, der nur in geringem Umfang gesellschaftliche Anerkennung besitzt (vgl. Klement 2006) – so finden sich auch keine Hinweise auf eine Kompensation von Unterschieden in Bezug auf die Schulbildung. Und sehr deutlich zeigt sich, dass es von der Art der Tätigkeiten abhängt, inwieweit und für wen durch ein Engagement ein Lerneffekt eintritt. Zur Illustration dieses Effekts zeigt Tabelle 4.16 den Anteil der nach Tätigkeitstypen aufgeschlüsselten Befragten, die angeben, in unterschiedlichen Bereichen Fertigkeiten erworben zu haben.

*Tab. 4.16: Lerneffekte nach Kompetenzbereichen und Tätigkeitstypen (in %, ungewichtet)*

| | Gesamt | Technik | Organisation | Leitung | Umgang Fremdheit | Musisch | Hilfe/ Pflege |
|---|---|---|---|---|---|---|---|
| Organisatoren | 56 | 2 | 34 | 36 | 4 | 10 | 13 |
| Funktionäre | 54 | 1 | 39 | 36 | 3 | 6 | 12 |
| Gruppenleiter | 46 | 1 | 21 | 28 | 4 | 9 | 6 |
| Helfer | 43 | 2 | 15 | 23 | 4 | 4 | 23 |

Quelle: Studie „Informelle Lernprozesse“

Diese Daten verdeutlichen noch einmal, dass ehemalige „Organisatoren“ und „Funktionäre“ sowohl insgesamt als auch in den Feldern „Organisation“ und „Leitung“ mehr Kompetenzen erwerben bzw. vertiefen, d.h. in stärkerem Maße vom Engagement profitieren als frühere „Helfer“ und „Gruppenleiter“.[40] Dies bestätigt sich auch, wenn man die Engagierten fragt, inwieweit sie durch ihre Tätigkeit im freiwilligen Engagement in ihrer Jugend wichtige Kompetenzen erworben haben (vgl. Tab. 4.17). Zwar weisen alle Engagierten dem Enga-

39 Zu ähnlichen Ergebnissen sind Homfeldt u.a. (1995) in ihrer Untersuchung der Jugendfeuerwehr gelangt.

40 Es zeigt sich, dass im musischen Bereich sowie im Bereich Hilfe und Pflege eher spezifische Gelegenheiten des Handlungsfeldes das Lernen bestimmen.

gement mit durchschnittlich knapp 70 Prozent eine wichtige Bedeutung hierfür zu (in hohem oder sehr hohem Umfang)[41], doch zeigen sich wiederum Differenzen zwischen den Tätigkeitstypen.

*Tab. 4.17: Erwerb wichtiger Kompetenzen im Engagement nach Tätigkeitstypen (in %)*

| | Helfer (n=224) | Gruppenleiter (n=370) | Organisator (n=652) | Funktionär (n=213) | Alle Engagierten (n=1.459) |
|---|---|---|---|---|---|
| In hohem/ sehr hohem Umfang | 60 | 65 | 72 | 71 | 69 |

Quelle: Studie „Informelle Lernprozesse"

Für den „Organisator" sowie den „Funktionär" haben die im Engagement erworbenen Kompetenzen mit über 70 Prozent eine sehr hohe Bedeutung, während der Typ des „praktischen Helfers" und der „Gruppenleiter" die Bedeutung der im Engagement erworbenen Fähigkeiten mit 60 bzw. 65 Prozent etwas geringer einschätzen.[42] Geschlechtsspezifisch lassen sich kaum Differenzen in der Einschätzung erkennen.

Der Befund der Studie, dass die beschriebenen Lerneffekte nicht in allen Tätigkeitsbereichen des Engagements gleich sind, sondern signifikant von der Art der Tätigkeit („Tätigkeitstypen") abhängen (vgl. Tab. 4.16), steht im Widerspruch zum Mainstream der Engagement- und Bildungsforschung. Während in der deutschen Forschung, etwa im Zweiten Freiwilligensurvey (vgl. Gensicke/Picot/Geiss 2006, S. 137), im Bildungsbericht des Konsortium Bildungsberichterstattung (2006, S. 66) sowie im 12. Kinder- und Jugendbericht (BMFSFJ 2006, S. 250) allgemein davon ausgegangen wird, dass der von engagierten Jugendlichen selbst eingeschätzte Lerneffekt ihres Engagements kaum mit den konkreten Tätigkeitsinhalten (*helfen, beraten, Veranstaltungen vorbereiten usw.*) und Einsatzfeldern zusammenhängt, weisen die Daten der hier vorliegenden *standardisierten* Erhebung auf einen deutlichen Zusammen-

41 Im Zweiten Freiwilligensurvey aus dem Jahr 2004 (vgl. Gensicke/Picot/Geiss 2006) geben Jugendliche zwischen 14 und 24 Jahren stärker als die übrigen Altersgruppen an, dass sie in ihrem Engagement in hohem und sehr hohem Umfang Fähigkeiten erworben haben, die für sie persönlich wichtig sind (58%).

42 Dies zeigt sich im Freiwilligensurvey anders, wo die jugendlichen Engagierten bei der Freiwilligen Feuerwehr und den Rettungsdiensten den Erwerb wichtiger Fähigkeiten in ihrem Engagement höher einschätzen als die jungen Engagierten in allen anderen Bereichen. Im Bereich der Rettungs- und Hilfsdienste findet sich unserer standardisierten Erhebung entsprechend überwiegend der Typ des „praktischen Helfers" (vgl. Abb. 2.5), der insgesamt die geringsten Lerneffekte angibt und auch den Umfang der erworbenen Fähigkeiten geringer einschätzt als die anderen. Allerdings weist dieser Typus die höchsten Lerneffekte im Bereich Hilfe/Pflege auf.

hang insbesondere von Tätigkeitsart und geschätztem Lerngewinn, aber auch von Tätigkeitsfeld und Kompetenzerwerb hin.[43]

*(4) Entwicklung von Werten:* In der *qualitativen* Erhebung wird insbesondere aus den weltanschaulichen Organisationen die Entwicklung von Einstellungen und Wertorientierungen geschildert, von denen sich vermuten lässt, dass sie für die persönliche Entwicklung sowie für die biografische, gesellschaftliche und politische Verortung der Heranwachsenden eine entscheidende Rolle spielen können. Wie die Interviews zeigen, können Jugendliche sich hier mit unterschiedlichen Werten, Einstellungen und Weltsichten auseinandersetzen, um eigene Werte und eine eigene Sicht auf Welt und Gesellschaft zu entwickeln. „Organisationen wie Greenpeace, attac oder kirchliche Einrichtungen liefern durch die Begründung für eigenes Engagement (Umweltschutz, globale Gerechtigkeit und Mitbestimmung, Nächstenliebe) Weltsichten, mit denen sich Jugendliche durch ihr Engagement kritisch auseinandersetzen. Auf dieser Basis erarbeiten sich Jugendliche eine eigene Vorstellung über soziale Ordnungen und gesellschaftliche Themen" (Reinders 2006, S. 603), die für ihre persönliche Lebensorientierung und -gestaltung sowie für ihre gesellschaftliche Verortung und Beteiligung wichtig werden können. Als typisches Fallbeispiel hierfür steht eine junge Frau aus einer Umwelt-Initiative, die sich intensiv mit sozialen, politischen und ökologischen Problemen auseinandersetzt:

> *Ich glaube, was man so als freiwillige Arbeit macht, das ist wichtiger, auch für die Persönlichkeit. Man weiß einfach eher so ein bisschen, wo man steht in der Gesellschaft. Das merkt man in der Schule. Es gibt auch Diskussionen. Da kann man mitdiskutieren und sagen, was man denkt und meint, aber so richtig fürs Leben lernt man da nicht. Da würde ich schon sagen, das ist eher bei der freiwilligen Arbeit (w. 18, Greenpeace).*

Sie betrachtet ihre frei gewählte Verantwortung für den Umweltschutz als moralische (Selbst-)Verpflichtung, wie an dieser Aussage deutlich wird:

> *Dass man was macht, wo man nicht wirklich unter Druck steht, also, das muss man nicht machen, aber dass man so einen Gewissensdruck hat und so ein Pflichtbewusstsein. Und dass man damit umzugehen lernt und dann aber auch sieht, dass man diese Pflichten genauso erfüllen soll wie z.B. gesellschaftliche Pflichten wie Schule oder so, die einem dann aufgedrückt werden (w. 18, Greenpeace).*

An ihren Äußerungen lässt sich erkennen, dass sie sich nicht nur an ihrem Wohnort für eine lebensfreundliche, intakte Umwelt einsetzt, sondern darüber hinaus aktiv dazu beitragen möchte, dass Menschen auf der ganzen Welt unter guten ökologischen, sozialen und ökonomischen Bedingungen leben können. Sie beschreibt, dass durch ihr Engagement ihr Berufsziel entstanden ist, als Ärztin in einem Entwicklungsland zu arbeiten. Diese Berufsperspektive fügt

43 Auch Yates/Youniss (1996) kommen in einer empirischen Studie zum sozialen Engagement Jugendlicher in den USA zu dem Befund, dass die Lerneffekte freiwilligen Engagements nicht in allen Tätigkeitsfeldern gleich sind, sondern signifikant von der Art der Tätigkeit abhängen (vgl. auch Reinders 2006).

sich in den Kontext ihres gesellschaftlichen Verantwortungsbewusstseins ein. Ihr Engagement ermöglicht ihr somit Erfahrungen, die für ihre derzeitige Lebenssituation wichtig sind, eröffnet ihr gleichzeitig aber auch Perspektiven für ihre zukünftige Lebensgestaltung.

Wie Yates/Youniss (1996) in einer empirischen Studie zum sozialen Engagement Jugendlicher in den USA festgestellt haben, kann dieses persönliche Lern- und Entwicklungsprozesse insbesondere dort fördern, wo die im Engagement übernommenen Aufgaben – etwa Interessenvertretung anderer oder die Betreuung sozial marginalisierter Personen – zur Reflexion der gesellschaftlichen Verhältnisse motivieren (vgl. Yates/Youniss 1996). Angeregt durch die Erweiterung ihres Handlungshorizonts beginnen Jugendliche demnach, über den soziokulturellen Kontext, in dem sie aufwachsen, nachzudenken und in Auseinandersetzung mit den vorfindbaren Normen, Werten und gesellschaftlichen Ideologien Bezüge zwischen sich selbst und der Gesellschaft herzustellen.

In der *qualitativen* Befragung zeigt sich diese Auseinandersetzung und Suche nach Orientierung ähnlich wie bei der o.g. Umweltaktivistin auch bei vielen anderen Engagierten, wie auch das folgende typische Beispiel eines 16-jährigen Gruppenleiters erkennen lässt. Er sieht es als seine Aufgabe an, benachteiligten Kindern soziale Zugehörigkeit zu vermitteln:

> *Es ist eigentlich einfach nur, Kindern eine Perspektive zu geben, dass man auch hierfür jemanden findet, für Kinder, die keinen haben oder so. Oder für Kinder, die nicht so einen großen Freundeskreis haben (…) Ich möchte nicht nur zusehen, dass irgendetwas passiert mit irgendwelchen Kindern, die irgendwie ausgegrenzt werden, sondern ich möchte, dass die Kinder in die Gruppe kommen, dass sie integriert werden (...) Ich finde es schlimm, wenn Ausländer ausgegrenzt werden. Überhaupt, diesen Gedanken, dass man Ausländer hasst, den kann ich gar nicht vertreten. Ich bin konfliktgeladener, ich diskutiere über diesen Gedanken von diesem Nazihaften sehr gerne, weil ich sehr dagegen bin. Ich diskutiere aber auch gerne über die Einstellung, ob es Gott gibt oder ob es Gott nicht gibt (m. 16, Ev. Jugend).*

Er berichtet, dass er in seiner Organisation mit den anderen Gruppenleiterinnen und -leitern und der Hauptamtlichen über wichtige gesellschaftliche Fragen und Ereignisse diskutiert:

> *Klar werden Weltsachen, die jetzt passieren auf der Welt, besprochen und diskutiert, ob das gut ist oder schlecht ist, wie der 11. September. Wir diskutieren da in der Gruppe drüber, was da passiert, was jeder Einzelne davon hält und da bestand ein Interesse von mir, dass ich mich darüber informiere, was genau in der Welt vor sich geht, da ich auch gerne wissen möchte, was woanders passiert und nicht nur diesen Scheuklappenblick habe, immer voran, nicht um mich rum (m. 16, Ev. Jugend).*

Dabei werden, wie Yates/Youniss (1996) feststellen, konkrete Erfahrungen und Beobachtungen aus den alltäglichen Interaktionen in diesen Institutionen und Gruppen von Jugendlichen reflektiert, sukzessiv verallgemeinert und in abstrakte Konzepte von Gesellschaft transformiert. Hinter den verschiedenen einzelnen Erfahrungen und Beobachtungen werden allgemeine Strukturen gesehen. Diesen Prozess bezeichnet Erikson (1968) als „Transzendenz". Insbesondere in den Schilderungen von Jugendlichen aus politisch, konfessionell und ökologisch orientierten Vereinen und Organisationen sowie von jugendlichen Interessenvertretern aller einbezogenen Organisationen werden derartige Lernprozesse sichtbar. Hier engagierte Jugendliche berichten, dass sie gemeinsam wichtige gesellschaftliche Themen wie etwa Erhaltung der Umwelt, Gewalt, Friedenssicherung oder soziale Gerechtigkeit diskutieren.

Wie sich in der *qualitativen* Untersuchung erkennen lässt, hält Verantwortungsübernahme im Rahmen freiwilligen Engagements demnach zwei Formen von Erfahrungen bereit. Jugendliche werden mit Inhalten, Normen und Werten konfrontiert, die ihr Nachdenken über das gesellschaftliche System und ihre Sicht auf ihre eigene Rolle innerhalb der Gesellschaft hin zu mehr sozialem und politischem Bewusstsein anregen können. Zugleich erhalten sie die Möglichkeit, durch ihre freiwilligen Aktivitäten sich selbst als Handelnde zu erleben, die durch ihre Mitwirkung in gemeinnützigen Organisationen kleine oder größere Veränderungen herbeiführen können, wie bei dem o.g. Beispiel deutlich wurde (vgl. Kap. 2; Reinders/Youniss 2005).

*(5) Engagement – ein Ort für die Entwicklung demokratischer Kompetenz:* Während nahezu alle Befragten der qualitativen Befragung Erwerb und Weiterentwicklung sozial-kommunikativer und persönlichkeitsbildender Kompetenzen im Engagement beschreiben, finden sich Hinweise, dass politisches Wissen sowie demokratische Einstellungen und Verhaltensweisen in besonders starkem Maße von „Funktionären" gewonnen und erweitert werden.

„Funktionäre", aber auch „Organisatoren", geben an, sich mit den Organisationsstrukturen gut auszukennen und über Entscheidungsabläufe sowie ihre Rechte und Pflichten Bescheid zu wissen. Dabei haben sie oft auch gelernt, hierarchische Strukturen zu durchschauen und zu nutzen. Sie beschreiben, wie sie sich durch Gespräche, Lektüre, Medien und Weiterbildungskurse informieren, um sich politisch beteiligen und die Interessen anderer vertreten zu können. Sie berichten von Bemühungen, andere Jugendliche über ihre Rechte sowie politische Inhalte zu informieren und für Mitbestimmungsmöglichkeiten zu interessieren. Dabei haben sie ihren Aussagen zufolge gelernt, sich mit Argumenten anderer auseinanderzusetzen und andere von ihrer Meinung zu überzeugen. Einige stellen fest, dass sie durch die intensive Beschäftigung mit politischen Inhalten nun auch mehr wissen als andere und gelernt haben, politische Zusammenhänge zu verstehen, wie das folgende Zitat eines Jugendvertreters zeigt:

> *Auch so ein grundlegendes Verständnis von politischen Zusammenhängen, das heißt, zu wissen, was ist im Bundestag, was ist im Landtag, wer hat da eigentlich was zu sagen, was läuft so noch aktuell in der Politik, womit das vielleicht was zu tun hat und so was alles. Das heißt, solche Bezüge erkennen zu können (m. 21, Gewerkschaft).*

Aber auch andere Engagierte, insbesondere aus der Arbeit mit Kindern und Jugendlichen, beschreiben Erfahrungen mit demokratischen Formen der Beteiligung und Mitbestimmung in der alltäglichen Praxis ihrer freiwilligen Arbeit wie etwa diese Pfadfinderin:

*Es ist jetzt nicht mehr so, dass einer das Programm vorgibt und alle mitmachen, sondern man überlegt das gemeinsam und beschließt es auch gemeinsam (w. 16, BdP).*

Den Interviews lässt sich entnehmen, dass politische Bildung, d.h. politisches Wissen und das Verstehen politischer Zusammenhänge, die Kenntnis und Anwendung demokratischer Verfahrensweisen, demokratische Einstellungen sowie demokratisches Handeln (vgl. Torney-Purta u.a. 2001) im Engagement – anders als in der Schule – nicht überwiegend über theoretische Vermittlung erworben werden, sondern durch Möglichkeiten der Mitbestimmung und Mitgestaltung, durch konkrete Erfahrungen von im Alltag gelebter Demokratie sowie durch das Einüben demokratischer Spielregeln (vgl. Oesterreich 2002):

*Wenn man über Politik im Unterricht redet, ist das anders, als wenn man Politik macht oder daran beteiligt ist. Dann ist das eine ganz andere Sache: Man ist näher dran (m. 19, Sportjugend).*

Der o.g. Jugendsprecher berichtet, dass er durch sein Engagement gelernt habe, die Wünsche und Erwartungen der von ihm vertretenen Jugendlichen herauszufinden und zu vertreten:

*(...) nicht nur meine persönliche Meinung zu vertreten, sondern man muss auch lernen, andere Meinungen vertreten zu können, selbst wenn man nicht der gleichen Meinung ist. Das ist ein Prozess, der ein bisschen länger gedauert hat, bis man anderer Leute Meinung vertreten kann, genau als wäre es meine eigene Meinung, obwohl ich manchmal total dagegen wäre oder nicht der gleichen Meinung bin. Das ist eine Sache, die man in den Gremien lernen muss (m. 19, Sportjugend).*

Demokratisches Lernen und politische Kompetenz erweisen sich hier in der schwierigen Aufgabe, sich engagiert auch für die Interessen der vertretenen Jugendlichen einzusetzen, die den eigenen Ansichten widersprechen. Engagement betrachtet dieser Jugendvertreter nicht nur als Möglichkeit, etwas zu bewegen, seine Ideen umzusetzen, sich zu entwickeln und Kompetenzen zu erwerben, sondern vor allem als Fundament einer demokratischen Gesellschaft:

*Ich finde das (Engagement, W.D.) extrem wichtig, weil das der Grundbaustein unserer Demokratie ist. Wenn es diese ganzen Menschen nicht geben würde, ich weiß nicht, wie dann Deutschland oder die Welt dann aussehen würde (m. 19, Sportjugend).*

Je mehr Möglichkeiten der Mitbestimmung und eigenen Gestaltung von Aufgaben wahrgenommen werden können, desto stärker scheint auch die Bereitschaft zuzunehmen, sich um dafür erforderliche Kompetenzen und Kenntnisse zu bemühen. Die *qualitativen* Interviews geben Hinweise, dass die alltäglich praktizierte demokratische Teilhabe in den Organisationen die Entwicklung demokratischen Bewusstseins und Handelns unterstützen kann (vgl. Torney-Purta u.a. 2001).

Nach Hofer/Buhl (2000) ist das Jugendalter die entscheidende Lebensphase für die Herausbildung einer politischen Identität. Die beiden Autoren konstatieren besonders bei den 16- bis 18-Jährigen wachsendes politisches Interesse. Wie aus einigen Interviews hervorgeht, wird dieses politische Interesse durch gemeinsame Diskussionen und insbesondere durch die Mitarbeit in der Interessenvertretung, in Gremien und Ausschüssen sowie durch Möglichkeiten demokratischer Beteiligung und Mitbestimmung im Alltag des Engagements gefördert.[44] Jugendliche können hier in gesellschaftliche Prozesse eingebunden werden, so dass ihr wachsendes Interesse angesichts der geringen Einflussmöglichkeiten auf politische Entscheidungen nicht in Politikverdrossenheit umschlägt (vgl. Hofer/Buhl 2000). Über die durch ein Engagement aktiv erlebte Verbindung mit der Gemeinschaft ergeben sich für Heranwachsende Entwicklungsmöglichkeiten, die für die Ausgestaltung ihres Selbstkonzepts, ihrer sozialen Beziehungen sowie ihrer gesellschaftlichen und politischen Beteiligung von grundlegender Bedeutung sein können (vgl. Buhl/Kuhn 2003). So beschreibt eine Erwachsene im Rückblick auf ihr Engagement:

> *Für mich war der wichtigste Lerneffekt, dass ich als Person, wenn ich mich engagiere, was verändern kann, was bewegen kann, mich selber einbringen kann, also so, dass Partizipation was ist, was sich wirklich auch lohnt (w. 38, Ev. Jugend).*

Für die – für Mitbestimmung und Mitgestaltung einer demokratischen Gesellschaft wichtigen – Kompetenzen wie Interessenvertretung und Gremienkompetenz, also die Kenntnis und Anwendung formal-demokratischer Verfahrensweisen und Spielregeln, scheint das freiwillige Engagement für Jugendliche einen nahezu exklusiven Lernort darzustellen, wie dies auch die *quantitativen* Daten belegen (s.o.).

### *4.2.6 Der Stellenwert des Engagements für die Jugendlichen*

Das Engagement scheint insgesamt gesehen einen hohen Stellenwert für die engagierten Jugendlichen zu besitzen. In der *standardisierten* Erhebung geben 80 Prozent der in ihrer Jugend Engagierten an, dass ihr Engagement für sie ein wichtiger Teil ihres Lebens ist. Dies entspricht den Befunden des Zweiten Freiwilligensurvey (Gensicke/Picot/Geiss 2006), wonach 78 Prozent aller jungen Engagierten im Alter von 14 bis 24 Jahren dem Engagement eine hohe persönliche Bedeutung zusprechen.

---

44 Die Civic Education Study von Torney-Purta u.a. (2001) zeigt, dass im Ländervergleich ein enger Zusammenhang zwischen dem Ausmaß des freiwilligen Engagements und der Bereitschaft Jugendlicher zu politischer Partizipation besteht. Je höher der Anteil Heranwachsender eines Landes ist, die sich freiwillig engagieren, desto höher ist auch der Prozentsatz derjenigen, die wählen gehen würden. Auch die beiden Freiwilligensurveys (vgl. BMFSFJ 2000; Gensicke/Picot/Geiss 2006) kommen zu dem Befund, dass der Anteil politisch Interessierter unter den sozial engagierten Jugendlichen höher ist als bei nicht engagierten Altersgenossen.

Die individuell biografische Bedeutung, die ein Engagement für die einzelnen Befragten haben kann, lässt sich nur anhand der *qualitativen* Befragung annähernd beschreiben. Hier wird sichtbar, dass die Relevanz des freiwilligen Engagements sowie der hier gemachten Erfahrungen und gewonnenen Kompetenzen auch davon abhängt, wie lange die Befragten schon engagiert sind und in welcher biografischen Situation sie sich gerade befinden.

In den Interviews findet sich der Typ des engagierten Jugendlichen, für den das Engagement einen hohen Stellenwert hat und neben Familie, Freunden und Schule großen Raum im eigenen Leben einnimmt. Demgegenüber stuft ein weiterer Typ Engagement eher als Hobby und nette Freizeitgestaltung neben anderen ein (vgl. Reichwein/Freund 1992).[45] Er bewertet das Engagement als nützlich und bereichernd, es scheint ihm in der Regel Spaß zu machen und häufig Anerkennung sowie Kontakte mit sich zu bringen, doch beschreibt er andere Lebensbereiche wie Familie, Partner/in, Freunde oder Schule als weitaus wichtiger. Ein dritter Typ, der die Schule bereits beendet hat und sich im Übergang zu Ausbildung oder Beruf befindet, betrachtet freiwilliges Engagement als eine Phase seines Lebens, die wichtig war, nun aber zu Ende ist oder zu Ende geht, während der erste Typ angibt, dass er sich auch an anderen Orten und unter neuen Lebensbedingungen weiter engagieren will.

Es zeigte sich in den *qualitativen* Interviews, dass das Engagement für die Befragten vielfältige Potenziale, Gelegenheiten, Freiräume und Anregungen bereithalten kann. Bei der Auswertung der Interviews ließen sich sieben unterschiedliche Typen in Bezug auf Stellenwert und biografische Bedeutung des Engagements differenzieren: Engagement als wegweisende Alternativerfahrung (1), Ort der Anerkennung (2), individueller Verstärker persönlicher Kompetenzen (3), Lernen in Ernstsituationen (4), biografische Orientierung und Sinnstiftung (5), politische Beteiligung (6) sowie Emanzipation (7).

(1) In der Regel sind zwar eher die Jugendlichen mit guter Schulbildung im Engagement zu finden, doch kann aus einigen Interviews geschlossen werden, dass das Engagement für manche zur *wegweisenden Alternativerfahrung* zur Schule werden kann. So schildert ein junger Mann aus der Sportjugend, der alle weiterführenden Schultypen erfolglos absolviert hat, wie sein Engagement für ihn zum Tor zu Welt, Bildung sowie persönlicher und beruflicher Orientierung geworden ist.

(2) Andere beschreiben ihr Engagement als Ort der *Anerkennung* und „zweites Zuhause", wo sie sich angenommen und zugehörig fühlen, wie ein junger Pfadfinder, der hier die Anerkennung und Zuwendung erhält, die er zu Hause vermisst und auch in der Schule nicht findet (vgl. Kap. 2).

(3) Engagierte Jugendliche schildern die Verstärkung und *Förderung individueller Kompetenzen und Kenntnisse* durch ihr Engagement, wie etwa ein

45 Junge Menschen, für die das Engagement nur eine marginale oder keine Bedeutung hat, tauchten in der qualitativen Untersuchung kaum auf. Es ist zu vermuten, dass dies der Selektion der befragten Jugendlichen durch MitarbeiterInnen der Organisationen geschuldet ist.

16-Jähriger, der seine Talente in Bezug auf Hip-Hop-Musik und Graffities im Rahmen seines Engagements bei der Kirche einbringen und vergrößern kann (vgl. auch Reichwein/Freund 1992).

(4) Andere Engagierte berichten von wichtigen *Lernprozessen durch, in und mit Ernstsituationen*, wie z.B. in den Schilderungen einer jungen Frau über ihre freiwillige Arbeit mit rechtsextremen Jugendlichen deutlich wird.

(5) Einige Befragte beschreiben, wie sie durch ihre Aktivitäten und den gemeinsamen Diskurs in den Organisationen *biografische und gesellschaftliche Orientierung* sowie Perspektiven für ihre zukünftige Lebensgestaltung gefunden haben. So schildert etwa eine Greenpeace-Mitarbeiterin, wie sich ihre Einstellungen und ihr Berufsziel durch ihr Engagement entwickelt haben. In den Interviews lässt sich erkennen, wie die übernommenen Aufgaben für einige der Jugendlichen als *sinngebend* für das eigene Leben und gleichzeitig als gesellschaftlich wichtig und nützlich erfahren werden (vgl. Kap. 2).

(6) Insbesondere Jugendliche, die die Interessen anderer Jugendlicher vertreten und in Gremien und Ausschüssen mitarbeiten, beschreiben *politische Lernprozesse*, in denen sie Formen politischer Partizipation, Rhetorik, demokratische Verfahrensweisen und Spielregeln sowie den Umgang mit den institutionellen Strukturen kennen gelernt haben.

(7) Die Tätigkeit in einem freiwilligen Engagement kann auch zum Auslöser *emanzipatorischer Prozess*e werden, wie dies von Befragten sowohl in Bezug auf das Elternhaus als auch auf Geschlechterbeziehungen beschrieben wird, z.B. von jungen Frauen, die bei der Mitarbeit in männlich dominierten Organisationen berichten, wie sie gelernt haben, sich gegenüber Männern zu behaupten[46] (vgl. Kap. 2 und 6).

Der hohe Stellenwert, den ein Engagement für die Persönlichkeitsentwicklung Heranwachsender besitzen kann, soll an dieser Aussage einer Mitarbeiterin aus der evangelischen Jugendarbeit exemplarisch deutlich gemacht werden:

> *Ich glaube, dass es echt super wichtig ist, solche sozialen Sachen zu machen, weil man so viel über Menschen lernt, so viel über sich selber lernt und so viel dafür lernt, wie man eigentlich auf die Welt guckt, wie man mit Menschen umgeht und was man überhaupt machen möchte in dieser Welt (...) Wenn ich mir das jetzt so überlege, dann kann ich echt sagen, dass (ich) so meine ganze Einstellung daraus geformt habe. Für mich bedeutet das echt so viel, dass ich das gemacht habe (w. 18, Ev. Jugend).*

Ähnlich wie sie scheinen einige der engagierten Jugendlichen neben fachlichen Kompetenzen und Kenntnissen Antworten auf existenzielle Fragen zu gewinnen wie: Wer bin ich? Wo stehe ich in dieser Gesellschaft? Was sind meine Lebensziele? Hier kann die freiwillige Tätigkeit Erfahrungen bieten, die für die

46 Im Zweiten Freiwilligensurvey wird eine Zunahme von Frauen in traditionell männlichen Organisationen wie Freiwilliger Feuerwehr und Rettungsdiensten festgestellt (vgl. Gensicke/Picot/Geiss 2006). Das Interesse an der Mitarbeit in diesen Organisationen wurde in den Interviews mit hier engagierten Frauen deutlich.

Heranwachsenden in ihrer jetzigen Situation und in sich selbst wichtig sind, gleichzeitig aber auch Perspektiven für ihre weitere Lebensgestaltung eröffnen.

## 4.3 Zusammenfassung

Beiden Erhebungen lässt sich entnehmen, dass freiwilliges Engagement ein wichtiges gesellschaftliches Lernfeld für junge Menschen darstellt, in dem Kompetenzen personaler, sozialer, kultureller sowie instrumenteller Art erworben werden können (vgl. BMFSFJ 2006). Die Befunde bestätigen die These, dass hier anders und anderes gelernt wird als in der Schule. Dies lässt sich in mehrfacher Hinsicht zeigen.

(a) Lernformen

*1. Engagementspezifische Lernchancen und -formen:* Die Organisationen des Engagements unterscheiden sich von vielen anderen Lernorten vor allem dadurch, dass hier bereits im Kindes- und Jugendalter durch die aktive Übernahme von Verantwortung in der konkreten Praxis in Ernst- und Echtsituationen gelernt wird. Gemäß den Befunden der *qualitativen* Erhebung scheinen Lernprozesse in Settings des freiwilligen Engagements im Unterschied zur Schule in der Regel den eigenen Interessen der Jugendlichen weitaus näher zu kommen und häufig in selbstbestimmter Form und mit selbst gewählten Inhalten stattzufinden.

Den *qualitativen* Interviews lässt sich entnehmen, dass die Settings der Verantwortungsübernahme im Rahmen des freiwilligen Engagements für Jugendliche besondere Lernchancen bieten, da die Tätigkeiten dort erstens freiwillig ausgeübt werden, zweitens explizit auf andere Personen oder Dinge gerichtet sind, drittens im Modus der Verantwortungsübernahme erfolgen und viertens häufig die erste Gelegenheit und Herausforderung für Jugendliche darstellen, sich handelnd zu erfahren und zu bewähren. Dies unterscheidet die Lernprozesse im freiwilligen Engagement von anderen Orten, Formen und Modalitäten des Lernens, insbesondere vom schulischen Lernen.

Die Kombination von hoher Motivation durch frei gewählte Verantwortungsbereiche und gemeinsamem Handeln in der Peergroup, verbunden mit den Herausforderungen durch die übernommene Verantwortung sowie der Unterstützung durch erwachsene Bezugspersonen, bietet spezifische lern- und entwicklungsförderliche Bedingungen, die die Settings des Engagements zu besonderen Lernfeldern und „Ermöglichungsräumen" für Heranwachsende machen. In Freiwilligkeit, Vielfalt und Selbstbestimmtheit des Lernens liegen die Chancen und Stärken dieses außerschulischen Lernfeldes.

*2. „Learning by doing":* Obwohl Fortbildungsveranstaltungen wichtig und für eine Reihe von Aufgaben – insbesondere in den Hilfs- und Rettungsorganisationen sowie für die Arbeit mit Kindern und Jugendlichen – nahezu unerlässlich sind, zeigt sich doch auch, dass für die Aneignung vieler Kompetenzen, „learning by doing", also Handeln, Ausprobieren und Sammeln von eigenen Erfahrungen in der Praxis des Engagements, ausschlaggebend sind. Dies wird in der *standardisierten* Erhebung insbesondere für Gremien- und Teamarbeitskompetenzen sowie Organisations- und Leitungsvermögen beschrieben. Im Unterschied zu schulischen Lernsituationen, in denen Lernen vor allem in „Als-ob-Formen" geschieht, d.h. mit Blick auf mögliche spätere Anwendungsfälle fast ausschließlich im Rahmen des Übens, sind die Lernprozesse Jugendlicher im Rahmen der Verantwortungsübernahme in Settings des freiwilligen Engagements dadurch gekennzeichnet, dass in ihnen Lernen (als Übung) und Handeln (als Ernstfall) inhaltlich und zeitlich enger verknüpft sind oder gar zusammenfallen, so dass Bildungsprozesse weitaus stärker unter Ernstfallbedingungen ablaufen.

*3. Non-formale und informelle Lernformen:* Insgesamt zeigt sich, dass nur bei wenigen der Engagierten, die angeben, ihre Kompetenzen überwiegend im Engagement erworben zu haben, dies ausschließlich in Kursen und Schulungen der Organisationen zustande kam. Die Mehrheit schreibt den Kompetenzerwerb sowohl Bildungsangeboten in non-formalen Kontexten als auch informellen Lerngelegenheiten innerhalb der Organisationen zu. Dieser Befund wird in den Interviews bestätigt, wo an vielen Beispielen deutlich wird, dass im Engagement informelle und non-formale Lernmöglichkeiten und -angebote ineinandergreifen und sich gegenseitig verstärken.

(b) Kompetenzerwerb Jugendlicher durch freiwilliges Engagement

*1. Engagementspezifische Kompetenzen:* Während Schule insbesondere kulturelle (überwiegend kognitive) Kompetenzen vermittelt, wird in den Interviews von den Befragten immer wieder die Entwicklung sozialer und personaler Kompetenz durch ihr Engagement hervorgehoben. Die Ergebnisse der *standardisierten* Untersuchung zeigen zudem, dass durch ein Engagement ganz spezifische Kompetenzen aus dem kulturellen und sozialen Bereich, insbesondere Management- und Leitungskompetenzen, entwickelt und gefördert werden.

*2. Engagierte und Nicht-Engagierte im Vergleich:* Dem theoretischen Ansatz der Studie folgend, nach dem Kompetenzen über das Ausführen von Tätigkeiten fassbar werden können, wurde in der wichtigsten Frage der *standardisierten* Untersuchung mit 17 Items erhoben, ob die Befragten schon einmal oder mehrfach bestimmte Tätigkeiten aus dem sozialen, kulturellen (kognitiven, organisatorischen, kreativen) oder instrumentellen (handwerklich-technischen) Bereich ausgeführt haben. Es zeigt sich, dass in ihrer Jugend engagierte Erwachsene bei allen erfragten Tätigkeiten über ein breiteres Spektrum von Erfahrungen und damit auch über mehr Kompetenzen als früher Nicht-Engagierte verfügen.

Die Prozentwerte der Engagierten hinsichtlich mehrfach und sehr häufig ausgeführter Tätigkeiten sind in allen einbezogenen Bereichen höher als die der

Nicht-Engagierten. Besonders groß sind die Differenzen zwischen den beiden Gruppen mit Blick auf bestimmte Aspekte sozialer und kultureller Kompetenz: Im Einzelnen handelt es sich dabei um organisatorische Aufgaben, Gremienarbeit, rhetorische Fähigkeiten, pädagogische Aktivitäten (Gruppenleitung und Training) und Teamerfahrungen, Publikation eigener Texte sowie Leitungskompetenzen. So haben mehr als dreimal so viel früher Engagierte verglichen mit den Nicht-Engagierten in Gremien und Ausschüssen mitgearbeitet (41%:12%) oder Texte geschrieben, die veröffentlicht wurden (35%:12%). Früher Engagierte geben etwa doppelt so oft an, große Veranstaltungen und Projekte organisiert (56%:27%) oder eine Rede vor vielen Menschen gehalten zu haben (55%:27%). Auch haben sie häufiger als Nicht-Engagierte Leitungsaufgaben übernommen (70%;48%), andere Personen ausgebildet, unterrichtet oder trainiert (77%:53%) sowie größere Aufgaben im Team bearbeitet (88%:69%).

Besonders schwach sind Unterschiede zwischen Engagierten und Nicht-Engagierten in Bereichen, die eher alltagspraktische soziale oder instrumentelle Kompetenzen berühren, wie kleine Kinder sowie alte und kranke Menschen betreuen, in Beziehungskonflikten beraten oder ein technisches Gerät reparieren. Aber auch bei den kulturellen Kompetenzen, die man eher in der Schule oder der Berufsausbildung erwirbt, wie musikalische Fertigkeiten, eine Fremdsprache sprechen oder eine Finanzabrechnung erstellen, sind die Differenzen zwischen früher Engagierten und früher Nicht-Engagierten relativ gering.

*3. Engagement – ein wichtiger Lernort für Organisations- und Leitungskompetenz:* Betrachtet man die Bedeutung des Lernorts Engagement für den Erwerb der 17 erfragten Kompetenzen (s.o.), so zeigt sich, dass früher Engagierte hier insbesondere kulturelle Kompetenzen des Organisierens und soziale Kompetenzen des Leitens nennen. Dies sind auch die Kompetenzen, bei denen sich die Werte der Engagierten und Nicht-Engagierten besonders stark unterscheiden. Die hier erworbenen jeweils spezifischen kulturellen und sozialen Kenntnisse und Fähigkeiten, wie das Organisieren großer Veranstaltungen, die Übernahme von Leitungsaufgaben, Gremien- und Teamkompetenz, aber auch die pädagogische Arbeit mit Kindern und Jugendlichen, lassen sich im Schul- und Jugendalter an anderen Orten sonst kaum erwerben. In der Regel wird dieser – insbesondere für das spätere Berufsleben sowie die gesellschaftspolitische Beteiligung wichtige – Ausschnitt kultureller Kompetenz (Organisieren, Gremienkompetenz) und sozialer Kompetenz (Leiten, Teamfähigkeit, pädagogische Arbeit) in Schule und Familie kaum vermittelt. Informelle Lernprozesse im Engagement erfüllen demnach eine ergänzende Funktion zum Kompetenzerwerb Heranwachsender in Schule und Familie.

*4. Engagement – ein wichtiger Lernort für demokratische Bildung:* Die von Wissenschaft, Politik und Verbänden vertretene Annahme, dass das Engagement Jugendlicher ein wichtiger gesellschaftlicher Lernort für den Erwerb und die Förderung sozialer Eigenschaften und Fähigkeiten ist, wird in beiden Erhebungen bestätigt. Allerdings lassen sich in der *standardisierten* Untersuchung keine Hinweise finden, dass das ehrenamtliche Engagement ein exklusiver Lernort hierfür ist. Beide Befragungen liefern aber Befunde, die die allgemeine Annahme von der Entwicklung und Einübung demokratischer Fähigkeiten, Kenntnisse und Einstellungen durch Verantwortungsübernahme im Rahmen eines Engagements belegen können. Für die – für Mitbestimmung und Mitgestaltung einer demokratischen Zivilgesellschaft wichtigen – Kompetenzen wie Interessenvertretung und „Gremienkompetenz", also die Kenntnis und Anwendung formal-demokratischer Verfahrensweisen und Spielregeln, scheint das freiwillige Engagement für Jugendliche allerdings einen nahezu exklusiven Lernort darzustellen.

*5. Reflexionsvermögen und Handlungswirksamkeit:* Die Auswertung des *qualitativen* Materials lässt erkennen, dass neben dem Erwerb von Kompetenzen Orientierungsangebote und die Vermittlung von Werten in den Organisationen des Engagements große Bedeutung besitzen. Verantwortungsübernahme im Rahmen freiwilligen Engagements ermöglicht Erfahrungen auf unterschiedlichen Ebenen. In der Studie bestätigen sich Befunde amerikanischer Untersuchungen zum sozialen Engagement Heranwachsender (vgl. Reinders/Youniss 2005), wonach Jugendliche im Engagement mit Inhalten, Normen und Werten konfrontiert werden, die ihre Reflexion über gesellschaftspolitische Bedingungen und ihre eigene Rolle innerhalb der Gesellschaft hin zu mehr sozialem und politischem Bewusstsein anregen können. Zugleich erhalten sie hier die Möglichkeit, durch ihre freiwilligen Aktivitäten sich selbst als Handelnde zu erleben, die durch ihre Mitwirkung in gemeinnützigen Organisationen kleine oder größere Veränderungen herbeiführen können.

*6. Erfahrung gesellschaftlicher Nützlichkeit:* Durch die lange Schulphase werden Heranwachsende in unserer Gesellschaft weitgehend von gesellschaftlicher Verantwortungsübernahme ferngehalten. Der Aufschub von Erwerbstätigkeit und ökonomischer Selbstständigkeit lässt sie finanziell länger von ihren Eltern abhängig bleiben und schließt sie häufig zugleich von der Erfahrung „konkreter Nützlichkeit" und Verantwortlichkeit in kooperativen Arbeitszusammenhängen jenseits schulischer Eigenqualifikation aus. Die *qualitativen* Interviews geben Hinweise, dass das freiwillige Engagement ihnen demgegenüber die Möglichkeit bietet, in einem geschützten Rahmen sukzessiv gesellschaftliche Aufgaben – wie Verantwortung für andere – zu übernehmen. Dadurch können sie die für Heranwachsende wichtige Erfahrung konkreter Nützlichkeit sowie gesellschaftlicher Relevanz ihres Tuns machen.

*7. Unterschiedliche Lerngewinne der verschiedenen Akteure:* Beide Erhebungen zeigen, dass freiwilliges Engagement sich positiv auf die Bandbreite an Erfahrungen und Kompetenzen aller Befragten auswirkt. In der *standardisierten* Erhebung wird allerdings deutlich, dass Kompetenzgewinne ungleich auf verschiedene Gruppen verteilt sind. Lernen und Kompetenzerwerb werden demnach in den meisten Feldern des freiwilligen Engagements insbesondere durch die Schulbildung, aber auch durch Herkunft und Geschlecht gefiltert.

Insgesamt schreiben Frauen, Migranten, Personen mit niedriger Schulbildung sowie Engagierte aus der ehemaligen DDR ihrem jugendlichen Engagement weniger Lernchancen und Kompetenzgewinne zu als die anderen Engagierten.

*8. Unterschiedliche Lerngewinne der verschiedenen Tätigkeitstypen:* Auswirkungen des freiwilligen Engagements auf Lernerfahrungen und Kompetenzgewinne sind den *quantitativen* Befunden zufolge deutlich an den Typ der ausgeübten Tätigkeit sowie an das Tätigkeitsfeld geknüpft und unterscheiden sich entsprechend. Sehr deutlich zeigt sich, dass es von der Art der Tätigkeiten abhängt, inwieweit und für wen durch ein Engagement ein Lerneffekt eintritt. Abgesehen von einigen Spezialisierungen im Bereich von Hilfe und Kultur nennen die Tätigkeitstypen „Funktionäre“ und „Organisatoren“ durch ihre Aktivitäten im Engagement sowohl insgesamt als auch besonders in den Bereichen Organisation und Leitung größere und breitere Erfahrungs- und Kompetenzgewinne sowie eine stärkere Förderung durch das Engagement als „Gruppenleiter“ und „praktische Helfer“. Pauschalisierend könnte man die beiden Typen „praktische Helfer“ und „Gruppenleiter“ als Spezialisten bezeichnen, die in ihrem Engagement funktionsspezifische Kompetenzen und Kenntnisse erwerben („helfen/retten“ und „Gruppen leiten“), „Organisatoren“ und „Funktionäre“ dagegen als „Allrounder“ oder „Generalisten“, die in ihrem Engagement vielfältige Kompetenzen in großem Umfang und in vielen unterschiedlichen Bereichen gewinnen und weiterentwickeln.

Der Befund der Studie, dass die beschriebenen Lerneffekte nicht in allen Tätigkeitsbereichen des Engagements gleichermaßen nachweisbar sind, sondern signifikant von der Art der Tätigkeit („Tätigkeitstypen“) abhängen, steht im Widerspruch zum Mainstream der Engagement- und Bildungsforschung, die allgemein davon ausgeht, dass der von engagierten Jugendlichen selbst eingeschätzte Lerneffekt ihres Engagements kaum mit den konkreten Tätigkeitsinhalten (*helfen, beraten, Veranstaltungen vorbereiten usw.*) und Einsatzfeldern zusammenhängt (vgl. etwa den Zweiten Freiwilligensurvey [Gensicke/Picot/Geiss 2006], das Konsortium Bildungsberichterstattung 2006 sowie den 12. Kinder- und Jugendbericht [BMFSFJ 2006]). Demgegenüber weisen die Daten der hier vorliegenden *standardisierten* Erhebung auf einen deutlichen Zusammenhang insbesondere von Tätigkeitsart und geschätztem Lerngewinn, aber auch von Tätigkeitsfeld und Kompetenzerwerb hin.

*9. Nachhaltigkeit des Gelernten:* Wie anhand der Befunde der *standardisierten* Erhebung sowie der *qualitativen* Befragung früher engagierter Erwachsener gezeigt werden konnte, hat der Kompetenzgewinn aus einem jugendlichen Engagement nachhaltige Effekte, die auch im Erwachsenenalter noch wirksam sind. So verfügen in ihrer Jugend engagierte Erwachsene den Daten der *standardisierten* Untersuchung zufolge über mehr Erfahrungen mit allen erfragten unterschiedlichen Tätigkeiten und damit auch über mehr Kompetenzen als früher Nicht-Engagierte. Wenn sich dem Zweiten Freiwilligensurvey zufolge 36 Prozent aller Jugendlichen zwischen 14 und 24 Jahren freiwillig engagieren (vgl. Gensicke/Picot/Geiss 2006), so bedeutet dies, dass das Engagement ein – auch quantitativ – bedeutsames gesellschaftliches Lernfeld für junge Menschen darstellt. Diese Einschätzung wird durch die Befunde der *standardisierten* Erhebung gestützt. Danach messen die meisten der früher engagierten Erwachsenen (80%) dem freiwilligen Engagement in ihrer Jugend eine hohe biografische Bedeutung bei.

*Fazit:* Bilanziert man die Befunde der Studie zum Kompetenzerwerb, so lassen sich die Settings des freiwilligen Engagements für Jugendliche als eine Lernwelt beschreiben, die durch die Verknüpfung gesellschaftlicher Verantwortungsübernahme und individueller Lernprozesse besondere Chancen und Freiräume für die Entwicklung vielfältiger Kenntnisse und Fähigkeiten eröffnet, die für eine eigenständige und sozial verantwortliche Lebensführung sowie die Beteiligung an demokratischen Verfahren, aber auch für die Übernahme von Leitungs- und Managementaufgaben wichtig sind, die in schulischen Settings jedoch kaum vorkommen. Informelle Lernprozesse im Engagement erfüllen demnach eine ergänzende Funktion zum Kompetenzerwerb Heranwachsender in der Schule.

Nach den Befunden der *qualitativen* Erhebung scheint es keinen anderen Bereich in der jugendlichen Lebenswelt zu geben, der ein derart weites vielfältiges Spektrum an Lerngelegenheiten und Anregungen bereithält. Von der cliquenzentrierten Freizeitgestaltung bis hin zur Gremienarbeit mit Personalverantwortung ergibt sich ein Kontinuum von Verantwortungsfeldern, in dem sich junge Menschen in der Regel freiwillig und selbstbestimmt bewegen können.

Die Forschungsergebnisse beider Erhebungen stabilisieren zudem den Befund, dass freiwilliges Engagement Auswirkungen auf das Kompetenzprofil der Engagierten hat. Dieser nachgewiesene Einfluss jugendlichen Engagements auf die Kompetenzen im Erwachsenenalter ist ein deutlicher Beleg für die Bedeutung des Lernfeldes „Freiwilliges Engagement“ als einem eigenen Lernort im Prozess des Aufwachsens.

# 5. Kompetenztransfer und biografische Konsequenzen

Im Zentrum dieses Kapitels steht die Frage nach der Nachhaltigkeit von Lernerfahrungen und Kompetenzgewinnen aus dem Engagement im Jugendalter. Gefragt wird zunächst nach Kompetenztransfers in aktuelle Lebensbereiche der Jugendlichen, wie Schule, Familie und Freundeskreis und anschließend nach dem Transfer von Kompetenzen in das Erwachsenenalter. Hier stehen die Auswirkungen des Engagements auf die berufliche Laufbahn und die gesellschaftliche Integration und Beteiligung im Vordergrund. Betrachtet man Lernen als einen Prozess der Akkumulation kulturellen und sozialen Kapitals im Sinne Bourdieus (1983), so stellt sich die Frage nach der Verwertbarkeit dieses Kapitals auf dem Markt, nach seiner Konvertierbarkeit in andere Währungen.

Auch wenn Lernerfahrungen sich aus vielen Quellen speisen und letztlich die Lernergebnisse wesentlicher sind als die Arten und Orte des Lernens (vgl. BMFSFJ 2006, S. 96), bleibt in diesem Forschungskontext die Frage nach den speziellen Wirkungen von Lernerfahrungen in den Settings des freiwilligen Engagements. Auch wenn diese aufgrund der Komplexität von Lernprozessen sicher nicht eindeutig identifiziert oder gar in der Relation zu anderen Lernkontexten quantifiziert werden können, soll hier der Versuch unternommen werden, den Effekten des Lernens in informellen Kontexten der Freiwilligenarbeit nachzugehen.

Um zu überprüfen, wie nachhaltig der Kompetenzerwerb durch freiwillige Tätigkeiten in der Jugendzeit in das Erwachsenenalter hineinwirkt, wurden in die qualitative Untersuchung und die standardisierte Erhebung entsprechende Fragestellungen aufgenommen. Die standardisiert befragten Untersuchungsgruppen wurden hinsichtlich ihres Alters (25 – 40 Jahre) so ausgewählt, dass bei einem Großteil der Befragten davon ausgegangen werden kann, dass die Statuspassage „Übergang in den Beruf“ abgeschlossen ist und dementsprechend valide Aussagen zur Berufswahl und zum Berufsstatus gemacht werden können. Dies trifft auch auf einen Teil der mit leitfadengestützen Interviews Befragten zu. Gefragt wurde nach den Auswirkungen einer freiwilligen Tätigkeit im Jugendalter auf die spätere berufliche Laufbahn, beginnend mit Berufswahl und Bewerbung bis hin zum erreichten Berufsstatus, aber auch nach dem Einfluss eines früheren Engagements auf die Bereitschaft zur gesellschaftlichen Partizipation, die Engagementbereitschaft im Erwachsenenalter oder das allgemeine politische und gesellschaftliche Interesse. Diese Fragestellungen entsprechen den Vorgaben, die von der EU-Kommission zum Themenkomplex „Lebenslanges Lernen“ gemacht werden. Auch hier stehen die Ziele „Förderung der Beschäftigungsfähigkeit“ und „Förderung der aktiven Staatsbürgerschaft“ im Vordergrund (vgl. BMBF 2001).

Dort wo nach dem Kompetenztransfer in aktuelle, bzw. zeitlich parallele Lebenskontexte, wie Schule, Familie, Freundeskreis oder auch in ein weiteres Engagement, gefragt wird, wird auf die Aussagen von Jugendlichen aus den qualitativen Interviews zurückgegriffen.

Außerdem soll dem nicht zu unterschätzenden Faktor des sozialen Kapitals in Transferprozessen nachgegangen werden. Es wird davon ausgegangen, dass das Engagement nicht nur aufgrund der Möglichkeit, transferierbare Kompetenzen zu erwerben, wirkt, sondern vor allem auch aufgrund der vielfältigen, häufig beiläufigen Möglichkeiten, persönliche Kontakte zu knüpfen.

Daraus ergeben sich folgende Fragestellungen:

- Welche subjektive Bedeutung hat das Lernen im freiwilligen Engagement für die Engagierten?
- Wo findet Kompetenztransfer in aktuelle Lebensbereiche, wie die Schule, die Familie, den Freundeskreis oder auch in andere Engagementformen, statt? Welche Kompetenzen werden übertragen?
- Welche Rolle spielt das Engagement für den Berufseinstieg, vor allem in Bewerbungsverfahren? Werden zertifizierte Nachweise gewünscht und genutzt?
- Welchen Einfluss hat das Engagement auf den späteren Berufsabschluss und den Berufsstatus? Welche Kompetenzen können in der Berufsausbildung, im Studium oder in der beruflichen Tätigkeit genutzt werden?
- Welche Auswirkungen hat ein Engagement in der Jugendzeit auf die gesellschaftliche Partizipation, auf das Interesse an Politik oder die Bereitschaft zur freiwilligen Tätigkeit im Erwachsenenalter?

## 5.1 Subjektive Bedeutung des freiwilligen Engagements

In den Interviews mit Jugendlichen und Erwachsenen aus den drei untersuchten Settings finden sich immer wieder Passagen, die, wie die folgende, die subjektiv-biografische Bedeutung im freiwilligen Engagement erworbener Kenntnisse, Fähigkeiten und personaler Eigenschaften betonen:

> *Ich habe festgestellt, dass ich durch das Engagement unheimlich stark profitiere, was auch mein zukünftiges Leben angeht. Ich habe eigentlich alles das, was ich jetzt bin oder wo ich jetzt bin, durch das Engagement erreicht (m. Erw., Sportjugend).*

Die generelle Bedeutung, die dem freiwilligen Engagement beigemessen wird, bestätigt sich auch in der Repräsentativerhebung. Die früher engagierten Befragten gehen zu mehr als 80 Prozent davon aus, dass der freiwillige Einsatz einen starken oder sogar sehr starken Einfluss auf ihr Leben hat (vgl. Tab. 5.1).

*Tab. 5.1: Selbsteinschätzung genereller Einfluss des freiwilligen Engagements (in % ungewichtet)*

| War Ihr ehrenamtliches oder freiwilliges Engagement insgesamt für Sie persönlich ein wichtiger Teil Ihres Lebens oder spielte das in Ihrem Leben keine so wichtige Rolle? Wie haben die dort gemachten Erfahrungen Ihr Leben beeinflusst? | |
|---|---|
| Sehr stark | 38 |
| Stark | 43 |
| Weniger stark | 17 |
| Gar nicht | 3 |
| Anzahl | 1.495 |

Quelle: Studie „Informelle Lernprozesse"

Hier dürfte auch die Dauer des Engagements eine Rolle spielen. 71 Prozent der in der Jugendzeit Engagierten sind länger als fünf Jahre freiwillig tätig gewesen und ca. 24 Prozent zwei bis fünf Jahre. Nur ca. vier Prozent geben an, nur ein bis zwei Jahre tätig gewesen zu sein.[1] Wie zu erwarten, nimmt der zugeschriebene Einfluss der Engagementerfahrungen mit der Dauer des Engagements zu. Bemerkenswert erscheint allerdings, dass auch eine relativ kurzzeitige freiwillige Tätigkeit für fast die Hälfte der Befragten von nachhaltiger Bedeutung für das spätere Leben zu sein scheint.

Einen weiteren Hinweis auf die vermutete Nachhaltigkeit von im Engagement erworbenem Wissen und Können gibt die Frage nach dem Umfang der dort erworbenen Fähigkeiten. So geben in der Telefonbefragung fast 70 Prozent der Befragten an, durch die freiwillige Tätigkeit „in sehr hohem Umfang" oder „in hohem Umfang" für sie wichtige Fähigkeiten erworben zu haben (vgl. Tab 5.2).

*Tab. 5.2: Umfang der im Engagement erworbenen Fähigkeiten, Selbsteinschätzung (in %, ungewichtet)*

| In welchem Umfang haben Sie, insgesamt gesehen, durch Ihre Tätigkeit im freiwilligen Engagement Fähigkeiten erworben, die für Sie wichtig sind? | |
|---|---|
| In sehr hohem Umfang | 29 |
| In hohem Umfang | 40 |
| In gewissem Umfang | 29 |
| Gar nicht | 2 |
| Anzahl | 1.491 |

Quelle: Studie „Informelle Lernprozesse"

1 Unter einem Jahr Engagierte wurden nicht in die Befragung aufgenommen.

Im Freiwilligensurvey 2005, aus dem die Fragestellung übernommen wurde, antworten 58 Prozent der 14- bis 24jährigen Befragten mit „sehr hoch“ und „hoch“, 35 Prozent mit „im gewissen Umfang“ und 7 Prozent mit „gar nicht“ (vgl. Picot 2006, S. 216). Es zeichnet sich also eine ähnliche Tendenz ab, wobei beachtet werden muss, dass sich die Aussagen des Freiwilligensurveys auf aktuelle Engagements beziehen und ihnen eine weichere Definition freiwilligen Engagements zugrunde liegt.

## 5.2 Kompetenztransfer in aktuelle Lebensbereiche

In den leitfadengestützten Interviews mit Jugendlichen[2] wurden diese gefragt, wo sie Möglichkeiten des Kompetenztransfers aus ihrem Engagement in aktuelle Lebensbereiche, wie etwa die Schule, die Familie und den Freundeskreis bzw. den Freizeitbereich, sehen. Hintergrund dieser Fragestellung ist das Interesse an konkreten Verläufen von Bildungsprozessen und an der Verknüpfung von Erfahrungen aus unterschiedlichen Lernfeldern. Außerdem finden sich in den entsprechenden Interviewsequenzen Aussagen, in denen die Jugendlichen beschreiben, ob und wie sie sich mit Personen aus den anderen Lebenskontexten, also Eltern, Geschwistern, Lehrern, Mitschülern und Freunden, über ihr Engagement austauschen. Die Intensität einer solchen Kommunikation lässt Schlüsse über die subjektive Bedeutung des Engagements, aber auch über den individuellen Grad der Reflexion des freiwilligen Handelns zu.

### *5.2.1 Schule*

Hinsichtlich der Kommunikation mit Mitschülern und Lehrern, aber auch des Transfers von Wissen und Fähigkeiten in die Schule, lassen sich unter den Befragten zwei Gruppen ausmachen. Die erste Gruppe kommuniziert ihr Engagement auch in der Schule und platziert dort, wo es möglich ist, entsprechende Inhalte im Unterricht. Die Befragten dieser Gruppe geben an, im Unterricht von methodischen Kompetenzen, wie freies Sprechen oder Teamarbeit, die im Rahmen der freiwilligen Tätigkeit erworben wurden, profitieren zu können. Die Befragten der zweiten Gruppe sehen keine großen Verknüpfungspunkte zwischen Schule und Engagement und bringen dementsprechend auch wenig Wissen aus dem Engagement in schulische Kontexte ein.

2 Die standardisierte Telefonbefragung enthält keine Fragen zur Kompetenzübertragung in aktuelle Lebensbereiche Jugendlicher. Dies erschien aufgrund der Retrospektivität der Befragung und dem Alter der Untersuchungsgruppe wenig sinnvoll.

Wenn Schüler ihre Erfahrungen aus dem Engagement[3] in die Schule mitbringen, dann handelt es sich um kognitives Wissen aus ihren Arbeitsfeldern, wie z.B. dem Umweltschutz oder der Jugendarbeit, manchmal auch um praktisches Wissen und Können oder um methodische Kompetenzen. Eine Reihe von Befragten gibt an, entsprechende, im Engagement gewonnene Kompetenzen schon einmal in den Unterricht eingebracht zu haben. So verfügen Greenpeace-Mitglieder über Spezialwissen zu Natur- und Umweltthemen und bringen dieses auch in den Unterricht ein. Eine Waldorfschülerin, engagiert auf einem Ponyhof der evangelischen Jugendarbeit, berichtet, dass sie ihre Abschlussarbeit (Thema: „Miteinander leben im Spannungsfeld zwischen Individualität und Gemeinschaft") aus den Erfahrungen ihrer Arbeit mit Kindern entwickelt habe, und andere können Erfahrungen aus den theoretischen Debatten ihrer Organisationen einbringen:

> *Ganz konkret ging es mal um Gender Mainstreaming im Sozialkundeunterricht. Da war es so, dass ich dem Lehrer weiterhelfen konnte. Weil wir da ja fit sind, habe ich den Eindruck, was das Thema betrifft und gute Materialien dazu haben und dem Lehrer sagen konnte, soll ich mal was mitbringen? (m. 21, WLL).*

Auch praktische Fähigkeiten werden in einigen Fällen auf das Schulleben übertragen. So berichten einige Pfadfinder, dass sie ihre Schulen bei Festen mit Zeltaufbauten unterstützen.

Neben dem Transfer von kognitiven und (in selteneren Fällen) auch praktischen Fähigkeiten spielt die Methodenkompetenz der Engagierten eine wichtige Rolle. Vor Gruppen zu sprechen oder Aufgaben im Team zu erarbeiten gehört für viele Befragte zum Alltag ihres Engagements:

> *Zum Beispiel in der Schule, da haben wir eine Gruppenarbeit gemacht und das konnten einige nicht. Aber ich konnte das vorher wahrscheinlich auch nicht, das habe ich da erst gelernt, da wir ziemlich viel in Gruppen gearbeitet haben. Dann waren auch einige zu feige, nach vorne zu gehen und das vorzustellen, und da habe ich mich freiwillig gemeldet und bin nach vorne und habe das erzählt (m. 16, SJD – Die Falken).*

> *So tun als ob. Völlig unvorbereitet sein und einfach mal so tun, als hätte man Ahnung. Oder keine Angst haben, einfach was erzählen und man hat keine Ahnung und man braucht keine Angst haben, Referat halten, locker vor Leuten sprechen, kein Problem (w. 19, LSV).*

In diesen Interviewpassagen wird deutlich, wie wichtig die außerschulischen Lernerfahrungen für die Befragten sind. Sie lernen angstfrei und ohne Notendruck in Gruppen zu arbeiten und vor Gruppen zu sprechen und können diese Fähigkeiten auch auf schulische Situationen übertragen.

In der folgenden Passage zeigt sich ein noch tiefergreifender Effekt außerschulischen Lernens. Während es der Schule häufig schwer zu fallen scheint,

---

3 Das Folgende bezieht sich ausschließlich auf außerschulische Engagementerfahrungen. Interviewaussagen von Schülervertreter/Schülervertreterinnen, deren Engagement direkt aus dem Kontext Schule erwächst, wurden hier nicht berücksichtigt.

den praktischen Nutzen theoretischen Wissens zu vermitteln, scheint dies in der freiwilligen Tätigkeit eher zu gelingen. Im vorliegenden Fall überträgt der Befragte die Erkenntnis, dass theoretisches Wissen von Nutzen sein kann, auch auf seine Einstellung zum schulischen Lernen:

> *Ja. Das hat mir in der Schule auch einen Vorteil verschafft, weil ich bei den Sachen, die ich gelernt habe, nicht gedacht habe: Was soll denn dieser theoretische Scheiß? Sondern ich wusste, irgendwann könnte ich wieder damit zu tun haben, oder es hilft mir, die Dinge, die um mich herum passieren, besser zu verstehen (m. 21, WLL).*

Auch die aus dem Engagement resultierende stärkere soziale Eingebundenheit in das Gemeinwesen und das daraus resultierende soziale Kapital können den Schulerfolg erhöhen. So berichtet ein Realschüler, dass er bei seinen Recherchen für eine Jahresarbeit auf eine Mitarbeiterin in der Stadtverwaltung gestoßen sei, die ihn aufgrund seines Engagements in der Schülerfirma kannte, und ihn dementsprechend unterstützt hat:

> *Da habe ich viele Materialien gekriegt, die man sonst nicht bekommen hätte, wenn ich als Bürger hingegangen wäre, den sie nicht kennt (m. 16, SV).*

Im Kontrast zu Aussagen, die ein positives Zusammenspiel von Engagement und Schule zeigen, stehen andere, in denen eher ein unvermitteltes Nebeneinander deutlich wird. Ein plastisches Beispiel hierfür findet sich im nachstehenden Zitat eines jungen, in einer Musikschule engagierten Rappers:

> *Ich schreibe ja den ganzen Tag Gedichte, aber es ist halt so, Lehrer wollen so was nicht hören, wenn es nicht irgendwo steht, mit einem perfekten Namen drunter. Das ist so bei einem Bild, wenn man ein Bild kaufen will, muss da ein berühmter Künstler drunter stehen, sonst nimmt man das gar nicht ernst. Gerade weil ich auch noch so angezogen bin, würden die das niemals ernst nehmen, wenn ich denen sage, ich würde gute Gedichte schreiben. Ich sehe auch nicht ein, dass ich denen das beweisen muss. Irgendwann wird das Album rauskommen und wir werden das noch professioneller machen, und dann werden die Lehrer auch selber einsehen, dass es was Großes war. Aber ich bin gar nicht scharf drauf, dass die das einsehen, denn das kommt dann auch nur dadurch, dass die mich vielleicht irgendwann mal im Fernsehen sehen oder so (m. 13, Music School).*

In diesem Fall ist zu berücksichtigen, dass Aversionen zwischen dem Schüler und einigen Lehrern und Lehrerinnen eine nicht zu vernachlässigende Rolle spielen. So äußert der Jugendliche an mehreren Stellen des Interviews Kritik an Schule, Lehrern und Mitschülern und führt die gegenseitigen Probleme auf ein Unverständnis der jugendkulturellen Eigenarten seiner Szene seitens der Lehrerschaft zurück. Trotzdem erscheint bemerkenswert, dass die literarischen Ambitionen des Jungen, dessen Eltern ausländischer Herkunft sind, im Deutschunterricht keine Berücksichtigung finden, obwohl sein Engagement in der Hip Hop-Szene aufgrund der Beteiligung an einer erfolgreichen Musical-Aufführung, an der Schule bekannt ist. Wie die Interviewpassage erkennen lässt, reagiert der Jugendliche mit Trotz und erhofft sich die notwendige Anerkennung von anderer Seite.

Andere Befragte sehen gar keine Verknüpfung zwischen den verschiedenen Lebensbereichen, in denen sie sich bewegen, wie dieser Pfadfinder:

> *In der Schule engagiere ich mich nicht so, weil, das ist wirklich was anderes – Schule und hier (m. 16, BdP).*

Fragt man die Jugendlichen, wie das eigene Engagement von den (nichtengagierten) Mitschülern gesehen wird, fallen auch hier die Antworten sehr heterogen aus, wobei indifferent-gleichgültige Haltungen zu überwiegen scheinen:

> *Ja, die wissen das. Aber die halten nicht so viel davon. Das ist eben so: ‚Ah, ja, die glaubt an Gott, iih, oh Gott' und ‚die arbeitet in der Kirche, was ist das denn für eine?'*
>
> *I: Ist das durchgängig so?*
>
> *Nein. Es gibt auch Leute, die sagen: ‚Okay, es ist nicht mein Ding, aber wenn du es gerne machst, bitte.' Aber es gibt eben auch die Leute, die das dann seltsam finden, die dann sagen: ‚Was ist das denn für eine?' (w. 15, Ev. Jugend).*

Von ausgesprochen ablehnenden Reaktionen wird seltener berichtet, wobei insgesamt gesehen religiös oder weltanschaulich geprägte Engagements eher auf Ablehnung bei Mitschülern zu stoßen scheinen als freizeit- oder sportorientierte. So sagt eine junge Gewerkschafterin mit ausgesprochen linken Ansichten:

> *Sobald ich dann ein bisschen weiterdiskutiert habe und Fragen in den Raum geworfen habe, die meine Geschichtslehrerin nicht mehr beantworten konnte, da bin ich ihnen zuwider geworden. Ich war dann nur die rote Kommunistensau (w. 18, Gewerkschaft).*

Wenn engagierte Jugendliche ihre Engagementerfahrungen nicht nur über Unterrichtsbeiträge und Meinungsäußerungen einfließen lassen, sondern außerdem über ihr äußeres Erscheinungsbild versuchen, Differenz zu erzeugen, fallen die Reaktionen entsprechend heftiger aus. Insbesondere Pfadfinder berichten über Erfahrungen mit (mediengestützten) Vorurteilen bei Mitschülern. So ein 19-jähriger DPSGler, der von Spott bei Mitschülern und den eigenen Schwierigkeiten, sich zu seiner Kluft zu bekennen, berichtet:

> *Anfangs, ganz am Anfang war es für mich schwer, eine Kluft anzuziehen. Also das Tuch gehört natürlich dazu, und wenn man hat, einen Hut oder Ähnliches. (…) Damit öffentlich rumzulaufen, auf dem Gemeindefest, das war mir früher ein Graus. Ich hatte kein Selbstvertrauen, heutzutage provoziere ich es so ein bisschen. (…) Manche Leute versuchen einen dann auch dadurch zu ärgern: ‚Haha, Du Pfadfinder!'. Aber so was juckt mich heutzutage nicht mehr.*
>
> *I: Das heißt, dass du mit dieser Kluft jetzt selbstbewusst auch unter Mitschüler gehen würdest?*
>
> *Das würde ich rein theoretisch machen, ja. Was aber ein bisschen merkwürdig aussehen würde, wenn ich an einem Schultag mit der Kluft antanzen würde. (…) Also ich würde hier stehen und die komplette Schule steht um mich herum. Aber ich habe kein Problem damit, das zu zeigen (m. 19, DPSG).*

Die Sequenz lässt erkennen, wie ein spezieller Habitus entwickelt wird, der mit der Pfadfinderrolle verknüpft ist und mit der sich der Jugendliche zunehmend identifiziert. Auch wenn er damit bei großen Teilen der Schülerschaft auf Ablehnung und Spott stößt, betrachtet er diese Differenz und sein Anderssein zunehmend positiv, und die Vorstellung aufgrund dieser Differenz im Mittelpunkt stehen zu können, scheint ihn nicht mehr zu schrecken.

Die gefragten Jugendlichen sehen sich, wie in Kapitel 2 gezeigt wurde, bis auf einige Ausnahmen eher als gute Schüler ohne große schulische Probleme[4], wobei hier sicherlich die dort beschriebenen Selektionsmechanismen eine wichtige Rolle spielen. Ihre schulischen Leistungen stellen die Befragten allerdings in keinen direkten Zusammenhang zum freiwilligen Engagement. Schule und Engagement werden als getrennte Lebensbereiche mit wenigen, eher punktuellen Verbindungen betrachtet. Der Unterschied der Engagierten zu ihren nicht engagierten Mitschülern besteht darin, dass sie in zusätzlichen, weitgehend selbstdefinierten Lern- und Handlungsräumen ihr Können und Wissen handelnd umsetzen und ausweiten können. Die Erfahrung von Freiwilligkeit und Selbstwirksamkeit, das Gefühl, etwas verändern zu können und Ideen in Taten umsetzen zu können, führt zu Aussagen, die das freiwillige Engagement als grundsätzlich von der Schule unterscheidbares Lernfeld beschreiben. Diese aus dem praktischen Handeln gewonnene Erfahrung einer unmittelbaren Verschränkung von Theorie und Praxis ist der eigentliche Lernvorteil, den Jugendliche aus ihrem Engagement ziehen.

### *5.2.2 Familie und Freunde*

Die leitfadengestützten Interviews haben ergeben, dass die jungen Engagierten in der Regel ein entspanntes Verhältnis zum Elternhaus haben. Dieses Ergebnis ist wenig überraschend, zumal es von aktuellen Jungendstudien bestätigt wird, insbesondere was Jugendliche aus höheren sozialen Schichten betrifft (vgl. Deutsche Shell 2006, S. 59f.). Die meisten Eltern unterstützen das Engagement ihrer Kinder ideell und zum Teil auch personell, z.B. durch die Übernahme von Fahrdiensten. Zum Teil fühlen sich die Eltern über eigenes (früheres oder aktuelles) Engagement mit dem Milieu des Engagements verbunden. Auch wenn die freiwillige Tätigkeit im Verselbstständigungsprozess der Jugendlichen eine wichtige Rolle einzunehmen scheint, verstehen diese das Engagement in der Regel nicht als wesentliches Moment im Loslösungsprozess vom Elternhaus. So gibt es z.B. auf die Frage, ob sie im Rahmen ihres Engagements Dinge tun können, die ihnen zuhause verboten sind, mehrheitlich verneinende Antworten. Nur einige jüngere Befragte berichten von größeren Freiräumen durch die freiwillige Tätigkeit.

---

4 In der Repräsentativerhebung geben 21 Prozent der in der Jugendzeit Engagierten an, ihre Schullaufbahn „sehr erfolgreich“ absolviert zu haben (Nicht-Engagierte 14 Prozent). Als „erfolgreich“ bezeichnen diese jeweils 61 Prozent der Engagierten und der Nicht-Engagierten.

Zu rekonstruieren, welche Fähigkeit in welchem Kontext erworben wurde und wo konkret sie Kompetenzen aus dem Engagement in familiäre Kontexte einbringen, stellt die Befragten vor Probleme. An dieser Stelle wird die wechselseitige Abhängigkeit der Entwicklung von sozialem und kulturellem Kapital in familiären und außerfamiliären Kontexten besonders deutlich. Wenn Kompetenzen genannt werden, die aus dem Engagement auf das Familienleben übertragen werden, sind dies pädagogische, kommunikative, organisatorische und praktische Kompetenzen oder auch inhaltlich-fachliches Wissen. Die als übertragbar angesehenen pädagogischen und kommunikativen Kompetenzen beziehen sich sowohl auf die Kindererziehung als auch auf Konfliktberatung, Zeitmanagement oder Moderation von Kommunikationsprozessen im familiären Kontext. Dazu ein junger Funktionär aus der Westfälischen Landjugend:

> *Ich habe hier mal was zum Zeitmanagement gehört und dann ist mir das so klarer geworden. Dieses Argument, ich habe keine Zeit, gibt es nicht. Wenn ich etwas tun will, dann nehme ich mir die Zeit dafür, wenn mir etwas nicht so wichtig ist, dann nehme ich mir auch nicht die Zeit dafür. Da bin ich auch heute in der Lage, das den Leuten offen zu sagen. (...) Oder in der Familie oder mit Freunden wenn man über ein Thema schon mal kontrovers diskutiert, da habe ich auch drüber gelernt, was jetzt ein Argument ist und welches keines ist und wo es um das Thema geht und wo nicht. Wo irgendwelche anderen Sachen reinspielen, die nichts damit zu tun haben. Das gelingt mir bei Unterhaltungen, schon etwas klarer sehen zu können, führt uns das zu was oder nicht? (m. 21, WLL).*

Genannt werden außerdem organisatorische Kompetenzen (z.B. Organisation von Urlaubsfahrten, Familienfeiern) und praktisches, den Haushalt betreffendes Wissen:

> *Ich habe immer ohne Deckel gekocht zu Hause. Dann geht man einmal in die Sommerfreizeit und dann kocht man nur noch mit Deckel. Spart unheimlich viel Strom (w. 21, DJK).*

Wenn das erhobene Material zur Übertragbarkeit gewonnener Kompetenzen aus der freiwilligen Tätigkeit in die Familie insgesamt und im Vergleich zu anderen Themenfeldern als wenig aussagekräftig erscheint, so kann dies als Hinweis darauf gewertet werden, dass Jugendliche die (eher akademische) Ausdifferenzierung separater Lernfelder nicht nachvollziehen.

Ähnlich verhält es sich mit dem Kompetenztransfer in Freundschaftsbeziehungen und in den Freizeitbereich. Neuere Studien zu jugendlichen Cliquen haben gezeigt, dass eine Mitgliedschaft in organisierten Gruppen die Beteiligung an selbstinitiierten Gruppen nicht ausschließt. Organisierte Jugendliche fühlen sich sogar eher einer Clique zugehörig (69%), als nichtorganisierte (54%) (vgl. Wetzstein u.a 2005, S. 153), was auf deren größere Kontaktfähigkeit schließen lässt. Wie in Kapitel 3 beschrieben, gibt es erhebliche Überschneidungen zwischen Freundschaftsbeziehungen im Engagement und im sonstigen Freizeitbereich (vgl. auch Fauser/Fischer/Münchmeier 2006, S. 19).

Dort, wo externe Peer-Beziehungen vorhanden sind, wird zwar fachliches, soziales oder auch praktisches Wissen und Können in diese eingebracht, die Beschreibung eines solchen Transfers fällt den meisten Befragten aber schwer. Am ehesten finden sich Äußerungen wie die folgenden:

> *Gut, ich versuche natürlich immer so ein bisschen Streit zu schlichten und ich übernehme natürlich auch das, was ich in der Gruppenarbeit mache. Ich versuche die Gruppe voranzutreiben, das mache ich auch im normalen Leben irgendwie. Ich weiß nicht, in der Schule oder im Freundeskreis, dass wir uns da vorantreiben. Solche Sachen mache ich natürlich auch und mittlerweile weiß ich natürlich auch, wie ich jemandem meine Meinung sagen kann ohne ihn anzumachen. Also meine Meinung sagen im Sinne von Feedback geben (m. 19, DPSG).*

Andere berichten von eher auf Gruppendynamik und Gruppenerleben zielenden Kompetenzen, wie der Übernahme von Leitungsrollen oder auch der Fähigkeit, Gruppensituationen durch spontane Spiele oder Aktionen auflockern zu können. In der Regel fällt es den Befragten aber schwer, konkrete Beschreibungen von Kompetenzübertragungen zu liefern.

Allerdings scheinen persönlichkeitsbildende Erfahrungen auch für das Agieren im Freundeskreis von nicht zu unterschätzender Bedeutung. Aus der folgenden Interviewpassage wird deutlich, wie inhaltliche Auseinandersetzungen in Gruppenleiterkursen persönlichkeitsstabilisierend wirken und das auf Wissen beruhende Selbstbewusstsein in Alltagssituationen mitgenommen wird:

> *Wir haben ganz, ganz viel diskutiert bei den Grund- und Aufbaukursen. Wir haben uns mit ganz vielen verschiedenen Themen auseinandergesetzt. Auch Rassismus, auch was macht der Unterschied zwischen einer Leiterin und einem Leiter, warum sollen immer eine Frau und ein Mann mitleiten? Die haben mir so, ich würde nicht gerade sagen mein Weltbild, aber so meine Anschauung klar gemacht zu ganz vielen Sachen. Das hat mir auf jeden Fall geholfen, dass ich z.B. in Diskussionen mit Freunden, wenn man irgendwie einen Streitpunkt hat oder so, dass ich genau weiß, worauf ich hinauswill, was eigentlich mein Anliegen dabei ist. Ich konnte vorher so ganz viele Sachen so schlecht greifen, dass ich gar nicht genau wusste, ja, wie stehst du eigentlich zu dem und dem Thema. Ich wusste dann vielleicht, ich bin da und da gegen, aber ich konnte nicht genau artikulieren warum. Ich glaube, das ist sehr, sehr persönlichkeitsausbildend, so eine Ausbildung. Das hat mir auf jeden Fall sehr, sehr viel gebracht (w. 19, Ev. Jugend).*

In der letzten Shell-Jugendstudie geben 71 Prozent der Jugendlichen an, einer Clique zuzugehören (vgl. Deutsche Shell 2006, S. 83). Damit hat die Bedeutung der Gleichaltrigengruppe für die jugendliche Sozialisation seit den 60er-Jahren ständig zugenommen (vgl. auch Schröder 2006, S. 180; Nörber 2003, S. 10, S. 80). Davon ausgehend, dass die Einflüsse von Gleichaltrigen auf andere Gleichaltrige als sehr hoch einzuschätzen sind (vgl. u.a. Schröder 2003, S. 110f.; Wendt 2005, S. 18ff.; Grunert 2005, S. 52ff.), stellt sich die Frage, ob und wie Jugendliche mit Engagementerfahrungen diese auch in Cliquenzusammenhänge einfließen und dort wirksam werden lassen. Die Ergebnisse der Befragung geben Anlass zur Vermutung, dass gerade Jugendliche mit Erfahrungen aus organisationsgebundenen freiwilligen Tätigkeiten dem häufig langweiligen Cliquenalltag kreative Impulse geben, ihn kommunikativ beleben und die Rolle des opinion-leader einnehmen. Insbesondere in komplexeren Selbstorganisationsprozessen bekommt die Rolle von derartigen Führungspersonen Bedeutung (vgl. Wendt 2005, S. 43, S. 48).

### *5.2.3 Mehrfachengagement*

Die Annahme, dass engagierte Jugendliche auch in anderen Lebenskontexten häufiger Leitungsrollen übernehmen als andere, wird auch durch Aussagen gestützt, nach denen eine Reihe der Befragten neben ihrem außerschulischen Engagement auch Funktionen in der Schülervertretung, in erster Linie als Klassensprecher, wahrnehmen oder wahrgenommen haben. Hier ist allerdings schwer zu ermitteln, wo die Ursachen für die Engagementbereitschaft liegen. Während einige Jugendliche ihr schulisches Engagement nur am Rande erwähnen, es also für sie nicht von großer Bedeutung zu sein scheint, bezeichnen andere Befragte dieses als den Auslöser für die Verantwortungsübernahme in anderen Kontexten:

> *Ja, also die Ursprünge des Engagements liegen sicherlich im Bereich der Schule, der SV-Arbeit, der Schülerselbstverwaltung. (...) Über die Schülerselbstverwaltungsarbeit hinaus habe ich ein weiteres und größeres Blickfeld gewonnen und habe mich dann sehr stark politisch interessiert und bin dann mit fünfzehn bei den Jusos aktiv geworden. (...) Darüber hinaus dann auch immer und immer stärker im Verein, also im Sportverein Engagement übernommen oder auch Verantwortung übernommen (m. Erw., Sportjugend).*

Auch Jugendliche, die in ihrer Rolle als Schülervertreter interviewt wurden, geben häufig an, zusätzlich in anderen Zusammenhängen aktiv zu sein, wobei nicht alle Terminkalender so gefüllt sind, wie der der folgenden Befragten:

> *Also, ich gehe am besten mal die Woche durch: Also, am Montag ist SV, dann Klavierunterricht und dann singe ich im Musikschulchor, das ist ein kleiner Chor. Die Schülerzeitung haben wir schon, dann Kindergottesdienst-Vorbereitung, ist immer am Dienstag und dann CVJM-Treffen. (...) Weil ich die Freizeiten leite, bin ich CVJM, obwohl ich ja kein richtiges CVJM-Mitglied bin, aber ich mache trotzdem die Sitzungen da. Dann Runder Tisch in der Gemeinde, das ist auch noch was, dass ich habe. (...) Aber das ist mehr so eine Gemeindebesprechung, die sich an alle richtet, die gerne mitmachen wollen (w. 18, SV).*

Während in diesem Fall die verschiedenen Tätigkeiten nebeneinander ausgeführt werden und auch von gewisser inhaltlicher Homogenität zu sein scheinen, wird im folgenden Fall eine Suchbewegung in unterschiedlichen Engagement- und Freizeitbereichen deutlich, welche schließlich zur gewerkschaftlichen Aktivität führt:

*Doch, also ich habe zu viel gemacht. Die ganze Energie, die ich hatte, musste ich ausleben. Das war dann größtenteils der Fußball, ich habe auch mal Profijugendfußball gespielt. Dann war ich bei der freiwilligen Jugendfeuerwehr, in der Tanzschule, habe im Club getanzt, also ich war schon immer sportlich sehr aktiv gewesen und war in allen Sportarten, die es gibt, wobei der Fußball an erster Stelle hing. Das war eine Ausgleichssportart. Was mich dann auch über die Jahre gezeichnet hat, war die freiwillige Jugendfeuerwehr.*

*I: Aber da bist du jetzt nicht mehr?*

*Nein, nach zwei, drei Erfahrungen hat es mir dann gereicht.*

*I: Was heißt das?*

*Dass es ganz schön schwer war, den ersten Toten zu sehen. Also ich war dann nicht nur bei der Jugendfeuerwehr, ich bin dann auch in die richtige freiwillige Feuerwehr reingekommen. Dann hat man da zwei, drei Erfahrungen gemacht, die nicht so schön waren und dann war irgendwann auch Schluss (m. 22, Gewerkschaft).*

Wenn auch sicher nicht in allen freiwilligen Tätigkeiten derart existenzielle Erfahrungen gemacht werden, wie sie hier beschrieben werden, wird in den Interviews deutlich, wie Jugendliche die Möglichkeiten der unterschiedlichen Engagement- und Freizeitkontexte nutzen. Das Wechseln zwischen verschiedenen Orten des Engagements und der Freizeitgestaltung kann einerseits als jugendgemäße Suche nach Erlebnissen und neuen Erfahrungen betrachtet werden, andererseits aber auch als Versuch, gewonnene Kompetenzen in unterschiedlichen, frei gewählten Kontexten wirksam werden zu lassen.

Laut Freiwilligensurvey engagieren sich 28 Prozent der Engagierten zwischen 14 und 24 Jahren in zwei Tätigkeiten, weitere 8 Prozent sogar in drei oder mehr Tätigkeiten (vgl. Picot 2006, S. 185). Wenn Jugendliche sich in unterschiedlichen Organisationen parallel oder in zeitlicher Abfolge engagieren, wird die Rolle des generierten Sozialkapitals besonders deutlich:

*Ja, also ich bin ja an meine ehrenamtlichen Tätigkeiten nur über Kontakte gekommen. Ich habe eine Arbeit gemacht und dann irgendwie lernte man mich dann kennen und wusste wer ich war und hat dann gefragt: ‚Willst du nicht auch für uns arbeiten?' (w. Erw., Sportjugend).*

Diese Kontakte reichen oft weit in das kommunale Sozialgefüge hinein und haben neben dem persönlichen Nutzen, den die Jugendlichen daraus ziehen, auch integrative Funktionen.

Am Beispiel mehrfach engagierter Jugendlicher lässt sich besonders deutlich machen, wie das Engagement wirkt. Es schafft Kontakte und öffnet Räume im Gemeinwesen, in die Jugendliche ihre Interessen einbringen und in denen sie ihre Kompetenzen erproben und erweitern können. Der Prozess des Kompetenzerwerbs und des Erwerbs sozialen Kapitals muss dabei als Gesamtprozess gesehen werden, an dem alle Sozialisationsinstanzen ihren Anteil haben und in dem schwer zu identifizieren ist, wo welche Lernerfahrung erstmalig gemacht wird. Die Annahme, dass die Settings des freiwilligen Engagements aufgrund ihrer in Kapitel 3 beschriebenen strukturellen Merkmale hier eine Sonderrolle einnehmen, wird durch die Aussagen der Jugendlichen zur Kompetenzübertragung in andere Lebensbereiche gestützt. Das freiwillige Engagement liefert den Rahmen und vielfache Gelegenheit, erworbene Kompetenzen ohne Leistungsdruck in Alltagssituationen zu erproben. Diese Erfahrung der Selbstwirksamkeit, die Gelegenheit, Ideen in praktisches und gesellschaftlich relevantes Handeln münden zu lassen, erhalten Jugendliche in den Freiwilligenorganisationen eher als in anderen für die Sozialisation wichtigen Kontexten. Außerdem ergeben sich hier Gelegenheiten, Menschen kennenzulernen, die für die persönliche Entwicklung bedeutsam werden können. Damit reichen die Wirkungen eines Engagements in der Jugendzeit weit über den Erwerb lebenspraktischer Erfahrungen hinaus.

## 5.3 Kompetenzen für den Beruf

Für die vorliegende Untersuchung war es von besonderem Interesse, welche Auswirkungen ein jugendliches Engagement auf die spätere berufliche Laufbahn hat. So enthielt die standardisierte Erhebung im Fragenkomplex zur Erfassung von Kompetenzen (vgl. Kapitel 4) auch Fragen, welche direkt auf deren Übertragung aus der freiwilligen Tätigkeit in andere Lebensbereiche zielen. Befragt wurden hierzu in der Jugend engagierte Befragte, die die erfragte Tätigkeit ausgeübt hatten, ihre Fähigkeiten mindestens als gut beurteilten und angaben, diese überwiegend im Rahmen des freiwilligen Engagements erworben zu haben. Diese Bedingungen treffen auf etwas mehr als die Hälfte aller in der Jugend engagierten Befragten für mindestens eine der Tätigkeiten zu (768 von 1.500 = 51%).[5]

Circa 91 Prozent dieser Gruppe (698 Personen) gibt an, wenigstens eine im Engagement erlernte Fertigkeit schon einmal in anderen Lebensbereichen eingesetzt zu haben. Damit geht beinahe jeder Befragte, der angibt, während seines Engagements etwas gelernt zu haben, davon aus, diese Kenntnisse auch auf andere Lebensbereiche übertragen zu können.

Die einzelnen privaten oder beruflichen Lebensbereiche profitieren dabei jedoch unterschiedlich von den im Rahmen des Engagements erworbenen Kenntnissen (vgl. Tab. 5.3). Der Lebensbereich „Ausbildung und Beruf" wird mit mehr als drei Viertel der Antworten am häufigsten als ein Bereich genannt, in den Kenntnisse aus dem Engagement übertragen werden. Mit knapp zwei Drittel Zustimmungen folgt der Bereich „Familie, Partnerschaft und Kindererziehung". Dagegen erweisen sich Fähigkeiten, die im Rahmen eines freiwilligen Engagements erworben wurden, in geringem Maße (zu etwa 50 Prozent) als für Hobby und Freizeit verwertbare Kompetenzen bzw. dienen einem anderen Engagement (zu einem Sechstel).

5 Bei einigen Items sind allerdings die Häufigkeiten so gering, dass eine differenzierte Auswertung (bezogen auf Einzel-Items oder Bereiche) nicht sinnvoll erscheint.

*Tab. 5.3: Vom Engagement profitierende Lebensbereiche (in %, ungewichtet, Mehrfachnennung möglich )*

| | Anteil, der Übertragbarkeit von Kenntnissen angibt | Anzahl |
|---|---|---|
| Familie/Partnerschaft/Kindererziehung | 65 | 698 |
| Ausbildung/Beruf | 78 | 698 |
| Freizeit/Hobby | 50 | 698 |
| Anderes Engagement | 17 | 698 |

Quelle: Studie „Informelle Lernprozesse“

Angesichts des Nutzens, der den im Rahmen des freiwilligen Engagements erworbenen Kompetenzen subjektiv beigemessen wird, ist zu klären, inwiefern sich die gelernten Fertigkeiten tatsächlich positiv auf die Berufseinmündung, die Berufsausbildung oder die anschließend erworbene berufliche Position niederschlagen. Außerdem soll anhand des qualitativen Datenmaterials untersucht werden, ob und welche Fähigkeiten in Ausbildung und berufliche Praxis übertragen werden können.

### *5.3.1 Berufseinmündung: Bewerbungsverfahren und Zertifikate*

Ein Beruf, der nicht nur den Lebensunterhalt sichert, sondern auch Spaß macht, ist für die meisten Jugendlichen ein wichtiges, vielleicht sogar das wichtigste (vgl. Schwab/Nickolai 2004, S. 50) Lebensziel. Laut Shell-Studie 2006 geben 84 Prozent der befragten 12- bis 25-jährigen an, dass Karriere machen „in“ sei. Den Arbeitsplatz zu verlieren, bzw. keinen Ausbildungs- oder Arbeitsplatz zu finden, bezeichnen 69 Prozent als „ein großes Problem, was ihnen Angst macht“ (vgl. Deutsche Shell 2006, S. 171f.).

Bevor Jugendliche eine Ausbildung beginnen oder eine Arbeit aufnehmen, durchlaufen sie in der Regel ein (oder mehrere) Bewerbungsverfahren. Diese können sich auf ein kurzes informelles Gespräch beschränken, aber auch, wie bei vielen Großbetrieben der Fall, mehrstufige Verfahren, bestehend aus Sichtung der Bewerbungsunterlagen, Gesprächen, individuellen Wissens- und Eignungstests oder gruppenbezogenen Testverfahren (Assessment-Center[6]), sein.

Um einen Überblick über Bildungsverlauf und Bildungsstand der Bewerber zu bekommen und sie hinsichtlich ihrer personalen Eigenschaften einzuschätzen, greifen die Unternehmen in solchen Verfahren zunächst auf das institutionelle kulturelle Kapital der Bewerber zurück, welches in erster Linie aus Schul- bzw. Fach- oder Hochschulzeugnissen besteht, aber auch Bescheinigun-

6 Zur Methodik des Assessment-Centers vgl. Lex u.a. 2006, S. 52ff., S. 64ff.

gen und Zertifikate über abgeleistete Praktika, Nebentätigkeiten, zusätzliche Ausbildungen, besondere Leistungen etc. umfassen kann. An dieser Stelle können Nachweise und Zertifikate aus einer freiwilligen Tätigkeit eine besondere Rolle spielen.

Die Forderung, auch Kompetenzen und Erfahrungen, die in informellen Zusammenhängen erworben wurden, über Nachweise belegbar, und somit für Bewerbungsverfahren nutzbar zu machen, entstammt der europäischen Debatte um das „lebenslange Lernen" (vgl. Gnahs/Bretschneider 2005, S. 25; auch Kraus 2002) und die Arbeitsmarktpolitik, welche in anderen europäischen Ländern weiter fortgeschritten ist, als in Deutschland. Bereits 2000 hat Jens Bjørnåvold einen Überblick über die entsprechenden Initiativen in den europäischen Ländern vorgelegt, in dem die Ermittlung, Bewertung und Anerkennung nicht formal erworbener Kompetenzen auch als Element der Neuordnung von Bildungs-, Berufsbildungs- und Lernsystemen beschrieben werden (vgl. Bjørnåvold 2000, S. 196ff.). Aufgrund der unterschiedlichen Berufsbildungssysteme in den europäischen Ländern entstand im Zuge des Einigungsprozesses zunehmend die Notwendigkeit, standardisierte und vergleichbare Möglichkeiten zur Erfassung von Kompetenzen, die nicht in formalen Kontexten erworben wurden, zu entwickeln. Hierzu wurden in den Ländern verschiedene Initiativen gestartet. So wurde beispielsweise in Frankreich die „Bilan de Compétence" eingeführt und in Großbritannien wird ein Portfolio-Ansatz favorisiert, in dem Beschäftigte sukzessive die unterschiedlichsten Belege für Tätigkeiten, abgelegte Prüfungen und andere nachweisbare Kompetenzen sammeln.[7]

Auch in Deutschland wird seit Längerem über Möglichkeiten diskutiert, den Nachweis über den Erwerb verschiedenster Fähigkeiten zu erbringen (vgl. Frank/Gutschow/Münchhausen 2005). Seit etwa 1995 sind entsprechende Aktivitäten sprunghaft angestiegen.[8] So sind vor allem im Bereich der Berufsbildung verschiedene Instrumente entwickelt worden (vgl. Erpenbeck 2005; Lex u.a. 2006), aber auch zum Nachweis von Familienkompetenzen (vgl. Gerzer-Sass u. a. 2001a, 2001b) oder von in Lernfeldern des sozialen Umfelds gewonnenen Fähigkeiten (vgl. Gerzer-Sass/Reupolt/Nußhart 2006). Vorschläge zu einem einheitlichen Bildungspass sind u.a. von der Freudenberg Stiftung mit dem Qualipass (vgl. Freudenberg Stiftung 1999) oder vom Deutschen Institut für Internationale Pädagogische Forschung (DIPF) mit dem ProfilPass

7 Eine gute Übersicht über den Stand der Entwicklung im Ausland geben zwei Texte des Deutschen Instituts für Erwachsenenbildung (vgl. Käpplinger 2002; Käpplinger/Puhl 2003) und eine Broschüre der Freudenberg Stiftung (vgl. Freudenberg Stiftung 1999).

8 Eine ab 2002 durchgeführte Studie des Deutschen Instituts für Internationale Pädagogische Forschung (DIPF/Frankfurt), des Deutschen Instituts für Erwachsenenbildung (DIE/Bonn) und des Instituts für Entwicklungsplanung und Strukturforschung der Universität Hannover (IES/Hannover) zählt bereits 48 in Gebrauch befindliche Bildungspässe in Deutschland (vgl. Gnahs/Bretschneider 2005, S. 27).

(vgl. Gnahs/Bretschneider 2005; Neß 2005; www.profilpass-online.de) vorgelegt worden.[9]

Im Bereich der Freiwilligenarbeit ist auf Initiative der Hessischen Landesregierung und mit Unterstützung verschiedener Organisationen (u.a. Hessischer Jugendring, LandesEhrenamtsagentur Hessen) sowie der Wirtschaft ein „Kompetenznachweis für Ehrenamt und Freiwilligenarbeit" entwickelt worden, mit dem Interessierte relativ unaufwendig und EDV-gestützt Kompetenznachweise erstellen können.[10]

In anderen Bundesländern, wie Nordrhein-Westfalen und Baden-Württemberg, besteht die Möglichkeit, Nachweise freiwilliger Tätigkeit an das Schulzeugnis anzuhängen. Die Jugendministerkonferenz hat einen entsprechenden Vordruck entwickelt und empfiehlt den Obersten Landesjugendbehörden, „Grundprinzipien zu formulieren und gemeinsam mit den Arbeitgeber- und Wirtschaftsverbänden, den Kommunalen Spitzenverbänden und den überörtlichen Zusammenschlüssen der Träger der freien Jugendhilfe in den Ländern auf der Grundlage des nachstehenden Beispiels einen Nachweis über die durch das ehrenamtliche Engagement erworbenen Fähigkeiten und Fertigkeiten einzuführen" (Jugendministerkonferenz 2004).

Grundprobleme aller Kompetenznachweise und Zertifikate, die außerhalb der Institutionen erworbene Kenntnisse und Fähigkeiten belegen sollen, sind Probleme der Validität (vgl. BMBF 2004, S. 112; auch Dohmen 2001, S. 91) und damit zusammenhängende Akzeptanzprobleme. Um eine Akzeptanz, insbesondere in der Wirtschaft, zu gewährleisten, ist es notwenig, klar definierte und vergleichbare Kriterien zu entwickeln, mit denen Aktivitäten außerhalb der Bildungsinstitutionen dokumentiert und ggf. auch bewertet werden können. Für die Nutzer derartiger Nachweise ist vor allem wichtig, dass deren Führung so unaufwendig wie möglich ist, wobei auch hier die individuelle Bereitschaft zur Führung eines solchen Dokuments mit seinem Nutzen am Markt steigen dürfte (vgl. BMBF 2004, S. 110).

Daneben stellt sich die grundsätzliche Frage, inwieweit die Organisationen der Freiwilligenarbeit und die Freiwilligen selbst bereit sind, im Engagement oder im privaten Bereich erworbene Kompetenzen einer beruflichen Nutzung zugänglich zu machen. Die Ökonomisierung aller Lebenssituationen und die Ausrichtung aller individuellen Interessen und Handlungen an den Interessen des Marktes können dazu führen, dass das Handlungsfeld Freiwilligenarbeit seiner Eigenständigkeit und Eigensinnigkeit tendenziell beraubt wird und das freiwilliges Engagement im Jugendalter zum berufsvorbereitenden Lehrgang wird. „Es besteht die Gefahr, dass wir eine ‚Grauzone' der menschlichen Privatsphäre betreten, die nicht gemessen oder bewertet werden sollte." hat schon Jens Bjørnåvold (2000, S. 35) angemerkt.

9 Eine Übersicht über Bildungspässe im In- und Ausland gibt der Tagungsband „Bildungspässe – Machbarkeit und Gestaltungsmöglichkeiten" des gleichlautenden internationalen Fachkongresses 2003 in Saarbrücken (vgl. BMBF 2003).

10 Vgl. www.kompetenznachweis.de

Fragen zu diesem Themenkomplex wurden ausschließlich in den qualitativen Interviews gestellt. Dabei ging es um die Frage, wie die Jugendlichen die Rolle ihres Engagements in Bewerbungsverfahren sehen, ob und wie sie es strategisch einsetzen, welche Erfahrungen sie bereits mit potenziellen Arbeitgebern in Bewerbungssituationen gesammelt haben, aber auch um die angesprochenen grundsätzlichen Fragen der Nutzung von erworbenen und ggf. zertifizierten Kompetenzen in beruflichen Zusammenhängen.

Ein erheblicher Teil der interviewten Jugendlichen verfügt über Erfahrungen mit Bewerbungssituationen. Auch ein großer Teil derjenigen, die sich noch nicht um einen Ausbildungsplatz oder eine Stelle beworben haben, ist schon einmal für ein Praktikum vorstellig geworden oder hat zumindest Bewerbungsunterlagen in der Schule oder im Rahmen von Trainings erstellt oder Bewerbungsgespräche simuliert. Nahezu alle Befragten sehen ihr freiwilliges Engagement als einen Vorteil in der Konkurrenz zu Mitbewerbern an. Dementsprechend sollte es aus ihrer Sicht auch in den Unterlagen oder im Bewerbungsgespräch Erwähnung finden:

> *Klar das hab ich absolut fett in meine Bewerbungsunterlagen rein geschrieben, bei meinem Praktika war es nicht so wichtig, aber um die Stelle, die ich jetzt habe, hätte ich richtig gekämpft. Ich wusste vorher nicht, wie die Situation ist, wie viele Leute die brauchen, wie viele sich bewerben; aber ich wollte die Stelle unbedingt haben und es ging in der Ausschreibung um Arbeit mit Kindern, pädagogisch arbeiten, Organisation von Veranstaltungen etc. und das habe ich im gewissen Sinn alles schon gemacht (w. 19, LSV).*

Die Jugendlichen halten ihr Engagement auch dann für bewerbungsrelevant, wenn dessen Inhalte oder die dort vertretenen (politischen) Interessen der angestrebten beruflichen Tätigkeit nicht unbedingt entsprechen. Insbesondere personale Fähigkeiten wie Selbstbewusstsein, oder soziale Kompetenzen wie Kommunikationsfähigkeit oder Teamfähigkeit, aber auch organisatorische Kompetenzen erscheinen den Jugendlichen als in die Berufswelt transferierbar:

> *Ja, also wie gesagt, so ein bisschen drauf gucken, dass, wenn man sich beim Arbeitgeberverband bewirbt, vielleicht nicht das große Zeugnis der Gewerkschaft dran hängt. Aber im Großen und Ganzen würde ich schon sagen, dass man ganz viele formale Qualifikationen hat und auf der anderen Seite, dass auf die Sachen, die man im Ehrenamt lernt, Chefs heutzutage auch total viel Wert drauf legen. Also, der kann im Team arbeiten usw. (m. 21, Gewerkschaft).*

In der Regel überschätzen die Befragten die Relevanz ihrer Engagementerfahrungen nicht und machen diese von der Art des Unternehmens, bei dem sie sich bewerben, abhängig:

> *I.: Meinen Sie, der Arbeitgeber, der potenzielle, guckt mehr auf die Funktionen oder mehr auf die Noten?*
>
> *Auf die Noten natürlich, ja. Ja, mag sein, nehmen wir an, ich bewerb mich bei der Bank, dann ist es der Bank eigentlich wurscht, ob ich jetzt Schülersprecher bin, aber wenn ich ne Fünf in Mathe hab, dann ist das ne Fünf in Mathe. Dann kann da stehen,*

*dass ich im Theater hervorragend war, in Sport hervorragend war und als Schülersprecher der beste seit zehn Jahren war, und trotzdem ist es dem wurscht. Wenn ich mich aber bewerb bei ner Werbeagentur, dann ist das was anderes. Weil bei denen kommt es vielleicht nicht unbedingt auf die Fünf in Mathe an, sondern ob jemand kreativ ist, ob jemand Ideen hat. Und dann ist wieder das Schülersprecher-gewesen-Sein was Positives für die (m. 20, SV).*

Auf die kritische Nachfrage der Interviewer, ob ein Engagement sich nicht auch negativ auf die Einstellungschancen auswirken könne[11], z.B. durch vermutete hohe zeitliche Belastung, Ausfallzeiten durch mögliche Sonderurlaubsansprüche oder auch Sportverletzungen, räumen die Befragten dies zwar ein, würden aber in den meisten Fällen daran festhalten, den potenziellen Arbeitgeber über ihr Engagement zu informieren. Im folgenden Fall scheint das Engagement sogar einen höheren Stellenwert einzunehmen als eine potenzielle Ausbildungs- oder Arbeitsstelle:

*Ja, wenn ich dem Chef von Anfang an sage, dass ich bei den Falken bin und viele Aktionen mitmache, ist er darauf vorbereitet. Es gibt ja auch Bildungsurlaub bei den Falken. Dann weiß er, was passieren kann und wenn er das nicht will, muss er mich halt nicht nehmen (m. 16, SJD – Die Falken).*

Die positive Einschätzung der Relevanz von im Engagement erworbener Kompetenzen für Bewerbungsverfahren wird auch von den Erwachsenen und Jugendlichen geteilt, die selbst Personalverantwortung tragen – insbesondere dann, wenn die zu besetzende Position eng mit freiwilligem Engagement verknüpft ist:

*Ja, ich kann nur sagen, da ich ja auch im N. N. (Bildungsträger d. V.) als Arbeitgeber auftrete und dort im erheblichen Umfang Bewerbungsgespräche führen muss, frage ich immer in der allerersten Frage im persönlichen Gespräch, ‚Wo bist du oder wo sind Sie engagiert?' (m. Erw., Kath. Jugend).*

*Ja, das ist ja für uns sehr wichtig. Wir können ja keinen einstellen, der keine Ahnung von Engagement hat. Wir können es uns auch nicht leisten, Angestellte zu haben, die nicht über das, was in ihrem Arbeitsvertrag steht, hinaus kreativ sind und dazu beitragen, dass der Laden läuft (m. 19, LSV).*

Ob auch Personalverantwortliche aus Arbeitsfeldern ohne inhaltliche oder strukturelle Ähnlichkeit zur Freiwilligenarbeit freiwillig engagierte Jugendliche vorziehen, kann mit dem vorliegenden Material nicht belegt werden. Dieser

11 So gibt eine Unternehmensberatung im Internet folgenden Ratschlag: „Ehrenamtliche Tätigkeiten. Die Ausübung einer ehrenamtlichen Tätigkeit kann bei einer Bewerbung positiv zu Buche schlagen, wenn Sie damit untermauern können, dass Sie ein vielseitig interessierter und verantwortungsbewusster Mensch sind, der an seiner Umwelt Anteil nimmt. Nicht mehr und nicht weniger. Verweise auf ehrenamtliche Tätigkeiten kommen ans Ende Ihres Lebenslaufes. Eventuelle Belege fügen Sie ganz unten in Ihre Bewerbungsmappe ein. Aber Vorsicht! Wenn der Eindruck entstehen sollte, dass Ihre Arbeit unter einem zu großen Engagement im Ehrenamt leiden könnte, gibt das einen dicken Minuspunkt in Ihrer Bewertung" (Büro für Berufsstrategie Hesse/Schrader, www.stepstone.de/tips/content/stepstone/bewerbung/abc_e.html).

Chef eines Handwerksbetriebs ist sicherlich stark durch seine frühere und aktuelle Tätigkeit bei in der Pfadfinderschaft St. Georg geprägt:

> *Die haben eindeutig bessere Karten. Ich mache das jetzt seit 15 Jahren. Wir haben im Schnitt drei Auszubildende jedes Jahr. Das heißt das sind 40 bis 60 Auszubildende, davon waren welche auch in der DPSG. Die haben auch immer ganz gut ausgesehen. Na, klar (m. Erw., DPSG).*

Ein weiterer Hinweis auf Vorteile in Bewerbungsverfahren findet sich in einem anderen Interview. Die Befragte hat selbst nach den Gründen, die zu ihrer Einstellung als Auszubildende einer Bank geführt haben, recherchiert und eindeutige Beweise für die Wirksamkeit ihrer Engagementerfahrungen gefunden:

> *Einmal, als ich in der Ausbildung war, haben wir durchgenommen, dass man Recht auf Einsicht in seine Personalakte hat und da haben wir das als Auszubildende auch direkt gemacht. Da habe ich dann Notizen des damaligen Direktors gesehen. Ich habe bei der Deutschen Bank `ne Ausbildung gemacht. 400 Bewerbungen und ausschlaggebend war mein ehrenamtliches Engagement. Er hat nämlich handschriftlich an mein Bewerbungsschreiben Notizen gemacht und ich weiß auch, wir haben die ganze Zeit im Bewerbungsgespräch nur über Jugendarbeit und Landjugend gesprochen und nicht über das, auf was ich mich vorbereitet habe. Das ist vielleicht auch noch mal ein interessanter Aspekt (w. Erw., KLJB).*

Um in Bewerbungsverfahren bestehen zu können, müssen sich die Jugendlichen von anderen, manchmal, wie im vorliegenden Fall, von sehr vielen Mitbewerbern abheben. Bei jungen Bewerbern und Bewerberinnen ohne längere Berufsbiografie kann dies nur über die schulischen Leistungen oder über ungewöhnliche außerschulische Aktivitäten geschehen. Im weiteren Verlauf der obigen Interviewsequenz weist die ehemalige Engagierte aus der Katholischen Landjugend auf gerade diese Funktion eines Engagements hin. Die dort erworbenen Kompetenzen sind nicht alleiniges Kriterium für eine Einstellung, können aber das Unterscheidungsmerkmal sein, welches letztlich ausschlaggebend ist.

Nicht ganz so eindeutig fällt die Einschätzung der befragten Jugendlichen und Erwachsenen hinsichtlich einer Zertifizierung ihrer im Engagement erworbenen Kompetenzen durch die Träger aus. Im Ersten Freiwilligensurvey bekunden 39 Prozent der engagierten Jugendlichen (14 – 24 Jahre) ein Interesse an Tätigkeitsnachweisen (vgl. BMFSFJ 2000, S. 148).[12] Zertifikate und andere qualifizierte Tätigkeitsnachweise werden auch von einem Teil der Interviewten der vorliegenden Untersuchung als Anerkennung erbrachter Leistungen und als wichtige Bewerbungsunterlagen angesehen. Andere betrachten diese Form der Dokumentation eher skeptisch. Insbesondere die in NRW bestehende Möglichkeit, Nachweise geleisteten Engagements an das Schulzeugnis anhängen zu lassen, wird – soweit überhaupt bekannt – von einer Reihe der Befragten kritisch gesehen.

12 Nur 23 Prozent der aller Befragten gibt an, kein Interesse an Tätigkeitsnachweisen zu haben. Im Zweiten Freiwilligensurvey wurde diese Frage nicht mehr gestellt.

*Ich glaube schon, dass diese Zertifikate, die es zum Abitur gibt, also die einem dann Sozialkompetenz bescheinigen, ganz nützlich sind. Ein Zertifikat von der LandesschülerInnenvertretung über drei Jahre ehrenamtliches Engagement bringt einen aber, glaube ich, eher in Schwierigkeiten, weil wir doch noch bei vielen Stellen noch nicht angekommen sind als wirklich konstruktiv kritischer Interessenvertreter oder Verband der Interessenvertreterinnen und -vertreter sondern immer eben abgetan werden als dieser linksradikale Haufen. (...) Aber was natürlich gut kommt, ist, wenn das Ministerium bescheinigt, dass man drei Jahre lang als SchülerInnenvertreter aktiv war. Das tun die auch. Das hätten sie übrigens nicht getan, wenn wir tatsächlich dieser linksradikale Haufen wären (lacht) (m. 19, LSV).*

*Gerade heutzutage ist es ja so, dass der Wettstreit recht groß ist, weil es weniger Jobs gibt und da sollte man natürlich schon solche Sachen anbringen. Das ist ja durchaus legitim, wenn man sich in einem Bereich so hervorgetan hat oder viel geleistet hat, dann soll er dafür auch durchaus was bekommen.*

*I: Kennst Du dieses Beiblatt?*

*Dieses Beiblatt kannte ich jetzt gerade nicht (m. 20, DJK).*

Interessanterweise wird die Verknüpfung des hier angesprochenen Beiblatts mit dem Schulzeugnis auch von solchen Engagierten als problematisch angesehen, die selbst an der Einführung dieser Möglichkeit zum Nachweis freiwilligen Engagements beteiligt waren, so etwa dieser Gewerkschafter und ehemalige Landesschülervertreter:

*Ich wollte das nicht. Wie gesagt, das ist halt so eine Sache. Ich möchte schon noch selber entscheiden, wem ich welche Bescheinigung dazu gebe. (...) Also wir haben dieses Beiblatt als Landesschülervertretung mit entworfen (m. 21, Gewerkschaft).*

Auch eine noch aktive Vertreterin der Landesschülervertretung bezieht eine eher ablehnende Position:

*Das geht aber nur bei anerkannten Stellen, das geht nur bei Organisationen, die eine Leitung haben, eine Hierarchie, das finde ich sehr problematisch, weil man kann sich auch bei sehr lose organisierten Organisationen engagieren und die Leute die da sind, werden ausgeschlossen. (...) Was hat das mit Schule zu tun, wenn der in der Kirchengemeinde eine Jugendgruppe leitet? (...) Die Schule unterschreibt die auch nicht, die Schule heftet die nur an das Zeugnis dran. Ich verstehe nicht, wieso das sein muss, was das bringt (w. 19, LSV).*

Andere Engagierte betonen, dass der Erhalt eines Zertifikats nicht die Hauptmotivation für ein Engagement sein darf. So wie im folgenden Zitat schwingt auch in anderen Aussagen die Angst mit, eine Zertifizierung könne Auswirkungen auf die Qualität der Arbeit haben:

*Das muss nicht sein. Der das macht, der soll das aus dem Grund machen, weil er Interesse dafür hat und nicht, weil er irgendwann ein Beiblatt kriegt oder einen Schein dafür bekommt, dass er da was macht, um später Einstellungschancen zu haben. (...) Man sollte das Engagement nicht deswegen machen, um so ein Blatt zu bekommen, sondern einfach aus Interesse (m. 20, Kath. Gemeinde).*

Insgesamt gesehen halten die Interviewten Zertifikate in Bewerbungssituationen für weniger wichtig als das persönliche Gespräch mit den Personalverantwortlichen über ihre Engagementerfahrungen:

> *Klar, wenn man heutzutage mit Freunden spricht, die jetzt im Wirtschaftsbereich sind, die probieren auf jeden Fall in gewisser Form ihren Lebenslauf aufzupolieren. Das wird ja überall gemacht; wenn man mal im Internet schaut, wie die Lebensläufe sein sollen, da probiert natürlich jeder, möglichst viel reinzuwerfen.*
>
> *I: Das macht es für einen Arbeitgeber immer schwierig zu sehen, ist das jetzt echt oder nicht?*
>
> *Natürlich, unheimlich schwer. Klar. So einen Schrieb kann sich jeder mal schnell besorgen. Das ist klar, da kommt es natürlich auch drauf an, wie man die Sache verkauft. Wenn man die Sache authentisch verkauft und das wirklich gut belegen kann, ist es kein Problem, das zu beweisen (m. 20, DJK).*

Auch die befragten Erwachsenen sind hinsichtlich einer Zertifizierung freiwilliger Tätigkeiten geteilter Meinung:

> *Was ich mir im Rahmen der DPSG vorstellen kann, ist, dass man jemandem seine Leiterausbildung bescheinigt. Der hat das gemacht; daran wird immer rumgestrickt, gerade jetzt immer ein bisschen verändert. Das kann man ihm bescheinigen und der war in der Zeit Jugendgruppenleiter. Das kann man ganz neutral bescheinigen. Aber weitergehende Zertifizierungen? Das muss man sehen (m. Erw., DPSG).*

An dieser Stelle stellt sich die Frage, inwieweit Personalverantwortliche, vor allem wenn sie nicht über eigene Engagementerfahrungen verfügen, die vorgelegten Zertifikate oder die mündlichen Aussagen in Bewerbungsverfahren kompetent beurteilen können. Auch wenn es Hinweise dafür gibt, dass ein freiwilliges Engagement zunächst eine generell positive Bewertung erfährt, ist nicht klar, ob es in den Unternehmen ein strukturiertes Wissen über die Formen, Organisationen und Inhalte des freiwilligen Engagements gibt.

Auch wenn das Thema „Freiwilligenarbeit und Unternehmen" in der letzten Zeit vor allem unter den Stichworten „Corporate Citizenship" und „Corporate Social Responsibility" breite Aufmerksamkeit erfahren hat (vgl. u.a. Vis a Vis 2006), gibt es insgesamt gesehen kaum Forschungsarbeiten zu der Frage, wie Unternehmen die Relevanz eines freiwilligen Engagements ihrer Beschäftigten einschätzen, bzw. welchen tatsächlichen Einfluss dieses in Bewerbungsverfahren hat. Trotz der gelegentlichen Äußerungen von Vertretern der Wirtschaft und den Ergebnissen kleinerer Studien[13], die den positiven Effekt eines

---

13 So hat eine österreichische Studie in 400 Unternehmen festgestellt, dass 86 Prozent aller Unternehmensvertreter ein freiwilliges Engagement außerhalb des Berufs „sehr wichtig" (52%) oder „ziemlich wichtig" (34%) finden. 55 Prozent stimmen der These, dass man sich im Engagement Erfahrungen, Fähigkeiten und Fertigkeiten aneignen kann, die auch für den Beruf nützlich sind „voll und ganz", 38 Prozent „teilweise" zu. 42 Prozent der Befragten glauben, dass sich die Berufschancen durch einen Freiwilligennachweis verbessern. Allerdings denken 43 Prozent, dass diese durch einen derartigen Nachweis nicht beeinflusst werde (vgl. Public Opinion GmbH 2005).

Engagements auf die Berufseinmündung zu bestätigen scheinen, ist der empirische Nachweis eines solchen Zusammenhangs bisher nicht erbracht.

Festzuhalten bleibt, dass ein freiwilliges Engagement im Jugendalter von den Unternehmen in der Regel positiv bewertet wird und dieses als Mittel der Distinktion in Bewerbungsverfahren genutzt werden kann. Gerade für Jugendliche, deren Lebenslauf sich naturgemäß nicht stark von gleichaltrigen Mitbewerbern unterscheidet, kann eine nachgewiesene Verantwortungsübernahme der ausschlaggebende Punkt für eine Einstellung sein.

### *5.3.2 Berufswahl, Berufsabschluss und Berufsstatus*

Der Frage nach der der Rolle des Engagements in der Jugendzeit bei der späteren Berufswahl, für den Berufsabschluss und den beruflichen Erfolg wurde in beiden Befragungen nachgegangen. Während aus der standardisierten Erhebung eher allgemeine Zusammenhänge zwischen Engagement und späterer Berufstätigkeit abgeleitet werden können, wird die qualitative Befragung herangezogen, um der Bedeutsamkeit von im Engagement erworbenem Wissen und Können, sowie der Rolle des Erwerbs sozialen Kapitals vertiefend nachzugehen.

Mit den 25- bis 40-Jährigen wurde für die Telefonbefragung eine Gruppe ausgewählt, bei welcher davon ausgegangen werden kann, dass sie mit dem Eintritt ins Berufsleben eine wichtige Statuspassage abgeschlossen hat. Diese Annahme hat sich bestätigt. Nur 2,3 Prozent der Befragten gibt an, nie erwerbstätig gewesen zu sein.

Zur Klärung der Frage, ob ein freiwilliges Engagement Jugendlicher einen direkten Einfluss auf ihre Berufswahl hat, wurde in die quantitative Erhebung eine Frage aufgenommen, die auf eine Tätigkeit in Berufen des Gesundheits-, Bildungs-, und Sozialbereichs abzielt. Dabei wurde von der Annahme ausgegangen, dass engagierte Jugendliche sich häufiger für einen Beruf in diesem Feld entscheiden als andere und nicht nur Kenntnisse aus dieser Tätigkeit mitbringen, sondern auch ein insgesamt tieferes Interesse an diesem Berufsfeld entwickeln.

Dies wurde durch zwei unterschiedliche Operationalisierungen geklärt, zum einen durch die direkte Frage, ob die Interviewten jemals im Gesundheits-, Bildungs- oder Sozialbereich gearbeitet haben, zum anderen durch eine Recodierung[14] der aktuellen bzw. letzten Berufsangabe (vgl. Tab. 5.4).

---

14 Hierbei galten als Berufe im Sozial- und Bildungswesen: Sozialarbeiter, Sozialpädagogen, Heilpädagogen, Erzieher, Altenpfleger, Familienpfleger, Heilerziehungspfleger, Kinderpfleger, sonstige soziale Berufe, Lehrer, Hochschullehrer, Erziehungswissenschaftler, Psychologen, Geistliche; als Berufe im Gesundheitswesen: Ärzte, Zahnärzte, Heilpraktiker, Masseure, medizinische Bademeister, Krankenschwestern, Hebammen, Helfer in der Krankenpflege, Sprechstundenhelferinnen, medizinisch-technische Assistenten, pharmazeutisch-technische Assistenten sowie alle anderen therapeutischen Berufe.

*Tab. 5.4: Anteil in Gesundheits-, Bildungs- und Sozialberufen nach freiwilligem Engagement in der Jugendzeit (Anteil ja in %, gewichtet)*

| | Engagierte | Nicht-Engagierte |
|---|---|---|
| Sind oder waren Sie jemals im Gesundheitsbereich, im Bildungswesen oder im sozialen Bereich erwerbstätig oder in einer Ausbildung? | 41 | 28 |
| Beruf im Gesundheits-, Bildungs- und Sozialbereich (Recodierung aus aktueller oder letzter Berufsangabe) | 25 | 15 |

Quelle: Studie „Informelle Lernprozesse“

Beide Erhebungsmethoden zeigen, dass in der Jugend engagierte Personen in größerem Ausmaß Gesundheits-, Bildungs- und Sozialberufe ergreifen.

Da davon ausgegangen werden muss, dass diese Befunde nicht allein vom Engagement, sondern von konkurrierenden Faktoren wie der Bildung, bestimmten Alterskonjunkturen oder dem Geschlecht abhängen, wurden die Faktoren für die Wahl eines Gesundheits-, Bildungs- oder Sozialberufes zusätzlich durch eine multivariate Überprüfung über logistische Regressionsmodelle bestimmt (vgl. Tab. A.1 im Anhang).

Nach diesen Ergebnissen arbeiten Frauen häufiger in diesen Arbeitsfeldern. Die Wahrscheinlichkeit, dass diese Berufe ergriffen werden, steigt zudem mit dem Bildungsgrad. Personen mit einem Hauptschulabschluss arbeiten seltener in Gesundheits-, Bildungs- und Sozialberufen, Realschulabsolventen seltener im Sozial- und Bildungsbereich.

Unabhängig von diesen Faktoren ergibt sich ein Bild, welches einen Einfluss des Engagements erkennen lässt, das aber nach den konkreten Berufsfeldern sowie nach Tätigkeitstypen zu differenzieren ist. Sozial- und Bildungsberufe werden am häufigsten von ehemaligen Leitern, gefolgt von Helfern und Organisatoren, ergriffen. Im Gesundheitsbereich sind mit größerer Wahrscheinlichkeit frühere Helfer tätig. Ein negativer Effekt zeigt sich im Gesundheitsbereich bei ehemaligen Leitern, ohne Effekt ist hier eine Jugendtätigkeit als Organisator. Ehemalige Funktionäre zeigen für alle Bereiche unterdurchschnittliche Präferenzen. Bei ehemaligen Helfern und Leitern, deren freiwillige Tätigkeiten während der Jugend den höchsten Spezialisierungsgrad aufweisen, hat das Engagement offenbar die größte Auswirkung auf die Berufsorientierung, während eine Funktionärstätigkeit keine Festlegung auf einen Berufsbereich begründet (vgl. Tab. 5.5).

*Tab. 5.5: Anteil in Gesundheits-, Bildungs- und Sozialberufen (Recodierung der aktuellen bzw. letzten Berufsangabe) nach freiwilligem Engagement in der Jugend und Tätigkeitstypen im Engagement (in %, gewichtet, Spaltenprozent)*

| In Gesundheits-, Bildungs- und Sozialberufen | ja | nein |
|---|---|---|
| Nicht- Engagierte | 15 | 85 |
| Praktische Helfer | 29 | 71 |
| Gruppenleiter u. Trainer | 24 | 76 |
| Organisatoren | 25 | 75 |
| Funktionäre u. Politiker | 20 | 80 |
| Engagierte gesamt | 25 | 75 |

Quelle: Studie „Informelle Lernprozesse"

Die Ergebnisse der qualitativen Untersuchung bestätigen die Bedeutung des Engagements für die Berufswahl. In einer Reihe der Interviews berichten Jugendliche und Erwachsene von einschneidenden Erfahrungen aus ihrer freiwilligen Tätigkeit mit Einfluss auf ihre berufliche Orientierung. Auch wo sich der Berufswunsch oder der bereits gewählte Beruf nicht direkt aus dem Engagement ergibt, geben die Interviewten häufig an, dass ihr späterer Beruf in wichtigen Merkmalen (vor allem: „mit Menschen umgehen") ihrem früheren Engagement ähnlich sein sollte. Dies trifft in besonders starkem Maße auf freiwillige Mitarbeiter aus der Kinder- und Jugendarbeit in den Verbänden, den Kirchen oder im Sport zu. Dazu ein Beispiel aus der evangelischen Jugend:

> *Ja, klar! Absolut, weil ich ja seit meinem vierzehnten Lebensjahr mit Kindern und Jugendlichen auf unterschiedlichen Ebenen gearbeitet habe, habe ich erstmal so mein Studium gewählt. Ja. Ich glaube, ich merke das auch heute noch viel. Es gibt viele Menschen, die so gar nicht wissen, was sie machen sollen, die sind so orientierungslos und bei Fragen wie: ‚Was machst du denn gerne?' oder ‚Was kannst du gut?' kommt nicht so richtig viel. Ich wusste das schon relativ früh. Auch wenn das erst in Schritten kam, weil ich ja erst dachte, ich werde Erzieherin und dann Sozialpädagogin, und dann habe ich doch Abitur gemacht und bin zur Uni gegangen, aber es kam dann. Ich wusste ja die Richtung, es war ja klar, dass es nichts irgendwie in der Bank wird oder so. Das war mir zu kühl und zu analytisch und so (w. 22, Ev. Jugend).*

Für andere Befragte scheint das Motiv der Selbstwirksamkeit für die berufliche Orientierung ausschlaggebend zu sein. Außerdem zeigt die folgende Sequenz aus dem Gespräch mit einer jungen Greenpeace-Aktivistin wie massiv der Einfluss des Engagements auf die berufliche Orientierung sein kann:

*Ja, ich habe mir halt überlegt, dass ich auf jeden Fall irgendwas machen will, was irgendwem, ganz egal wem, irgendwas bringt. Irgendwie merke ich das auch hier, dass es Spaß macht, wenn man sieht, dass es wenigstens ein bisschen was in der Welt bewirken kann, was man tut. Ich wollte früher, also da hatte ich auch ein Praktikum im Museum gemacht, da wollte ich Kunsthistorikerin werden, aber ich habe festgestellt, dass das eigentlich, ich will nicht sagen überflüssig ist, aber dass es nicht so viel bringt, glaube ich (w. 15, Greenpeace.*

Wie das Beispiel zeigt, nutzen die Jugendlichen die Erfahrungen aus dem Engagement auch, um vorhandene Berufswünsche zu revidieren. Das Engagement ist also nicht nur eine Art Praktikum, welches bereits vorhandene berufliche Orientierungen stützt, sondern kann Auslöser für entscheidende Umorientierungen sein.

Auch die Erfahrung, zu selbst gewählten Themen inhaltlich zu arbeiten, kann prägend wirken. Bemerkenswert erscheint, dass auch in diesem Kontext auf negative schulische Erfahrungen Bezug genommen wird:

*Prägend war für mich die Erfahrung, dass ich mich gerne inhaltlich mit Themen auseinandersetze. Aus heutiger Sicht habe ich eine schlechte Gymnasialausbildung durchlaufen, mit viel Frontalunterricht und Langeweile. Bei den Jusos, besonders wenn es um theoretische Fragen ging, habe ich wirklich zum ersten Mal erfahren, wenn ich eine Notwendigkeit sehe, mich mit einem Thema auseinanderzusetzen, weil wir das in der Gruppe so definiert haben, habe ich mich eigenständig mit diesen Inhalten beschäftigen können. Und das kannte ich aus der Schule nicht. Letztlich hat diese Erfahrung dazu geführt, dass ich Sozialwissenschaftlerin geworden bin (w. Erw., SPD).*

Andere engagierte Jugendliche sehen ihre freiwillige Arbeit als einen Erfahrungsraum an, der ihnen, zum Teil in der direkten Auseinandersetzung mit Professionellen, ermöglicht, ihre Berufswünsche zu reflektieren. Auch hier werden Berufswünsche revidiert:

*In bestimmten Fächern wurde dann gefragt: ‚Was wollt ihr den später mal machen?‘ und meine Berufswünsche waren ‚Pfarrerin‘ oder ‚Lehrerin‘ und ausgerechnet diese zwei Berufe (…) das ist dann doch sehr auf Erstaunen gestoßen.*

*I: Du sagtest ‚waren‘. Ist das nicht mehr so?*

*Pfarrerin nicht mehr, nein. So fest mit Gott bin ich dann doch nicht verankert. Ich bin z.B. mit der Erschaffung der Welt viel zu wissenschaftlich, als dass ich das glauben kann, was da in der Bibel steht, und ich glaube, das ist nicht so klasse für eine Pfarrerin, wenn die noch nicht einmal selber glaubt, was in der Bibel steht. Auch verschiedene andere Sachen, wo ich mir einfach nicht vorstellen könnte, unter diesen Bedingungen zu arbeiten.*

*I: Was meinst du mit den Bedingungen?*

*Ja, ich meine, dass einem, vor allem jetzt hier, so Steine in den Weg gelegt werden. Dass man sich zwar ganz viel vorstellen kann, was man gerne mal machen möchte, aber dass einem von den Leuten so viele Steine in den Weg gelegt werden, dass das nicht geht. Und das würde mich, glaube ich, auf Dauer deprimieren und das könnte ich nicht schaffen. Lehrerin ist immer noch mein Berufswunsch. Das möchte ich auch gerne machen, aber ich habe mich entschieden, dazu noch eine Ausbildung zur Fachinformatikerin zu machen (w. 16, Ev. Jugend).*

Der letzte Interviewauszug ist ein Beispiel dafür, wie Jugendliche in ihren Berufsentscheidungen durch erlebte Berufspraxis beeinflusst werden. Durch Kontakte zu im Kontext der Organisationen tätigen Erwachsenen erhalten sie die Möglichkeit, Einblick in den Berufsalltag verschiedener Professionen zu nehmen, was, wie hier gezeigt, auch zur Revision von Berufswünschen führen kann. Da Jugendliche, wie die Untersuchungen des DJI-Übergangspanels (Lex u.a. 2006) zeigen, ihre Berufvorstellungen zwar stark an Vorstellungen eines normalbiografischen Lebenslaufs ausrichten (vgl. ebd., S. 18), oft aber recht unklare oder idealistische Vorstellungen von ihren Wunschberufen haben (vgl. ebd., S. 42), sind solche Erfahrungen im Prozess der Berufsfindung nicht zu unterschätzen.

Deutlich wird aber auch, wie das freiwillige Engagement als Rekrutierungsfeld insbesondere für soziale und erzieherische Berufsfelder wirken kann. Die Möglichkeit, erste Arbeitserfahrungen in diesen Feldern zu sammeln, bekommen Jugendliche sonst allenfalls im Zivildienst oder in den Freiwilligendiensten, aber nicht in der Schule oder sonstigen Lernkontexten. Für die Professionen des Sozial-, des Bildungs- aber auch des Gesundheitsbereichs ist das freiwillige Engagement Jugendlicher ein nicht zu unterschätzender Beitrag zur Nachwuchsgewinnung. Um dem steigenden Arbeitskräftebedarf in diesen Bereichen gerecht werden zu können, erscheinen deshalb gesellschaftliche Investitionen zum Erhalt und zur Ausweitung dieser Lernfelder erforderlich.

Hinsichtlich der Berufsabschlüsse gibt es auf den ersten Blick eine eindeutige Tendenz: Ehemals Engagierte haben die höheren Berufsabschlüsse. So erreichen annähernd doppelt so viele Engagierte einen Fachhochschul- oder Hochschulabschluss wie Nicht-Engagierte (vgl. Abb. 5.1).

Da davon auszugehen ist, dass andere Variablen einen stärkeren Einfluss auf das Erreichen eines Berufsabschlusses haben, als es das freiwillige Engagement hat, wurden verschiedene Variablen kontrolliert, die konkurrierende bzw. verzerrende Effekte auf das Ergebnis haben können: das Alter, da Ältere mehr Zeit haben, einen Berufsabschluss zu machen; das Geschlecht, da gerade berufliche Abschlüsse geschlechtsspezifisch distribuiert sind; die Geburt in der DDR, da dort ein anderes Berufsbildungssystem bestand; der Migrationshintergrund, da in diesem Fall von Problemen am Ausbildungsmarkt ausgegangen werden muss, und vor allem der erreichte höchste Schulabschluss, da dieser im derzeitigen Bildungssystem den größten Einfluss auf die beruflichen Möglichkeiten hat.

Die Ergebnisse der berechneten Regressionsmodelle (vgl. Tab. A.2 im Anhang) zeigen, dass ein Migrationshintergrund sowie ein weibliches Geschlecht zu einem niedrigeren Berufsabschluss beitragen. Demgegenüber begünstigen ein höheres Alter und eine Geburt in der DDR die Erlangung eines höheren Berufsabschlusses. Den deutlichsten Einfluss auf die Höhe des Berufsabschlusses

*Abb. 5.1: Beruflicher Abschluss nach Engagement in der Jugend*

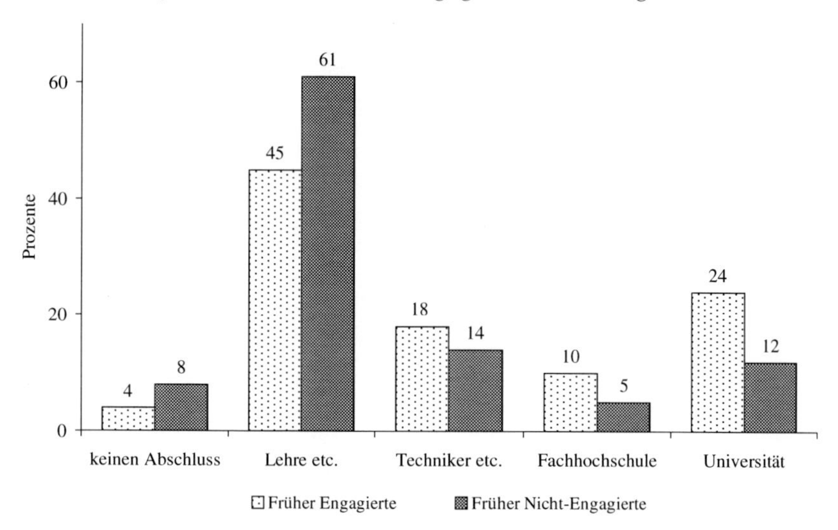


Quelle: Studie „Informelle Lernprozesse“

hat, wie nicht anders zu erwarten war, der Schulabschluss. Allerdings zeigt sich auch unabhängig von anderen Variablen ein signifikanter Effekt des jugendlichen Engagements: Engagierte erreichen – auch unter Kontrolle des Schulabschlusses – einen etwas höheren Berufsabschluss (vgl. Tab. 5.6).

Befragte, die maximal einen Hauptschulabschluss aufweisen, haben zu 17 Prozent keinen Berufsabschluss, wenn sie sich nicht in ihrer Jugend engagiert hatten. Bei ehemals engagierten Befragten dieser Gruppe hatten jedoch lediglich 10 Prozent keine Berufsausbildung abgeschlossen. Nicht-Engagierte dieses Bildungsniveaus erreichten lediglich zu 14 Prozent einen Berufsabschluss als Meister, Techniker oder Fachschüler, mit einem jugendlichen Engagement stieg dieser Wert auf 17 Prozent. Ehemals engagierte Abiturienten erreichten zu 15 Prozent eine abgeschlossene Fachhochschulausbildung und zu 57 Prozent einen Universitätsabschluss, dagegen jedoch nur 9 bzw. 55 Prozent Abiturienten, die sich in ihrer Jugend nicht engagiert hatten. Insgesamt bleibt damit ein durchgehender Einfluss des Engagements auf den Berufsabschluss festzuhalten. Allerdings reicht das Engagement in der Jugendzeit nicht aus, um eine niedrigere Schulbildung zu kompensieren. Hier zeigt sich kein signifikanter Interaktionseffekt, das heißt weder niedrig noch höher Gebildete profitieren von einem Engagement in besonderem bzw. unterschiedlichem Ausmaß (vgl. Tab. A.3 im Anhang).

*Tab. 5.6: Beruflicher Abschluss nach höchstem Schulabschluss und Engagement in der Jugend (in %, gewichtet, Spaltenprozent)*

| | Höchster Schulabschluss | | | | | | | |
|---|---|---|---|---|---|---|---|---|
| | Höchstens Hauptschulabschluss | | Realschulabschluss | | Fachhochschulreife | | Abitur | |
| | E | NE | E | NE | E | NE | E | NE |
| Kein Berufsabschluss | 10 | 17 | 1 | 2 | 2 | 3 | 3 | 5 |
| Lehre, Berufsfachschule etc. | 73 | 68 | 63 | 76 | 32 | 41 | 16 | 26 |
| Meister, Techniker, Fachschule etc. | 17 | 14 | 28 | 18 | 23 | 22 | 9 | 5 |
| Fachhochschule etc. | 0 | 2 | 6 | 3 | 33 | 25 | 15 | 9 |
| Universität | 0 | 0 | 2 | 1 | 11 | 10 | 57 | 55 |
| Anzahl | 121 | 89 | 454 | 221 | 194 | 68 | 721 | 170 |

E = in der Jugend engagiert; NE = nicht in der Jugend engagiert

Quelle: Studie „Informelle Lernprozesse“

Ein früheres freiwilliges Engagement kann sich nicht nur auf die berufliche Qualifikation auswirken. Zu fragen ist auch, ob die dort erworbenen Fähigkeiten den Berufserfolg erhöhen, und zu einem höheren Berufsstatus führen.

Früher Engagierte schätzen ihr Leben allgemein eher als „erfolgreich“ oder „sehr erfolgreich“ ein als Nicht-Engagierte (vgl. Tab. 5.7). Der höhere generelle Lebenserfolg geht auch mit einer subjektiv positiveren Einschätzung des Erfolgs im Berufsleben einher: Ein sehr erfolgreiches Berufsleben weisen sich eher früher Engagierte als Nicht-Engagierte zu (vgl. Tab. 5.8). Dementsprechend scheinen engagierte Befragte auch insgesamt zufriedener mit ihrem Leben zu sein, als früher nicht Engagierte (vgl. Tab. 5.9).

Um zu überprüfen, ob das Engagement in der Jugendzeit auch einen Einfluss auf den erreichten beruflichen Status hat, wurden in einem linearen Regressionsmodell verschiedene Variablen kontrolliert, die konkurrierende bzw. verzerrende Effekte auf das Ergebnis haben können: das Alter, das Geschlecht, eine Geburt in der DDR, ein Migrationshintergrund und der erreichte höchste Schulabschluss. Bei der Untersuchung der Wirkung des Engagements wurde zudem zwischen den verschiedenen Tätigkeitstypen und ihren verschieden hoch verlangten bzw. trainierten Kompetenzen unterschieden. Es wurde erwartet, dass mit höherentwickelten Kompetenzen auch ein höheres Berufsprestige erreicht werden kann.

*Tab. 5.7: Selbsteinschätzung des Lebenserfolgs nach Engagement in der Jugendzeit (in %, gewichtet, Spaltenprozent)*

| Wenn Sie sich Ihr gesamtes bisheriges, auch privates Leben einmal ansehen: Halten Sie sich insgesamt für ... | Engagierte | Nicht-Engagierte |
|---|---|---|
| sehr erfolgreich | 16 | 15 |
| erfolgreich | 76 | 65 |
| weniger erfolgreich | 7 | 19 |
| gar nicht erfolgreich | 0 | 1 |
| Anzahl | 1.487 | 545 |

Quelle: Studie „Informelle Lernprozesse"

Ein solcher Zusammenhang ließ sich nur in geringem Umfang bestätigen. Hier zeigte das frühere Engagement unerwartet schwache Effekte: Lediglich früher als Leiter tätige Personen erreichten unter Kontrolle der anderen Variablen ein signifikant höheres Berufsprestige[15], allerdings ist der erreichte „Gewinn" mit 5,3 Punkten als schwach zu bewerten.[16] Nur auf einem 10-Prozent-Niveau signifikant und noch geringer ausgeprägt ist der Prestigegewinn

*Tab. 5.8: Selbsteinschätzung des beruflichen Erfolgs nach Engagement in der Jugendzeit (in %, gewichtet, Spaltenprozent)*

| Wenn Sie auf Ihren bisherigen beruflichen Werdegang schauen: War dieser von heute aus gesehen ... | Engagierte | Nicht-Engagierte |
|---|---|---|
| sehr erfolgreich | 23 | 15 |
| erfolgreich | 65 | 63 |
| weniger erfolgreich | 11 | 20 |
| gar nicht erfolgreich | 2 | 3 |
| Anzahl | 1.482 | 545 |

Quelle: Studie „Informelle Lernprozesse"

15 In der vorliegenden Untersuchung wurde zur Messung des beruflichen Status der MPS nach Wegener benutzt (siehe Anhang).

16 Zur Illustration beträgt der Prestigeunterschied zwischen Gymnasiallehrern (MPS=132,1) und Grund-, Haupt-, Real-, Sonderschullehrern (MPS=120,0) 12,1 Punkte.

*Tab. 5.9: Selbsteinschätzung der Lebenszufriedenheit nach Engagement in der Jugendzeit (in %, gewichtet, Spaltenprozent)*

| | Sind Sie mit Ihrem Leben alles in allem... | |
|---|---|---|
| | Engagierte | Nicht-Engagierte |
| sehr zufrieden | 41 | 32 |
| eher zufrieden | 54 | 57 |
| eher unzufrieden | 4 | 9 |
| gar nicht zufrieden | 1 | 2 |
| Anzahl | 1.497 | 549 |

Quelle: Studie „Informelle Lernprozesse“

ehemaliger Funktionäre. Wenn oben festgestellt werden konnte, dass ein Engagement in der Jugendzeit einem messbaren Einfluss auf das Erreichen eines höheren Berufsabschlusses hat, so können derartige Effekte auf den späteren beruflichen Status nicht nachgewiesen werden.

### *5.3.3 Übertragbarkeit von Kompetenzen in Ausbildung, Berufstätigkeit und Studium*

Wenn sich ein Einfluss des früheren freiwilligen Engagements auf die Berufswahl und den Berufsabschluss nachweisen lässt, so ist damit noch nicht gesagt, dass sich die im Engagement erworbenen Kompetenzen auch auf die berufliche Praxis übertragen lassen. Bei der Auswertung der qualitativen Interviews fällt auf, dass es auch unter den älteren Befragte nur wenige gibt, die konkretes Anwendungswissen nennen, welches sie aus ihrem Engagement in das Studium oder in den Beruf transferieren.

Lediglich ein Erwachsener kann solche praktischen Anwendungsfälle beschreiben. Der selbstständige Handwerker mit DPSG-Hintergrund kritisiert an mehreren Stellen des Interviews die fehlende Fähigkeit seiner Auszubildenden, alltägliche Aufgaben, die auf einfachen Wissensgrundlagen beruhen, zu bewältigen. Er belegt dies mit Beispielen aus der beruflichen Praxis („und schreiben, mit der Hand schreiben, wird zunehmend zu einem Desaster“) und führt dies auf einen unzureichenden Praxisbezug des schulischen Unterrichtsstoffes zurück. Im freiwilligen Engagement sieht er eine Möglichkeit, schulisches Wissen in alltägliches Handeln umzusetzen und so dessen Lebensrelevanz zu erfahren. Er konkretisiert den Wissenstransfer vom Engagement in den Beruf am Beispiel von einfachen Dreisatzaufgaben:

*Die müssen das doch können, zum Beispiel einen Dreisatz. Und ich glaube auch, dass sie das können, aber die Umsetzung von Schule in die Ausbildung oder in das normale Leben ist eine Katastrophe. Vielleicht ist das ein Punkt im Engagement, dass man das da anwendet, was man in der Schule gelernt hat. Wenn jemand als Leiter in der Gruppe so was organisieren muss, dann muss er so was machen. Ich fahre mit 10 Kindern, und ein Kind braucht 5 Kartoffeln, dann brauchen 10 Kinder 50 Kartoffeln. Ist ja banal, im Prinzip. Aber so was ist es doch. Je größer die Gruppe ist, umso schwieriger ist das dann. Ich muss einen Plan für die Woche machen, muss das organisieren, muss Einteilungen machen. Das ist Anwendung von dem Wissen, was eigentlich Basiswissen ist: schreiben, Tabellen machen, malen (m. Erw., DPSG).*

In den meisten Interviews wird aber deutlich, dass es seltener konkretes kognitives oder praktisches Handlungswissen ist, welches in berufliche Situationen eingebracht wird, sondern eher Leitungs- und Teamkompetenzen, organisatorische Fähigkeiten oder auch professionell-soziale Kompetenzen, welche besonders in den Funktionärs- und Leitungspositionen gefördert werden (siehe auch Kap. 4). Bemerkenswert ist, dass diese Kompetenzen nicht nur von Befragten aus sozialen und pädagogischen Arbeitsfeldern in den Vordergrund gestellt werden, sondern auch von im handwerklichen Bereich Tätigen vorrangig genannt werden, wenn es um die Übertragbarkeit von Wissen und Können aus dem Engagement geht. Auch hier spielen der Umgang mit Menschen und entsprechende Kenntnisse und Methoden der Kommunikation oder zur Bewältigung von zwischenmenschlichen Konflikten eine Rolle. Dazu ein Beispiel aus den Interviews in sächsischen Jugendclubs:

*Ich bin Tischler von Beruf, zur Zeit nicht berufstätig, aber der Umgang mit Menschen dann bei Kunden etc., bei Problemen, das kann man schon ziemlich gut mit einbringen, wenn jetzt (...) aufgelöste Leute, oft kaputt, da kann man schon mit seinem Wissen und Erfahrungen, die man so in seinem Ehrenamt gesammelt hat im Umgang mit Menschen, kann man schon dort ziemlich gut mit einsetzen (m. 22, Jugendclub).*

Ein freundlich-professioneller Umgang mit Kunden, besonders in schwierigen Situationen, ist auch für kleinere Handwerksbetriebe zunehmend wichtig. Hier ist fraglich, ob Schule und berufliche Ausbildung ausreichend Lerngelegenheiten bieten, um, insbesondere Berufseinsteiger der technisch-handwerklichen Berufe auf diese Anforderungen vorzubereiten.

Auch in das Studium werden vorrangig kommunikative und methodische Kompetenzen aus dem Engagement eingebracht:

*Ich habe auch aus dem Engagement im Eine-Welt-Verein auch sehr viel Wissen mitgenommen, was mir im Studium und in meinen Praktika insbesondere viel weitergeholfen hat und ich habe natürlich bei der Zeitung sehr viel gelernt. Also wenn man schreibt, kann man das auch in jedem anderen Bereich einsetzen und strukturiertes Schreiben ist auch im Studium sehr wichtig und bringt einem sicher viel (w. 22, Eine-Welt-Verein).*

Allerdings kommt es in Einzelfällen vor, dass auch konkrete Erfahrungen aus der freiwilligen Tätigkeit sich als relevant für das Studium erweisen, so z.B. die

Erfahrungen aus der Arbeit mit rechtsorientierten Jugendlichen, die der oben schon mehrfach zitierten Pädagogikstudentin im Studium zugute kommen:

> *Was sich nachher, wie ich gelernt habe, als akzeptierende Jugendarbeit mit Rechtsradikalen nach einem Ansatz von (…) Krafeld herausstellte. Damals wusste das natürlich noch keiner, dass sich damit schon andere Menschen mit beschäftigt haben und dass das Kind auch einen Namen hat. Ich hatte das Thema dann auch in meinem Vordiplom und das war dann natürlich recht interessant, wo ich mich dann mit der Literatur beschäftigt habe und mich da häufig wiedergefunden hab (w. 22, Ev. Jugend).*

Wenn auch die meisten Befragten die Übertragbarkeit von sozialen, kommunikativen und organisatorischen Kompetenzen in den Vordergrund stellen, zeigt sich doch an einigen Stellen, dass ganz konkrete im Engagement erworbene Fähigkeiten und Handlungsweisen in die Berufsausbildung oder die berufliche Tätigkeit transferiert werden. Auch hier stellt sich das Problem, dass die Befragten häufig nicht rekonstruieren können, in welchen (informellen) Kontexten sie ihre Kompetenzen vorrangig erworben haben.

Zusammenfassend betrachtet legen die Ergebnisse der Untersuchung nahe, dass ein freiwilliges Engagement im Jugendalter eher Auswirkungen auf die Berufsorientierung und die Berufseinmündung hat als auf Berufsabschlüsse und die spätere Ausübung einer beruflichen Tätigkeit. So kann mit den angewandten Methoden ein deutlicher Zusammenhang zwischen Engagement und Berufswahl festgestellt werden. Dies verweist auf die große Bedeutung der Freiwilligenorganisationen als Orte der Orientierung auf Berufsfelder im Sozial- und Gesundheitswesen oder im erzieherischen Bereich.

## 5.4 Gesellschaftliche Partizipation

„Für die Zukunftsfähigkeit einer demokratischen Gesellschaft ist bürgerschaftliches Engagement eine wesentliche Voraussetzung.“ Folgt man dieser Feststellung der Enquete-Kommission zur Zukunft des bürgerschaftlichen Engagements (Enquete-Kommission 2002, S. 24) und ähnlichen Ergebnissen politikwissenschaftlicher Analyse (vgl. u.a. Münkler/Loll, o.J., S. 1), stellt sich die Frage, welche Faktoren eine nachhaltige Bereitschaft zur Übernahme bürgerschaftlicher Verantwortung fördern.

Um zu überprüfen, ob eine frühe Erfahrung mit freiwilliger Verantwortungsübernahme bis in das Erwachsenenalter wirkt, ob in der Jugendzeit Engagierte sich auch als Erwachsene stärker gesellschaftlich integrieren als Nicht-Engagierte, ob sie sich weiterhin bürgerschaftlich betätigen, an politischen Prozessen und Aktionen partizipieren und stärker in den zivilgesellschaftlichen Organisationen vertreten sind als andere, wurde in die repräsentative Telefonbefragung eine Reihe entsprechender Fragen aufgenommen.

Einen ersten Hinweis auf die gesellschaftliche Integration der Befragten ergibt die Frage nach der Größe des aktuellen Freundes- und Bekanntenkreises. Hier gibt etwa ein Drittel der ehemals freiwillig tätigen Erwachsenen an, über einen sehr großen Freundes- und Bekanntenkreis zur verfügen; ca. 14 Prozent bezeichnen diesen als „eher klein". In der Vergleichsgruppe geben ca. 23 Prozent einen sehr großen Freundes- und Bekanntenkreis an, ca. 28 Prozent einen eher kleinen (vgl. Tab. 5.10).

*Tab. 5.10: Größe des Freundes- und Bekanntenkreises nach Engagement in der Jugendzeit (in %, gewichtet, Spaltenprozent)*

| Wie groß ist ihr Freundes- und Bekanntenkreis? | Engagierte | Nicht-Engagierte |
|---|---|---|
| sehr groß | 33 | 23 |
| mittel | 53 | 49 |
| eher klein | 17 | 28 |
| Anzahl | 1.498 | 552 |

Quelle: Studie „Informelle Lernprozesse"

Die weiteren Analysen zeigen, dass es insbesondere die Organisatoren sind, die über viele soziale Kontakte im privaten Bereich verfügen. In dieser Gruppe bezeichnen 35 Prozent ihren Freundes- und Bekanntenkreis als „sehr groß" und nur 10 Prozent als „eher klein".

Die Verbundenheit mit einer Religionsgemeinschaft, ein weiteres Indiz für Beteiligungsbereitschaft und soziale Integration, ist bei den ehemals Engagierten leicht höher, als bei den Nicht-Engagierten. Jeder vierte gibt an, „stark" mit einer Religionsgemeinschaft verbunden zu sein. „Gar nicht" verbunden fühlen sich 36 Prozent der in der Jugendzeit Engagierten und 42 Prozent der früher nicht engagierten Personen (vgl. Tab. 5.11).

Hier ist allerdings der Faktor Herkunft zu beachten. So geben fast zwei Drittel der in der DDR geborenen Personen an, keinen Bezug zu einer Religionsgemeinschaft zu haben. Ohne religiöse Bezüge lebt in kleineren Orten (bis 20.000 Einwohner) etwa jeder Dritte; in den Großstädten (über 500.000 Einwohner) ist es bereits jeder Zweite. Empirische Untersuchungen in der Evangelischen Jugend haben gezeigt, dass Jugendliche, die sich in den östlichen Bundesländern dennoch kirchlich engagieren, dies mit größerer traditionell-religiöser Motivation tun, als dies bei den westdeutschen kirchlich Engagierten der Fall ist (vgl. Fauser/Fischer/Münchmeier 2006, S. 111ff., S. 212ff.). Ähnliche Tendenzen konnten auch in den im kirchlichen Bereich geführten Interviews des vorliegenden Projekts festgestellt werden.

*Tab. 5.11: Selbsteinschätzung der kirchlichen Verankerung nach Engagement in der Jugendzeit (in %, gewichtet, Spaltenprozent)*

Wie stark fühlen Sie sich einer Religionsgemeinschaft verbunden? Würden Sie sagen ...

| | Engagierte | Nicht-Engagierte |
|---|---|---|
| stark | 24 | 17 |
| etwas | 40 | 42 |
| gar nicht | 36 | 42 |
| Anzahl | 1.496 | 548 |

Quelle: Studie „Informelle Lernprozesse“

Auch die Frage nach dem aktuellen freiwilligen Engagement von Erwachsenen lässt auf den Grad der gesellschaftlichen Integration schließen. Während sich über die Hälfte (ca. 54%) der in der Jugendzeit Engagierten auch im Erwachsenenalter weiter freiwillig betätigen, haben nur etwa 15 Prozent der früher nicht Engagierten nach dem 22. Lebensjahr ein Engagement aufgenommen (vgl. Abb. 5.2).

*Abb. 5.2: Engagement im Erwachsenenalter nach Engagement in der Jugendzeit (in %, gewichtet)*

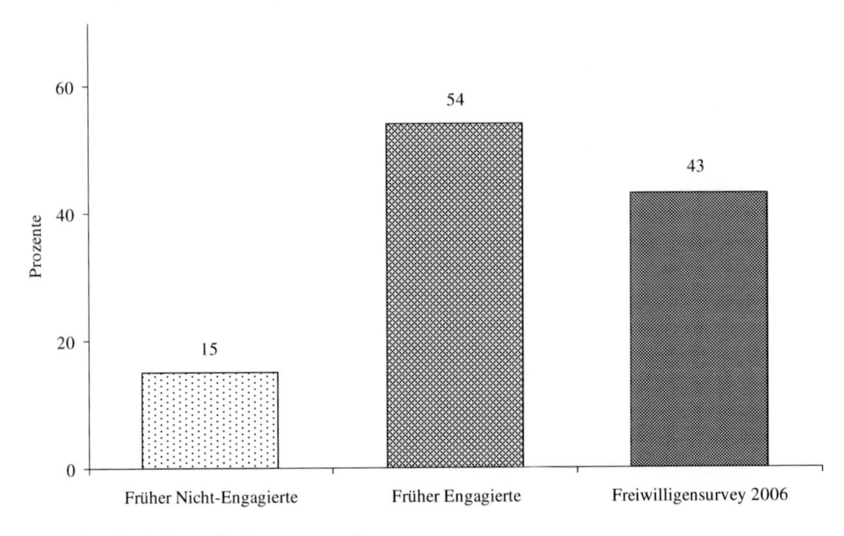


Quelle: Studie „Informelle Lernprozesse“

*Tab. 5.12: Selbsteinschätzung des politischen Interesses nach Engagement in der Jugendzeit (in %, gewichtet, Spaltenprozent)*

| | Wie stark interessieren Sie sich dafür, was in der Politik oder im öffentlichen Leben vor sich geht? | |
|---|---|---|
| | Engagierte | Nicht-Engagierte |
| stark | 52 | 37 |
| etwas | 44 | 56 |
| gar nicht | 4 | 7 |
| Anzahl | 1.495 | 551 |

Quelle: Studie „Informelle Lernprozesse“

Dass die Wahrscheinlichkeit eines Engagements im Erwachsenenalter größer ist, wenn bereits entsprechende Erfahrungen aus der Jugendzeit vorliegen, bestätigen auch die Ergebnisse des Freiwilligensurveys. 43 Prozent der Engagierten über 24 Jahre haben im Alter zwischen 6 und 20 Jahren erstmals eine freiwillige Tätigkeit ausgeübt (vgl. Picot 2006, S. 217f.). Damit liegt die Engagementbereitschaft in den entsprechenden Altersgruppen bei den früher Engagierten deutlich höher als die Durchschnittwerte in der Gesamtbevölkerung, von der sich nach den Daten des Freiwilligensurveys insgesamt ca. 36 Prozent der 14- bis 24-jährigen) engagieren (vgl. Picot 2006, S. 184).

Nach dem allgemeinen politischen und gesellschaftlichen Interesse befragt, zeigt sich bei den in der Jugendzeit Engagierten eine Tendenz zu stärkerem Interesse an gesellschaftspolitischen Fragen. Während fast 52 Prozent dieser Gruppe ein starkes Interesse bekunden, sind es in der Vergleichsgruppe nur ca. 37 Prozent (vgl. Tab. 5.12).

*Tab. 5.13: Selbsteinschätzung des politischen Interesses nach Engagement in der Jugendzeit und Tätigkeitstypen (in %, gewichtet, Spaltenprozent)*

| | Engagierte | Praktische Helfer | Gruppenleiter u. Trainer | Organisatoren | Funktionäre u. Politiker | Gesamt |
|---|---|---|---|---|---|---|
| stark | 37 | 41 | 50 | 53 | 67 | 40 |
| etwas | 56 | 52 | 47 | 44 | 30 | 53 |
| gar nicht | 7 | 7 | 4 | 3 | 3 | 7 |
| Anzahl | 551 | 226 | 373 | 654 | 214 | 2.018 |

Quelle: Studie „Informelle Lernprozesse“

Differenziert man hier nach Tätigkeitstypen, fällt auf, dass sich die Gruppe der praktischen Helfer in ihrem politischen Interesse kaum von den Nichtengagierten unterscheidet (vgl. Tab. 5.13). Die Unterschiede ergeben sich allein aus dem größeren Interesse der anderen drei Gruppen, naturgemäß in erster Linie bei den Funktionären und Politikern.

Um etwas über die Art der gesellschaftlichen Partizipation im Erwachsenenalter zu erfahren, wurde nach unterschiedlichen Formen gesellschaftlicher und politischer Partizipation in den letzten fünf Jahren gefragt (vgl. Tab. 5.14). Auch hier zeigt sich in allen Items eine mehr oder minder starke Tendenz der

*Tab. 5.14: Gesellschaftliche Partizipation nach Engagement in der Jugendzeit (Zustimmung in %, gewichtet)*

Es gibt verschiedene Möglichkeiten, sich gesellschaftlich oder politisch einzusetzen. Ich nenne Ihnen jetzt einige Möglichkeiten. Sagen Sie mir doch bitte, welche davon in den letzten 5 Jahren auf Sie zutreffen.

| | Nicht-Engagierte | Engagierte gesamt | Engagierte ohne früher politisch Aktive |
|---|---|---|---|
| Mitgliedschaft in einer Partei? | 3 | 7 | 5 |
| Mitarbeit in einer Bürgerinitiative? | 5 | 9 | 9 |
| Übernahme eines politischen Amtes? | 0 | 4 | 3 |
| Eingaben an die Politik oder Verwaltung? | 7 | 14 | 13 |
| Leserbriefe schreiben? | 13 | 15 | 14 |
| Beteiligung an Unterschriftenaktionen? | 59 | 68 | 67 |
| Mitarbeit in einem Betriebsrat oder einer anderen Interessenvertretung? | 17 | 25 | 24 |
| Beteiligung an Demonstrationen? | 20 | 25 | 25 |
| Beteiligung an politischen Aktionen, wie Besetzungen oder Blockaden? | 1 | 3 | 3 |
| Beteiligung an Aktionen zum Natur- oder Katastrophenschutz? | 15 | 26 | 26 |
| Geldspenden an Parteien, Initiativen oder gemeinnützige Organisationen? | 59 | 71 | 71 |
| Hilfeleistungen für Obdachlose, Asylbewerber oder Behinderte? | 35 | 39 | 39 |

Quelle: Studie „Informelle Lernprozesse“

ehemals Engagierten zu stärkerer gesellschaftlicher Teilhabe. Dies gilt selbst für sehr niedrigschwellige Aktionsformen, wie die Beteiligung an Unterschriftenaktionen.

Deutlich wird, dass sich in der Jugend engagierte Personen auch später stärker gesellschaftlich beteiligen. So übernehmen nur 0,3 Prozent aller Nicht-Engagierten ein politisches Amt, dagegen fast vier Prozent aller früher Engagierten. Auch in einem Betriebsrat oder einer anderen Interessenvertretung arbeiten in späteren Lebensphasen eher jene Menschen mit, die bereits in ihrer Jugend engagiert waren (25%), als jene, die sich nicht engagiert hatten (17%). Selbst Geldspenden sind von in der Jugend Aktiven eher zu erwarten (71%) als von in dieser Lebensphase nicht aktiven Menschen (59%).

Da es wahrscheinlich ist, dass in der Jugendzeit politisch aktive Personen auch später politisch aktiv sind, wurden diese früher „politisch Aktiven" in einer zusätzlichen Auswertung aus der Gruppe aller Engagierten bei der Berechnung herausgenommen. Als „politisch aktiv" wurden dabei alle Personen gewertet, die in ihrer Jugend in Gewerkschaften, Parteien, deren Jugendorganisationen, einem politiknahen Jugendverband wie der SJD – Die Falken, bei Greenpeace, Amnesty International, Attac oder in der Antifa engagiert waren. Auch bei Ausschluss dieser Gruppe bleibt das Ergebnis stabil, wonach sich in ihrer Jugend engagierte Personen auch als Erwachsene stärker gesellschaftlich betätigen.

Aufgrund der oben festgestellten Unterschiede hinsichtlich des Politikinteresses (vgl. Tab. 5.12) war weiterhin zu vermuten, dass sich bei der Untersuchung der aktuellen gesellschaftlichen Partizipation wie bereits bei anderen Fragestellungen je nach den in der Jugend ausgeübten Tätigkeitstypen Unterschiede zeigen. Untersucht wurde deshalb, ob etwa ehemalige Helfer später ein anderes Engagement zeigen als frühere Funktionäre (vgl. Tab. 5.15).

Tabelle 5.15 zeigt, dass es bei der aktuellen gesellschaftlichen Teilhabe der über 25-Jährigen abhängig vom früheren Tätigkeitstypen deutliche Differenzen gibt: In der Regel beteiligen sich frühere Helfer seltener als frühere Leiter an gesellschaftlichen Aufgaben und diese seltener als frühere Organisatoren. Am größten ist das aktuelle Engagement bei ehemaligen Funktionären. Alle diese Tätigkeitstypen, auch ehemalige Helfer, zeigen jedoch einen größeren gesellschaftlichen Einsatz als Personen, die sich in der Jugend überhaupt nicht engagierten.

In dieser Rangfolge gibt es jedoch einige Ausnahmen. So sind ehemalige Helfer auch in späteren Lebensphasen häufiger im Kernbereich ihrer ehemaligen Aufgaben engagiert, den Hilfeleistungen für Obdachlose, Asylbewerber oder Behinderte (Item L). Frühere Organisatoren übernehmen seltener ein politisches Amt (Item C) als ehemalige Leiter. Ehemalige Leiter engagieren sich seltener in exponierteren oder anstrengenden Arbeitsbereichen als frühere Helfer: Sie arbeiten seltener in einem Betriebsrat oder anderen Interessenvertretungen mit (Item G) und sie beteiligen sich seltener an Aktionen zum Natur- oder Katastrophenschutz (Item J) oder an Demonstrationen (Item H). Bei Parteimit-

*Tab. 5.15: Gesellschaftliche Partizipation nach Engagement in der Jugendzeit und Tätigkeitstypen (Zustimmung in %, gewichtet)*

Es gibt verschiedene Möglichkeiten, sich gesellschaftlich oder politisch einzusetzen. Ich nenne Ihnen jetzt einige Möglichkeiten. Sagen Sie mir doch bitte, welche davon in den letzten 5 Jahren auf Sie zutreffen.

| | N-E | Engagierte gesamt | | | | Engagierte ohne früher politische Aktive | | | |
|---|---|---|---|---|---|---|---|---|---|
| | | Hr | Lr | On | Fe | Hr | Lr | On | Fe |
| Mitgliedschaft in einer Partei? | 3 | 2 | 6 | 7 | 16 | 2 | 6 | 6 | 4 |
| Mitarbeit in einer Bürgerinitiative? | 5 | 6 | 6 | 10 | 13 | 6 | 6 | 10 | 14 |
| Übernahme eines politischen Amtes? | 0,3 | 0,8 | 4 | 3 | 9 | 0,8 | 3 | 3 | 4 |
| Eingaben an die Politik oder Verwaltung? | 7 | 8 | 10 | 15 | 28 | 8 | 9 | 15 | 25 |
| Leserbriefe schreiben? | 13 | 10 | 13 | 17 | 20 | 10 | 12 | 17 | 16 |
| Beteiligung an Unterschriftenaktionen? | 59 | 62 | 64 | 71 | 77 | 62 | 64 | 70 | 76 |
| Mitarbeit in einem Betriebsrat oder einer anderen Interessenvertretung? | 17 | 20 | 18 | 26 | 34 | 20 | 18 | 26 | 36 |
| Beteiligung an Demonstrationen? | 20 | 22 | 20 | 25 | 35 | 22 | 20 | 25 | 34 |
| Beteiligung an politischen Aktionen, wie Besetzungen oder Blockaden? | 1 | 2 | 2 | 3 | 7 | 2 | 2 | 3 | 7 |
| Beteiligung an Aktionen zum Natur- oder Katastrophenschutz? | 15 | 27 | 15 | 30 | 30 | 27 | 14 | 30 | 32 |
| Geldspenden an Parteien, Initiativen oder gemeinnützige Organisationen? | 59 | 62 | 69 | 73 | 75 | 62 | 69 | 74 | 73 |
| Hilfeleistungen für Obdachlose, Asylbewerber oder Behinderte? | 35 | 43 | 32 | 39 | 45 | 43 | 32 | 40 | 44 |

Anmerkung: N-E: Nicht-Engagierte; Hr: Helfer; Lr: Leiter; On: Organisatoren; Fe: Funktionäre
Quelle: Studie „Informelle Lernprozesse"

gliedschaften (Item A) sind ehemalige Helfer noch deutlich zurückhaltender als früher nicht engagierte Personen; diese Zurückhaltung trifft für ehemalige Helfer und Leiter auch für das Schreiben von Leserbriefen (Item E) zu.

Diese Tendenzen bleiben im Wesentlichen auch dann stabil, wenn man aus der Gruppe der bereits in der Jugend engagierten Befragten die im engeren Sinn politisch Aktiven herausrechnet. Allerdings lässt sich bei diesen Berechnungen nicht mehr jene gesteigerte Aktivität nachweisen, die ehemalige Funktionäre vor Nicht-Engagierten bei der Mitgliedschaft in einer Partei haben (Item A).

Dieses Ergebnis der Repräsentativerhebung wird durch Aussagen Erwachsener aus der qualitativen Befragung gestützt. Auch hier finden sich Sequenzen, welche die heutige Partizipationsbereitschaft auf Erfahrungen aus dem jugendlichen Engagement zurückführen. So eine ehemalige Juso-Aktivistin:

> *Wenn ich das aus heutiger Sicht betrachte, ist damals durch das politische Engagement eine gewisse Bereitschaft geschaffen worden, sich auch in anderen Zusammenhängen bürgerschaftlich zu engagieren. Ich war dann auch noch im Vorstand eines Hilfsvereins für psychisch Kranke. Mit Pause, das war Ende der 80er-, Anfang der 90er-Jahre. Da habe ich eine Vorstandsperiode also zwei Jahre mitgemacht. Jetzt bin ich zunächst allgemein im Rahmen des Quartiersmanagements zu den Mitgliederversammlungen gegangen und jetzt (...) diese Gründung und Vorstandstätigkeit des Vereins. Die Pausen dazwischen – ja, das sind auch Zeitfragen. Theater-AG war ich auch, aber das lassen wir mal raus (w., Erw., SPD).*

Da davon ausgegangen werden muss, dass die Partizipationsbereitschaft durch andere Variablen wie Alter, Geschlecht, Bildung oder Herkunft beeinflusst wird, wurden weitere multivariate Prüfungen vorgenommen (vgl. Tab. A.4 im Anhang). Über einen aus allen Items gebildeten Summenindex konnte festgestellt werden, dass für den Grad der gesellschaftlichen Beteiligung neben dem freiwilligen Engagement in der Jugendzeit auch Faktoren wie Alter und Bildung eine Rolle spielen. Jüngere Personen sind seltener politisch engagiert als ältere und das politische Engagement nimmt mit der Höhe des Bildungsabschlusses zu. Zudem haben die während des Jugendengagements ausgeübten Tätigkeitstypen einen Einfluss auf das spätere gesellschaftliche Engagement: Ehemalige Funktionäre sind am stärksten aktiv, gefolgt von früheren Organisatoren, während frühere Leiter und Helfer nicht häufiger politisch aktiv sind. Dieser Befund ändert sich auch dann nicht, wenn die in ihrer Jugend politisch aktiven Befragten herausgerechnet werden.

Hinter den verschiedenen Möglichkeiten, sich gesellschaftlich oder politisch einzusetzen, könnten sich verschiedene Formen der gesellschaftlichen Beteiligung verbergen. Es kann also nicht davon ausgegangen werden, dass gesellschaftliche Partizipation eindimensional erfasst werden kann. Über eine Hauptkomponentenanalyse wurde daher untersucht, ob unter der Annahme von linearen Beziehungen alle Items im Wesentlichen auf einer gemeinsamen Komponente laden oder ob es mehrere voneinander unabhängige Dimensionen gibt (vgl. Tab. 5.16).

*Tab. 5.16: Faktorladungen auf die Hauptkomponenten zu gesellschaftlicher Partizipation[1]*

| Item | Komponente | | | |
|---|---|---|---|---|
| | 1 | 2 | 3 | 4 |
| Mitgliedschaft in einer Partei? | | | 0,75 | |
| Mitarbeit in einer Bürgerinitiative? | | 0,75 | | |
| Übernahme eines politischen Amtes? | | | 0,78 | |
| Eingaben an die Politik oder Verwaltung? | | 0,54 | 0,32 | |
| Leserbriefe schreiben? | | 0,70 | | |
| Beteiligung an Unterschriftenaktionen? | 0,46 | | | |
| Mitarbeit in einem Betriebsrat oder einer anderen Interessenvertretung? | | | | |
| Beteiligung an Demonstrationen? | 0,76 | | | |
| Beteiligung an politischen Aktionen, wie Besetzungen oder Blockaden? | 0,60 | | | |
| Beteiligung an Aktionen zum Natur- oder Katastrophenschutz? | 0,48 | | | |
| Geldspenden an Parteien, Initiativen oder gemeinnützigen Organisationen? | | | | 0,79 |
| Hilfeleistungen für Obdachlose, Asylbewerber oder Behinderte? | | | | 0,63 |

1 Werte unter 0,3 sind aus Gründen der Übersichtlichkeit ausgeblendet. Die Reliabilitäten für die aus den Items zusammengefassten Skalen liegen bei der ersten Komponente bei 0,4, bei der zweiten bei 0,44, bei der dritten bei 0,36 und bei der vierten bei 0,33. Wegen der schlechten Reliabilitäten wurden keine Indizes gebildet, sondern Analysen für alle Einzel-Items gerechnet und gruppiert.

Quelle: Studie „Informelle Lernprozesse"

Es zeigen sich vier Formen der gesellschaftlichen Partizipation:

- Aktionistische Partizipationsform: Die erste Komponente beschreibt eine Form, bei der außerinstitutionelle punktuelle Aktivitäten bevorzugt werden, die nicht durch einen festen sozialen Zusammenhalt bestimmt sind, aber gemeinsam mit vielen Gleichgesinnten erfolgen. Hierzu gehört die Beteiligung an Demonstrationen, Blockaden oder Unterschriftenaktionen sowie die Beteiligung an Aktionen des Natur- und Katastrophenschutzes.
- Partizipationsform Initiativenarbeit: Die zweite Partizipationsform ist durch Aktivitäten bestimmt, deren soziales Miteinander zwar von gewisser Regelmäßigkeit ist, die aber trotz gemeinsamer Ziele eine geringe Verbindlichkeit und einen schwachen formalen Rahmen aufweisen.

- Institutionelle Partizipationsform: Hinter der dritten Komponente verbergen sich Aktivitäten, die in institutionellem Rahmen erfolgen, so durch die Mitgliedschaft in einer Partei oder durch Übernahme politischer Ämter.
- Partizipationsform Hilfeleistungen: Die vierte Partizipationsform ist durch ein Helfen bestimmt, das nicht oder kaum als gemeinsame Aktivität Gleichgesinnter erfolgt, nämlich in Form von Geldspenden oder Unterstützung von Bedürftigen.

Eine weitere, in Tabelle 5.16 nicht ausgewiesene Komponente ist die Mitarbeit in einem Betriebsrat und anderen Interessenvertretungen. Gesellschaftliche Mitgestaltung erfolgt dabei wie bei der dritten Partizipationsform in festem institutionellem Rahmen, ist jedoch potenziell deutlich konfrontativer (Partizipationsform Betriebsratsarbeit).

Eine Sortierung der gefundenen Komponenten ist nach zwei Dimensionen möglich, nämlich zum einen nach der von „individuell" bis „institutionell" zunehmend stärker formalisierten Form der Vergesellschaftung der Tätigkeiten sowie zum anderen nach dem von unverfänglich bis konfrontativ steigenden Konfliktpotenzial (vgl. Tab. 5.17).

*Tab. 5.17: Hauptkomponenten der gesellschaftlichen Partizipation nach den Dimensionen Vergesellschaftungsform und Konfliktpotenzial*

<table>
<tr><th>Konfliktpotenzial</th><th colspan="3">Form der Vergesellschaftung</th></tr>
<tr><th></th><th>individuell</th><th>außerinstitutio-nell-gemeinsam</th><th>institutionell</th></tr>
<tr><td>unverfänglich</td><td>Partizipationsform Hilfeleistungen</td><td>Partizipationsform Hilfeleistungen</td><td rowspan="2">institutionelle Partizipationsform</td></tr>
<tr><td>exponiert</td><td></td><td>Partizipationsform Initiativenarbeit</td></tr>
<tr><td>konfrontativ</td><td></td><td>Aktionistische Partizipationsform</td><td>Partizipationsform Betriebsratsarbeit</td></tr>
</table>

Quelle: Studie „Informelle Lernprozesse"

Um auch hier den Einfluss von Variablen wie Alter, Geschlecht, Bildung oder Herkunft sowie die im jugendlichen Engagement ausgeübten Tätigkeitsformen zu bestimmen, wurden auch die einzelnen Items der Partizipationsformen multivariat überprüft. Bemerkenswert erscheint, dass bei allen Partizipationsformen ein Einfluss des früheren Engagements auch dann festgestellt werden kann, wenn in der Jugendzeit ausgesprochen politisch engagierte Personen (s.o.) nicht in die Berechnungen einbezogen wurden.[17] Für die einzelnen Partizipationsformen ergeben sich folgende bemerkenswerte Abweichungen:

Die Items der Partizipationsform Hilfeleistungen zeigen, dass Ältere mehr als jüngere Menschen helfen und spenden, Migranten sich häufiger durch Hilfeleistungen, seltener dagegen durch Spenden beteiligen. Es zeigen sich nur geringe Bildungseffekte, wobei Interviewte mit höchstens einem Hauptschulabschluss und jüngere Personen weniger Geld spenden, was als Ressourceneffekt auf ihr geringeres Einkommen zurückzuführen sein könnte. Deutlich ist auch eine Abhängigkeit des Engagements von den in der Jugend ausgeübten Tätigkeitstypen: Ehemalige Organisatoren und Funktionäre engagieren sich sowohl mit Geldspenden wie mit Hilfeleistungen häufiger als ehemalige Nicht-Engagierte und ehemalige Leiter. Frühere Helfer engagieren sich lediglich stärker mit Hilfeleistungen (vgl. Tab. A.5 im Anhang).

Bei der Partizipationsform Initiativenarbeit zeigt sich, dass ältere Menschen stärkere Aktivitäten entfalten als jüngere unter 30 Jahren. Bildungsgrad und Migrationshintergrund haben dagegen kaum Auswirkungen. Migranten neigen eher dazu, Leserbriefe zu schreiben. Hauptschüler machen etwas weniger Behördeneingaben, zeigen jedoch bei den Items „Leserbriefe schreiben" und „in Bürgerinitiative engagieren" keine anderen Präferenzen als Abiturienten. Ein positiver Effekt zeigt sich zudem bei jenen Befragten, die während ihres jugendlichen Engagements anspruchsvollere Tätigkeitstypen ausfüllten: Während frühere Helfer und Leiter die Items der Initiativenarbeit nicht häufiger bejahten als in ihrer Jugend nicht engagierte Befragte, zeigen ehemalige Organisatoren und mehr noch ehemalige Funktionäre ein deutlich stärkeres Engagement (vgl. Tab. A.6 im Anhang).

Die Untersuchung der aktionistischen Partizipationsformen zeigt alters-, geschlechts-, herkunfts- und bildungsspezifische Effekte. So gehen Befragte, die älter als 36 Jahre sind, Frauen und Personen, die in der DDR geboren wurden, seltener zu Demonstrationen. Letztere beteiligen sich auch seltener an Blockaden.[18] Migranten verweigern eher die Beteiligung an Unterschriftensammlungen, was eventuell auf Restriktionen im Ausländerrecht zurückzuführen ist. Auch der Bildungsabschluss hat – stärker als bei der Partizipationsform Initiativenarbeit – einen deutlichen Effekt auf die Beteiligung an aktionistischen Partizipationsformen: Generell steigt die Beteiligung an diesen Handlungsformen mit dem Bildungsgrad. Dies trifft jedoch nicht auf ein Engagement im Bereich des Natur- und Katastrophenschutzes zu, welches bildungsunabhängig erfolgt. Frühere Funktionäre engagieren sich bei allen aktionistischen Partizipationsformen deutlich häufiger als andere Engagierte. Frühere Organisatoren zeigen ebenfalls einen größeren freiwilligen Einsatz, was jedoch nicht auf Demonstrationen zutrifft. Ehemalige Helfer engagieren sich allein im Be-

17 Effekte zeigen sich hier nur beim Schreiben von Leserbriefen und bei der Parteimitgliedschaft.

18 Dies ist aber nur auf einem Zehn-Prozent-Niveau signifikant.

reich Natur- und Katastrophenschutz häufiger als in der Jugend nicht engagierte Menschen (vgl. Tab. A.7 im Anhang).

Bei institutionellen Partizipationsformen zeigen nur die Kontrollvariablen Geschlecht und Bildung Effekte auf die Beteiligung: Frauen sind seltener Parteimitglied und nehmen auch seltener politische Ämter wahr. Die Höhe des Bildungsabschlusses hat insofern einen Effekt, als dass Abiturienten generell stärker institutionell engagiert sind als Personen mit einem geringeren Bildungsabschluss.[19] Auch das frühere Engagement hat einen unterschiedlichen Effekt auf die Neigung, sich institutionell zu engagieren: Ehemalige Helfer engagieren sich nicht häufiger als nicht engagierte Menschen. Ehemalige Leiter und Organisatoren streben häufiger als frühere Nicht-Engagierte in politische Ämter. Frühere Funktionäre neigen am stärksten dazu, solche öffentlichen Ämter einzunehmen; sie verfügen zudem deutlich häufiger über eine Parteimitgliedschaft. Die Parteimitgliedschaft ist jedoch nicht mehr häufiger, wenn früher politisch Aktive herausgerechnet werden. Dies dürfte daran liegen, dass diese Personengruppe sich bereits in anderen Organisationen engagiert und damit ausgelastet ist (vgl. Tab. A.8 im Anhang).

Beim Engagement in Betriebsräten und anderen Interessenvertretungen ist nur ein geringer Effekt von Kontrollvariablen wie Bildung, Geschlecht oder Herkunft nachweisbar. Lediglich ein Alterseffekt ist erkennbar, nach dem sich 30- bis 35-Jährige und – etwas schwächer – Personen, die älter als 36 Jahre sind, häufiger als Interessenvertreter engagieren. Indem bei der Betriebsratsarbeit jeder Bildungseffekt fehlt, zeigt sich, dass es die Gewerkschaften schaffen, ihre Engagierten unabhängig von den Nachteilen, die eine niedrige Schulbildung mit sich bringt, gleichberechtigt zu mobilisieren. Deutlich ist zudem eine Abhängigkeit des Engagements von den in der Jugend ausgeübten Tätigkeitstypen, wobei nur jene Befragten eine größere Aktivität entfalten, die in ihrer Jugend differenziertere Tätigkeitstypen ausfüllten: Ehemalige Organisatoren und mehr noch ehemalige Funktionäre engagieren sich häufiger in Betriebsräten oder anderen Interessenvertretungen (vgl. Tab. A.9 im Anhang).

Nach Auswertung der qualitativen Interviews kann außerdem vermutet werden, dass neben Bildungseffekten vor allem das in den Organisationen generierte soziale Kapital eine wichtige Rolle für eine spätere gesellschaftliche oder politische Partizipation spielt. So berichten mehrere Befragte in den qualitativen Interviews von guten Kontakten zur Politik und über eigene politische Aktivitäten. So dieser Schülervertreter:

> *Aber ich kann schon sagen, ich, als Kommunikationsfetischist, nehme hier was mit und habe hier was mitgenommen, als Bereicherung und Fähigkeit wirklich mit allen Leuten zu reden und keine Hemmungen zu haben. Ob das nun Ministerin und Abgeordnete, auch ganz normale Menschen, sind, mit denen man auch auf dieser eben*

19 Diese Bildungseffekte sind allerdings teilweise unsystematisch. So engagieren sich Personen mit Fachhochschulreife seltener in politischen Ämtern als die formal niedriger gebildeten Realschulabsolventen.

*beschriebenen ganz normalen menschlichen Ebene kommunizieren kann. Man kann selbst kritischste Inhalte vertreten, ohne dabei laut zu werden und kann trotzdem so was wie ein vertrautes Verhältnis entwickeln. (…) Das war schon eine Erfahrung, die mich, glaube ich, mein ganzes Leben lang begleiten wird und von der ich zehren werde. Dass es mir jetzt nichts mehr ausmacht, wenn ich einen Bundestagsabgeordneten im ICE sehe und mich neben den zu setzen und zu sagen: ‚Höre mal, ich habe gerade gehört, ihr macht gerade das und das, kannst du mir nicht mal was zuschicken?'. Also früher hätte ich mich ganz weit weggesetzt, Hauptsache man kommt nicht in die Situation, mit diesem Menschen reden zu müssen. Das hat sich wirklich gewandelt (m. 19, LSV).*

*Wir haben uns gedacht, zur letzten Kommunalwahl im Juli bieten wir eine Wählerinitiative an, bin ich dort mit angetreten. Aber wir haben es geschafft, einen Mandatsträger in den Stadtrat zu bekommen, was für uns sehr gut ist. Das wäre die eine Schiene und ich bin dann, wenn man hier arbeitet, kriegt man viele Kontakte zu verschiedenen Leuten ob Politik, Kultur, bin ich dann aus meiner Sicht den nächsten logischen Schritt gegangen und habe mich angefangen parteipolitisch zu engagieren. Ich bin Mitglied der Grünen und auch der grünen Jugend. Sitze da zurzeit bei der grünen Jugend im Landesvorstand. Ich habe neben Zivilcourage noch ein zweites Ehrenamt. Das hat sich daraus entwickelt.*

*I: Das wäre sonst nicht passiert?*

*Höchstwahrscheinlich, sonst hätte ich die Leute nicht kennengelernt (m. 20, Aktion Zivilcourage).*

Auch wenn sicher nicht alle Jugendlichen durch ihr Engagement auf den Weg in ein politisches Mandat gebracht werden, wie im letzten Fall, machen die beiden Interviewauszüge deutlich, wie bedeutsam ein Engagement für die weitere politische Sozialisation sein kann. Neben dem Erwerb relevanter Fähigkeiten, besonders bei Funktionären und Organisatoren, bieten die Freiwilligenorganisationen als intermediärer Raum zwischen dem eher unpolitischem, privaten Raum und dem öffentlichen, politischem Raum Möglichkeiten, kommunikative Barrieren zu überwinden und konkrete Kontakte zu Personen des öffentlichen Lebens zu knüpfen. Diese Möglichkeiten bestehen in privaten Familien- oder Freundschaftsbeziehungen nur in Ausnahmefällen.

Auf andere Ansätze, Kinder und Jugendliche mit demokratischen Prozessen und öffentlichem Auftreten vertraut zu machen, wie sie z.B. von Kommunen mit den Kinder- und Jugendparlamenten praktiziert werden, kann hier nicht näher eingegangen werden, zumal hierzu in beiden Befragungen kein empirisches Material erhoben wurde. Nach Durchsicht der qualitativen Interviews drängt sich allerdings der Eindruck auf, dass in der Diskussion um die Beteiligung von Jugendlichen im Gemeinwesen die intermediäre Funktion der Vereine, Verbände und Initiativen nicht ausreichend berücksichtigt wird. So weist z.B. eine Studie der Bertelsmann Stiftung zwar auf die Relevanz von Vereinen als ein Faktor für die Partizipationsbereitschaft von Jugendlichen hin (vgl. Fatke/Schneider 2005, S. 39), nimmt aber ausschließlich die Beteiligungsmöglichkeiten in der Familie, der Schule und der Kommune in den Blick. Möglichkeiten direkter Gestaltung und Mitbestimmung in den Organisationen selbst und durch diese werden hier nicht untersucht. Die Vereine (insbesondere die Sportvereine) werden hier ausschließlich als möglicher Einstieg für eine Mitwirkung am Wohnort gesehen (vgl. ebd., S. 43), nicht aber als eigenständiger Ort der gesellschaftlichen Partizipation und als Ermöglichungsraum zur Gestaltung konkreter Lebenswelt und Ort des Erlernens demokratischer Spielregeln und Verfahrensweisen.

Die Ergebnisse zeigen insgesamt, dass die Frage der gesellschaftlichen Beteiligung von Erwachsenen von verschiedenen Faktoren bestimmt wird, wobei bestimmte Arten von Erfahrungen aus der Jugendzeit eine wesentliche Rolle spielen. Die Strategie der Ermöglichung (Schaffen von Gelegenheitsstrukturen) stößt allerdings dann an ihre Grenzen, wenn hier Negativerfahrungen gemacht wurden. Deshalb erscheinen Versuche, bisher unterrepräsentierte Milieus für bürgerschaftliches Engagement zu gewinnen, auch schwierig (vgl. Aner 2006, S. 61).

## 5.5 Zusammenfassung

Die hier vorgelegten Ergebnisse bestätigen die Annahme, dass es sich bei den Settings des freiwilligen Engagements um Lernfelder handelt, die Jugendlichen Gelegenheiten bieten, alternative Lernerfahrungen zu machen. Verantwortung zu übernehmen bedeutet für Jugendliche auch, mit Methoden, Themen und Inhalten, aber auch mit Personen und Berufsbildern konfrontiert zu werden, die sie in anderen Lebenskontexten nicht kennengelernt hätten.

Wenn die befragten Erwachsenen dem freiwilligen Engagement in ihrer Jugendzeit subjektiv eine hohe Bedeutung beigemessen und mit über 80 Prozent von einem „sehr hohen“ oder „hohen“ Einfluss auf ihr Leben ausgehen, ist dies ein wichtiger Hinweis für die Relevanz des Lernorts Engagement in einer biografisch sensiblen Phase der Suche und Orientierung.

Dabei fällt auf, dass diese Bedeutung des Engagements von den befragten Erwachsenen beider Untersuchungen deutlich gesehen und benannt wird, während es den qualitativ befragten Jugendlichen schwer fällt, Aussagen zu diesem Themenbereich zu machen. Die Frage, was sie wo gelernt und in andere Kontext übertragen haben, stellt sie in der Regel vor Probleme.

Gleichwohl berichten einige Jugendliche von Einflüssen ihres Engagements auf das Lernen in der Schule, auf ihr Familienleben und den Freundeskreis. Auch wenn den Aussagen der Befragten nach das schulische Lernen und das Engagement wenig gemeinsam haben und die Freiwilligkeit der Teilnahme hier den größten strukturellen Unterschied ausmacht, können kognitive und (in seltenen Fällen) auch praktische Fähigkeiten, aber in erster Linie kommunikative und methodische Kompetenzen in das Schulleben eingebracht werden.

Dies gilt auch für den Transfer in das Familienleben. Da das Verhältnis zu den Eltern in der Regel als wenig problematisch beschrieben wird und diese das Engagement ihrer Kinder in den meisten Fällen unterstützen, spielt dieses beim Ablösungsprozess aus dem Elternhaus nur eine geringe Rolle. In der privaten Clique, welche häufig große Schnittmengen zur organisierten Gruppe des Engagements aufweist, nehmen die jungen Engagierten nicht selten eine moderierende oder auch leitende Position ein.

Eine Reihe der befragten Jugendlichen ist mehrfach engagiert. Es fällt auf, dass außerschulisch Engagierte häufig auch Verantwortung in der Schülervertretung übernehmen oder übernommen hatten. Das Engagement in verschiedenen Kontexten kann parallel oder auch in zeitlicher Abfolge stattfinden und so entweder als Versuch der Gestaltung eines homogenen Lebensentwurfs oder auch als Suchbewegung interpretiert werden. Es eröffnet Jugendlichen Kontakte im Gemeinwesen und erfüllt so integrative Funktionen.

Engagementerfahrungen können, das zeigen die Untersuchungsergebnisse, erheblichen Einfluss auf die spätere berufliche Karriere haben. Dies betrifft insbesondere Berufswahl und Berufseinmündung. Die befragten Jugendlichen gehen davon aus, dass ihr Engagement ihnen Vorteile in Bewerbungsverfahren verschafft und sprechen dieses auch offensiv an. Diese Funktion einer positiven Distinktion wird von Interviewpartnern, die selbst Personalverantwortung tragen, bestätigt. Kritischer sehen die Jugendlichen die Anlage zertifizierter Nachweise an die Bewerbungsunterlagen. So wird ein Beiblatt zum Zeugnis auch von jungen Freiwilligen zwiespältig beurteilt, die selbst an dessen Einführung beteiligt waren. Auch wo Zertifikate positiv beurteilt werden, wird betont, dass deren Einführung keinen Einfluss auf den Charakter der freiwilligen Tätigkeit haben und nicht zur Hauptmotivation eines Engagements werden darf.

Wenn die Annahme bestätigt werden konnte, dass früher Engagierte eher in Berufen des Gesundheits-, Bildungs- und Sozialbereichs tätig werden als Personen ohne Engagementerfahrung, verweist auch dieses Ergebnis auf die wichtige Orientierungsfunktion der Organisationen. Insbesondere die starke Affinität der ehemaligen Helfer zum Gesundheitsbereich zeigt, welche Bedeutung frühe Erfahrungen mit konkreten Berufsfeldern in Prozessen der Berufseinmündung haben können.

Früher Engagierte erweisen sich in ihrer Selbsteinschätzung als mit ihrem Leben zufriedener und insgesamt erfolgreicher als Nicht-Engagierte und erreichen, auch unter Ausschluss anderer Variablen, höhere Berufsabschlüsse als diese. Auch wenn der Einfluss des Engagements nicht ausreicht, um eine niedrige Schulbildung vollständig zu kompensieren und ein direkter Einfluss des Engagements auf den späteren Berufsstatus nur in sehr begrenztem Umfang festzustellen ist, was bedeutet, dass im Engagement erworbenes soziales und kulturelles Kapital sich offensichtlich nur in begrenztem Maße in Berufsprestge und damit verbunden in monetäre Werte konvertieren lässt, kann insgesamt ein durchgängig positiver Einfluss auf die berufliche Karriere festgestellt werden.

Wie immer wenn es um die Übertragbarkeit konkreter Kompetenzen aus dem freiwilligen Engagement auf andere Lebensbereiche geht, ist diese auch für den Transfer in die Berufsausbildung, die Berufstätigkeit oder das Studium schwer nachzuweisen. Genannt werden in erster Linie personale, soziale und kommunikative Kompetenzen. Hier erscheint interessant, dass diese nicht nur von Befragten aus sozialen oder pädagogischen Arbeitsfeldern angegeben werden, sondern auch von Beschäftigten aus handwerklich-technischen Berufen. Gerade von diesen Befragten wird betont, dass ihr Engagement ihnen Vorteile im sozial-kommunikativen Bereich, z.B. im Umgang mit Kunden, verschafft.

Die Annahme, dass Personen, die in ihrer Jugendzeit freiwillig engagiert waren, im Erwachsenenalter gesellschaftlich besser integriert sind als andere, kann von der vorliegenden Untersuchung insgesamt, vor allem aber für die Gruppe der Funktionäre und Politiker bestätigt werden. Sie verfügen über einen größeren Freundeskreis, sind eher mit einer Religionsgemeinschaft verbunden, üben auch im Erwachsenenalter häufiger eine freiwillige Tätigkeit aus und zeigen ein stärkeres Interesse an Politik.

Auch die Vermutung, dass unterschiedliche Formen gesellschaftlicher Partizipation und bürgerschaftlicher Beteiligung von ehemals Engagierten intensiver wahrgenommen werden als von früher Nicht-Engagierten, wird von den Untersuchungsergebnissen gestützt. Der Grad der demokratisch-gesellschaftlichen Beteiligung im Erwachsenenalter wird zwar von einer Vielzahl von Variablen, wie Alter, Geschlecht, Bildung und Herkunft mitbestimmt, hängt aber immer auch von Engagementerfahrungen in der Jugendzeit ab. Dies gilt für alle Bereiche bürgerschaftlicher Beteiligung und auch hier vor allem für die ehemaligen Funktionäre und Politiker, wobei dieser Einfluss auch dann erhalten bleibt, wenn diese Gruppe um Personen reduziert wird, die bereits in der Jugend politisch aktiv waren. Dies bedeutet, dass auch ein Engagement in vordergründig nicht politischen Gruppierungen zu größerer gesellschaftlicher Partizipation führt.

Neben Bildungseffekten sind auch Effekte der Gewinnung sozialen Kapitals und der Vernetzung feststellbar. Hier spielt vor allem der frühzeitige Abbau kommunikativer Hürden zu Entscheidungsträgern eine Rolle. Ehemals engagierte Jugendliche verfügen über eine Vielzahl von Kontakten im Gemeinwesen, finden sich so besser in diesem zurecht und finden so eher den Zugang zu politischen Beteiligungsprozessen. Auch diese Möglichkeit, soziales Kapital zu akkumulieren, kann als eine besondere Funktion des intermediären Sektors betrachtet werden, welche in anderen Lebensbereichen so nicht gegeben ist.

# 6. Jugend, freiwilliges Engagement und Identitätsarbeit

Im Zentrum der nachstehenden Ausführungen stehen gesellschaftliche Erwartungen und Anforderungen, die an Jugendliche gestellt werden und von diesen im Sinne der Entwicklung einer eigenen Persönlichkeit zu bewältigen sind. Insbesondere die Übernahme von Verantwortung ist eine solche Entwicklungsaufgabe. Anders als im Kapitel zwei, in dem Übernahme von Verantwortung als Bestandteil der Zivilgesellschaft und als Herausforderung an die Jugendlichen betont wird, wird Verantwortung nun als Scharnier der Verselbstständigung Heranwachsender thematisiert. Das Kapitel beantwortet die Frage nach Voraussetzungen, Selektionsmechanismen für die Übernahme von Verantwortung. Es analysiert Motive des Engagements und dessen Rolle für Lernen und Handeln. Die Übernahme von Verantwortung – für sich und für andere – ist als zentraler Aspekt im Prozess des Erwachsenwerdens zu betonen. Schließlich sind die gängigen Indikatoren des Übergangs von der Jugendphase zum Erwachsensein (Eintritt ins Beschäftigungssystem, eigenes Einkommen, Rechtsfähigkeit etc.) weniger verlässlich.

Die nachstehenden Ausführungen sollen zeigen, dass dieser Prozess der Verselbstständigung im Rahmen des freiwilligen Engagements mit dem Erwerb personaler Kompetenzen einhergeht. Personale Handlungskompetenz ist in der Pädagogik und der Jugendforschung von zentraler Bedeutung, nicht zuletzt, um die Einstellungen von Jugendlichen und deren Entwicklung zu begreifen (vgl. Merkens 2003, S. 12). Unter anderem geht es um Selbstkompetenzen, Selbstwirksamkeitsüberzeugungen und die Stärkung des Selbstbewusstseins, allesamt personale Kompetenzen, die sich dem Umgang mit neuen Situationen und Anforderungen verdanken (vgl. BMFSFJ 2006, S. 151; Fischer 2001). Das im Projekt erhobene empirische Material wird nachfolgend im Dienste solcher Handlungskompetenzen interpretiert. Im Zuge des folgenden Kapitels wird dargestellt, wie Jugendliche in Settings freiwilligen Engagements ihre individuelle Handlungsfähigkeit entfalten. Ein derartiger Kompetenzerwerb ist nur in geringem Maße vorweg planbar. In der Sphäre des außerschulischen Lernens und der Freizeitangebote, auf die Jugendliche zugreifen können, nimmt das freiwillige Engagement eine Sonderstellung ein.

## 6.1 Engagement im Verein und Verband – Lernen en passant

Lernen findet notwendig an verschiedenen Orten statt. Aus der lernenden Aneignung von Welt resultiert, wie der 12. Kinder- und Jugendbericht (vgl.

BMFSFJ 2006) formuliert, „die Befähigung zu einer eigenständigen und eigenverantwortlichen Lebensführung in sozialer, politischer und kultureller Eingebundenheit und Verantwortung. Eigenständigkeit zielt dabei auf die individuelle Fähigkeit, auf die Kompetenz, in einer gegebenen komplexen Umwelt kognitiv, physisch und psychisch eigenständig aktiv handeln zu können, aber auch auf die Fähigkeit, sich mit anderen auseinander zu setzen, sich auf sie zu beziehen und sich mit ihnen zu verständigen" (BMFSFJ 2006, S. 109). Der Kinder- und Jugendbericht betont dabei die „*Fähigkeit zur Selbstregulation* in einem umfassenden Sinne, in konkreten, vorfindbaren Lebenslagen und als lebenslanger Prozess" (ebd.). Wichtig ist also die „Fähigkeit zu einer eigenständigen ökonomischen Existenzsicherung genauso wie die Fähigkeit zur Aufnahme einer Partnerschaft und zur Gründung einer Familie sowie die allgemeine Fähigkeit zur alltäglichen Lebensführung" (ebd.).

Damit sind zugleich relevante Kriterien, mit denen die Jugendforschung den Übergang zur Verselbstständigung und zum Erwachsenwerden beschreibt, benannt. Die Bezüge Jugendlicher zu ihren Umwelten werden im 12. Kinder- und Jugendbericht als Weltbezüge gefasst, wobei folgende vier unterschieden werden: kulturelle, materiell-dingliche, soziale und subjektive (vgl. ebd., S. 110). Diese „Weltbezüge" stehen, wie der Bericht (ebd.) formuliert, „in einer losen Verbindung zu den Dimensionen der materiellen und der symbolischen Reproduktion, wie sie Habermas in seiner Theorie des kommunikativen Handelns entfaltet hat (vgl. Habermas 1981)". Im Folgenden sollen vor allem die beiden letztgenannten, also der soziale und der subjektive Weltbezug betont werden: *Soziale Bezüge* meinen in diesem Zusammenhang, sich „auf die soziale Ordnung der Gesellschaft, also die Regeln des kommunikativen Umgangs, der zwischenmenschlichen Verhältnisse und der politischen Gestaltung des Gemeinwesens" zu beziehen. „Es geht hierbei vorrangig um die Aneignung der sozialen Außenwelt, der Befähigung zur partizipativen, tätigen Auseinandersetzung mit der Umwelt, zur selbst aktivierenden Integration in bestehende Sozialordnungen, Sozialräume, Milieus sowie zu deren Weiterentwicklung (sozialwissenschaftlicher Weltbezug)" (ebd., S. 111). Bei *den subjektiven Bezügen* geht es um die eigene Person, sowohl in Bezug „auf die eigene ‚Innenwelt' als auch auf die eigenen ‚Körperwelten'. Es geht hierbei vorrangig um die Fähigkeit, mit sich selber umzugehen, sich selbst als Person wahrzunehmen, zu beobachten und in soziale Situationen einzubringen. Personwerdung, Identitätsbildung, Persönlichkeitsentfaltung sind von hier aus wichtige Bildungsdimensionen (humanwissenschaftlicher Weltbezug)" (ebd., S. 111).

Der komplexe Prozess der Weltaneignung gründet auf der Interaktion mit der eigenen Umwelt. Die ablaufenden Lernprozesse und Lernvorgänge selbst sind zwar unmittelbarer Beobachtung nicht zugänglich, können aber über das Verhalten der Lernenden gegenüber ihrer Umwelt erschlossen werden. Mit dem Fokus der Forschung hin auf die Auseinandersetzung mit der eigenen Umwelt gewinnt die Stellung der Lernenden selbst und die damit sich ausdifferenzierende Lernbiografie eine herausgehobene Rolle. Der moderne Jugendalltag selbst wird zu einem umfassenden Lernprojekt (vgl. Tully 2007; Mack/Lüders 2004). Kompetent zu handeln ist in modernen Gesellschaften ein schwieriger Prozess (vgl. Abels 2007; Kaufmann 2005). Statt vorgegebenen Mustern und Fahrplänen zu folgen müssen Heranwachsende ihren eigenen Weg in der Gesellschaft finden. In der Moderne unserer Tage fällt den Subjekten mehr Verantwortlichkeit für das Gelingen der eigenen Biografie zu (vgl. Keupp 1999; Hall 1999).

Mit wachsender Komplexität der Gesellschaft nimmt die Bedeutung nicht formal organisierter Lernprozesse zu. Wer in vielen Settings agiert, konfrontiert sich mit verschiedenen sozialen Umwelten, setzt sich mit diesen auseinander. *Was* also *lernen Heranwachsende*, wenn sie in ihren Sportverein gehen, *wenn sie Aufgaben im Rahmen* konfessioneller *Jugendarbeit übernehmen* oder wenn sie einen Ausflug für die Jüngeren in ihrem „Club" organisieren? Die Interviews geben Auskünfte darüber, was gelernt wird. Es geht darum, die Handlungsfähigkeit gegenüber der eigenen Umwelt zu erhöhen. Jugendlichen ist es wichtig, sich einzubringen, und die Übernahme gesellschaftlicher Aufgaben im Verband ist hier ein wichtiges Angebot an Jugendliche. Vereine und Verbände sind keine Bildungseinrichtungen per se. Um aber ihre Zwecke zu exekutieren, müssen sie Nachwuchs und neue Mitglieder rekrutieren, müssen sie attraktiv sein. Die formale Zwecksetzung der Verbände zum Beispiel ist explizit nicht auf die Entwicklungsaufgabe der Identität durch den Jugendalltag ausgelegt, dennoch *befördern sie diese en passant.*[1] Einerseits werden in Verbänden und Vereinen Aufgaben arbeitsteilig abgewickelt, andererseits gilt ein gestuftes Prinzip der Verantwortungsübernahme, d.h. im Sinne des Tutorenprinzips werden die Älteren für die Jüngeren mitverantwortlich gemacht. Jüngere werden von Älteren in ihrer Freizeit betreut, sie lernen dabei sich selbst, ihre Wirkung auf andere wie auch die soziale Situation von „zuständig sein" kennen. Aufgabenübernahme wird so zur Übernahme von Verantwortung für andere – das Gelingen der Vereins- und Verbandsarbeit beruht darauf. Während also aus dem Blickwinkel der Jugendforschung die Übernahme von „Verantwortung für sich selbst" wie auch die Übernahme von „Verantwortung für andere" Kriterien sind, um den Prozess des Erwachsenwerdens zu beschreiben, erweist sich die Aufgabenübernahme im Rahmen freiwilligen Engagements vor Ort zugleich als funktionaler Beitrag zum Gelingen der Verbandsarbeit. Je moderner und damit differenzierter Gesellschaft ist, desto wichtiger wird es, solche arbeitsteilige Aufgabenbewältigung zu organisieren. Wenn Jugendliche kompetent ihre Freizeitaktivitäten planen, so ist dies eine der im Sinne des SGB VIII intendierten Nebenfolgen des Engagements im Verein.

1 Außerschulische Jugendbildung, Selbstverantwortung usw. sind laut SGB VIII Gegenstand von Jugendarbeit. Nur werden diese Ziele im Alltag der Jugendarbeit nicht immer explizit genannt.

## 6.2 Die Entfaltung personaler Kompetenz – ausgewählte konzeptionelle Bezüge

Je schwieriger es wird, die eigene Zukunft zu planen, je weniger Jugend als Schonraum erlebt werden kann, desto wichtiger werden Eigeninitiative und Bemühungen um die eigene Handlungsfähigkeit im Sinne personaler Kompetenz. Mit dem Schwierigwerden des Übergangs in die Arbeitswelt, in eine reguläre und bezahlte Beschäftigung (vgl. Bibouche/Held 2002), wird der Kern des Jugendalltags selbst problematisch (vgl. auch Münchmeier 1998; Jugendwerk der Deutschen Shell 1997). Dieser Übergang fungiert als Entwicklungsaufgabe, die vor dem Hintergrund der modernen Gesellschaft zu leisten ist. So gesehen haben wir es mit einer Entwicklungsarbeit unter geänderten Vorgaben zu tun. Helmut Fend (2003) gruppiert diese Entwicklungsaufgaben in drei Bereichen: *intrapersonale*, *interpersonale* und *kulturell-sachliche* (ebd., S. 211) (vgl. Abb. 6.1). Die Bewältigung von Entwicklungsaufgaben dient der Entfaltung der eigenständigen Persönlichkeit, die zwar „lebensgeschichtlich im Jugendalter" ansetzt, aber für den ganzen Lebensverlauf wirksam ist (vgl. ebd., S. 402). Die Syntheseleistung einer „Ganzheit" ist der zentrale Prozess (vgl. ebd., S. 410). Methodisch gesprochen werden soziologische und psychologische Ansätze kombiniert.

Die Entfaltung personaler und sozialer Handlungskompetenz kann sich auf *Arbeiten zur soziologischen Einordnung von Identität* stützen. Georg Simmel spricht in seinen Überlegungen zur sozialen Rolle vorweg von Individualität,

*Abb. 6.1: Verknüpfung von Fähigkeit zur Selbstrezeption vs. Entwicklungsaufgaben im Jugendalltag*

| Entwicklung der Jugendlichen | Gestaltung von Weltbezügen | |
|---|---|---|
| Entwicklungsaufgaben von Jugendlichen bei Fend [1] | Gestaltung von Weltbezügen (12. Kinder- und Jugendbericht)[2] | Verortung von Identitätsarbeit im empirischen Material |
| intrapersonal | subjektiv | aktive Aneignung, Ablösung durch Aufgabenbewältigung |
| interpersonal | sozial | kontextuelle Rahmung von Handlung durch soziokulturelle Umwelt |
| kulturell-sachlich | kulturell | |

1 Vgl. Fend 2003, S. 211.
2 Vgl. BMFSFJ 2006, S. 108.
Quelle: eigene Erstellung © Tully

deren Ursprung er in der Schneidung sozialer Kreise sieht. Er betont die Einzigartigkeit des Individuums ebenso wie das Leben in sozialen Konstellationen. Auch Georg Herbert Mead betont die gesellschaftlichen Voraussetzungen (Sprache als allgemeingültige signifikante Symbolik, das Spiel und Wettkampf) für die Person (vgl. Mead 1973, S. 194). Das eigene Verhältnis zur Gesellschaft muss sich entwickeln (vgl. ebd., S. 177) und ist Ergebnis der Beziehungen. Mead betont so die gesellschaftliche Seite des Prozesses und die wechselseitige „Beeinflussung" (vgl. ebd., S. 207). Zu den klassischen psychologischen Arbeiten gehören die von Erikson (1968). Die nachstehende Auswertung bündelt die vorgängige Diskussion der „Umweltbezüge" und „Entwicklungsprozesse" Jugendlicher. Während der Kinder- und Jugendbericht mit seinem Konzept der Kompetenzentwicklung die Bezüge der Jugendlichen zu ihren *Umwelten* aufgreift, thematisiert Fend die *Entwicklung* Jugendlicher.

Der Erwerb sozialer Handlungskompetenz erweist sich als hochkomplexer Prozess der Aneignung von Umwelt und eigener Positionierung. Wie kann dieser Prozess systematisiert werden? In einem Auswertungsmodell werden im Kern drei Ebenen (Bezüge zur soziokulturellen Umwelt, aktive Aneignung sowie Ablösung und Verselbstständigung) unterschieden.

Das im Zuge der eigenen Auswertungsarbeiten gewonnene Interpretationsschema (vgl. Abb. 6.2) deckt mithin nur Teile dessen, was als Entwick-

*Abb. 6.2: Auswertungsmodelle von personaler Kompetenz und Engagement im Jugendalltag*

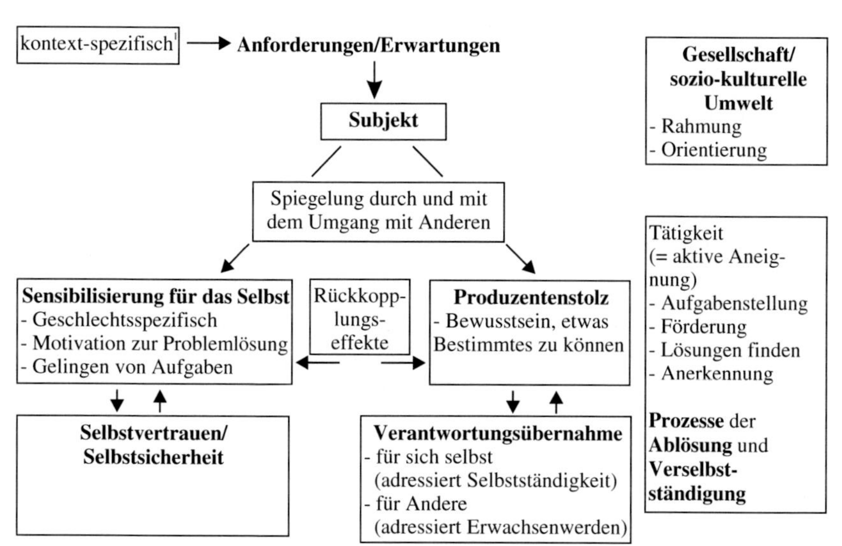


1 Zum Beispiel in institutionellen/schulischen Settings, in der Familie oder wie hier im Rahmen des freiwilligen Engagements.

Quelle: eigene Abbildung © Tully

lungsaufgabe bei Helmut Fend (2003, S. 211) oder als Weltbezüge im 12. Kinder- und Jugendbericht (vgl. BMFSFJ 2006, S. 109) thematisiert wird. Der Akzent liegt, im Begriffssystem des Kinder- und Jugendberichts gesprochen, deutlich bei den subjektiven und sozialen Bezügen. Das dargestellte Schema soll eine systematisch transparente Erschließung von identitätsstiftenden Prozessen erleichtern (vgl. Abb. 6.2). Dazu soll einerseits nach soziokulturellen Vorgaben der Gesellschaft, die individuelles und kollektives Handeln rahmen, und andererseits nach Prozessen aktiver Aneignung qua Tätigkeit differenziert werden. Ergebnisse der Tätigkeit sind die aktive Bewältigung von Ablösung und Verselbstständigung. Das mittels halbstandardisierter Interviews erhobene empirische Material wurde subsumtionslogisch den ausgewiesenen Merkmalsfeldern des Schemas zugeordnet und interpretiert.

Die zwei Ebenen des Modells verdanken sich der Schneidung von Gesellschaft und Person. Es hebt sich nicht grundsätzlich von einer sozialisationstheoretischen Betrachtung ab. Ins Zentrum gerückt wird die *aktive Aneignung* durch tätiges Handeln, um so den Umgang mit Aufgabenstellungen als Auslöser für eigene Kompetenzentwicklung in den Blick zu nehmen.

## 6.3 Personale und soziale Kompetenzen im Spiegel der empirischen Erhebung

Soziale Beziehungen entwickeln, ausbauen, mit ihnen leben, ist Kernaufgabe im Jugendalltag. Vor allem um den Prozess der Ablösung von den primären Sozialisationsinstanzen zu begünstigen werden die Kontakte zu Peers und zu anderen außerhalb von Schule und Familie wichtig. Gleichermaßen bedeutsam ist es, die eigenen Ansichten, Meinungen und Urteile im Verhältnis zu anderen zu reflektieren und ggf. auch zu revidieren.

### *6.3.1 Strukturelle Formung – erste Hinweise auf soziale und personale Kompetenzen*

Wir wissen aus unserer Erhebung[2], Männer sind im sozialen Bereich etwas weniger als Frauen engagiert. Generell nimmt mit höherer Bildung auch die Bereitschaft zu, sich in der Freiwilligenarbeit zu betätigen. Abiturienten sind im Jugendalter deutlich häufiger engagiert als Hauptschüler. Wichtig ist, Engagierte sind sozial deutlich besser eingebettet (vgl. auch BMFSFJ 2006, S. 240ff.; van Santen 2005). Dies lässt sich daran ablesen, dass Engagierte in größere Freundeskreise eingebunden sind, ohne dass diese Einbettung vom gewählten Bil-

2 Die quantitative Befragung umfasst rund 2.000 Personen (davon 1.500 ehemals Engagierte und 500, die in ihrer Jugend nicht engagiert waren). Zusätzlich wurden qualitative Interviews geführt. Siehe dazu die ausführliche Beschreibung der Untersuchung weiter oben.

dungsgang abhängig wäre. Die Befragten, die sich engagiert haben, geben signifikant häufiger an, sie hätten einen größeren Freundeskreis. Die vormals engagierten befragten Erwachsenen gaben mit 33 Prozent deutlich häufiger an, einen großen Freundeskreis zu haben (Nicht-Engagierte 23 Prozent). Aufschlussreich ist in diesem Zusammenhag die Auswertung zu den Nennungen der „eher kleinen Freundeskreise". Hier fällt auf, dass 28 Prozent der Nicht-Engagierten, aber nur 17 Prozent der ehemals Engagierten einen kleinen Freundeskreis haben. Auf diese Weise wurde die soziale Erwünschtheit großer Freundeskreise kontrolliert. Auch in anderen Studien wird auf dieses Phänomen hingewiesen: So besagen Befunde der Shell- Jugendstudie 2006, dass Cliquen-Leader besonders häufig engagiert sind (vgl. Shell Deutschland Holding 2006, S. 124).

Wie bereits ausgeführt, geht es beim Engagement nicht nur darum, „Gutes" für andere zu tun. Engagement wird zugleich auch sozial gratifiziert. Auf die Fragen: „War Ihr Engagement insgesamt für Sie ein wichtiger Teil ihres Lebens ...?" sowie „Wie haben die dort gemachten Erfahrungen Ihr Leben beeinflusst?" wird wie folgt geantwortet: „Sehr stark": 38 Prozent, „Stark" 43 Prozent. Auf die weitere Frage nach der eigenen Lebenszufriedenheit zeigt sich, dass früher Engagierte signifikant häufiger „sehr zufrieden" sind (41 Prozent), während Nicht-Engagierte hier nur zu 32 Prozent angeben, zufrieden zu sein. Auch schätzen sich früher Engagierte häufiger als „sehr erfolgreich" und „erfolgreich" ein: Wenn es um den bisherigen beruflichen Werdegang geht, sehen sich früher Engagierte selber häufiger als sehr erfolgreich und im Vergleich zu früher Nicht-Engagierten seltener als „weniger erfolgreich". Dabei überrascht es nicht, dass die Dauer des freiwilligen Engagements eine Rolle spielt. Ganz offenkundig formt das Engagement die Person ganzheitlich und umfassend. Je länger sich die Befragten engagiert haben, desto nachhaltiger wird die Formung erlebt. Während bei einer Dauer eines Engagements von 1-2 Jahren etwa die Hälfte angibt, „sehr stark/stark" beeinflusst zu sein, geben bei denen, die fünf Jahre und länger engagiert waren, rund 87 Prozent an, „sehr stark/stark" vom Engagement geformt zu sein. Insofern ist ein klarer Einfluss des Ehrenamts auf die Abhängigkeit von der Dauer des Engagements anzunehmen.[3] In der Jugendphase kristallisieren sich individuelle Einstellungen und Stile heraus, zum einen als Abgrenzungs- bzw. Ablösungsstrategie, zum anderen als notwendige Verortung, die von nun an eigenaktiv, also selbst erstellt werden muss (vgl. Keupp 2006). Freiwilliges Engagement eröffnet gestaltbare Netzbe-

3 Vor allem für Befragte mit Sozial- und Gesundheitsberufen lässt sich ein dichterer Zusammenhang von Engagement und Beruf ausmachen. Immerhin ein Viertel der Befragten, die zum Zeitpunkt der Befragung im Sozial- und Gesundheitsbereich tätig waren, war in der Jugendzeit engagiert (bei den Nicht-Engagierten liegt der Anteil bei nur 15 Prozent). Wie aber, so wurde weiter gefragt, steht es um die Übertragbarkeit von Kenntnissen? Inwieweit lassen sich Kenntnisse und Fertigkeiten, die im Zusammenhang mit dem freiwilligen Engagement erworben wurden, auch in anderen Lebensbereichen nutzen? Immerhin 90 Prozent der Befragten geben an, erlernte Fähigkeiten auch schon in anderen Lebensbereichen verwandt zu haben (vgl. dazu ausführlicher Kapitel 5, in diesem Band).

züge, die das Kennenlernen anderer, Zusammenarbeit und die Verantwortungsübernahme einschließen. Jugendliche betonen ihr Selbstbewusstsein im Umgang mit anderen. Das eigene Leben wird als Gegenpol zum „gestylten Outfit" gesehen:

> *Ich habe mein eigenes Leben (...)Ich muss nicht Markenklamotten tragen, nur, weil es den anderen gefällt" (Ev. Jugend, w.16). „Wir waren einfach wir und haben uns da nicht beeinflussen lassen [in Bezug auf Kleidung, CJT] (w. 22, Ev. Jugend).*

Inwieweit das selbstbewusste „Nach-außen-Tragen" eigener Stile hier durch das Engagement gefördert wurde, oder aber sich der Tatsache verdankt, dass freiwilliges Engagement eher selbstbewusste Jugendliche anzieht, kann hier offen bleiben. Wichtig ist, dass damit ein Umfeld auch für weniger offene und selbstbewusste Jugendliche geschaffen wird. Auch ein direkter Einfluss des jeweiligen Engagements auf die Einstellungen und Stile lässt sich in den Interviews ausmachen:

> *Jetzt höre ich mehr so Reggae und auch so Lieder, die wirklich einen Sinn haben und da achte ich auch mehr auf den Text (w. 15, Greenpeace).*

Wichtiger werden die soziale Einbettung, der Umbau sozialer Beziehungen und die Offenheit gegenüber anderen. Oft sprechen die Befragten von einer zunehmenden Offenheit, sie bilden komplexere Sichtweisen aus und begegnen anderen Menschen mit gewachsenem Verständnis dafür, dass man sich immer wieder mit „anderen Menschen auseinandersetzen" (m. 22, Jugendclub) muss. Das zeigen u.a. auch die Aussagen eines 19-Jährigen vom Bund deutscher Pfadfinder, einer 18-Jährigen beim THW und die eines jungen Gewerkschafters:

> *Ich bin nicht mehr engstirnig, wie ich das früher mal war, da war ich nur auf meine Meinung fixiert und wollte meinen Kopf durchsetzen. Stier halt. Da bin ich viel offener geworden, viel großzügiger gegenüber anderen Meinungen (m. 19, BdP).*

> *(...) dann kriegt man auch eine ganz andere Perspektive und das kann man dann auf jeden Fall auch für den Beruf später nutzen. Dass man dann flexibel auf Menschen zugeht und dann nicht nur einen Gesichtspunkt sieht( ...) (w. 18, THW).*

> *Die Fähigkeit, an sich selbst zu arbeiten. Das ist, glaube ich, das Allerwichtigste. Wie gesagt, ich hatte ja gerade schon irgendwie so ein paar Sachen genannt, aber das Wichtigste bleibt, an sich selber arbeiten zu können und an sich selber arbeiten zu wollen. Also sprich, dass man weiß, dass man nicht perfekt ist und anderen Leuten nicht böse ist, wenn sie einem das sagen oder sagen, da und da könntest du das vielleicht irgendwie noch mal so und so verändern (m. 21, Gewerkschaft).*

Wie sich zeigen lässt, bilden Jugendliche in der aktiven Auseinandersetzung mit den Anforderungen und Gegebenheiten, mit denen sie sich im freiwilligen Engagement konfrontieren, biografisch bedeutsame personale Kompetenzen aus. Zum Ausdruck gebracht wird insbesondere, dass *konkrete Situationen Herausforderungscharakter* besitzen und somit zur Problemlösung entsprechende Fertigkeiten ausgebildet werden müssen. Dieser Herausforderungscharakter wird im nachfolgenden Zitat angeführt. Benannt werden explizit *Rückkopplungseffekte zur Schule*:

> *Aber ich glaube, was man so als freiwillige Arbeit macht, das ist wichtiger. Auch für die Persönlichkeit. Man weiß einfach eher so ein bisschen, wo man steht, auch in der Gesellschaft. Das merkt man in der Schule. Da gibt es auch Diskussionen und so. Da kann man mitdiskutieren und sagen, was man denkt und meint, aber so wirklich fürs Leben lernt man da ja nicht. Das würde ich schon eher sagen, dass man das bei der freiwilligen Arbeit lernt (w. 18, Greenpeace).*

Das heißt Persönlichkeitsentfaltung wird als Produkt von freiwilliger Arbeit gesehen, zu erkennen ist dies u.a. daran, dass die Befragten sich selbst im Lebensalltag verankert erleben. Jugendliche sehen in ihrer aktiven Tätigkeit Chancen der eigenen Entwicklung.

> *Meine Priorität müsste eigentlich bei der Schule liegen, aber liegt momentan eigentlich hier, bei den Pfadfindern bei der Durchführung und Organisation. Weil ich da einfach mehr raus kriege, mehr Positives mitkriege. Mein Erfahrungsbereich steigt immens nach jeder Gruppenstunde. Entweder bin ich hinterher schlauer, bin ich auf jeden Fall schlauer, weil ich es das nächste Mal besser mache (m. 21, BdP).*

Es geht um die Bildung der eigenen Person samt der sie kennzeichnenden Bezüge. Deshalb sagt der Jugendliche auch, er wäre auf jeden Fall nachher schlauer. Noch deutlicher, aber ebenso in Richtung soziale Kompetenz, formuliert dies eine junge Frau aus der Sportjugend. Sie sagt, das freiwillige Engagement brächte es mit sich, dass sie neue Freunde treffe, dass sie was dazulerne.

> *(...) dass ich selbst – ich hab ja auch auf deutscher Ebene so Rhetorik und Teamentwicklung dazu, ich lern auch noch so viel dazu und das ist freiwilliges Engagement, was mir was bringt (w. 23, Sportjugend).*

Deutlich wird in allen vorangegangenen Interviews, wie auch in dem nachstehenden: Die Schule ist wichtig, aber außerhalb der Schule passiert gleichermaßen Entscheidendes. Es geht um die Kompetenz, sich selbst in seinen sozialen Bezügen einzubetten, Anerkennung zu finden, Erfahrungen zu machen und Wissen und Erfahrung zu verbinden. Im Zentrum steht das Bemühen darum, in Übereinstimmung mit sich selbst zu handeln. Es geht um Erprobung von Fähigkeiten und die eigene Einzigartigkeit, um die Akzeptanz durch andere und die Sicherheit durch soziale Zugehörigkeit. In diesem Sinne fragt ein 20-Jähriger aus der Sportjugend nach seinen eigenen Entwicklungsschritten und reflektiert:

> *Inwiefern hat mich das verändert? Wie ich mit der Welt umgeh halt. Dass ich net ängstlich bin und irgendwas sag: Papa, Mama, kannst du für mich fragen. Dass ich das selber mach, dass ich einfach Fachwissen hab und dann andere mir nicht mehr erzählen können, was richtig sein soll und ich weiß aber, dass es definitiv anders ist. Dass man Wissen mitbekommt und dass es halt schön ist. Es gibt den Spruch: Wissen ist Macht, aber das seh ich jetzt nicht als Macht, aber als Erfahrung eben, die man weiter trägt (m. 20, Sportjugend).*

Die Jugendlichen betonen ihre eigene Entwicklung ganz so, wie dies eine 18-Jährige von Greenpeace zusammenfasst. Sie sagt, ihrer Meinung nach bestünde Bildung nicht darin, irgendwann Abitur zu machen und auf Grundlage eines „tollen Durchschnitts ein tolles Studium" zu machen „und einen tollen Job" zu kriegen (w. 18, Greenpeace). Bildung müsse für sie mit der persönlichen Entwicklung zusammen gedacht werden. In einer Lebensphase, in der sich die Subjekte jenseits struktureller sozialer Bezüge (Bildung, Job, Ausbildung) verorten müssen und sich von primären Sozialisationsinstanzen ablösen wollen, spielen Peerkontakte eine herausgehoben Rolle. Im Hinblick auf die soziale Einbettung zeigt sich, wer sich engagiert hat mehr Freunde und lebt mit mehr Bezügen. Die Ausdifferenzierung von Persönlichkeitsmerkmalen, die Ausbildung personaler Kompetenzen, wird nachstehend vertieft.

### *6.3.2 Erwartung und Erwartungsentsprechung*

Die Anforderungen im Engagement zeigen sich auch als neue Herausforderungen, als Erwartungen, die an die Engagierten gestellt werden. Dies führt mitunter zur Überwindung von Ängsten, zu dem Bewältigen von Situationen, die neu und zunächst, da fremd, unangenehm sind.

> *Ich hätte mich vorher nie getraut, mich vor eine Gruppe zu setzen und denen was zu erzählen. Das war überhaupt nicht meins, aber ich hatte es wirklich in mir. Es ist nicht so, dass mir, dass mir das jemand aufgedrückt hat oder so. Ich habe die Gabe schon, dass ich Leuten was erzählen kann, aber ich hätte es mich einfach nicht getraut (w. 17, Ev. Jugend).*

Erwartungen nachzukommen wird als etwas bilanziert, was die eigene Entwicklung vorantreibt und Selbstvertrauen schafft. Das mag auch damit zusammenhängen, dass das Engagement einerseits selbst gewählt und andererseits offen angelegt ist. Nach Befunden aus der Arbeitswissenschaft bestimmen immer zwei Komponenten die Qualität und Quantität von Arbeitsergebnissen. Eine der Komponenten ist die Motivation, die andere ist die Fähigkeit zur sachlichen Verrichtung. Beide Dimensionen sind bedeutsam, wenn es um die Lösung konkreter Aufgaben geht. Analog lässt sich der Umgang mit Erwartungen interpretieren. Hierbei geht es um die Absicht, anstehende Probleme lösen zu wollen und sich darum zu bemühen, anwendungsfähige Lösungsstrategien zu entwickeln und zu realisieren. Wichtig sind hier die motivationalen Ressourcen. Die Suche nach Lösungen gründet auf Motivation. Ganz in diesem Sinne erklärt uns eine Jugendliche aus der evangelischen Jugendarbeit, wie Motivation und die Aktivierung von Fähigkeiten zusammenspielen:

> *Also, ich muss sagen, ich glaube, ich habe das erst gelernt. Sicher habe ich auch was mitgebracht, aber das hätte ich so nie aus mir rausholen können. Ich weiß nicht, wie ich es sagen soll, aber ich glaube schon, dass ich gelernt habe, alles einzusetzen, das heißt alles rauszuholen und zu gebrauchen. (w. 17, Ev. Jugend).*

Eher auf die motivationale Komponente als auf das Einsetzen von Fähigkeiten stellen verschiedene Interviewauszüge ab. Deutlich wird bei den Jugendlichen die Motivation, also etwas tun zu wollen und der Wille, sich für eine Sache einzusetzen. Hinzu kommt die extrinsische Motivation, also die von außen vorgegebene Veranlassung, eine Aufgabe zu übernehmen und der übernommenen Funktion gerecht zu werden. Sich einzusetzen bedeutet nicht nur altruistisch zu handeln und Aufgaben für andere zu übernehmen. Es geht um die Durchsetzung einer Sache, das Gelingen eines Vorhabens. Etwas für andere zu tun, „der Gruppe" etwas zu geben, Aufgaben zu übernehmen und andere zu entlasten wirkt positiv verstärkend. Die eigene Aktivität, das konkrete Engagement wird in der Regel als gratifizierend erlebt. *Das Tun für andere* wird gratifiziert, *Aufmerksamkeit und Anerkennung kommen zurück*. Dies ist Inhalt der Aussage einer 15-Jährigen, die einen Abgleich macht zwischen Anforderungen und Aufgabenbewältigung in der Schule und Aufgaben, die sie im Rahmen ihres Engagements freiwillig übernimmt. Sie spricht von Ablenkung, von Entlastung, von Besserung der Stimmung, von Zuwendung durch andere, von Zuwendung, die sie bekommt, weil sie aktiv ist und der Anerkennung, die ihr zuteil wird, wenn ihr Aufgaben zugewiesen werden. Arbeitsteilig geht es darum, das hohe Ziel des Umweltschutzes, des Erhalts der natürlichen Lebensgrundlagen auf unserem Planeten zu sichern.

> *Es ist auf alle Fälle sehr wichtig, weil es einen von der schulischen Sache ablenkt, wenn man mal Probleme hat. Dann ist man hier, man kriegt wieder gute Laune, man fühlt sich hier bestätigt. Man weiß, dass hier Leute sind, die einen brauchen oder einen mögen und man hat die Aufgaben (w. 15, Ev. Jugend).*

Die an die Einzelnen gerichteten Erwartungen erfordern es, sich einzubringen und die benötigten Anstrengungen aufzuwenden. Ganz nebenbei wird die Übernahme von Aufgaben als Entlastung erlebt, da sich „gute Laune" einstellt und sich die, die was tun, als „beteiligt" erleben.

### *6.3.3 Verantwortungsübernahme als Ausdruck für Ablösung und Erwachsenwerden*

Die *Verantwortungsübernahme* ist zentral *im Prozess des Erwachsenwerdens*. Bislang wurde Verantwortungsübernahme aus entwicklungspsychologischer Sicht als ein Merkmal des Erwachsenwerdens gesehen. Aus soziologischer Sicht geht es um eine Verschränkung zweier Perspektiven, nämlich der der eigenen Person mit der der Gesellschaft, was Anthony Giddens als Überschneidung von interpretativen Schemata und Normen beschreibt (vgl. Giddens 1997, S. 82). Ganz viele Anstrengungen zur Erziehung innerhalb wie außerhalb der Familie gelten der Förderung wachsender Selbstständigkeit, die umgekehrt Bestandteil des Ablösungsprozesses von der Familie und des Erwachsenwerdens ist. Die Zweiteilung, Übernahme von *Verantwortung für sich selbst* und die *Übernahme von Verantwortung für andere*, wie sie der nachstehenden Interpretation des empirischen Materials zu Grunde liegt, ist jugendsoziologisches Allgemeingut. *Wer Verantwortlichkeit für sich selbst delegiert und Verantwortung für andere nicht übernehmen will, handelt unselbstständig*, ist also nicht erwachsen.

(a) Verantwortungsübernahme für mich selbst – Selbstständigkeit

Selbstständigkeit ist ein zentrales Entwicklungsziel. Die Jugendphase endet vermutlich, wenn Verantwortung für sich selbst übernommen werden kann, wenn die betreffenden Personen ökonomisch selbstständig agieren und wenn sie ihr Handeln und die Folgen ihres Handelns für sich selbst und andere abschätzen können. Wie auch immer, auch Selbstständigkeit ist ein relationaler Begriff, verdankt sich doch Selbstständigkeit der gelungenen Interaktion in sozialen Settings. Das heißt, zunächst geht es darum, sich selbst zu erleben, selbst den Blick für die eigenen Geschicklichkeiten und vielleicht auch Defizite zu entfalten. Von der Übernahme von Verantwortung sprechen die nachstehenden Zitate.

> *Also, ich glaube, Verantwortung habe ich in der Jugendarbeit in erster Linie für mich übernommen (w. 22, Ev. Jugend).*

Der interviewte Jugendliche betont hier etwas, woran kaum gedacht wird, wenn von Engagement die Rede ist. Engagement richtet den Blick auf Handeln für andere und doch ist es so, dass das Engagement nicht zwingend ohne Bezug zu sich selbst abläuft:

> *Also, das weiß ich ja alles erst im Nachhinein. Das erkennt man ja nicht, wenn man in diesem Prozess drin steckt. Also Verantwortung hatte ich erst mal für mich und mein Leben, um zu überprüfen, ob es mir dabei wirklich gut geht, mit dem was ich mache (w. 22, Ev. Jugend).*

Mit der Übernahme von Aufgaben und dem Versuch, diese zu bewältigen, beginnt eine Innensicht von Aufgabenstellung und -lösung, was dann zu einer Reflexion eigener Fähigkeiten Anlass gibt. In diesem Sinne berichtet das nachstehende Interview erlebte Aufgabenbewältigung. Nur wer ausprobiert, kann Erfahrungen ob des Gelingens der Aufgabenbewältigung machen. Schlussendlich werden Erfahrungen akkumuliert, und zudem werden Erfahrungen über das eigene Verhältnis zur Umwelt gewonnen. Es wird gelernt, bewältigt und gescheitert. Es sind die kleinen Dinge, die sich als organisierbar erweisen und als Baustein der eigenen Lebensbewältigung eine Rolle spielen und insgesamt biografisches Lernen begünstigen.

> *Das habe ich halt gemerkt, dass ich so organisatorisch ganz gut bin. Das sind dann kleine Dinge und das eigene Leben. So große organisatorische Dinge, da habe ich überhaupt keine Erfahrungen. Aber immerhin: schon alleine das eigene Leben, dass man das hinkriegt (m. 22, Sportjugend).*

Neben den praktischen Aspekten, etwas zu organisieren, Verantwortung zu übernehmen, gibt es notwendig auch die Herstellung von Bezügen innerhalb des Vereins. Es gilt mit Erwachsenen, mit Vertretern des Vereins und Verbandes ebenso umzugehen wie mit Mitakteuren. Wie auch in anderen Aussagen, wird in dem Zitat deutlich, dass das Selbstvertrauen mit dem Gelingen von Vorhaben verstärkt wird. So wird auch für prekäre Situationen Selbstvertrauen als eine stabile Handlungsgrundlage gestiftet.

(b) Verantwortungsübernahme für andere – Erwachsenwerden

Der folgende Interviewabschnitt von einer 16-jährigen Pfadfinderin verdeutlicht einen arrangierten und ritualisierten Übergang zum Erwachsenwerden. Es geht darum, das eigene Selbst erlebbar zu gestalten. Inszeniert werden Freiräume, die zu einer Reflexion über das Jetzt, über die eigene Zukunft, über die Rolle im Team und in der Gruppe anregen. Dabei spielt auch die eigene Einbettung als Wahrnehmung wechselseitiger Abhängigkeit eine herausgehobene Rolle. Bewusst wird, inwieweit jemand Aufgaben für sich selbst und für andere übernimmt, aber auch inwieweit die Übernahme von Aufgaben für andere das Selbst stützt. Erfahrbar wird so Wechselseitigkeit.

> *Wir haben einen Stufenübergang gemacht, der Stamm ist ja in mehrere Stufen unterteilt. Das heißt wir sind in die Stufe von den Ältesten hochgestuft worden, ist jetzt kein schönes Wort dafür. Dieser Stufenübergang beinhaltet, dass man nachts alleine zwei Stunden an einem Feuer saß, einige Fragestellungen hatte und darüber nachgedacht hat, was Pfadfinderei einem bedeutet, wie wichtig das ist. Was man in der Vergangenheit gemacht hat, was man in der Zukunft machen möchte. Wie man sich so wünscht, wie es weitergeht (...) und das war für mich auf jeden Fall ein sehr beeindruckendes Erlebnis. Das war auch so der Punkt, dass uns allen klar geworden ist: Wir sind von den ganzen einzelnen Gruppen die Gruppenleiter und ohne uns würde der Stamm nicht laufen. Dass wir so festgestellt haben, eigentlich liegt das alles auf zehn Schultern. Das hat uns zum einen auch schon sehr mit Stolz erfüllt, dass wir das alles so gemanagt kriegen und auf der anderen Seite dachten wir: Boah, eigentlich sind wir noch klein, eigentlich ist es schon wahnsinnig viel Verantwortung, die wir haben (w. 16, BdP).*

Die absichtsvoll arrangierte Situation für *Selbsterfahrung* gestattet es, die eigene Abhängigkeit von anderen erfahrbar zu machen und zugleich eigenen Entwicklungsbedarf wahrzunehmen. Im Zentrum steht die Übernahme von Verantwortung. Das Gelingen dieses Vorhabens erfüllt mit Stolz, und das Gelingen macht Freude. Die Übernahme von Verantwortung im Rahmen der Übernahme von Aufgaben ist zugleich eine Anerkennung der Person. Die Delegation von Verantwortung erfolgt in Stufen, also sukzessive, ganz im Sinne des Lernprinzips „learning by doing". Eine 24-Jährige aus der DLRG spricht die stufenförmige Übernahme von Verantwortung an. Zuletzt habe sie ein internationales Jugendcamp organisiert.

> *Man fängt ganz klein an und traut sich dann irgendwann immer mehr zu oder sieht auch bei anderen Verbänden, was die so machen und versucht dann mehr zu übernehmen (w. 24, DLRG).*

> *Also ich denk, das fängt auch erst mal gar nicht so mit der Verantwortung an. Also erst mal ist man nur Schwimmgruppenhelfer, d.h. man hat nicht die Verantwortung*

*inne, sondern hilft sozusagen nur mit. Und irgendwann, also es geht natürlich auch nach Alter, übernimmt man halt dann mal ne Gruppe oder organisiert dann größere Sachen, wie Fahrten. Ich war ja nicht nur beim Ortsverband tätig, ich war auch im Bezirk noch tätig als stellvertretende Vorsitzende, und dann bei der Landesjugend war ich auch noch tätig, als Referentin. Da hab ich Seminare gehalten. (w. 24, DLRG).*

Dabei wird eigenes Tun als eingebettet in soziale Situationen des Verbandsalltags erlebt, dass z.B. mit anderen zusammen etwas bewerkstelligt, dass arbeitsteilig agiert wird, und die Kooperation als Produkt der eigenen Entfaltung gesehen wird. Diesen Netzgedanken führt ein 19-Jähriger aus der Sportjugend aus:

*Manchmal ist die Anforderung auch, dann stehe ich nun mal alleine, dann ist das wirklich nur meine Aufgabe; aber sonst arbeite ich, wenn es um große Aktionen geht, versuche ich mehr im Team zu arbeiten. Das fällt mir jetzt einfach leichter, dass ich nicht Dinge an mich reiße, wie ich gesagt habe, ich kann viel besser jetzt mit anderen das zusammen vernetzen (m. 19, Sportjugend).*

Wann ist eine Person erwachsen? Wenn sie für andere Verantwortung übernehmen kann, wenn sie in der Lage und willens ist, diese Verantwortungsübernahme zu praktizieren. Diesen Entwicklungsprozess berichtet ein 21-Jähriger:

*Ganz wichtig für mich ist, dass ich eine Art Vaterrolle habe, das finde ich toll. Dass die zu mir aufblicken können und dass ich denen ein bisschen von meinem Wissen rüber bringen kann und auch was von meinen Erziehungsmethoden. Ich denke, ich bin sehr offen und sehr tolerant und nicht autoritär. Aber es ist wirklich sehr anstrengend; ich merke an manchen Tagen, dass mein altes Ego rauskommt, ich die Schnauze voll habe, anfange zu schreien. Das tut mir hinterher total leid, aber man kann es nicht immer unterdrücken, wenn dir ständig jemand auf den Nerven trampelt, dann kommt es irgendwann raus (m. 21, BdP).*

In dieser Reflexion übt er eine Selbstkritik, das heißt, er sieht sein eigenes Handeln in Diskrepanz zu der ihm als Maßstab dienenden „Vaterrolle". Er sieht, dass es, um dieses Ziel zu erreichen, noch der Arbeit an der eigenen Person bedarf. Verarbeitet wird ein Konflikt. Der Befragte hat eine Vorstellung davon, wie er auftreten müsse, auch bemerkt er, dass die Gruppe seine Vorstellung nicht teilt. Sein Versagen erklärt er sich zunächst nur ansatzweise, er betont jedoch die von ihm bemerkte Herausforderung. Erwachsenwerden ist also ein komplizierter und länger andauernder Prozess eigener Verortung. Dazu gehören die Interpretation von sich selbst und der Abgleich mit wahrgenommenem Feedback, das von den anderen kommt.

### *6.3.4 Selbstsicherheit und Anerkennung*

#### (a) Selbstsicherheit gründet auf Selbstvertrauen

Selbstverantwortliches Handeln basiert auf Einschätzungen der Handlungsbezüge. Es geht darum, etwas zu wissen, Kontexte einzuschätzen und zu bewerten. Im Handlungsverlauf erweist sich, ob die Einschätzung angemessen war oder auch nicht. Insofern ist Wissen mehr als ein reines Sachwissen. Selbstsicherheit spiegelt das Zusammenspiel von Handlungssituation, deren Einschätzung und Beurteilung. Vielfach wird gewachsenes Selbstbewusstsein von den Befragten angesprochen, es verdankt sich der Erfahrung, bestimmte Dinge erfolgreich gestalten zu können. Zur Frage nach dem Selbstbewusstsein sagt ein 19-jähriger Gewerkschafter:

*Das ist bestimmt gewachsen. Das glaube ich. Das wäre sonst nicht so, wie es jetzt ist. Da bin ich mir relativ sicher (m. 19, Gewerkschaft).*

Im Rahmen der Interviews mit Jugendlichen wurde danach gefragt, wo und wie sie glauben durch das Engagement selbstsicherer geworden zu sein. Einen diesbezüglichen Prozess beschreibt eine junge Frau:

*Ich hätte mir früher nie vorstellen können, dass ich vor einer großen Gruppe stehe und da was vorstelle und eine große Präsentation mach. Was ich zum Teil noch nie gemacht hab und im Ehrenamt, wo ich es immer wieder üb, wo ich es anwenden kann. Was mir Vorteile bringt, so in mündlichen Prüfungen, in der Unterhaltung mit Menschen, auch in der Unterhaltung mit Funktionsträgern, da macht man schon viele Fortschritte. Weil man das öfter hat und weil man sich öfter mit denen unterhält (w. 23, Sportjugend).*

Im Zitat wird ausgeführt, dass der gelungene Transfer sich in psychischer Sicherheit niederschlägt.

*Ja, wenn man vor Gruppen auftritt, weil ich ja selber als Referent Seminare geb, weil man da merkt, dass man net unsicher ist, weil man erstens das Fachwissen hat und auch die Angst, Angst gibt es nimmer, dass man halt keine Angst hat, sich da vor zu stellen und was zu tun (m. 20, Sportjugend).*

Fehlendes Wissen, dies wird mit dem Verweis auf Angst und Unsicherheit deutlich, ist der Gegenbegriff zu Selbstsicherheit, während gelungene soziale Einbettung Ängste, somit auch Unsicherheiten, beseitigt. Ob dies mit einem Zuwachs an Wissen und an interpretativer Sicherheit einhergeht, sei an dieser Stelle dahingestellt.

*Ich habe meine Einstellungen, glaube ich, viel weiter ausfertigen können, also viel differenzierter. Ich habe so ein bisschen Selbstbewusstsein dazu gewonnen, ohne Ende (m. 21, Gewerkschaft).*

Durch Tun wird die eigene Persönlichkeit entwickelt. Das nachstehende Zitat einer 17-Jährigen verdeutlicht, dass Selbstsicherheit die Akzeptanz der eigenen Person einschließt:

*Ich beschreibe mich mal von vorneweg, als kleines graues Mauerblümchen, aber ich habe schon gelernt, zu mir zu stehen und mich als Person anzunehmen (w. 17, Ev. Jugend).*

Sie formuliert damit zugleich die Basis dafür, ihre Persönlichkeitsentwicklung selbst zu reflektieren. Die Eigenarbeit an ihrer Persönlichkeitsentwicklung wird kenntlich, wenn sie sich ihrer „verborgenen" Qualitäten erinnert, die durch ihr praktisches Tun, hier das Arbeiten in der Gruppe, zutage gefördert werden. Und sie fährt fort:

> *Dadurch ist auch viel mehr aus mir geworden, dadurch kann ich alles aus mir raus bringen. Ich hätte mich vorher nie getraut, mich vor eine Gruppe zu setzen und denen was zu erzählen. Das war überhaupt nicht meins, aber ich hatte es wirklich in mir. Es ist nicht so, dass mir das jemand aufgedrückt hat oder so. Ich habe die Gabe schon, dass ich Leuten was erzählen kann, aber ich hätte es mich einfach nicht getraut (w. 17, Ev. Jugend).*

Sich selbst mit anderen zu konfrontieren, ist die Herausforderung, dazu braucht es Durchsetzungsvermögen und Selbstakzeptanz. Nur auf solcher Grundlage lassen sich die gegebenen Aufgaben umsetzen.

> *Äußerlich denk ich nicht, dass man sich dadurch verändert, innerlich auf jeden Fall: Dass man wirklich schon mehr Durchsetzungsvermögen hat, man ist einfach offener, man setzt sich einfach durch und man hat keine Bedenken im Moment, einen fremden Menschen anzusprechen oder irgendwo hinzugehen und irgendwas zu klären, was alltäglich ist; man muss sich halt ständig mit neuen und anderen Menschen auseinandersetzen (m. 22, Jugendclub).*

Immer spielt die Übertragung und Übernahme von Aufgaben und deren tätige Bewältigung eine wichtige Rolle. Im Kern geht es darum, dass Subjekte in ihren Tätigkeiten ihr Können, ihre Gestaltung, ihren Einfluss, ihre gesellschaftliche Stellung erleben. Hier allerdings mit der Spezifität, dass die Bewältigung von Aufgaben Teil des Erwachsenwerdens und der Verselbstständigung ist.

> *Aber selbstbewusst bin ich sicher geworden. Weil als Bedienung musst du ja irgendwo Selbstbewusstsein haben. Du kannst ja nicht so mit ner Haltung, mit ner gesenkten Haltung rumlaufen, du musst ja auf die Leute zugehen, was wollt ihr (w. 17, Jugendtreff).*

> *Es klappt auch besser, weil von meiner Seite mehr Selbstbewusstsein da ist (m. 21, Ev. Jugend).*

> *(...) weil ich weiß, dass meine Arbeit geschätzt wird, auch vom CVJM, und dass ich gebraucht werde, weil ich Hauptverantwortlicher bin (m. 21, Ev. Jugend).*

Der Erwartungsentsprechung folgt verstärkend die Anerkennung. Was heißt das? Übernommene Aufgaben fungieren als Herausforderung, denen Jugendliche nachkommen wollen. Sie wissen um die Erwartungen, die mit der Übernahme der Aufgaben verknüpft sind. Das Gelingen selbst fungiert als Anerkennung wie auch als Verstärkung, gibt Sicherheit, dass auch weitere Aufgaben bewältigt werden können. Insofern sind fallweise Entwicklungsgeschichten der Übernahme von Verantwortung im empirischen Material vorzufinden. Das heißt, Jugendliche beginnen mitunter in der Schule bereits mit der Führung des Klassenbuchs, mit der Wahrnehmung der Funktion eines Klassensprechers. Die erfolgreiche Bewältigung von übertragenen Aufgaben begünstigt die Übernahme weiterer Tätigkeiten.

(b) Anerkennung

Während es in den vorangegangenen Ausführungen um Selbstvertrauen und Selbstsicherheit als Entwicklungsmerkmale der eigenen Biografie ging, steht in den nachfolgenden Ausführungen Anerkennung im Zentrum. Anerkennung liefert Selbstvertrauen und Selbstsicherheit, wenn es um die Wahrnehmung und Ausführungen von Aufgaben und Tätigkeiten geht. Anerkennung wird im sozialen Austausch zugeteilt, wer Anerkennung erfährt, erlebt sich wahrgenommen. In der Anerkennung, die sich auf die Aufgabenausführung bezieht, erfährt die Person eine Bestätigung; und diese besteht darin, dass die eigene Einschätzung der Aufgabenwahrnehmung und -erledigung von anderen geteilt wird. Phasen der Unsicherheit spiegeln die Bedeutung von Anerkennung. Dies macht das nachstehende Zitat kenntlich:

> *Ich bin wesentlich selbstbewusster geworden. Ich war vorher überhaupt nicht selbstbewusst. Ich war dadurch nicht besonders anerkannt, auch in der Schulklasse [nicht] (w. 16, Ev. Jugend).*

Der Rückkopplungseffekt von Anerkennung und Selbstbewusstsein wird wie folgt ausgeführt:

> *Die Jugendliche bekam „eben Anerkennung und dadurch bin ich wesentlich selbstbewusster geworden. Mehr Standfestigkeit auch, dass ich merke, hier werde ich auch gebraucht und hier kann ich was machen. Das hilft mir dann so die anderen Sachen wegzustecken (w. 16, Ev. Jugend).*

Die Anerkennung über das Gelingen übernommener Aufgaben ist bei praktischen Tätigkeiten bedeutsam. In der Tätigkeit bei der Freiwilligen Feuerwehr erfährt eine junge Frau Anerkennung und Wertschätzung:

> *Weil man hat einfach eine Aufgabe und man ist auch irgendwo, ich sag jetzt mal, geschätzt oder anerkannt (w. 22, FFW).*

Die Ausführung der jungen Frau macht drei Facetten der Anerkennung sichtbar. Die Rede ist von genereller Anerkennung; sie gilt der Aufgabenübernahme im konkreten Umfeld, hier der Feuerwehr. Die Feuerwehr, wie andere technische Hilfen, sind wichtig, werden als unverzichtbar angesehen und diejenigen, die sich hier engagieren, erfahren unabhängig ihrer konkreten Einsätze Zustimmung für ihr Tun.[4]

> *Also ich denk schon, (...) wenn man jetzt überhaupt in keinem Verein ist, und in einem kleinen Dorf, wie bei uns jetzt, nirgendwo dabei ist, dann hat man auch gar keinen Bezug zu den Menschen im Dorf selber. Und so denk ich mir einfach, man achtet die anderen und man wird selber auch geachtet von den anderen (w. 22, FFW).*

4 Es sind nicht vorrangig Brände, zu denen die Feuerwehr gerufen wird, sondern häufiger sind die Einsätze bei Unwettern und Verkehrsunfällen. Die Lokalpresse ruft durch entsprechende Berichterstattung die Bedeutung der Hilfsvereine regelmäßig ins Bewusstsein der Öffentlichkeit.

Im Sinne der zweiten Dimension von Anerkennung erfährt die Person in ihrem sozialen Umfeld selbst Anerkennung für ihr Engagement. Darüber hinaus, im Sinne einer dritten Dimension, gelingt über das Engagement die eigene soziale Einbettung im sozialen Umfeld der Community.

### *6.3.5 Ablösung, soziale Einbettung, Freunde*

Die Entfaltung personaler Kompetenz schließt die Ablösung von der Herkunftsfamilie und die sukzessive eigene Einbettung in familiendistante Netzwerke ein. Dabei geht es auch darum zu erfahren, wie die eigene Person von anderen wahrgenommen wird, wie auf andere reagiert wird usw.

(a) Soziale Vernetzung

Eine befragte Jugendliche führt aus, sie habe gelernt, andere Leute mit ihren Besonderheiten zu akzeptieren und immer zunächst zu schauen, wie Situationen zu beurteilen sind. Es geht darum, vorschnelle Urteile zu vermeiden. Auf den Umgang mit anderen angesprochen, sagt sie:

> *Ich denke schon. Ich kann das jetzt nicht so genau sagen, weil von mir selber kann ich so was nie sagen. Aber was den Umgang mit Menschen, was das eigentlich bedeutet, da habe ich sehr viel, da habe ich mich sehr verändert. Man bildet sich manchmal seine Vorurteile und wenn ich nicht in Ten-sing (eine Chorgruppe im CVJM) gewesen wäre, dann wäre ich vielleicht ein Mensch geworden, der sich immer Vorurteile bildet und nie hinter die Fassade guckt, was da alles sein kann. Wenn man Menschen näher kennenlernt, dann sind die ja meistens ganz anders. Das ist ein Teil davon (w. 15, Ev. Jugend).*

Ganz analog sagt ein 19-Jähriger vom Bund der Pfadfinderinnen und Pfadfinder, er sei offener geworden.

> *Ich bin offener geworden, nach allen Seiten. Ich bin nicht mehr engstirnig, wie ich das früher mal war, da war ich nur auf meine Meinung fixiert und wollte meinen Kopf durchsetzen, Stier halt. Da bin ich viel offener geworden, viel großzügiger gegenüber anderen Meinungen (m. 19, BdP).*

Wo kann der Umgang mit anderen gelernt werden? In allen Situationen, auch in der Schule, auch in der Familie, nur gibt das freiwillige Engagement einen zusätzlichen und offeneren Rahmen ab. Hier wird eben nicht als Schüler, nicht als Kind agiert, es geht um die Person, die hier mit anderen Zuschreibungen gefordert ist. Ein junger Gewerkschafter sagt in diesem Zusammenhang, es ginge um „die Zusammenarbeit mit Menschen" (Gewerkschaft, m. 21)und dies sei „keine Sache wie die Integralrechnung, was man bewusst einsetzen kann oder nicht" (Gewerkschaft, m. 21), denn es sei Bestandteil der eigenen Persönlichkeit. Zur eigenen sozialen Einbettung gehört es, eigene Stile hierzu zu entfalten. Die persönliche Präsenz, die eigene Einstellung wird als Spiegelung in der Gruppe erlebt. So wird die eigene Person samt der eigenen Einstellung mitgeformt:

*Was ich noch gut finde ist, dass ich ein vernünftiges Selbstbild von mir selber bekommen habe. Sprich, ich habe dadurch gelernt, wie wirke ich auf andere (m. 21, Gewerkschaft).*

*Da möchte ich behaupten, das ist definitiv so, dass dadurch, dass ich da halt in der Gruppe bin, [ich gelernt habe,] „mit anderen Menschen umzugehen und (...) [die] eigene Meinung zurückzustecken, wenn man manchmal merkt, das gibt nur noch mehr Ärger. Dann hält man seine Meinung zurück und lässt es auf sich beruhen (m. 19, DPSG).*

Resümierend stellt er fest, er sei „in gewissen Dingen überlegter und auch sicherer [im] Handeln gegenüber“ (m. 19, DPSG) seinen Mitmenschen geworden. Es geht in den konkreten Situationen darum, sich im Dienste gegebener Aufgaben zurückzunehmen, zu ihrer Durchsetzung sich aber zu behaupten, immer aber moderierend zu vermitteln und zu verbinden. Es geht darum, moderater und offener zu werden, wie ein 21-Jähriger ausführt:

*Das fängt bei so einfachen Sachen an, wie ‚Spielchen, Warm-Ups und so eine Scheiß, den machen wir nicht‘. Das sehe ich heute anders, das ist nur ein Beispiel. Da bin ich offener geworden. Es fällt mir auch leichter, mit Leuten umzugehen, die ganz anders sind, wo mir auch einzelne persönliche Einstellungen, wo ich sage, damit will ich nichts zu tun haben, du bist ein völlig anderer Typ als ich, damit kann ich inzwischen besser umgehen, wenn Leute ganz anders sind als ich. Geschmack, Mode sind nicht zentral (m. 21, DLRG).*

Gewachsenes Selbstvertrauen, gewachsenes Durchsetzungsvermögen, der Umgang mit anderen, der zudem offen angelegt ist, sind Thema des nachstehenden Zitats. Auf die Frage, ob er sich durch seine Aktivität verändert habe, sagt ein 22-Jähriger: „Äußerlich denk ich nicht ..., innerlich auf jeden Fall“ (m. 22, Jugendclub). Er betont das gewachsene Durchsetzungsvermögen, weil er offener geworden sei und

*man setzt sich einfach durch und man hat keine Bedenken, im Moment einen fremden Menschen anzusprechen oder irgendwo hinzugehen und irgendwas zu klären, was alltäglich ist. Man muss sich halt ständig mit neuen und anderen Menschen auseinandersetzen (m. 22, Jugendclub).*

Unausgesprochen sind die anderen, die aus der Gruppe, die Personen, die man in der Jugendarbeit kennenlernt, „irgendwie“ auch die Peers, „irgendwie“ auch die Freunde. Es sind die Personen, mit denen ein gemeinsames Projekt geteilt wird, das zur Gewinnung einer eigenen Identität genutzt werden kann und dies unter der Vorgabe, dass es um die Erledigung konkreter Aufgaben geht. Dabei erfolgt eine Vernetzung sowohl im Bezug auf die Aktivitäten im Verband/Verein als auch im Hinblick auf andere Personen.

(b) Ablösung von den Eltern

Ablösung vom Elternhaus ist eine zentrale Entwicklungsaufgabe. Das Eingehen eigener Partnerschaften, die Etablierung eines eigenen Haushaltes unterstellen gelungene Ablösung (vgl. Hurrelmann 1999, S. 142). Die Ablösung selbst hat mehrere Facetten und erfolgt auf *materieller* Ebene, auf *räumlicher* Ebene (eigene Wohnung), in *kultureller* Hinsicht *durch Entfaltung eines Lebensstiles,* der von dem der Eltern unterscheidbar ist, und schließlich durch Gewinnung psychischer Stabilität. Was die psychische Stabilität betrifft, so führt Hurrelmann „die eigenen Orientierungen von Gefühlen und Handlungen" an, die nicht mehr „vorrangig an den Eltern ausgerichtet sind." (ebd.). Diese Form der Verselbstständigung ist Thema der nachstehenden Interviews. Der Verbleib in der Familie führt irgendwann zu stärkeren Reiberein mit den Eltern, die Verselbstständigung steht im Gegensatz zu den eigenen Projekten.

> *„So was führt so weit, dass ich mich heute in einer Phase befinde,( ...), dass ich da keinen Bock mehr drauf habe, (...) Das führt zu starken Reibereien mit meinen Eltern" (w. 22, Ev. Jugend).*

Der Vorteil der Jugendarbeit liegt in ihrer Optionalität, sie kann im Unterschied zur Herkunftsfamilie frei gewählt werden.

> *„Ich weiß nicht, ob es eine Gegenerfahrung war, es war halt einfach so eine Erfahrung für sich. Man kann sich seine Familie nicht aussuchen, die Jugendarbeit konnte ich mir aussuchen. Ich weiß nicht, (...) ob das dann halt (...) eine Art Flucht von zuhause [war], aber ich glaube, das war es nicht" (w. 22, Ev. Jugend).*

Jugendarbeit eröffnet zusätzliche Spielräume, die die Familie so nicht offerieren kann.

> *„Wir haben ein großes altes Zelt bei uns von der Landjugendgruppe gehabt und haben da nachts im Wald gezeltet, klar solche Sachen. Oder, was ich bei der Landjugend gut gefunden hab, dass ich rumgekommen bin, dass ich öfter in Berlin war. (...) Wenn man bei der Landjugend auf Veranstaltungen war, (...) dann durfte man länger aufbleiben" (m. 24, KLJB).*

> *„Ja. Ich war schon mit 15, 16 immer viel unterwegs abends, mal hier Landjugend, mal was von der JU, Schülervertretung. Das hat dazu geführt, dass ich wenig zu Hause war, das hat mich selbstständiger gemacht, wenn man da an Wochenenden häufiger weg war, dass man den Eltern sagen konnte, ne da habe ich jetzt ein Termin. Da kann ich nicht" (m. 24, KLJB).*

Die Eltern organisieren den familialen Alltag und versuchen alle Familienmitglieder zur Mitwirkung und zum Mitspielen bei der arbeitsteiligen Bewältigung von Aufgaben zu motivieren. Bei der Jugendarbeit sind gemeinsame und arbeitsteilig zur realisierende Ziele immer schon vorgegeben, die Mitwirkung ist sozusagen die „Geschäftsgrundlage". Auf die Frage, was sie im Verein tun können, was sie zuhause nicht tun dürfen, sagt eine 17-Jährige:

> *Anderen Leuten sagen, dass sie dann und dort zu erscheinen haben (Sportjugend, w. 17).*

Bemerkt wird, dass im Verein eben etwas anderes als die „Tochter-Elternbeziehung" (ebd.) herrscht, „sondern gleichrangig, gleichwertig" (ebd.) miteinander umgegangen wird.

*Also im Grunde ist es ja so, dass es hier nicht so viele Leute gibt, die einem was verbieten können, weil man im Team ja so gleichberechtigt ist, da gibt es nicht irgendwie so einen Leiter, der die Erlaubnis gibt oder so. Ich kann hier zum Beispiel Dinge sagen, die ich zuhause nicht sagen würde. Einfach aus einer politischen Einstellung raus oder so (w. 15, Greenpeace).*

Diese Trennung von Familie und Engagement schafft Spielräume für die Entwicklung eines eigenen Lebensstils, in der Form eines entwickelten individuellen Verhältnisses zur sozialen Umwelt. Ausdruck des eigenen Lebensstils sind Präferenzen für Musik, für Freizeit, Hobby, aber auch Urteile zur Politik und zum etablierten Geschmack (Mode). Die Stilisierung des Selbst gehört also ebenso hierher wie die Fähigkeit, an sich selbst zu arbeiten und anderen gegenüber als identische Person wahrnehmbar zu werden.

*Naja, ich möchte mal behaupten, seitdem ich dabei bin, also ganz am Anfang, haben natürlich die Eltern bestimmt, was man anzieht, wenn man noch ganz jung ist. Ich bin vor fünf Jahren eingestiegen und habe da natürlich schon selber ausgesucht, was ich anziehe. Aber ich hatte da nie den Einfluss, dass ich Markenartikel bräuchte, das habe ich auch heute nicht. Ich habe gewisse Marken bevorzugt, aber das lag eher an der Qualität als oho, das ist von Levis. Keine Ahnung, da achte ich eigentlich nicht drauf. Wenn jemand was anhat und sagt, das ist ne Levis, ja toll, meine Jeans geht auch ohne von Levis zu sein. Solche Sachen, bei der Kleidung hat mich das nie beeinflusst (m. 19, DPSG).*

Verselbstständigung wird so zu einem Bestandteil eines längeren Ablösungsprozesses von den Eltern. Die Verschränkung mit den Eltern kommt zum Ausdruck, wenn in der Schule alles klappt und sich die Eltern „höchstens manchmal" einschalten:

*(...) du rennst schon wieder zum Training; mach doch mal lieber was dafür [Schule]. Aber da setze ich mir selber meine Prioritäten, wo ich denke, was jetzt wichtiger ist. Was besser für mich ist (w. 17, Sportjugend).*

Verselbstständigung fällt nicht mit Unabhängigkeit von der Familie zusammen. Merklich und für den modernen Jugendalltag typisch ist Verselbstständigung bei bestehender Abhängigkeit vom familialen System.

*Man ist auf jeden Fall selbstständiger, ob unabhängiger, na ja. Man ist schon unabhängig durch das Alter, aber selbstständiger sind wir auf jeden Fall geworden, man macht einfach seinen Tag so (m. 22, Jugendclub).*

Der Ablösungsprozess erweist sich als pendeln zwischen Optionen, so zumindest beschreibt ihn eine Jugendliche, die im Jugendclub ihr zweites Wohnzimmer gefunden hat. Auf die Frage, ob das Engagement im Jugendclub dazu beigetragen habe, sich aus der Familie zu lösen und sich selbst zu verändern, sagt die heute 20-Jährige:

*Ja schon sehr. Man war dann mehr unterwegs. Der Jugendclub ist 20 Meter von meinem Haus entfernt und dann ist die Versuchung schon groß, da einfach mal gucken zu gehen, dann bleibt man länger hängen (w. 20, Jugendclub).*

Motiv ist die Suche nach Gleichaltrigen, die Suche nach Kontakten, die Möglichkeit, über Themen zu reden, die eben in diesem Alter von Bedeutung sind.

> *Es ist sicherlich so, dass man hier stärker als zuhause die Möglichkeit hat, Kontakte zu anderen Leuten zu pflegen (...). Das ist noch eine andere Ebene, wenn ich mich hier mit den Leuten unterhalte, als (...) mit meinen Eltern. Hier kann ich freier über bestimmte Themen reden, aber ich kann auch freier über bestimmte Themen mit meinen Eltern reden (m. 20, Aktion Zivilcourage).*

Die im zweiten Teil der Aussage enthaltene bessere Ausgangslage im Umgang mit den Eltern zeigt gelungene Verselbstständigung, erleichtert die Ablösung, beeinflusst das Agieren in der Familie positiv. Das heißt die Ablösung ist ein gestufter Prozess, der die Person und deren Agieren in den Settings einschließt. Gelernt wird nicht nur von den Jugendlichen, sondern auch von den Eltern. Die Eltern akzeptieren die Verselbstständigung, und die Heranwachsenden machen sich mit den Spielregeln, die zum Funktionieren der Familie beitragen, vertraut. Sich den normativen Vorgaben in der Familie zu entziehen, ist nur ein Teil der Ablösung; sie ist gelungen, wenn deutlich wird, dass familiale Konflikte normativer Art sind und an die Stelle der schlichten Konfrontation die Aushandlung tritt.

### *6.3.6 Die Repräsentanz im eigenen Körper – den Körper bewohnen und die Geschlechterrolle finden*

Wenn in der Jugendarbeit, egal ob konfessionell, politisch oder verbandlich begründet, sportliche Betätigung immer einen herausgehobenen Stellenwert hat, so ist dies kein Zufall, sondern eine Bezugnahme auf das Bedürfnis Heranwachsender. Die Jugendarbeit reflektiert mit solchen Angeboten das Bedürfnis Jugendlicher, den eigenen Körper einzusetzen und die eigene Körperlichkeit zu entwickeln. Zur Lebensphase Jugend gehört die Körperlichkeit als natürlicher Ausweis von Zugehörigkeit und eindeutige Grenzziehung zu anderen.

Bei Fend (2003, S. 225) wird das „Bewohnen des eigenen Körpers“ als Entwicklungsaufgabe im Jugendalltag beschrieben. Es gehe dabei darum, den eigenen Körper zu akzeptieren und als Bild des Selbst zu sehen. Bewegung, Training und Styling des Körpers sind in der Jugendphase neu hinzugetretene Betrachtungen, so wie dies auch für die allgegenwärtige Genderperspektive gilt. Die Entwicklungsphase vom Kind zum jungen Erwachsenen ist eine der Beweglichkeit und des Ausbaus von Leistungsfähigkeit, „so sind es körperbezogene Aktivitäten, die die Freizeit der meisten Jugendlichen prägen“ (Frohmann 2003, S. 146). Immer geht es dabei für die Jugendlichen auch um die Selbstakzeptanz des eigenen Körpers und darum, wie die Peers auf die eigene Äußerlichkeit reagieren.

Worin aber liegt die hohe Attraktivität von Sport bei Jugendlichen begründet? Attraktiv ist die *spielerische Form des Sports, die zweckfreie Beschäftigung* und die Gelegenheit, etwas mit Freunden zu tun. Zum anderen bietet die sportliche Aktivität dem Jugendlichen die Möglichkeit, sich aktiv mit dem eigenen Körper auseinanderzusetzen: Das Spüren des eigenen Körpers, das Austesten der Grenzen und das Messen der Kräfte mit anderen im Wettbewerb dient dem Selbstbezug und der Selbstvergewisserung des eigenen Körpers. Durch das Erreichen von Zielen erlangen die Jugendlichen Selbstvertrauen und erleben Selbstwirksamkeit (das Konzept der Selbstwirksamkeit geht auf den Psychologen Albert Bandura zurück; vgl. Bandura 1986). Jugendliche fühlen sich deshalb im Sport-Training als Selbst auch von anderen wahrgenommen und entwickelt den Ehrgeiz, (sportliche) Ziele zu realisieren. Mehr als ein Viertel der Jungen und Mädchen verbringt mehr als 10 Stunden pro Woche beim Sport – und das unabhängig von Geschlecht und Schulform. 40 Prozent der 16- bis 18-jährigen Jungen verbringen 5 bis 10 Stunden pro Woche mit Sport (vgl. Tab. 6.1).

*Tab. 6.1: Wöchentlicher Zeitaufwand für sportliche Aktivitäten nach ausgewählten soziodemografischen Merkmalen (in Prozent; N = 1.760)*

| | | Zeitaufwand in Stunden | | | | |
|---|---|---|---|---|---|---|
| | | < 1 | 1 > 2 | 2 > 5 | 5 > 10 | > 10 |
| | Gesamt | 3,4 | 9,9 | 22,9 | 37,4 | 26,5 |
| Geschlecht | Jungen | 1,9 | 5,5 | 17,5 | 40,1 | 34,9 |
| | Mädchen | 4,4 | 13,8 | 28,3 | 35,3 | 18,2 |
| Alter | < 16 J. | 5,9 | 10,1 | 19,7 | 39,9 | 24,4 |
| | 16 u. 17 J. | 2,4 | 8,6 | 23,7 | 39,1 | 26,2 |
| | > 17 J. | 3,3 | 11,6 | 22,9 | 34,3 | 27,9 |
| Schulabschluss | Hauptschule | 5,1 | 7,3 | 21,7 | 39,9 | 26,0 |
| | Realschule | 2,5 | 7,6 | 21,7 | 38,8 | 29,3 |
| | Gymnasium | 3,0 | 11,9 | 24,3 | 34,7 | 26,0 |
| | Berufl. Schule | 2,9 | 12,5 | 23,8 | 36,4 | 24,3 |

Quelle: Wahler/Tully/Preiß 2004, S. 122

In den Interviews, die wir zum ehrenamtlichen Engagement geführt haben, wird die Rolle des eigenen Körpers wiederholt angesprochen. Neben den klassischen Sportvereinen, in denen sich Befragte engagieren, sind Sport und Bewegung bedeutsam. Organisationen wie etwa der Kreisjugendring, die insbesondere aktive Freizeitangebote gestalten, aber auch die hohe Attraktivität der Bergwacht und der Wasserwacht, als Vereine, bei denen die Fitness eine herausgehobene Rolle spielt, machen dies deutlich. Wer hier mittun will, muss für seine Sportlichkeit auch Nachweis führen – in der Regel sind es die Sportivsten der Gemeinde, die hier aufgenommen werden. Ähnlich verhält es sich bei der Feuerwehr. Die sportliche Leistung ist geschlechts- und altersabhängig. Atemschutzträger zu sein etwa, unterstellt überdurchschnittliche Kondition und Leistungsfähigkeit, so dass diese Funktion auch nur von wenigen, eben denen, die ausdauernd und kräftig genug sind, ausgeübt werden kann. Auch wenn Frauen heute sowohl im Leistungs- als auch im Freizeitsport in nahezu gleichem Maße vertreten sind wie Männer, bleibt doch die unterschiedliche Leistungsfähigkeit zwischen den Geschlechtern offensichtlich und in ihrer Existenz allgemein akzeptiert. In der reflexiven Moderne lösen sich tradierte Geschlechterrollen auf und die gesellschaftliche und berufliche Ungleichheit zwischen Mann und Frau verflüssigt sich.

Die entwicklungspsychologische Seite des Umgangs mit dem Körper wird an der herausgehobenen Rolle der Wahrnehmung des eigenen Körpers mit zunehmendem Alter bei den Jugendlichen deutlich. Dabei herrscht zu Beginn der Wandlung des jugendlichen Körpers und der einsetzenden Selbstbeobachtung „meist bedrängende Unvollkommenheit vor“ (Hübner-Funk 2003, S. 16). „Mädchen und Jungen sind (oder fühlen sich) in ihrer Pubertät entweder zu dick oder zu dünn, zu groß oder zu klein, zu unsportlich oder zu unschön“ (ebd., S. 5). Die Jugendlichen „bekommen von der Natur einen „neuen Körper“ geschenkt und müssen lernen, mit ihm umzugehen, ihn zu „bewohnen“ (Fend 2003, S. 225). Mädchen und Jungen unterscheiden sich in der Art, ihren Körper der kritischen Beobachtung zu unterziehen, so geht es „um Detailfragen wie Körperkraft bei Jungen oder Körpergewicht bei Mädchen (Frohmann 2003, S. 146; vgl. Fend 1994, S. 123). Die körperliche Entwicklung ist Teil der Entwicklung der Person.[5]

Im Rahmen unserer Erhebungen wurden keine gezielten Fragen zur Körperlichkeit formuliert. Insofern beziehen sich die meisten Aussagen, die nachstehend auch aufgeführt werden, nicht direkt auf das Verhältnis zum eigenen Körper. Es lassen sich allerdings Interviewauszüge finden, die sich hierauf beziehen. Exemplarisch sollen hier einige kurze Statements wiedergegeben werden.

*Ich habe Sport gemacht und es macht Spaß; es ist toll zu schwitzen und (...) es erfüllt einen nicht wirklich. Es erfüllt einen erst dann, wenn man merkt, dass man was geschaffen hat, wenn man was weitergegeben hat, eine Erinnerung, die da ist oder jemanden auch zu etwas bewegt. (...) Sport ist ein Ausgleich, hätte ich nicht gedacht, aber es ist einfach so (m. 21, BdP).*

*Er muss das Training in erster Linie so gestalten, dass die Jungs Freiheiten haben, aber nicht alles machen können. Die müssen Spaß dran haben, die müssen das machen können, was sie wollen, (...). Er kann das Training nicht so gestalten, dass es nichts bringt. Die Jungs merken, dass sie besser werden und haben genau daran*

---

5 Jungs sind mit ihrem Körpergewicht zufrieden, bei Mädchen zeigt sich dies so nicht (vgl. Shell Deutschland Holding 2006, S. 88).

*Spaß, dass es nicht nur für ihre körperliche Fitness, sondern auch für ihr Können im Fußball, da merken die Jungs eben, dass sie vorankommen (m. 21, Ev. Jugend).*

*Ja, es gibt Tage und zwar, also, es gibt einen Kreativtag z.B., da wird sehr viel gebastelt. Es gibt immer einen Mottotag. Dieses Jahr ist das Motto: Tut viel Gutes, tut es noch mal.(...) Dann der Körpertag, der ist total beliebt. Da wird dann so was wie Massage, Schminken, Frisuren, Haare färben, Tatoos manchmal, eigentlich alles Mögliche, rund um den Körper wird angeboten (w. 14, SDJ – Die Falken).*

Diese drei exemplarisch aufgeführten Aussagen sprechen einerseits dafür, dass die Entfaltung eines personalen Verhältnisses zum Körper wichtig ist, und sie belegen andererseits, dass die Jugendarbeit selbst eine Sensibilität hierfür entfaltet hat. In unseren Erhebungen haben wir uns zunächst auf das Verhältnis zur eigenen Geschlechterrolle konzentriert, wovon nachstehend ausführlicher die Rede sein wird.

### *6.3.7 Das Verhältnis zur eigenen Geschlechterrolle*

Die Jugendarbeit bietet Mädchen und Jungen gleichermaßen die Chance, sich zu beteiligen. Im Folgenden wird die Rolle von jungen Frauen in technischen Hilfevereinen angesprochen und ausgeführt, wie junge Frauen sich dort behaupten.

(a) Junge Frauen in technischen Hilfevereinen

Geschlechterrollen werden deutlich konturiert, wenn Frauen in Männerdomänen eindringen. Wenn junge Frauen sich für ein Engagement in technischen Hilfsorganisationen (Freiwillige Feuerwehr, Technisches Hilfswerk) entscheiden, wirbelt dies die Rollenvorstellung einiger (männlicher) Vereinsmitglieder gehörig durcheinander. Die Vereine und Organisationen werden dann zu den Orten, an denen alte Rollenarrangements thematisiert werden. Können sie aufgelöst werden, findet gesellschaftliche Modernisierung statt. „Doing Gender“ wird gelebt. Zum Teil versuchen Frauen ganz explizit, sich in diesen Bereichen zu engagieren, um sich mit Männern zu konfrontieren und ihre eigene Rolle im Geschlechtergefüge zu finden. Hierfür stehen die Zitate junger Frauen bei der Feuerwehr:

*Also es war eigentlich so, (...) einfach mal was anderes machen, es hieß immer nur, das war einfach ein reiner Männerverein, jahrelang, 124 Jahre lang. Und das hat mich und meine beste Freundin dann irgendwie bewogen, uns das Ganze näher anzuschauen. Wir haben dann schon Jahre vorher gefragt, ob wir dazugehen dürfen, und da war noch ein anderer Kommandant da und der hat immer nein gesagt. Und wir haben uns aber trotzdem mit der Feuerwehr irgendwie beschäftigt, so geschaut und was die machen, und da mein Vater auch dort tätig ist, kriegt man einfach viel mit jetzt so am Essenstisch oder wenn was erzählt wird, und ich fand´s einfach total interessant, und irgendwie hab ich mir dann gedacht, warum darf das eine Frau nicht machen. Das versteh ich nicht. Und keiner konnte irgendwie einen Grund sa-*

*gen, und wir haben so lange darauf rumgeritten, dass sie uns dann genommen haben. Wir haben einfach nicht locker gelassen (w. 22, FFW).*

Zusammen haben die beiden Mädchen hartnäckig versucht, in dem „Männerclub" aktiv werden zu dürfen:

*Also, ja, das klingt irgendwie so, das gab nie Frauen bei der Feuerwehr (...) Und eine Freundin, die hat eben gemeint so von wegen, ob wir nicht Bock haben und so. Wir haben uns das dann überlegt, das wäre mal ganz lustig und wir haben einfach dafür gekämpft und so, einerseits halt, um einfach zu beweisen, dass wir Frauen das auch können, und andererseits einfach, weil das so ein Reiz war, so als Jux gedacht. Und keine Ahnung, weil erstens da kommt man auch eher dem Dorf näher und es ist ganz lustig eigentlich und so. Ja (w. 18, FFW).*

In der Tat handelt es sich nicht nur einfach um einen Gag, sondern um die Klarstellung von Gleichberechtigung in einem Feld praktischen Alltagshandelns.

*Ja, Gag ist vielleicht falsch gesagt, es war eher so, ich hab eigentlich ehrlich gesagt nicht so geglaubt, dass die uns nehmen, weil die doch ziemlich eingefleischt san, und dann haben wir uns einfach gedacht: warum nicht?, wir wollten eigentlich nur beweisen, dass das unlogisch eigentlich ist, dass Frauen es nicht dürfen und wollten eben sozusagen unsere Idee irgendwie durchsetzen. Wir wollten zeigen, dass das geht oder, keine Ahnung, (...) und, und ja, ja, wir wollten einfach, keine Ahnung, wir wollten es einfach mal ausprobieren (w. 18, FFW).*

Sie erinnert sich, dass es in anderen Gemeinden jungen Frauen schon früher gelungen ist, Mitglied bei der Feuerwehr zu werden.

*(...) ich weiß halt die umliegenden Dörfer, da waren so viele Mädchen schon dabei, und bei uns, das war irgendwie immer noch so strikt und wie Scheuklappen irgendwie (w. 22, FFW).*

Ganz offensichtlich hat sich in der ländlichen Gemeinde bei den Männern ein überholtes Geschlechterbild gehalten, in dem es nur um körperliche Stärke und Kraft geht, während die Mädchen die soziale Einbettung als entscheidende Kategorie ihres Engagements sehen. Gerade das Argument, dass Frauen nicht die körperlichen Voraussetzungen für die anfallenden Aufgaben hätten, soll praktisch widerlegt werden:

*Das war dieses Eingefleischt sein, bei uns waren noch nie Frauen und so was gibt´s bei uns einfach nicht. Und eine Frau kann das nicht, was ein Mann kann, und es würd schon losgehen mit dem ersten Abzeichen, man macht ja nach einem – nach drei Monaten macht man das erste Abzeichen und da würd´s schon losgehen und das wär einfach die Kraft und die würde fehlen praktisch, die Kraft bei der Frau, und dass sie das einfach nicht könnte, und der Druck, und das kann nur ein Mann, und sie haben eigentlich an der Frau gezweifelt, dass das eine Frau auch kann. Und wir haben auch dann den Kompromiss gemacht, sie sollen uns halt einfach probeweise aufnehmen und dann schaun, ob´s funktioniert. Und sie waren dann eigentlich sehr überrascht (w. 22, FFW).*

Interessant ist die gesellschaftliche Rückbindung: Es ging einerseits vordergründig darum, alte Rollenbilder aufzuweichen, andererseits aber auch darum, sich gleichberechtigt für eine kommunale Aufgabe stark zu machen.

*Ja, weil ich find, es kann jeden betreffen, und man hat halt auch mitgekriegt, dass die Feuerwehr immer weniger wurde, und warum sollen dann, wenn die Männer kein Interesse mehr haben, die Frauen nicht auch dazugehen und es ist halt einfach wichtig, weil wenn´s brennt, ich glaub, da kann man selber so schnell betroffen sein, und wenn dann keiner kommt, das ist, glaub ich, ein schlimmes Gefühl (w. 22, FFW).*

Eine andere Dimension in den Interviews wird angesprochen, wenn es um den Umgang zwischen den Geschlechtern innerhalb des Vereins geht. Auch die befragten Mädchen, die sich für die Feuerwehr entschieden haben, berichten von solchen Umgangsweisen. Sie sehen keine Unterschiede beim aktiven Einsatz, wohl aber im Umgang mit den Männern innerhalb des Vereins:

*Jaaa, es werden schon Unterschiede gemacht. Also jetzt nicht so vom Einsatz her oder so, das jetzt weniger. So halt Atemschutz oder so, das würde ich jetzt nicht machen, aber das schaffen die meisten Männer auch gar nicht, weil das schon ziemlich anstrengend ist. Aber so wenn man zusammen furtgeht oder so und man merkt schon, dass man dann irgendwie, na ja, man ist nicht wirklich, die akzeptieren einen alle auf jeden Fall und so, aber wir durften z.B., es gibt immer diese Jahresabschiedsschlussfahrt und so, und da wollten sie uns zuerst gar nicht dabei haben, weil es war immer so ein Männerausflug (...) und da hätten wir dann total gestört. Und deswegen, das ist halt dann doch was anderes einfach (w. 18, FFW).*

Zur personalen Kompetenz gehört, sich mit Männern auseinanderzusetzen, mit ihnen klarzukommen und sich nicht unterbuttern zu lassen. Seinen eigenen Standpunkt auch gegenüber den Männern zu vertreten und Durchsetzungsfähigkeit zu entwickeln, ist für folgende Befragte ein entscheidender Lerneffekt ihres Engagements:

*Ich hab da doch gelernt (...) mit Männer klarzukommen, weil hier wirklich eigentlich fast nur Männer sind. Das denk ich, hat mich auch ziemlich beeinflusst, dass man halt hier sich auch mal durchsetzen muss als Mädel, weil sonst geht man ja absolut unter, (...) na ja, kleines Mädchen unterbuttern und so. Aber da muss man sich halt dann einfach zur Wehr setzen, ich denk, das hat mich schon ziemlich beeinflusst (w. 18, THW).*

In der Hauptschule, so erinnert sie sich, seien die Männer ziemlich dominierend gewesen und sie sagt, sie wäre früher oft „beleidigt" gewesen. Später sei sie auf die Mädchenschule gegangen, das THW fungiert von da an als Gegenmodell.

*Auf der einen Seite halt die Mädchenschule, und auf der anderen Seite das THW, wo wirklich fast bloß Jungs sind. Und ich weiß nicht, das war irgendwie so ein Kampfspiel dann, das bei mir irgendwie gewirkt hat. Ich denk jetzt schon, dass ich relativ offen bin und auch mit Menschen umgehen kann (w. 18, THW).*

(b) Sich auch gegen Widerstände durchsetzen

Die Einschätzungen einer jungen Frau beim Technischen Hilfswerk sind explizit auf die Konfrontation der eigenen Geschlechterrolle mit der von Männern gerichtet. Sie ist die einzige Frau in diesem Verein, und sie sagt, sie habe „ganz schön" kämpfen müssen, um akzeptiert zu sein. Die Rede ist von einer Anlaufzeit von etwa zwei Jahren, die damit zusammenfiel, dass sie sehr jung eingetreten ist und weiterreichende Aufgaben bei THW und Freiwilliger Feuerwehr ohnehin erst ab 18 Jahren übertragen werden. Das heißt, bis 18 dürfen junge Engagierte nur einfache Hilfsdienste verrichten (z.B. auf den Dorffesten Parkplätze zuweisen). Erst mit 18 Jahren können Heranwachsende auch im juristischen Sinne Verantwortung übernehmen und damit verbandstypische Hilfsleistungen übertragen bekommen. Unsere Interviewpartnerin:

> *Also, ich habe mindestens zwei Jahre darum gekämpft (w. 18, THW). Sie wollte nicht nur abgestempelt sein, den Jugendraum saubermachen, nur Leichtes wegräumen. Sie wollte nicht nur, wie sie sagt, „sozusagen in Anführungszeichen die Drecksarbeit" machen. Sie wollte auch mal ein schweres Aggregat tragen, eingebunden sein und andere einbinden. Aber es war wohl so, dass sie zunächst „irgendwie gar nicht eingeplant" war. Sie war zunächst mit ihrer Freundin zum THW gegangen, die dann aber wieder abgesprungen ist. Sie war dann das einzige Mädchen und erinnert sich:*

> *Es gab wirklich einen Punkt, da habe ich gedacht: So, jetzt ist Schluss. Da habe ich mich dann aktiv gemacht, habe die anderen regelrecht da weggeschubst, dass ich dann auch was machen konnte und dass die gesehen habe, dass ich auch etwas Schweres tragen kann. Manchmal [etwas] sogar ein bisschen besser hinkriege als die anderen. (...) Ja. Und mittlerweile ist es auch wirklich so, dass, wenn ich jetzt die Gruppenführung hab und sage, was gemacht werden soll, dass die auch echt hören und mir jetzt nicht, wenn wir wegfahren und es bleibt nur Spülen und Putzen über, dass sie nicht sagen: ‚Komm, mach!', sondern alle machen was. Und fragen mich schon sogar irgendwie schon als Letztes, weil die mich dann nicht immer so als typisches Mädchen abstempeln. Das finde ich auch sehr wichtig (w. 18, THW).*

Das Interesse für Technik und Abenteuer sieht sie schon seit klein auf bei sich angelegt. Auf die Frage nach ihrem Spielzeug erinnert sie sich zwar an den Besitz von Puppen und Ähnlichem. Mit dem Puppenwagen hätte sie aber nicht lange gespielt:

> *Dann eher Barbie und so was. Aber ich habe auch Dinosaurier und Autos und alles gehabt. Das war mehr so gemischt. Ich hatte von Barbies und Puppen jetzt auch nicht sonderlich viel. Nur so zwei, drei Stück. Von Barbies vielleicht zehn oder was (w. 18, THW).*

Stattdessen hatte sie schon früher das Bedürfnis, sich auch als Mädchen in einer Jungen- und Männerwelt zu behaupten:

> *Ich hatte ganz früher auch immer so ein bisschen den Drang zur Bundeswehr, weil ich mich unbedingt behaupten wollte. Ich habe immer so Filme im Fernsehen gesehen, wo auch Frauen aktiv waren und da dachte ich: Mensch, so was findest du auch*

*klasse. Meine Freundin fand das ein bisschen blöde und meinte so, selbst ihr Bruder würde nicht zur Bundeswehr gehen, der würde zum THW gehen. Ich kannte das gar nicht. Da habe ich dann erst mal nachgefragt (...) Dann habe ich den Bruder gefragt, ob ich mal mit reinschauen könnte und ich dachte eigentlich, da gibt es dann auch so ein paar Mädchen, die selbstbewusst sind und die sich auch behaupten wollen (w. 18, THW).*

(c) Verbände brauchen Frauen und Männer

Neben den bereits vorgeführten Mustern, also dem Wunsch, sich unabhängig von dem eigenen Geschlecht für eine gemeinschaftliche Sache engagieren zu dürfen, neben der Konfrontation der männlich geprägten Vereine mit dem Gleichbehandlungsanspruch und neben dem eigenen Lernprojekt, sich mit einer männlich geprägten Umgebung zu konfrontieren, gibt es schließlich auch noch ein viertes Muster, das den Normalfall repräsentiert. Es geht darum, dass Frauen in der Regel den Verbänden sehr willkommen sind, ebenso wie Männer im Übrigen auch, und es keine spezifischen Präferenzen gibt.

Es macht durchaus Sinn, in den Verbänden beim Umgang mit Kindern geschlechtsspezifische Angebote zu machen, das heißt, Mädchen- und Jungenarbeit anzubieten. Im Umkehrschluss muss dann zu einem späteren Zeitpunkt die Gleichstellung auf die Tagesordnung rücken. Dies zeigen die Aussagen einer jungen Frau vom DLRG, in denen es darum geht, jungen Mitgliedern des Verbandes deutlich zu machen, dass die Grundlage der Gesellschaft die Gleichbehandlung ist. Berichtet wird von einer Form der Mädchenarbeit, die davon ausgeht, dass die Mädchen und Jungen separat gefördert werden, weil es Sinn mache, beide unterschiedlich zu fördern. Dennoch wurde im Verband die Stellung der Frau, wie sie sich als Mädchen in der Gesellschaft sehen, thematisiert. Inhalt war es, für Gleichberechtigung zu sensibilisieren, mit Mädchen auch mal handwerkliche Dinge zu machen, wie etwa ein Fahrrad zu flicken und dabei zu zeigen, dass dies „nicht nur Jungenarbeit" sondern jetzt „auch Mädchenarbeit" sei. Philosophie des Verbandes sei es gewesen, solche Dinge zu arrangieren (w. 24, DLRG). Die Verbände und Vereine haben durchaus eine Sensibilität dafür, Frauen zu fördern. Hiervon berichtet eine Frau aus der Sportjugend:

*Und ich hab eigentlich die Erfahrung gemacht, wenn man jung ist, und wenn man sich engagieren will, und wenn man auch noch Frau ist. Mir hat es viel geholfen, dass ich einfach Frau bin, weil es nicht so viele Frauen gibt, die sich engagieren. Ich weiß gerade von der Bayerischen Sportjugend, wir sind im Vorstand sieben Leute und zwei Frauen und das ist eine Ausnahme. Dass junge Frauen, jung und Frau, sich engagiert (w. 23, Sportjugend).*

Frauen erfahren vermehrt verbandliche Förderung. Davon berichtet dieselbe Befragte:

*Ich hab immer und überall Unterstützung erhalten, sonst hätte ich das auch nicht machen können. Es gibt immer mal wieder Situationen, wo man sagt: Oh Gott, warum mach ich das überhaupt? Aber es gibt immer wieder viele Leute, die mir Mut machen und die einen wirklich unterstützen, die sagen, du darfst Fehler machen. Ich bin noch nie auf Probleme gestoßen. Was ich schon von Jungs mitbekomme, die gesagt haben, ihnen wurden Steine in den Weg gelegt bei der ganzen Sache. Es ist ja im Endeffekt ein Aufstieg und dass man da mitfahren darf überall. Neider gibt es immer, aber die Leute haben mich unterstützt und ermutigt dazu (w. 23, Sportjugend).*

Die Alltäglichkeit und Normalität ist dann erreicht, wenn Frauen wie Männer und Männer wie Frauen sich engagieren, wenn also das Geschlecht nicht mehr den Ausschlag für Bevorzugung gibt. Die oben angedeuteten Muster der Konfrontation von Geschlechterstereotypen sind hilfreich, um sich die lebensalltäglichen Vorgaben zu vergegenwärtigen. Die Normalität stellt eine 17-Jährige aus der Sportjugend vor, wenn sie sagt:

*[Es würde] manchmal gelästert, Frauenschach und so. Ihr könnt doch mal ein bisschen Risiko eingehen. Das ist aber ein bisschen Klischee, aber nicht ein ernsthaftes Problem. Das spürt man gar nicht. Das ist so als Spaß (w. 17, Sportjugend).*

Die gesellschaftliche Normalität hat wohl den Alltag in den Verbänden erreicht.

## 6.4 Fazit

Jugendliche engagieren sich nicht vorrangig aus altruistischen Motiven, sie tun es vermutlich auch nicht, um etwas zu lernen oder um ihre personellen und sozialen Kompetenzen zu entfalten. Wohl aber ist der Erwerb solcher Kompetenzen, wie ausgeführt, ein wesentlicher Nebeneffekt. Jugendliche setzen sich zu ihrer Umwelt ins Verhältnis und eignen sich diese an. Bildung und Lernen haben konkrete lebensweltliche Kontexte. Wie eingangs bereits ausgeführt stellt der 12. Kinder- und Jugendbericht auf vier Weltbezüge – die kulturelle, die materiell-dingliche, die soziale und die subjektive Welt – ab. Diesen Teilwelten werden korrespondierend kulturelle, instrumentelle, soziale und personale Kompetenzen, die sich die Subjekte in der aktiven Auseinandersetzung aneignen, zugeordnet.

Im Rahmen der Auswertung des empirischen Materials in diesem Kapitel wurden vorwiegend solche Kompetenzen thematisiert, die der persönlichen Entfaltung zuzurechnen sind. Heranwachsende – so einer der Auswertungsmaximen – entwickeln ihre eigene Persönlichkeit, bringen sich als Person im Verein und Verband ein, sie lernen mit ihrer eigenen Emotionalität, ihrem Körper und ihren Stimmungen umzugehen. Sie erleben ihre eigene Wirkung auf andere und korrigieren ggf. ihr Auftreten. Sie setzen sich mit anderen aus einander; sie lernen so ihre soziale Außenwelt kennen und auf diese bezogen zu handeln. Daneben werden auch instrumentelle Kompetenzen entwickelt, die Gegenstand konkreter Verrichtungen sind (Kassenbuch führen, Ausrüstung warten usw.).

Der gesetzliche und gesellschaftliche Auftrag des Kinder- und Jugendhilfegesetzes, junge Menschen in ihrer individuellen und sozialen Entwicklung zu fördern, wird so in dieser Form des Engagements praktisch umgesetzt. Denn Jugendliche finden im freiwilligen Engagement Anknüpfungspunkte für praktische Tätigkeiten, sie erleben Anerkennung, wenn sie Aufgaben übernehmen und erfolgreich bewältigen. Vermittelt werden personale und soziale Kompetenzen, wie etwa Teamfähigkeit, Durchhaltevermögen, die Fähigkeit, Beziehungen zu anderen zu entfalten und zu pflegen, kooperativ Aufgaben anzugehen und zu bewältigen.

Wenn Jugendliche gemeinsam Vorhaben realisieren – etwa um für sich attraktive Möglichkeiten der Freizeitgestaltung zu entwickeln, zu organisieren und umzusetzen –, dann konfrontieren sie sich zwingend mit anderen, sie konfrontieren sich mit den Zwecken und Präferenzen anderer, erfahren Restriktionen und Handlungsmöglichkeiten, erleben die Entwicklung des eigenen Geschicks usw. Somit fungiert freiwilliges Engagement als sozialer Ort des Erwachsenwerdens und des Ausbildens von sozialen und personalen Kompetenzen.

Wie gezeigt, wird Verantwortung für sich und für andere übernommen. Für den Prozess des Erwachsenwerdens ist dies wichtig, denn in der Selbstständigkeit (Übernahme von Verantwortung für sich) und der Übernahme von Verantwortung für andere bemisst sich die Praxis eigenständiger Lebensführung. Es wird in sozialen Bezügen agiert und soziales Kapital entfaltet und genutzt. Dieses resultiert aus der produktiven Auseinandersetzung mit der eigenen Umwelt und der bewussteren Gestaltung von Umweltbezügen (vgl. Abb. 6.1 und 6.2). Je mehr dies gelingt, desto umfassender sind die Chancen auf gesellschaftlich tragfähige personale und soziale Kompetenz. Die vorangegangenen Ausführungen zeigen: Erwachsenwerden ist ein hochgradig differenzierter Prozess. Die Entfaltung von Persönlichkeit in einer hochkomplexen Gesellschaft gelingt so einerseits in überschaubarer Weise, andererseits wird die ansonsten hochgradig ökonomisierte Gesellschaft zumindest zeitweise von finanziellen Aufwendungen entlastet. Auf diese Weise kann die Selbststabilisierung heranwachsender Persönlichkeiten zum Entwicklungsprojekt en passant für personalen und sozialen Kompetenzerwerb werden.

# 7. Zusammenfassung

Im Rahmen des Forschungsprojekts „Informelle Lernprozesse im Jugendalter in Settings des freiwilligen Engagements“ wurde von 2003 bis 2007 in Kooperation des Forschungsverbundes der Technischen Universität Dortmund und des Deutschen Jugendinstituts in München eine empirische Studie zu den Lernpotenzialen des freiwilligen Engagements durchgeführt. Basis der Studie waren eine *qualitative* Befragung in drei ausgewählten Bundesländern sowie eine bundesweite *standardisierte* Erhebung.

*Design und Ziel der Studie*

Die Kernfrage der Studie lautet: Was lernen Jugendliche durch ein freiwilliges Engagement? Zentrale These war die Annahme, dass durch die Übernahme von Verantwortung im Rahmen *freiwilligen* Engagements im Jugendalter spezifische Lernerfahrungen ermöglicht werden, die sich in Inhalt, Art und Nachhaltigkeit von Lernerfahrungen von anderen, vor allem schulischen Lernkontexten unterscheiden.

- Um dies zu überprüfen, wurden im Rahmen der *qualitativen* Erhebung mittels leitfadengestützter face-to-face-Interviews 74 engagierte Jugendliche im Alter zwischen 15 und 22 Jahren sowie 13 ehemals engagierte Erwachsene aus den Bundesländern Nordrhein-Westfalen, Bayern und Sachsen zu ihren (Lern-)Erfahrungen in drei unterschiedlichen Settings des freiwilligen Engagements befragt: in Jugendverbänden, in Initiativen sowie in der politischen Interessenvertretung/Schülervertretung.
- Die *standardisierte* Erhebung wurde als retrospektive Vergleichsbefragung angelegt, in der auf der Basis einer repräsentativen Stichprobe 1.500 ehemals ehrenamtlich engagierte Erwachsene zwischen 25 und 40 Jahren per Telefoninterview zu ausgewählten Tätigkeiten und Kompetenzen, den Orten des Kompetenzerwerbs sowie zu ihrer gesellschaftlichen Beteiligung befragt wurden. Als Vergleichsgruppe wurden 552 Erwachsene der gleichen Alterskohorte befragt, die in ihrer Jugend nicht ehrenamtlich engagiert waren.

Für die Engagementforschung wurde mit der vorliegenden Studie insofern Neuland betreten, als damit erstmals Lernen und Kompetenzerwerb im Mittelpunkt standen und zugleich ein umfassendes repräsentatives Spektrum an Organisationen und Tätigkeitsfeldern des Engagements untersucht wurde. Die Studie geht auch insoweit einen Schritt über bisherige Forschungsarbeiten hinaus, als die Lerninhalte, die Lernformen und -modalitäten, die Lernorte sowie die biografische Bedeutung und Nachhaltigkeit des Gelernten qualitativ wie quantitativ ins Blickfeld gerückt werden.

Kompetenzen werden in dieser Untersuchung, ähnlich wie in anderen empirischen Erhebungen, über die Selbstbeschreibung und Selbsteinschätzung der Befragten in den Blick genommen. Während die meisten Untersuchungen zum Engagement Jugendlicher nur das aktuelle Engagement sowie die Bereitschaft, also die potenzielle Absicht zu einem möglichen sozialen Engagement und gesellschaftspolitischer Beteiligung erfragen, werden in dieser Erhebung durch die retrospektive Befragung von Erwachsenen, die in ihrer Jugend engagiert waren, reale Auswirkungen des jugendlichen Engagements auf das spätere Leben im Erwachsenenalter bezüglich Kompetenzgewinn, Berufswahl, gesellschaftlichen Engagements und politischer Partizipation einbezogen. Zudem werden neben den Engagierten auch Nicht-Engagierte befragt, um so Unterschiede zwischen diesen beiden Gruppen hinsichtlich Kompetenz und gesellschaftlicher Beteiligung prüfen und zugleich die Relevanz der Organisationen jugendlichen Engagements für die Entwicklung und Förderung unterschiedlicher Kompetenzen beleuchten zu können.

In Anlehnung an den 12. Kinder- und Jugendbericht werden Kompetenzen entsprechend den vier Weltbezügen des sich bildenden Subjekts als personale, instrumentelle, soziale und kulturelle Kompetenzen gefasst (vgl. BMFSFJ 2006).

### *Ergebnisse und Befunde der Studie*

Nachfolgend werden die wichtigsten Befunde zum Kompetenzerwerb Jugendlicher durch ein freiwilliges Engagement (a), zu engagementspezifischen Lernformen (b), nachhaltigen Effekten des Engagements (c), den sozialen Merkmalen der Engagierten (d) sowie zu den strukturellen Rahmenbedingungen freiwilligen Engagements (e) dargestellt.

#### (a) Kompetenzerwerb Jugendlicher durch freiwilliges Engagement

Beiden Erhebungen lässt sich entnehmen, dass freiwilliges Engagement ein wichtiges gesellschaftliches Lernfeld für junge Menschen darstellt, in dem Kompetenzen personaler, sozialer, kultureller sowie instrumenteller Art erworben werden können. Die Befunde bestätigen die These, dass hier anders und anderes gelernt wird als in der Schule. Dies lässt sich in mehrfacher Hinsicht zeigen.

*1. Engagementspezifische Kompetenzen:* Während Schule insbesondere kulturelle (überwiegend kognitive) Kompetenzen vermittelt, wird in den Interviews von den Befragten immer wieder die Entwicklung sozialer und personaler Kompetenz durch ihr Engagement hervorgehoben. Die Ergebnisse der *standardisierten* Untersuchung zeigen zudem, dass durch ein Engagement ganz spezifische Kompetenzen aus dem kulturellen und sozialen Bereich, insbesondere Management- und Leitungskompetenzen, entwickelt und gefördert werden. Diese im Engagement erworbenen Kompetenzen werden sowohl in der

Schule, in der Familie und im Freundeskreis als auch insbesondere im Berufsleben genutzt.

*2. Freiwilliges Engagement und personale Kompetenz:* Nimmt man im Kontext des Kompetenzerwerbs Jugendlicher speziell die Entwicklung personaler Kompetenz in den Blick, lässt sich erkennen, dass das selbstmotivierte Engagement im Jugendalter starke Momente der Persönlichkeitsentwicklung und der Selbsterfahrung beinhaltet. Jugendliche finden im Engagement Gelegenheiten, sich in Peers zu spiegeln und sich mit Erwachsenen auseinanderzusetzen. Durch Verantwortungsübernahme für sich selbst und für andere werden personale Kompetenzen gewonnen, die den Jugendlichen helfen, sich in ihrer Lebenswelt zu orientieren sowie selbstbewusst, eigenständig und erwachsen zu werden.

*3. Zunahme des sozialen Kapitals durch das Engagement:* Neben der Erweiterung von Wissen und Kompetenzen spielt der Erwerb sozialen Kapitals, d.h. der Aufbau (neuer) persönlicher Kontakte und Beziehungen, in allen Organisationen eine große Rolle. Wie die Aussagen der *qualitativen* Erhebung nahelegen, lassen sich im Rahmen des freiwilligen Engagements Erfahrungen sozialer Zugehörigkeit machen, die über den sozialen Nahraum der Familie hinausgehen und den Handlungsspielraum sowie das Beziehungsnetz Heranwachsender erweitern. Viele Jugendliche berichten von neuen Bekannten und Freunden, die sie durch ihre freiwillige Tätigkeit gewonnen haben. Zugleich werden Gefälligkeiten und Unterstützung im privaten Bereich über lose Beziehungen („weak ties") aus dem Engagement beschrieben. Andere berichten von deutschlandweiten Netzwerken, in die sie durch ihr Engagement eingebunden sind.

*4. Engagierte und Nicht-Engagierte im Vergleich:* Dem theoretischen Ansatz der Studie folgend, nach dem Kompetenzen über das Ausführen von Tätigkeiten fassbar werden können, wurde in der wichtigsten Frage der *standardisierten* Untersuchung mit 17 Items erhoben, ob die Befragten schon einmal oder mehrfach bestimmte Tätigkeiten aus dem sozialen, kulturellen (kognitiven, organisatorischen, kreativen) oder instrumentellen (handwerklich-technischen) Bereich ausgeführt haben. Es zeigt sich, dass in ihrer Jugend engagierte Erwachsene bei allen erfragten Tätigkeiten über ein breiteres Spektrum von Erfahrungen und damit auch über mehr Kompetenzen als früher Nicht-Engagierte verfügen.

Die Prozentwerte der Engagierten hinsichtlich mehrfach und sehr häufig ausgeführter Tätigkeiten sind in allen einbezogenen Bereichen höher als die der Nicht-Engagierten. Besonders groß sind die Differenzen zwischen den beiden Gruppen mit Blick auf bestimmte Aspekte sozialer und kultureller Kompetenz: Im Einzelnen handelt es sich dabei um organisatorische Aufgaben, Gremienarbeit, rhetorische Fähigkeiten, pädagogische Aktivitäten (Gruppenleitung und Training) und Teamerfahrungen, Publikation eigener Texte sowie Leitungskompetenzen. So haben mehr als dreimal so viel früher Engagierte verglichen mit den Nicht-Engagierten in Gremien und Ausschüssen mitgearbeitet (41%:12%) oder Texte geschrieben, die veröffentlicht wurden (35%:12%). Früher Engagierte geben etwa doppelt so oft an, große Veranstaltungen und Projekte organisiert (56%:27%) oder eine Rede vor vielen Menschen gehalten zu haben (55%:27%). Auch haben sie häufiger als Nicht-Engagierte Leitungsaufgaben übernommen (70%:48%), andere Personen ausgebildet, unterrichtet oder trainiert (77%:53%) sowie größere Aufgaben im Team bearbeitet (88%:69%).

Besonders schwach sind Unterschiede zwischen Engagierten und Nicht-Engagierten in Bereichen, die eher alltagspraktische soziale oder instrumentelle Kompetenzen berühren, wie kleine Kinder sowie alte und kranke Menschen betreuen, in Beziehungskonflikten beraten oder ein technisches Gerät reparieren. Aber auch bei den kulturellen Kompetenzen, die man eher in der Schule oder der Berufsausbildung erwirbt, wie musikalische Fertigkeiten, eine Fremdsprache sprechen oder eine Finanzabrechnung erstellen, sind die Differenzen zwischen früher Engagierten und früher Nicht-Engagierten relativ gering.

*5. Engagement – ein wichtiger Lernort für Organisations- und Leitungskompetenz:* Betrachtet man die Bedeutung des Lernorts Engagement für den Erwerb der 17 erfragten Kompetenzen (s.o.), so zeigt sich, dass früher Engagierte hier insbesondere kulturelle Kompetenzen des Organisierens und soziale Kompetenzen des Leitens nennen. Dies sind auch die Kompetenzen, bei denen sich die Werte der Engagierten und Nicht-Engagierten besonders stark unterscheiden. Die hier erworbenen jeweils spezifischen kulturellen und sozialen Kenntnisse und Fähigkeiten, wie das Organisieren großer Veranstaltungen, die Übernahme von Leitungsaufgaben, Gremien- und Teamkompetenz, aber auch die pädagogische Arbeit mit Kindern und Jugendlichen, lassen sich im Schul- und Jugendalter an anderen Orten sonst kaum erwerben. In der Regel wird dieser – insbesondere für das spätere Berufsleben sowie die gesellschaftspolitische Beteiligung wichtige – Ausschnitt kultureller Kompetenz (Organisieren, Gremienkompetenz) und sozialer Kompetenz (Leiten, Teamfähigkeit, pädagogische Arbeit) in Schule und Familie kaum vermittelt. Informelle Lernprozesse im Engagement erfüllen demnach eine ergänzende Funktion zum Kompetenzerwerb Heranwachsender in Schule und Familie.

*6. Engagement – ein wichtiger Lernort für demokratische Bildung:* Die von Wissenschaft, Politik und Verbänden vertretene Annahme, dass das Engagement Jugendlicher ein wichtiger gesellschaftlicher Lernort für den Erwerb und die Förderung sozialer Eigenschaften und Fähigkeiten ist, wird in beiden Erhebungen bestätigt. Allerdings lassen sich in der *standardisierten* Untersuchung keine Hinweise finden, dass das ehrenamtliche Engagement ein exklusiver Lernort hierfür ist. Beide Befragungen liefern aber Befunde, die die allgemeine Annahme von der Entwicklung und Einübung demokratischer Fähigkeiten, Kenntnisse und Einstellungen durch Verantwortungsübernahme im Rahmen eines Engagements belegen können. Für die – für Mitbestimmung und Mitgestaltung einer demokratischen Zivilgesellschaft wichtigen – Kompetenzen wie Interessenvertretung und „Gremienkompetenz“, also die Kenntnis und Anwendung formal-demokratischer Verfahrensweisen und Spielregeln, scheint das freiwillige Engagement für Jugendliche allerdings einen nahezu exklusiven Lernort darzustellen.

*7. Reflexionsvermögen und Handlungswirksamkeit:* Die Auswertung des *qualitativen* Materials lässt erkennen, dass neben dem Erwerb von Kompetenzen Orientierungsangebote und die Vermittlung von Werten in den Organisationen des Engagements große Bedeutung besitzen. Verantwortungsübernahme im Rahmen freiwilligen Engagements ermöglicht Erfahrungen auf unterschiedlichen Ebenen. In der Studie bestätigen sich Befunde amerikanischer Untersuchungen zum sozialen Engagement Heranwachsender (vgl. Reinders/Youniss 2005), wonach Jugendliche im Engagement mit Inhalten, Normen und Werten konfrontiert werden, die ihre Reflexion über gesellschaftspolitische Bedingungen und ihre eigene Rolle innerhalb der Gesellschaft hin zu mehr sozialem und politischem Bewusstsein anregen können. Zugleich erhalten sie hier die Möglichkeit, durch ihre freiwilligen Aktivitäten sich selbst als Handelnde zu erleben, die durch ihre Mitwirkung in gemeinnützigen Organisationen kleine oder größere Veränderungen herbeiführen können.

*8. Erfahrung gesellschaftlicher Nützlichkeit:* Durch die lange Schulphase werden Heranwachsende in unserer Gesellschaft weitgehend von gesellschaftlicher Verantwortungsübernahme ferngehalten. Der Aufschub von Erwerbstätigkeit und ökonomischer Selbstständigkeit lässt sie finanziell länger von ihren Eltern abhängig bleiben und schließt sie häufig zugleich von der Erfahrung „konkreter Nützlichkeit“ und Verantwortlichkeit in kooperativen Arbeitszusammenhängen jenseits schulischer Eigenqualifikation aus. Die *qualitativen* Interviews geben Hinweise, dass das freiwillige Engagement ihnen demgegenüber die Möglichkeit bietet, in einem geschützten Rahmen sukzessiv gesellschaftliche Aufgaben – wie Verantwortung für andere – zu übernehmen. Dadurch können sie die für Heranwachsende wichtige Erfahrung konkreter Nützlichkeit sowie gesellschaftlicher Relevanz ihres Tuns machen.

*9. Tätigkeitstypen:* Das Engagement der Jugendlichen lässt sich in beiden Erhebungen typologisch nach vier Tätigkeitsgruppen unterscheiden. Die wesentlichen Tätigkeitsinhalte jugendlichen Engagements sind demnach „Organisieren“ (44%), „Gruppenarbeit und Training mit Kindern und Jugendlichen“ (25%), „Arbeit in Ausschüssen und Gremien“ (14%) sowie „handwerklich-technische Arbeiten und praktische Hilfeleistungen“ (15%). Diesen Tätigkeitsprofilen entsprechen die vier Tätigkeitstypen „Organisator“, „Gruppenleiter/Trainer“, „Funktionär“ und „praktischer Helfer“. Der Organisator ist somit der am häufigsten vorkommende Tätigkeitstyp in den untersuchten Feldern des freiwilligen Engagements. Frauen sind bei allen Tätigkeitstypen in etwa gleich vertreten, etwas stärker bei den praktischen Helfern und etwas geringer bei den

Funktionären. In Leitungs- und Vorstandspositionen finden sich demgegenüber weniger Frauen als Männer. Dies zeigt sich ähnlich auch für Engagierte mit Migrationshintergrund.

*10. Unterschiedliche Lerngewinne der verschiedenen Akteure:* Beide Erhebungen zeigen, dass freiwilliges Engagement sich positiv auf die Bandbreite an Erfahrungen und Kompetenzen aller Befragten auswirkt. In der *standardisierten* Erhebung wird allerdings deutlich, dass Kompetenzgewinne ungleich auf verschiedene Gruppen verteilt sind. Lernen und Kompetenzerwerb werden demnach in den meisten Feldern des freiwilligen Engagements insbesondere durch die Schulbildung, aber auch durch Herkunft und Geschlecht gefiltert. Insgesamt schreiben Frauen, Migranten, Personen mit niedriger Schulbildung sowie Engagierte aus der ehemaligen DDR ihrem jugendlichen Engagement weniger Lernchancen und Kompetenzgewinne zu als die anderen Engagierten.

*11. Unterschiedliche Lerngewinne der verschiedenen Tätigkeitstypen:* Auswirkungen des freiwilligen Engagements auf Lernerfahrungen und Kompetenzgewinne sind den *quantitativen* Befunden zufolge deutlich an den Typ der ausgeübten Tätigkeit sowie an das Tätigkeitsfeld geknüpft und unterscheiden sich entsprechend. Sehr deutlich zeigt sich, dass es von der Art der Tätigkeiten abhängt, inwieweit und für wen durch ein Engagement ein Lerneffekt eintritt. Abgesehen von einigen Spezialisierungen im Bereich von Hilfe und Kultur beschreiben die Tätigkeitstypen „Funktionäre“ und „Organisatoren“ durch ihre Aktivitäten im Engagement sowohl insgesamt als auch besonders in den Bereichen Organisation und Leitung größere und breitere Erfahrungs- und Kompetenzgewinne sowie eine stärkere Förderung durch das Engagement als „Gruppenleiter“ und „praktische Helfer“. Pauschalisierend könnte man die beiden Typen praktische Helfer und Gruppenleiter als Spezialisten bezeichnen, die in ihrem Engagement funktionsspezifische Kompetenzen und Kenntnisse erwerben („helfen/retten“ und „Gruppen leiten“), Organisatoren und Funktionäre dagegen als „Allrounder“ oder „Generalisten“, die in ihrem Engagement vielfältige Kompetenzen in großem Umfang und in vielen unterschiedlichen Bereichen gewinnen und weiterentwickeln.

Der Befund der Studie, dass die beschriebenen Lerneffekte nicht in allen Tätigkeitsbereichen des Engagements gleichermaßen nachweisbar sind, sondern signifikant von der Art der Tätigkeit („Tätigkeitstypen“) abhängen, steht im Widerspruch zum Mainstream der Engagement- und Bildungsforschung, die allgemein davon ausgeht, dass der von engagierten Jugendlichen selbst eingeschätzte Lerneffekt ihres Engagements kaum mit den konkreten Tätigkeitsinhalten *(helfen, beraten, Veranstaltungen vorbereiten usw.)* und Einsatzfeldern zusammenhängt (vgl. etwa den Zweiten Freiwilligensurvey [Gensicke/Picot/Geiss 2006], das Konsortium Bildungsberichterstattung 2006 sowie den 12. Kinder- und Jugendbericht [BMFSFJ 2006]). Demgegenüber weisen die Daten der hier vorliegenden *standardisierten* Erhebung auf einen deutlichen

Zusammenhang insbesondere von Tätigkeitsart und geschätztem Lerngewinn, aber auch von Tätigkeitsfeld und Kompetenzerwerb hin.

(b) Lernformen im freiwilligen Engagement

*1. Engagementspezifische Lernchancen und -formen:* Die Organisationen des Engagements unterscheiden sich von vielen anderen Lernorten vor allem dadurch, dass hier bereits im Kindes- und Jugendalter durch die aktive Übernahme von Verantwortung in der konkreten Praxis in Ernst- und Echtsituationen gelernt wird. Gemäß den Befunden der *qualitativen* Erhebung scheinen Lernprozesse in Settings des freiwilligen Engagements im Unterschied zur Schule in der Regel den eigenen Interessen der Jugendlichen weitaus näher zu kommen und häufig in selbstbestimmter Form und mit selbst gewählten Inhalten stattzufinden.

Die Kombination von hoher Motivation durch frei gewählte Verantwortungsbereiche und gemeinsamem Handeln in der Peergroup verbunden mit den Herausforderungen durch die übernommene Verantwortung sowie der Unterstützung durch erwachsene Bezugspersonen bietet spezifische lern- und entwicklungsförderliche Bedingungen, die die Settings des Engagements zu besonderen Lernfeldern und „Ermöglichungsräumen“ für Heranwachsende machen. In Freiwilligkeit, Vielfalt und Selbstbestimmtheit des Lernens liegen die Chancen und Stärken dieses außerschulischen Lernfeldes.

*2. „Learning by doing“:* Obwohl Fortbildungsveranstaltungen wichtig und für eine Reihe von Aufgaben – insbesondere in den Hilfs- und Rettungsorganisationen sowie für die Arbeit mit Kindern und Jugendlichen – nahezu unerlässlich sind, zeigt sich doch auch, dass für die Aneignung vieler Kompetenzen, „learning by doing“, also Handeln, Ausprobieren und Sammeln von eigenen Erfahrungen in der Praxis des Engagements ausschlaggebend sind. Dies wird in der *standardisierten* Erhebung insbesondere für Gremien- und Teamarbeitskompetenzen sowie Organisations- und Leitungsvermögen beschrieben. Im Unterschied zu schulischen Lernsituationen, in denen Lernen vor allem in „Als-ob-Formen“ geschieht, d.h. mit Blick auf mögliche spätere Anwendungsfälle fast ausschließlich im Rahmen des Übens, sind die Lernprozesse Jugendlicher im Rahmen der Verantwortungsübernahme in Settings des freiwilligen Engagements dadurch gekennzeichnet, dass in ihnen Lernen (als Übung) und Handeln (als Ernstfall) inhaltlich und zeitlich enger verknüpft sind oder gar zusammenfallen, so dass Bildungsprozesse weitaus stärker unter Ernstfallbedingungen ablaufen.

*3. Non-formale und informelle Lernformen:* Insgesamt zeigt sich, dass nur bei wenigen der Engagierten, die angeben, ihre Kompetenzen überwiegend im Engagement erworben zu haben, dies ausschließlich in Kursen und Schulungen der Organisationen zustande kam. Die Mehrheit schreibt den Kompetenzerwerb sowohl Bildungsangeboten in non-formalen Kontexten als auch informellen Lerngelegenheiten innerhalb der Organisationen zu. Dieser Befund wird in den Interviews bestätigt, wo an vielen Beispielen deutlich wird, dass im Engagement informelle und non-formale Lernmöglichkeiten und -angebote ineinandergreifen und sich gegenseitig verstärken.

(c) Nachhaltige Effekte des Engagements

Um die biografische Bedeutung und Nachhaltigkeit der Lernerfahrungen und Kompetenzgewinne aus dem freiwilligen Engagement zu überprüfen, wurde untersucht, ob und inwieweit sich ein Einfluss der im jugendlichen Engagement gewonnenen Erfahrungen, Einstellungen Kompetenzen und Beziehungen auf das Kompetenzprofil (1), das soziale Kapital (2), die Berufswahl (3) sowie auf die gesellschaftliche und politische Beteiligung im Erwachsenenalter (4) auswirkt.

*1. Nachhaltigkeit des Gelernten:* Wie sich anhand der Befunde der *standardisierten* Erhebung sowie der *qualitativen* Befragung früher engagierter Erwachsener zeigt, hat der Kompetenzgewinn aus einem jugendlichen Engagement nachhaltige Effekte, die auch im Erwachsenenalter noch wirksam sind. So verfügen in ihrer Jugend engagierte Erwachsene den Daten der *standardisierten* Erhebung zufolge über mehr Erfahrungen mit allen erfragten unterschiedlichen Tätigkeiten und damit auch über mehr Kompetenzen als früher Nicht-Engagierte.

Wenn sich dem Zweiten Freiwilligensurvey zufolge 36 Prozent aller Jugendlichen zwischen 14 und 24 Jahren freiwillig engagieren (vgl. Gensicke/Picot/Geiss 2006), so bedeutet dies, dass das Engagement ein – auch quantitativ – bedeutsames gesellschaftliches Lernfeld für junge Menschen darstellt. Diese Einschätzung wird durch die Befunde der *standardisierten* Erhebung gestützt. Danach messen die befragten Erwachsenen dem freiwilligen Engagement in ihrer Jugend eine hohe Bedeutung bei. Über 80 Prozent gehen von einem „sehr hohen" oder „hohen" Einfluss auf ihr Leben aus.

*2. Nachhaltige Effekte der Gewinnung sozialen Kapitals:* Neben Bildungseffekten sind auch nachhaltige Effekte der Gewinnung sozialen Kapitals und der Vernetzung feststellbar. Ehemals Engagierte verfügen über eine Vielzahl von Kontakten im Gemeinwesen sowie über einen größeren Freundeskreis als Nicht-Engagierte. Die Möglichkeit, soziales Kapital zu akkumulieren, kann als eine besondere Funktion des intermediären Sektors betrachtet werden, welche in anderen Lebensbereichen so vielfach nicht gegeben ist.

*3. Berufliche Orientierung:* Engagementerfahrungen können erheblichen Einfluss auf die spätere berufliche Karriere haben. Dies betrifft insbesondere Berufswahl und Berufseinmündung. Die Annahme, dass früher sozial Engagierte anschließend eher in Berufen des Gesundheits-, Bildungs- und Sozialwesens tätig werden als Personen ohne Engagementerfahrung, konnte bestätigt werden. Dieses Ergebnis verweist auf die wichtige Orientierungsfunktion der Organisationen für Berufe der personenbezogenen sozialen Dienstleistungen. So wie der Schulunterricht etwa im Fach Physik zu einem basalen Lernort für spätere Naturwissenschaftler werden kann, scheint das freiwillige Engagement im Jugendalter – neben Zivildienst und Freiwilligendiensten – ein zentrales Rekrutierungsmilieu für Erziehungs-, Sozial- und Gesundheitsberufe zu sein. In diesem Sinne hat soziales Engagement in den untersuchten Settings zugleich eine hohe arbeitsmarktrelevante Funktionalität.

Früher Engagierte zeigen sich in ihrer Selbsteinschätzung als mit ihrem Leben zufriedener und insgesamt erfolgreicher als Nicht-Engagierte und erreichen, auch unter Ausschluss anderer Variablen, höhere Berufsabschlüsse als diese. Der Einfluss des Engagements reicht aber in der Regel nicht aus, um eine niedrige Schulbildung zu kompensieren. Ein direkter Einfluss des Engagements auf den späteren Berufsstatus ist nur in sehr begrenztem Umfang festzustellen.

*4. Gesellschaftliche Partizipation im Erwachsenenalter:* Die Annahme, dass Personen, die in ihrer Jugend freiwillig engagiert waren, im Erwachsenenalter gesellschaftlich besser integriert sind als andere, kann bestätigt werden. Sie üben auch im Erwachsenenalter häufiger eine freiwillige Tätigkeit aus, sind eher mit einer Religionsgemeinschaft verbunden und zeigen ein stärkeres Interesse an Politik. Dies gilt für alle Tätigkeitstypen, besonders stark für die Gruppe der „Funktionäre".

Auch die Vermutung, dass unterschiedliche Formen gesellschaftlicher Partizipation und bürgerschaftlicher Beteiligung von ehemals Engagierten intensiver wahrgenommen werden als von früher Nicht-Engagierten, wird von den Untersuchungsergebnissen gestützt. Der Grad der demokratisch-gesellschaftlichen Beteiligung im Erwachsenenalter wird zwar von einer Vielzahl von Variablen wie Alter, Geschlecht, Bildung und Herkunft mitbestimmt, hängt aber immer auch von Engagementerfahrungen in der Jugend ab. Dies gilt für alle Bereiche bürgerschaftlicher Beteiligung und auch hier vor allem für die ehemaligen „Funktionäre", wobei dieser Einfluss auch dann erhalten bleibt, wenn diese Gruppe um Personen reduziert wird, die bereits in der Jugend politisch aktiv waren. Dies bedeutet, dass auch ein Engagement in vordergründig nicht politischen Gruppierungen zu größerer gesellschaftlicher Partizipation im Erwachsenenalter führt.

(d) Soziale Merkmale engagierter Akteure

*Einstiegsalter:* Fast die Hälfte aller früher Engagierten hat bereits vor ihrem 15. Lebensjahr Aufgaben in den Organisationen übernommen. Bis zum Alter von 16 Jahren sind nach eigenen Angaben bereits etwa 80 Prozent der Befragten engagiert. Wenn Jugendliche die Schule verlassen, sind die entscheidenden Weichen für die Übernahme eines Engagements in der Regel schon gestellt.

*Zugangsmotive:* Die Auslöser für den Einstieg in ein Engagement sind überwiegend Freunde und Bekannte, die Familie sowie eigenes Interesse. Als besonders wichtige Motive werden Spaß an den Aktivitäten im Engagement, das Bedürfnis nach Geselligkeit und Gemeinschaft, das Interesse an den Inhalten und Zielen der Organisation sowie der Wunsch, etwas Sinnvolles zu tun, genannt. Engagierte Jugendliche wollen, so könnte man zusammenfassend sagen, gemeinsam mit anderen etwas für sich und andere tun, das sinnvoll ist und zugleich Spaß macht.

*Motive für ein längerfristiges Engagement:* Wie sich den *qualitativen* Interviews entnehmen lässt, können Jugendliche durch Verantwortungsübernahme im freiwilligen Engagement Erfahrungen von Sinn, Kompetenz und Handlungswirksamkeit, von Autonomie und zugleich von sozialer Eingebundenheit und Anerkennung machen, welche der Lernmotivationsforschung zufolge psychische Grundbedürfnisse darstellen. Diese Erfahrungen wiederum können – wie die Befunde der *qualitativen* Untersuchung zeigen – die Motivation Jugendlicher, längerfristig gesellschaftliche Verantwortung in den Organisationen zu übernehmen, fördern und verstärken und zugleich zu ihrer persönlichen Entwicklung beitragen.

*Soziale Selektion:* Wie die Studie zeigt, ist gesellschaftliches Engagement als Ort kultureller und sozialer Ressourcen nicht für alle Jugendlichen gleichermaßen leicht zugänglich. Der Zugang zum Engagement sowie die Art des Engagements stehen in Zusammenhang mit den sozialen Ressourcen und den kulturellen Interessen im Elternhaus. Die Daten beider Erhebungen belegen – ähnlich wie die beiden Freiwilligensurveys –, dass sich überwiegend sozial gut integrierte deutsche Jugendliche mit höherer Schulbildung engagieren. Die entscheidende Voraussetzung für ein Engagement ist die schulische Qualifikation. Die Verfügbarkeit sozialen und kulturellen Kapitals stellt sowohl eine Voraussetzung als auch ein Ergebnis freiwilligen Engagements dar. Jugendliche aus sozial unterprivilegierten, partizipations- und bildungsfernen Bevölkerungsgruppen sind hier unterrepräsentiert. Somit stellen Lernprozesse im freiwilligen Engagement keine Kompensation sozialer Ungleichheit dar, sondern verstärken diese tendenziell noch.

(e) Strukturelle Rahmungen

*Strukturmerkmale der Organisationen:* Insbesondere der *qualitative* Anteil der Studie liefert Hinweise darauf, dass die strukturellen Rahmenbedingungen, unter denen die jungen Freiwilligen in Jugendverbänden, Initiativen oder Organisationen der Interessenvertretung agieren, von besonderer Bedeutung für Lernprozesse sind. Dabei erscheinen die in den Strukturen angelegte Diffusität und die sich daraus ergebenden diskursiven Prozesse besonders geeignet, eigenständiges Lernen zu fördern. Die Strukturcharakteristika „Freiwilligkeit", „Offenheit" und „Diskursivität", von denen angenommen werden darf, dass sie wichtige Voraussetzungen für nachhaltige Lernprozesse sind, finden sich in dieser speziellen Kombination vor allem im Feld des organisierten freiwilligen Engagements.

Damit unterscheiden sich die Organisationen des freiwilligen Engagements zwar grundlegend von den Institutionen formalen Lernens, weisen aber untereinander große Gemeinsamkeiten auf. Zwar haben die Organisationen unterschiedlich definierte Zielsetzungen und Kernaufgaben, die wiederum bestimmte Kenntnisse und Fähigkeiten der Mitarbeiterinnen und Mitarbeiter voraussetzen und dementsprechende organisationsspezifische Lernmöglichkeiten bieten, doch unterscheiden sich die untersuchten Verbände, Vereine, Initiativen und Interessenvertretungen hinsichtlich ihres Potenzials, informelle Lernprozesse anzustoßen, nur marginal. Die konkreten Gruppensituationen und Aufgabenstellungen, mit denen Jugendliche direkt konfrontiert sind, sind für das Lernen maßgeblicher als die strukturellen Rahmenbedingungen und Aufgabenstellungen der Gesamtorganisation.

*Zugangswege:* Bei den untersuchten Organisationen handelt es sich nicht um fest umrissene Gebilde, sondern um tendenziell offene Systeme. Der Zugang zu den Organisationen, aber auch die Statuspassage von der reinen Mitgliedschaft zum freiwilligen Engagement verläuft in der Regel unstrukturiert und informell. Die Grenzen zum Privaten sind nicht immer klar definiert und fließend, was Einstiege und spätere Verantwortungsübernahme erleichtert. Eine geplante und gezielte Einführung in die Strukturen der Organisationen für neue Mitarbeiter findet nur in Ausnahmefällen und eher in den großen Organisationen statt.

*Tätigkeitsfelder:* Kirchliche Organisationen und Einrichtungen (22%) sowie Sportvereine (21%) sind die Hauptbetätigungsfelder der jungen Menschen. Es folgen Hilfs- und Rettungsdienste (12%), Jugendverbände (10%) sowie der Bereich Schule/Hochschule (9%). Eher gering fallen die Zahlen in Parteien und Gewerkschaften sowie im kulturellen Bereich aus. In allen Bereichen gibt über die Hälfte der hier früher freiwillig Engagierten an, mindestens zeitweilig auch in der Kinder- und Jugendarbeit ehrenamtlich tätig gewesen zu sein. Sie ist gewissermaßen das klassische Einstiegsfeld engagierter Jugendlicher.

Entsprechend ihres Tätigkeitsprofils finden sich die Engagierten unterschiedlich häufig in den verschiedenen Organisationen. Einen hohen Anteil des Typs „praktischer Helfer“ weisen die Rettungsdienste (32%) sowie in geringerem Maße der Sportbereich (18%) auf. „Gruppenleiter/Trainer“ sind überdurchschnittlich häufig in kirchlichen (37%) und Sporteinrichtungen (40%) sowie im musikalisch-künstlerischen Bereich (29%) und in Jugendverbänden (24%) engagiert. Im Bereich der Kultur wird der „Gruppenleiter“ anteilsmäßig nur noch vom „Organisator“ übertroffen (60%), der in den meisten Organisationen stark vertreten ist. Der „Funktionär“ schließlich hat – wie zu erwarten – sein Haupteinsatzfeld in Parteien und gewerkschaftlichen Organisationen (68%), gefolgt von Schule und Hochschule (34%). Auch in den Jugendverbänden ist er noch relativ häufig zu finden (14%).

*Arbeitsformen:* In allen Organisationen ist die Gruppe bzw. das Team der bestimmende Handlungs- und somit auch Lernort. Dies gilt sowohl für organisatorische und gruppenbezogene Tätigkeiten als auch für die Leitungs- und Gremienarbeit. Dabei sind die Grenzen zwischen privaten, cliquenfixierten

Aktivitäten und organisationsbezogenem Handeln nicht immer klar zu erkennen.

*Mitbestimmung und Mitgestaltung:* Die jungen Freiwilligen fühlen sich als Teil eines Gesamtsystems und zeigen Interesse an den Strukturen ihrer Organisation, machen ihr Wissen darüber aber sehr pragmatisch von den Notwendigkeiten abhängig, die sich aus ihrer Aufgabenstellung und örtlichen Besonderheiten ergeben. Die untersuchten Settings des freiwilligen Engagements sind demokratisch verfasst. 76 Prozent aller Befragten bezeichnen die Mitsprachemöglichkeiten als ausreichend und 40 Prozent geben an, selbst eine Leitungsfunktion innegehabt zu haben. Entscheidungen werden in der Regel in einem demokratischen Willensbildungsprozess getroffen. Die Spielräume für Eigeninitiative variieren und hängen von den Zielsetzungen der Organisationen, aber auch von den konkreten örtlichen Voraussetzungen ab. Besonders große Gestaltungsräume scheinen die weltanschaulichen Organisationen sowie die örtlichen Initiativen zu bieten. Engere Grenzen sind Jugendlichen in Großorganisationen mit stark definierten Zielen und vor allem in den Schülervertretungen gesetzt. Begrenzt fühlen sich die Befragten in erster Linie durch finanzielle Einschränkungen, aber auch durch lange und undurchsichtige Entscheidungsprozesse der Politik.

*Ansprechpartner:* Etwa 70 Prozent der befragten Engagierten können auf die Unterstützung erfahrener Ansprechpartner zurückgreifen. Etwa die Hälfte wird von Hauptberuflichen begleitet. Deren Arbeit wird in erster Linie als personales Angebot angesehen, wobei die Zusammenarbeit nicht immer konfliktfrei abläuft. Die Jugendlichen betrachten die Unterstützungsleistungen der Hauptberuflichen in erster Linie als Serviceleistungen, erkennen aber durchaus ihre Funktion für den Erhalt der Organisation und die Kontinuität der Arbeit an. Aus den Diskursen mit erfahrenen Ansprechpartnern und Hauptberuflichen ergeben sich immer wieder Lerngelegenheiten informeller Art.

*Weiterbildung und Qualifizierung:* Die Organisationen verfügen in der Regel über Weiterbildungsmöglichkeiten und Kursangebote, insbesondere im pädagogischen und organisatorischen Bereich. Die Verknüpfung von solchen non-formalen Bildungs- mit informellen Freizeitangeboten vereinfacht Jugendlichen den Zugang zu Kursen und Seminaren und eröffnet insbesondere Jugendlichen mit schlechten Schulerfahrungen Zugänge zu unbekannten Lernformen.

*Vernetzte Strukturen:* Die Organisationen arbeiten auf der kommunalen Ebene mit anderen Gruppierungen, mit den Schulen oder auch mit der Kommunalpolitik zusammen, so dass sich hier vielfältige individuelle Kontakte ergeben können. Sie fungieren somit als offene Systeme, die auch zur Akkumulation von sozialem Kapital beitragen.

*Fazit*

Bilanziert man die Befunde der Studie zum Kompetenzerwerb, so lassen sich die Settings des freiwilligen Engagements für junge Menschen als eine Lernwelt beschreiben, die durch die Verknüpfung gesellschaftlicher Verantwortungsübernahme und individueller Lernprozesse besondere Chancen und Freiräume für die Entwicklung vielfältiger Kenntnisse und Fähigkeiten eröffnet, die für eine eigenständige und sozial verantwortliche Lebensführung sowie die Beteiligung an demokratischen Verfahren, aber auch für die Übernahme von Leitungs- und Managementaufgaben wichtig sind, in schulischen Settings jedoch kaum vorkommen. Informelle Lernprozesse im Engagement erfüllen demnach eine ergänzende Funktion zum Kompetenzerwerb Heranwachsender in der Schule.

Nach den Befunden der *qualitativen* Erhebung scheint es keinen anderen Bereich in der jugendlichen Lebenswelt zu geben, der ein derart weites vielfältiges Spektrum an Lerngelegenheiten und Anregungen bereithält. Von der cliquenzentrierten Freizeitgestaltung bis hin zur Gremienarbeit mit Personalverantwortung ergibt sich ein Kontinuum von Verantwortungsfeldern, in dem sich junge Menschen in der Regel freiwillig und selbstbestimmt bewegen können.

Die Forschungsergebnisse beider Erhebungen stabilisieren zudem den Befund, dass freiwilliges Engagement Auswirkungen auf das Kompetenzprofil der Engagierten hat. Dieser nachgewiesene Einfluss auf die Kompetenzen, die Berufswahl sowie die gesellschaftliche Partizipation von Erwachsenen ist ein deutlicher Beleg für die Bedeutung des Lernfeldes „Freiwilliges Engagement" als einem eigenen Lernort im Prozess des Aufwachsens.

# 8. Empfehlungen für Praxis, Politik und Wissenschaft

Aus den empirischen Befunden des Projekts „Informelle Lernprozesse Jugendlicher in Settings des freiwilligen Engagements" lassen sich Empfehlungen ableiten, die für Praxis (1), Politik (2) und Wissenschaft (3) von Interesse sein können.

*(1) Empfehlungen für die Praxis*

*Zugänge verbessern:* Wie die Studie zeigt, bieten die Organisationen des Engagements Jugendlichen ein großes Spektrum an Lernchancen, Kontakten, Gestaltungsmöglichkeiten und Erfahrungen sozialer Zugehörigkeit und Anerkennung, wobei die Befunde auch bestätigen, dass sich überwiegend sozial gut integrierte Jugendliche mit höherer Schulbildung engagieren. Diese Jugendlichen haben damit die Chance, durch die vielfältigen Lernprozesse und sozialen Beziehungen im Engagement ihr schon im Elternhaus angelegtes soziales und kulturelles Kapital zusätzlich zu erweitern.

Hier müsste über Wege nachgedacht werden, auch bildungsfernen und bisher kaum erreichten Jugendlichen den Zugang zu einem Engagement und damit zu den darin enthaltenen Lernpotenzialen, Erlebnis- und Kontaktmöglichkeiten zu erleichtern. Da, wie die qualitative Erhebung zeigt, der Einstieg zumeist über Familie, Freunde und Bekannte erfolgt, und somit Menschen, die keine persönlichen Beziehungen zu den Organisationen haben, eher ausgeschlossen sind, wäre es wichtig, Kontakte herzustellen sowie über erweiterte bzw. neue Formen der Öffentlichkeitsarbeit und der Information über Möglichkeiten, Inhalte und Kontexte eines Engagements nachzudenken. Beispielsweise könnten sich die Organisationen in Schulen vorstellen und hier über ihre Arbeit sowie die Tätigkeiten, Aufgaben und Gestaltungsmöglichkeiten im Rahmen eines Engagements informieren. Eventuell könnten auch Sozialpraktika im schulischen Rahmen als Ermöglichungsraum für ein (weitergehendes) Engagement dienen, etwa in der Art des „Service Learning"-Konzepts (vgl. etwa Sliwka 2003), in dem es um eine Verbindung schulischen Lernens mit Engagement im Gemeinwesen geht.

Zugleich muss berücksichtigt werden, dass nicht alle Organisationen des Engagements für alle Jugendlichen gleichermaßen interessant und förderlich sein können. Wenn, wie die standardisierte Erhebung belegt, sich Hauptschüler stärker in den Hilfs- und Rettungsorganisationen betätigen, dann, weil ihnen die hier gebotenen Arbeitsinhalte und Lernchancen der praktischen Hilfe häufig näherliegen als intensive Diskussionen über abstrakte Themen, wie sie etwa aus weltanschaulichen Organisationen geschildert werden. Vielleicht kann über zielgruppenspezifische Angebote eine niedrigschwellige Zugangsmöglichkeit für Heranwachsende geschaffen und ihr Interesse an den Aktivitäten der Organisation geweckt werden. Bei den Bemühungen um neue Gruppen Engagierter wie Migrantenjugendliche oder Hauptschüler ist darauf zu achten, dass dadurch nicht die bestehenden Gruppen der Engagierten mit höherer Schulbildung verdrängt werden. Auch diese haben ein Recht auf Angebote, die ihren Interessen und Fähigkeiten entsprechen.

*Frühes Engagement:* Wenn, wie die Befunde der standardisierten Erhebung zeigen, die Hälfte aller früher Engagierten bereits vor ihrem 15. Lebensjahr und fast 80 Prozent bis zum Alter von 16 Jahren Aufgaben in den Organisationen übernommen haben, die Weichen für die Übernahme eines Engagements also schon früh gestellt werden, hieße dies für die Organisationen, möglichst schon für Kinder Gelegenheiten und Räume für aktivierende, partizipative Erfahrungen mit Verantwortungsübernahme zu schaffen und zu erweitern. Eine Bindung an die Organisationen schon vor der Pubertätsphase scheint eine wesentliche Voraussetzung für länger andauerndes Engagement darzustellen, auch wenn dies für die nicht-kommerziellen Jugendorganisationen angesichts zunehmender Optionen der Freizeitgestaltung für Heranwachsende schwieriger geworden ist.

*Bedürfnis nach Geselligkeit und Gemeinschaft:* Um Jugendliche längerfristig an die Organisationen zu binden, scheint es wichtig, ihrem – in der qualitativen Erhebung deutlich gewordenem – Wunsch nach Geselligkeit und Gemeinschaft mit Gleichaltrigen nachzukommen, also Gruppenarbeit und soziale Einbindung zu fördern sowie Gelegenheiten zu geselligem Beisammensein zu schaffen. Wie die qualitativen Interviews zeigen, scheint das Lernen in der Gleichaltrigengruppe die Lernmotivation zu erhöhen. Auch von daher erscheint es wichtig, Teamarbeit und gemeinsames Lernen in der Peergroup zu ermöglichen und zu unterstützen. So könnten z.B. die non-formalen Bildungsangebote der Organisationen so gestaltet werden, dass – wie es teilweise bereits geschieht – sowohl Bildungsaspekte als auch Freizeitaspekte miteinander verknüpft werden. Angebote, die sich an Gruppen und Cliquen wenden, scheinen den besonderen Bedürfnissen der Jugendphase eher zu entsprechen als Angebote für einzelne Jugendliche. Im Sinne der Offenheit der Organisationen und der Rekrutierung neuer Mitarbeiter könnten hier auch Personen aus dem persönlichen Umfeld der jungen Engagierten in die Bildungsaktivitäten einbezogen werden.

*Gestaltungsspielräume eröffnen:* Dort wo die Organisationen die Jugendlichen dabei unterstützen, ihre Interessen einzubringen und umzusetzen sowie Inhalte mitzugestalten und mitzubestimmen, kann dies – wie die Befunde der qualitativen Befragung erkennen lassen – zu einer Erhöhung der Motivation sowie der Bereitschaft zu längerfristiger Verantwortungsübernahme führen. Wenn das Feld des Engagements nicht übermäßig pädagogisiert wird, können Selbstorganisation, Freiwilligkeit sowie Spaß in gleichberechtigten Peer-Beziehungen hier ihren Raum finden. Die Befunde der qualitativen Erhebung besagen, dass die Freiwilligkeit des Lernens im Engagement für die Befragten den wichtigsten Unterschied zum Lernen in der Schule ausmacht. Demnach ist die Freiwilligkeit des Lernens und der Verantwortungsübernahme grundlegend für die Lernmotivation Jugendlicher im Rahmen ihres ehrenamtlichen Engagements. Deshalb darf das Prinzip der Freiwilligkeit nicht unterlaufen werden. Bestenfalls können die Organisationen versuchen, die frei gewählten Aktivitäten in der Peergroup mit den Vorteilen unterstützender Strukturen und der Begleitung durch erwachsene Bezugspersonen zu verbinden.

*Wichtige erwachsene Mitarbeiter in den Organisationen:* Wer Verantwortungsübernahme lernen soll, muss auch Gelegenheiten dafür erhalten. Wie die qualitative Untersuchung zeigt, erhöhen Zutrauen in ihr Können, Ermutigung zur Verantwortungsübernahme und Anerkennung ihrer Bemühungen die Engagementbereitschaft Jugendlicher, ihre Freude an der Tätigkeit sowie ihre Lernchancen. Erwachsene Mitarbeiter in den Organisationen sollten daher Jugendliche ermutigen und unterstützen, verantwortungsvolle Aufgaben zu übernehmen. Dabei scheint es wichtig zu sein, dass Erwachsene Jugendliche bei den übernommenen Aufgaben als Förderer oder Mentoren begleiten und auch darauf achten, dass diese sich nicht überfordern. Wo dies noch nicht gängige Praxis ist, sollten Möglichkeiten zur Diskussion und Reflexion der Arbeit geschaffen werden, um die Jugendlichen nicht mit ihren Aufgaben und Problemen allein zu lassen, wie es von manchen Befragten beschrieben wird. Zudem wollen Jugendliche für ihre Leistungen im Engagement Anerkennung, ob diese in ideeller oder materieller Form erfolgt, erscheint dabei den Aussagen der Engagierten zufolge eher sekundär.

Soweit vorhanden, tragen Hauptberufliche eine besondere Verantwortung für den Fortbestand ihrer Organisationen und verkörpern deren Wertvorstellungen nicht selten durch die eigene Person. Gleichzeitig sind sie Ansprechpartner in Problemlagen, aber auch Erbringer von Serviceleistungen für Engagierte und Mitglieder. Diese Ambivalenz ist nicht aufzulösen. Die Organisationen können die Hauptberuflichen dabei unterstützen, mit ambivalenten Situationen umzugehen, etwa durch Angebote des kollegialen Austausches, Fortbildungen oder Supervisionen.

*Gremienarbeit*: Wie sich in der standardisierten Erhebung gezeigt hat, erwerben die als Funktionäre engagierten Jugendlichen ein besonders weites Spektrum an Kompetenzen und beschreiben auch eine besonders starke Förderung in ihrem Engagement. Von daher scheint es sinnvoll, Jugendliche zu ermutigen und zu befähigen, Aufgaben in Gremien, Ämtern, Ausschüssen und der Interessenvertretung zu übernehmen. Dabei ist den Befunden der qualitativen Studie zufolge die Mitarbeit in Ausschüssen und Gremien häufig ein schwieriger langwieriger Prozess, der erleichtert wird, wenn erfahrene Ansprechpartner sich um die Neuen kümmern, sie einführen und in ihrer Aufgabe begleiten und unterstützen. Fortbildungsangebote direkt für die Arbeit in Gremien gibt es selten. Hier erscheint die Entwicklung solcher Angebote insbesondere für neue und jüngere Mitarbeiter wichtig, um ihnen die Kenntnis und Nutzung der politischen und verbandlichen Strukturen und Verfahrensweisen zu erleichtern, aber auch, um neue Mitarbeiter für diese wichtigen Ämter und Funktionen zu gewinnen und der weit verbreiteten Gremienabstinenz Jugendlicher entgegenzuwirken.

*Politisches Interesse und Partizipation:* Wie aus einigen Interviews hervorgeht, wird politisches Interesse durch gemeinsame Diskussionen und insbesondere durch die Mitarbeit in der Interessenvertretung, in Gremien und Ausschüssen sowie durch Möglichkeiten demokratischer Beteiligung und Mitbestimmung im Alltag des Engagements gefördert. Jugendorganisationen können dazu beitragen, Jugendliche in gesellschaftliche Mitbestimmungs- und Entscheidungsprozesse einzubinden, so dass ihr wachsendes politisches Interesse angesichts der geringen Einflussmöglichkeiten auf politische Entscheidungen nicht in Politikverdrossenheit umschlägt.

Zugleich scheint es wichtig, Partizipations- und Mitbestimmungsmöglichkeiten auch im Alltag jugendlichen Engagements zu vergrößern, da – wie die Ergebnisse der Studie belegen – Erfahrungen mit Demokratie und Mitbestimmung die Bereitschaft zu gesellschaftlicher und politischer Beteiligung sowie zu sozialem Engagement langfristig und nachhaltig erhöhen können.

Für die – für Mitbestimmung und Mitgestaltung einer demokratischen Gesellschaft wichtigen – Kompetenzen wie Interessenvertretung und Gremienkompetenz, also die Kenntnis und Anwendung formal-demokratischer Verfahrensweisen und Spielregeln, scheint das freiwillige Engagement für Jugendliche einen nahezu exklusiven Lernort darzustellen. Hier stellt sich den Organisationen die Aufgabe, den Erwerb dieser Kompetenzen möglichst vielen Jugendlichen zu ermöglichen. Dabei ist über neue Wege nachzudenken, den Zugang zu sowie die Mitarbeit in politischen Ämtern und Gremien der Organisationen für Jugendliche leichter und interessanter zu machen, sie mit erforderlichen Informationen und mit Hintergrundwissen zu versorgen und die vielfältigen Möglichkeiten der Mitbestimmung, Mitgestaltung und Mitentscheidung sowie die strukturellen Rahmenbedingungen, Planungsprozesse und Formen der Entscheidungsfindung bekannt und transparent zu machen.

*Weiterbildung:* Obwohl Fortbildungsveranstaltungen in den Organisationen wichtig und für eine Reihe von Aufgaben – insbesondere in den Hilfsorganisationen – unerlässlich sind, zeigt sich in der Studie, dass für die Aneignung vieler Kompetenzen das Handeln, Ausprobieren und Sammeln von eigenen Erfahrungen in der Praxis des Engagements ausschlaggebend sind. Es gilt, hierfür Gelegenheiten zu schaffen und Jugendliche dabei zu unterstützen.

Wenn über ein Drittel der Befragten angibt, ohne formale bzw. non-formale Ausbildung in den Organisationen ihres Engagements andere Personen unterrichtet, ausgebildet oder trainiert zu haben, stellt sich allerdings die Frage nach der Qualität dieser Tätigkeit, aber auch nach der rechtlichen Absicherung der Engagierten in dieser Tätigkeit. Für alle engagierten jungen Menschen, die mit Kindern und Jugendlichen arbeiten, scheinen Qualifizierungsmöglichkeiten, wie sie etwa im Rahmen der Juleica-Ausbildung geboten werden, erforderlich. Auf der Basis der Ergebnisse der Befragung können die Engagierten in den Organisationen möglicherweise gezielter als bisher gefördert werden, indem etwa die Weiterbildungs- und Qualifizierungsangebote für die freiwilligen Mitarbeiterinnen und Mitarbeiter so gestaltet werden, dass sich informelle Lernprozesse und Qualifizierungsangebote gegenseitig ergänzen und verstärken.

*Tätigkeitsnachweise:* Jugendlichen, die dies wünschen, sollten Tätigkeitsnachweise ihres freiwilligen Engagements ausgestellt werden, die in Bewerbungsverfahren eingebracht werden können. Hierbei ist auf die Wahrung der Qualität von Nachweisen und Zertifikaten zu achten, da sie ansonsten an Wert verlieren. Gespräche mit der Wirtschaft zu den Inhalten und Lernpotenzialen des freiwilligen Engagements könnten eventuell dazu beitragen, den Nutzen von Nachweisen zu erhöhen. Gleichzeitig erscheint es sinnvoll, aus der Vielzahl von bereits existierenden Vorlagen für Tätigkeitsnachweise einen einheitlichen Vordruck zu entwickeln. Dieser dürfte die Akzeptanz auf Seiten der Wirtschaft erhöhen und für Organisationen und Jugendliche das Verfahren erleichtern.

*Mit Diffusität umgehen:* Insgesamt betrachtet erscheint die in der qualitativen Untersuchung festgestellte Diffusität, die sich aus den zentralen Strukturmerkmalen Freiwilligkeit, Offenheit und Diskursivität ergibt, als eine besondere Chance der Organisationen des Engagements, insbesondere der Jugendorganisationen. Wenn sie sich ihre Alltagsoffenheit bewahren und Cliquen und Einzelpersonen möglichst niedrigschwellige Zugänge zu ihren Aktivitäten anbieten, können sie als intermediäre Räume zwischen dem Privatbereich und dem öffentlichen Leben wirken und Jugendlichen Formen der Partizipation ermöglichen, die vom einfachen Dabeisein bis zur Übernahme leitender Verantwortung reichen. Ihre Identität als eigenständiges, vom formalen System abgrenzbares Lernfeld können sie sich nur dann erhalten, wenn sie auf der Freiwilligkeit der Teilnahme und der Verantwortungsübernahme bestehen. Sachzwänge, die sich aus Vorgaben von Zuwendungsgebern oder Kooperationspartnern (z.B. der Schule) ergeben, dürfen nicht zur Aufgabe dieses Grundprinzips führen. Auf gesellschaftliche Veränderungen können die Organisationen nur angemessen reagieren, wenn sie bereit sind, sich auch selbst zu verändern. Hierfür erscheint ein möglichst kontinuierlicher Dialog mit den eigenen Mitgliedern, Engagierten und Hauptberuflichen, aber auch mit anderen gesellschaftlich relevanten Gruppen entscheidend.

*Netzwerke:* Die Organisationen sollten sich nicht nur mit sich selbst und ihren internen Aufgaben befassen, sondern sich zum Gemeinwesen öffnen und als Akteure in sozialräumlichen Netzstrukturen wirken. Der Kontakt zu anderen Organisationen, zur Politik, zum Gemeinwesen oder auch zur Wirtschaft ist für Jugendliche insofern von Interesse, als er Lernchancen birgt und dazu dienen kann, soziales Kapital zu generieren. Die Chance, im öffentlichen Raum zu agieren und wirksam zu werden, erhalten Jugendliche in anderen gesellschaftlichen Feldern seltener, was für die Organisationen eine besondere Verantwortung bedeutet. Sie können die Jugendlichen dabei unterstützen, diese Chancen zu erkennen und wahrzunehmen.

*Außendarstellung und Profilierung:* Die Ergebnisse der Studie können dazu genutzt werden, die Profilierung der Organisationen des Engagements zu verbessern, indem die empirisch nachgewiesene eigene Qualität und die Vielfalt der Lern- und Bildungsprozesse nach außen kommuniziert werden. Wenn Organisationen, in denen freiwilliges Engagement stattfindet, die Lernpotenziale und möglichen Kompetenzgewinne des Engagements nach außen sichtbar machen und nach innen fördern, könnte dies in der Außendarstellung zu einer gesteigerten öffentlichen Anerkennung führen; auf der organisationsinternen Ebene können die gewonnenen Befunde die Organisationen darin unterstützen, förderliche Rahmenbedingungen für informelle Lernprozesse der Engagierten zu schaffen, effektiv zu gestalten und stetig zu verbessern.

Zudem können die Befunde der Studie dazu beitragen, die Positionierung der nicht-kommerziellen Jugendorganisationen in der Bildungsdiskussion sowie ihre Profilierung gegenüber der Schule zu verbessern, indem die eigene Qualität und die Vielfalt der Lern- und Bildungsprozesse empirisch fundiert nach außen kommuniziert werden können. Der Bildungsauftrag und -anspruch von Jugendarbeit würde so wieder deutlicher ins Blickfeld geraten und Jugendarbeit wieder verstärkt als Ort des Lernens und der Bildung wahrgenommen. Dies erscheint auch angesichts der Entwicklungen und Diskussionen um die Ganztagsschule nicht unwichtig.

*(2) Empfehlungen für die Politik*

*Förderung freiwilliger Tätigkeit:* Wie sich in der Studie zeigt, erscheint die Verknüpfung von öffentlicher Verantwortungsübernahme und individuellen Lernprozessen für den Einzelnen, aber auch für die Zukunft der Zivilgesellschaft wichtig. Die Organisationen und die dort Engagierten handeln in der Regel nicht überwiegend aus Eigeninteresse, sondern erfüllen Aufgaben im Gemeinwesen und tragen zur Gestaltung der Sozialräume bei. Jugendliche können hier demokratische Verfahrensweisen kennenlernen und einüben sowie politische Kompetenzen entwickeln und in der konkreten Praxis anwenden. Es ist wichtig, diese Seite des Engagements ins Blickfeld zu rücken und zu unterstützen sowie das darin liegende Lern- und Bildungspotenzial für eine demokratische Bürgergesellschaft, aber auch den im Engagement liegenden Gewinn für den Einzelnen wie das Gemeinwesen aufzuzeigen.

Die Förderung und Anerkennung der Arbeit engagierter Jugendlicher durch die Politik zeigt sich nach Meinung der Befragten auch darin, dass Mittel zur Umsetzung von Ideen und zum Erhalt der Unterstützungsstrukturen bereitgestellt werden. Formen individueller Anerkennung wie Ehrungen, Einladungen etc. werden von Jugendlichen nicht abgelehnt, haben für sie aber keine ausschlaggebende Bedeutung. Wichtig erscheint in diesem Zusammenhang auch, politische Entscheidungen und Verwaltungsvorgänge transparenter zu machen. Undurchschaubare Entscheidungsstrukturen und nicht nachvollziehbare Begründungszusammenhänge, insbesondere wenn sie mit Mittelkürzungen verbunden sind, führen – wie die qualitative Untersuchung zeigt – insbesondere bei Jugendlichen zum Gefühl unzureichender Anerkennung und der Missachtung des Geleisteten.

Erkennt man an, dass es sich beim freiwilligen Engagement um einen eigenständigen Bildungsbereich handelt, muss man ihm auch zeitliche Ressourcen zubilligen. Insbesondere in der Diskussion um Veränderungen in der Schule und den damit einhergehenden zeitlichen Verdichtungen werden die damit verbundenen Nebenwirkungen auf Freizeit und Engagement scheinbar kaum beachtet. Die Ausweitung der Schulzeiten in den Nachmittagsbereich oder ein Samstagsunterricht, wie er in Nordrhein-Westfalen diskutiert wird, dürften den Freiraum für ein freiwilliges Engagement deutlich schmälern oder ein solches sogar verhindern. Es wäre wünschenswert, dass die Politik auch in diesen Debatten und bei entsprechenden Entscheidungen die Interessen der jungen Engagierten berücksichtigt.

Die empirischen Daten belegen, dass sich überwiegend sozial gut integrierte deutsche Jugendliche mit höherer Schulbildung engagieren und damit ihr schon im Elternhaus angelegtes soziales und kulturelles Kapital weiter vermehren können. Jugendliche aus sozial unterprivilegierten, partizipations- und bildungsarmen Bevölkerungsgruppen sind im freiwilligen Engagement unterrepräsentiert und damit zu einem großen Teil von den hier möglichen informellen Lernerfahrungen, sozialen Kontakten und Kompetenzgewinnen ausgeschlossen. Hier ist Politik gefordert, die grundlegenden Weichen zu stellen, damit Lernen in non-formalen Settings für möglichst alle Heranwachsenden zugänglich wird. Dazu müssen gezielte Förderprogramme und Anreizsysteme für Personen und Organisationen entwickelt werden, um jene jungen Menschen zu erreichen, die davon profitieren können.

*Strukturen erhalten und unterstützen:* Ohne die Bereitschaft von Menschen, freiwillig und unbezahlt verantwortungsvolle Aufgaben in gemeinnützigen Organisationen zu übernehmen, könnten viele gesellschaftlich wichtige Anliegen und Aufgaben nicht bewältigt werden. Gemeinwohlorientierte Organisationen, Vereine und Verbände, Kirchen und Initiativen als zivilgesellschaftliche Akteure sind zur Erfüllung ihrer Aufgaben auf das aktive Engagement der Bürger, aber auch auf politische Unterstützung angewiesen. Hier muss von der Politik anerkannt und beachtet werden, dass es sich bei den Freiwilligenorganisationen um komplexe Gebilde mit besonderen strukturellen Merkmalen handelt. Die in der qualitativen Erhebung beschriebene Diffusität, die sich aus diesen strukturellen Charakteristika ergibt und eine Besonderheit des Lernortes Engagement ausmacht, kann zu Verunsicherungen in den Organisationen selbst, aber auch bei Kooperationspartnern und der Politik führen. Um freiwilliges Engagement in den Organisationen auch weiterhin in großem Ausmaß zu ermöglichen, wird empfohlen, die aktuelle Förderpraxis zu überdenken und die Organisationen wieder verstärkt beim Erhalt und Ausbau ihrer Strukturen zu unterstützen. Dies gilt für die Förderung hauptberuflicher Tätigkeit ebenso wie für die Anerkennung freiwilligen Engagements oder auch für die Förderung infrastruktureller Investitionen oder Bildungsmaßnahmen.

*Berufliche Rekrutierung:* Die Befunde der standardisierten Erhebung belegen, dass in ihrer Jugend engagierte Personen in größerem Ausmaß Berufe im Gesundheits-, Bildungs- und Sozialwesen ergreifen als Nicht-Engagierte. Damit wird deutlich, dass das freiwillige Engagement im Jugendalter ein wichtiges Rekrutierungsfeld für Berufe der personenbezogenen sozialen Dienstleistungen ist. Für die Professionen des Sozial-, des Bildungs-, aber auch des Gesundheitsbereichs ist das freiwillige Engagement Jugendlicher ein nicht zu unterschätzender Beitrag zur Nachwuchsgewinnung. Um dem steigenden Arbeitskräftebedarf in diesen Bereichen gerecht werden zu können, erscheinen deshalb gesellschaftliche Investitionen zum Erhalt und zur Ausweitung dieser Lernfelder erforderlich.

*Öffentliche Debatte:* Davon ausgehend, dass das formale Bildungssystem den zukünftigen Anforderungen an Bildung und Kompetenz des Einzelnen in einer globalisierten Gesellschaft nicht umfassend zu genügen scheint und ein zunehmender gesellschaftlicher Bedarf an den Potenzialen informeller Bildung und informellen Lernens entsteht, ist auch in den politischen Gremien und in der Öffentlichkeit die Debatte um Lernfelder jenseits des formalen Bildungssystems verstärkt zu führen. Zu den Möglichkeiten, vielfältige persönliche, soziale, politische und fachliche Kompetenzen durch ein Engagement in gemeinnützigen Organisationen zu erwerben, sind weitere empirisch fundierte Untersuchungen und Erkenntnisse notwendig. Dementsprechende Forschung braucht politische Unterstützung und Förderung.

Eine öffentliche Sichtbarmachung der Möglichkeiten, durch bürgerschaftliches Engagement außerhalb des formalen Bildungssystems wichtige persönlichkeits- und berufsrelevante Kompetenzen zu erwerben, könnte evtl. auch einer Attraktivitätssteigerung der freiwilligen Mitarbeit in Vereinen und Verbänden dienen und dazu beitragen, die – laut Freiwilligensurvey – große Zahl der an einem Engagement interessierten Jugendlichen (ca. 40%) anzusprechen und für ein Engagement zu motivieren. Dementsprechend darf der öffentliche Diskurs über Lernen nicht nur auf das formale Bildungssystem beschränkt werden, sondern sollte im Blick auf die Aneignung zentraler Kompetenzen ein möglichst weites Spektrum an Lernformen, -orten und -modalitäten integrieren und aufeinander beziehen, um so das Zusammenspiel der verschiedenen Lernorte und Lernformen zu fördern. Hierzu scheint es nützlich, den jugendpolitischen, den bildungspolitischen sowie den engagementpolitischen Diskurs nicht jeweils für sich allein, sondern zusammen zu führen. Politik muss ihre Aufmerksamkeit gegenüber der Relevanz von informellen, flüchtigen Lernkontexten ebenso wie von nicht-kognitiven Lernfeldern verstärken, was bedeutet, dass die Forschung hierzu intensiviert werden muss.

*(3) Empfehlungen für die Wissenschaft*

Im Gegensatz zu den zahlreichen empirisch fundierten Erkenntnissen über das Lernen in der Schule besitzt die Forschung nur ein sehr unzulängliches Wissen über Lernprozesse und -ergebnisse in informellen Kontexten. Dies liegt nicht nur an einem – in Bezug auf Bildung und Lernen – lange Zeit auf Schule fixierten Blick, sondern auch an den Schwierigkeiten der Erfassung der vielfältigen, heterogenen, oft unstrukturierten Lernpotenziale, -erfahrungen und -formen in informellen Feldern wie Familie, Freundeskreis oder Engagement, zumal sich diese lebensweltlichen Bereiche selbst auch stärker einer empirischen Erforschung entziehen als das formale Bildungssystem. Wenn die empirische Bildungsforschung ihr Wissen über die Zusammenhänge des Aufwachsens und der Kompetenzentwicklung erhöhen will, muss sie sich dringend dieser „anderen Seite der Bildung“ (Otto/Rauschenbach 2004) zuwenden.

*Methoden und Verfahren:* Zur Erforschung von Lernprozessen und Lernzuwächsen Jugendlicher in außerschulischen Lernfeldern kann bisher im Unterschied zur schulischen Lernforschung kaum auf bewährte Instrumente oder Verfahren zurückgegriffen werden. Daher stellt sich die weitere Entwicklung und Erprobung von Instrumenten, Methoden und Verfahren zur Erforschung, Beschreibung und Messung von Kompetenzzuwächsen und Bildungswirkungen in informellen Lernkontexten als ein wichtiges Forschungsdesiderat dar.

Die vorgestellte Studie kann einen Eindruck von der Bandbreite und Vielfalt an Kompetenzen und Potenzialen des Lernens vermitteln, die im freiwilligen Engagement aus Sicht der Befragten möglich sind, doch lassen sich Lernzuwächse bislang nur schwer erfassen. Hier erscheinen weitere Untersuchungen, insbesondere Längsschnittstudien zu Lernzuwächsen sowie zu den spezifischen Orten der Kompetenzentwicklung erforderlich, um Sequenzen des Erfahrungsaufbaus thematisieren und valide abbilden zu können.

Die vorgelegte Studie geht einen Schritt über bisherige Forschungsarbeiten zum informellen Lernen hinaus, indem die Lerninhalte, die Lernformen und -modalitäten, die Lernorte sowie die biografische Bedeutung und Nachhaltigkeit des Gelernten sowohl mit qualitativen als auch mit statistischen methodischen Verfahren in den Blick genommen werden. Damit wurde der Versuch unternommen, sich informellen Lernprozessen auch über standardisierte Erhebungsmethoden empirisch anzunähern. Insgesamt hat sich diese Vorgehensweise bewährt, wenngleich an einigen Stellen – häufig aufgrund forschungspragmatischer Gründe – auf methodischer Seite auch Entwicklungsbedarf festgestellt werden muss.

Mit der Entwicklung des Fragebogens der standardisierten Erhebung wurde Neuland bezüglich der empirischen Erfassung informeller Lernprozesse und außerschulischer Kompetenzen betreten. Bisher gibt es in diesem Feld noch keine wissenschaftlich überzeugenden Instrumente. Wie sich bei der Auswertung herausgestellt hat, ist das Instrument für die Fragestellung brauchbar und valide. Die meisten Items des Fragebogens sind gut geeignet zur Erfassung von Kompetenzen, wenngleich sich einige Items allerdings bei der Auswertung als nur in begrenztem Maße aussagekräftig erwiesen.

Der Versuch der vorliegenden Studie, Lernprozesse im freiwilligen Engagement auf der Basis von Selbstberichten zu erfassen, erlaubt – zumindest aus der Perspektive der Befragten – zu beschreiben, inwieweit es zu Lernprozessen in bestimmten Bereichen gekommen ist und welche Rolle hierbei das freiwillige Engagement gespielt hat. Diese Methode ist in Bezug auf die Erhebung von Kompetenzen mit einer Vielzahl von Messproblemen belastet. Im Bereich der Surveyforschung existieren dazu aber nur wenig Alternativen.

Neben dem Problem der *sozialen Wünschbarkeit* ergeben sich bei diesem Verfahren Messfehler aus dem Missverständnis von Fragen sowie aus den Beschränkungen von Verständnis und Erinnerung der Befragten. Zudem besteht hier das Problem, dass Befragte häufig unterschiedliche Maßstäbe oder *„Ankerpunkte"* wählen, um ihre Fähigkeiten zu bewerten. Diesen Problemen sollte in der vorliegenden standardisierten Erhebung begegnet werden: So wurden Erfahrungen und Fähigkeiten mit einer großen Vielzahl von Bereichen abgefragt, so dass die Tendenz, sich in allen Feldern im Sinne der Wünschbarkeit mit hoher Kompetenz darzustellen, vermindert wurde. Zudem wurde als Filter für alle Selbstbewertungen eine Frage nach Erfahrungen mit der entsprechenden Tätigkeit vorausgeschickt: Hierdurch sollte sichergestellt werden, dass nur solche Personen nach der Selbstbewertung ihrer Fähigkeiten gefragt wurden, die dies auf der Basis praktischer Erfahrungen tun konnten und die diese Antworten auf erinnerte Situationen bezogen.

Das Problem der Ankerpunkte blieb bei der Selbstbewertung weiterhin bestehen, allerdings wurde im Verlauf der Auswertungen deutlich, dass die Häufigkeit von Erfahrungen mit den erfragten Tätigkeiten möglicherweise als Proxy-Variable für die Selbsteinschätzung von Fähigkeiten gelten kann, für die sich das Problem der Maßstäbe in weitaus geringerem Maße stellt.

Könnte – wie sich in der vorliegenden Untersuchung abzeichnet – die Selbsteinschätzung von Fähigkeiten durch Selbstberichte über Erfahrungen mit ausgeführten Tätigkeiten approximiert werden, stellte dies einen wesentlichen Fortschritt bei der Erfassung von Kompetenzen dar: Die erhobenen Selbstberichte über Erfahrungen mit Tätigkeiten bezögen sich – anders als bei Selbsteinschätzungen der Qualität der Kompetenzen – auf etwas, das Interviewer und Interviewter ähnlich verstehen. Für weitergehende Studien könnte dies ein interessanter Ausgangspunkt sein, Indikatoren zu entwickeln, mit denen die außerhalb des formalen Bildungssystems gewonnenen Lernerfahrungen und Kompetenzen sichtbar gemacht werden könnten.

In der vorliegenden Erhebung wurde, um das Gesamtspektrum an Kompetenzen zu erfassen, eine Vielzahl von Bereichen mit relativ wenigen Items erfasst, um den Fragebogen nicht zu umfangreich zu machen. Da in der vorliegenden Untersuchung ein Überblick über unterschiedliche Bereiche angestrebt war und eine differenziertere Erhebung den zeitlichen und finanziellen Rahmen gesprengt hätte, war eine weitere Differenzierung der Items nicht möglich. Würde in weiteren Studien die Anzahl der untersuchten Kompetenzbereiche reduziert, könnten diese Bereiche dafür differenzierter untersucht werden. Durch eine solche Differenzierung könnte es gelingen, Erfahrungen mit Tätigkeiten in einer Art zu erfassen, die einen Rückschluss auf zugrunde liegende Fähigkeiten weniger problematisch macht – wobei eine solche profilierte Analyse zwar ein geringeres Spektrum von Erfahrungsbereichen abdeckt, diese aber differenzierter und valider erheben könnte.

Wichtig für die vorliegende Untersuchung war die Existenz einer Kontrollgruppe, da nur so die Bedeutung bestimmter Lernorte geprüft werden konnte. Insgesamt hat sich auch bewährt, die Stichprobe disproportional zu schichten, um Differenzierungen innerhalb der Gruppe der früher Engagierten zu ermöglichen. Im vorliegenden Fall hat allerdings die starke Disproportionalität des Samples dazu geführt, dass zum Teil drastische Gewichtungen notwendig wurden. Bei einer Replikation oder Anschlussstudie sollte daher das Verhältnis von Treatment- und Kontrollgruppe ausgewogener sein.

Für zukünftige Untersuchungen zu Lernprozessen und Kompetenzgewinnen wäre zudem die Möglichkeit der (zusätzlichen) Fremdbeobachtung und -einschätzung aus dem sozialen Nahbereich der Befragten (Familie, Freundeskreis, Schule) hinsichtlich erworbener Kompetenzen zu prüfen.

*Inhalte:* Inhaltlich bietet sich im Anschluss an die vorliegende Studie an, unterschiedliche außerschulische Lernfelder auf ihre Lernpotenziale und Lernmodalitäten hin zu untersuchen wie z.B. das FSJ/FÖJ und den Zivildienst, aber auch den Freizeit- und Hobbybereich oder einzelne Verbände, wie dies ansatzweise für den Sport oder die evangelische Jugendarbeit gemacht wurde. Zudem ist das Wissen über das Engagement von Migranten in unserer Gesellschaft bisher noch recht lückenhaft. Für ein umfassendes Bildungskonzept sollten die Leistungen der unterschiedlichen Lernorte wie etwa Schule, Familie, Engagement, Kultur, Sport oder Freizeit sichtbar gemacht und aufeinander bezogen werden.

Im Bereich der Engagementforschung erscheint es für die Untersuchung von Kompetenzgewinnen sinnvoll, neben Studien aus der subjektiven Sicht auch die Sicht der Organisationen zu erfassen und die beiden Perspektiven zu verknüpfen: das Zusammenspiel von Individuum und Institution, von individuellen Motiven und Ressourcen mit den strukturellen Bedingungen, Potenzialen und Zielen der Organisationen. Damit ließe sich der Aspekt der Integrationsleistungen der Organisationen für die hier Aktiven mit dem Aspekt der Leistungen der Engagierten für die Organisationen verbinden.

Die positive Wirkung nachgewiesener freiwilliger Tätigkeit in Bewerbungsverfahren wird vielfach behauptet, ist bisher aber empirisch nicht ausreichend belegt. Entsprechende Forschung in den Wirtschaftsunternehmen könnte Daten zur Relevanz solcher Tätigkeitsnachweise, aber auch zum Wissen der Personalabteilungen über die Organisationen, Inhalte, Verantwortungsbereiche und Lernpotenziale des freiwilligen Engagements erbringen. Die Ergebnisse einer solchen auf die Wirtschaft fokussierten Forschung könnten auch dazu beitragen, die Kommunikation zwischen den Organisationen des Dritten Sektors und den Unternehmen bezüglich des Lernfeldes „Freiwilliges Engagement" zu verbessern.

# 9. Methoden der Untersuchung

Die vorliegende Studie verfolgt inhaltliche Fragestellungen, sie ist nicht als Methodenstudie konzipiert. So sollte hier ein Überblick über Lernprozesse im freiwilligen Engagement gegeben werden. In diesem Zusammenhang wurden Lernprozesse im freiwilligen Engagement sowohl mit qualitativen als auch mit standardisierten methodischen Verfahren in den Blick genommen. Damit wurde in diesem Themenbereich ein erster Versuch unternommen, sich informellen Lernprozessen auch über standardisierte Erhebungsmethoden empirisch anzunähern. Insgesamt hat sich diese Vorgehensweise bewährt, wenngleich an einigen Stellen – häufig aufgrund forschungspragmatischer Gründe – auf methodischer Seite auch Entwicklungsbedarf festgestellt werden musste.

Um das Vorgehen der Studie transparent zu machen, sollen im Folgenden zunächst knapp die methodischen Eckpunkte der qualitativen Untersuchung beschrieben werden. Sodann wird ausführlicher auf zentrale Vorgehensweisen der standardisierten Untersuchung eingegangen. Zum Schluss werden kurz methodische Perspektiven diskutiert, d.h. sowohl positive Erträge, die für andere Untersuchungen nutzbar gemacht werden können, als auch einige methodische Probleme, die in weiteren Studien berücksichtigt werden sollten.

## 9.1 Anlage und Auswertung der qualitativen Erhebung

In der qualitativen Untersuchung wurden 74 engagierte Jugendliche im Alter von 15-22 Jahren sowie 13 ehemals engagierte Erwachsene aus den Bundesländern Nordrhein-Wesfalen, Bayern und Sachsen zu ihren (Lern-)Erfahrungen in drei unterschiedlichen Settings des freiwilligen Engagements befragt (Jugendverbände, Initiativen, politische Interessenvertretung/Schülervertretung; vgl. Tab. 9.1).

Für die *qualitative* Erhebung wurde das Verfahren des offenen, teilstandardisierten Experteninterviews anhand eines Themenleitfadens gewählt (vgl. Hopf 2000; Flick 2002; Meuser/Nagel 2003). Das projektspezifische Erkenntnisinteresse an informellen Lernprozessen und Kompetenzerwerb durch Verantwortungsübernahme machte es erforderlich, durch halboffene Fragen den Bereich möglicher Antworten einzuschränken. Dementsprechend kam dem Leitfaden eine Steuerungsfunktion im Hinblick auf die Auswahl der einzelnen Themenkomplexe zu. Damit waren die Fragen zwar thematisch festgelegt, ließen aber darüber hinaus eine relativ große Freiheit in der Beantwortung und erlaubten den Interviewten, ihre Erfahrungen und Sicht der Dinge darzustellen. Der Vorteil dieser Methode liegt neben der Fokussierung auf das spezielle Forschungsthema vor allem darin, dass der Einsatz des Leitfadens die Befragung

*Tab. 9.1: Engagierte, Organisationen und Bundesländer der qualitativen Erhebung*

| Engagierte Jugendliche | Insg. | W | M | NRW | Bayern | Sachsen |
|---|---|---|---|---|---|---|
| | | | Jugendverbände (45) | | | |
| Ev. Jugend | 9 | 6 | 3 | 4 | - | 5 |
| Kath. Jugend | 1 | - | 1 | - | - | 1 |
| Kath. Landjugend | 2 | 1 | 1 | - | 2 | - |
| DPSG | 1 | - | 1 | 1 | - | - |
| DJK | 2 | 1 | 1 | 1 | - | - |
| Sportjugend | 7 | 2 | 5 | 1 | 2 | 4 |
| SJD-Die Falken | 4 | 1 | 3 | 4 | - | - |
| VCP | 2 | 1 | 1 | - | - | 2 |
| BdP | 5 | 1 | 4 | 1 | - | 4 |
| THW | 5 | 2 | 3 | 3 | 2 | - |
| Freiwill. Feuerwehr | 4 | 2 | 2 | - | 4 | - |
| DLRG | 2 | 1 | 1 | - | 2 | - |
| Westf.-Lipp. Landjugend | 1 | - | 1 | 1 | - | - |
| | | | Inititativen (15) | | | |
| Attac | 1 | 1 | - | 1 | - | - |
| Greenpeace | 4 | 3 | 1 | 4 | - | - |
| Musikinitiative | 2 | - | 2 | 2 | - | - |
| Eine-Welt-Initiative | 1 | 1 | - | 1 | - | - |
| Jugendclub/-treff | 5 | 3 | 2 | - | 1 | 4 |
| Aktion Zivilcourage | 1 | - | 1 | - | - | 1 |
| Aiesec | 1 | 1 | - | - | 1 | - |
| | | | Politische Interessenvertretung (14) | | | |
| Gewerkschaftsjugend | 5 | 1 | 4 | 3 | 2 | - |
| Schülervertretung | 7 | 2 | 5 | 4 | 1 | 2 |
| Landesschülervertretung | 2 | 1 | 1 | 2 | - | - |
| | | | Insgesamt | | | |
| Engagierte Jugendliche | 74 | 31 | 43 | 34 | 17 | 7 |
| Erwachsene | 13 | 6 | 7 | 8 | 5 | 2 |

Quelle: Studie „Informelle Lernprozesse“

strukturiert und die Vergleichbarkeit der Daten erhöht (vgl. Hopf 2000). Gemäß dem Prinzip einer offenen und flexiblen Interviewführung enthielt der Leitfaden Themen, die angesprochen werden sollten, nicht aber detaillierte und ausformulierte Fragen.

Neben den durch den Leitfaden strukturierten Interviews wurden in einem Kurzfragebogen im Verlauf der Befragung sozialstatistische und allgemeine Daten zur Person und Tätigkeit erhoben (Geschlecht, Alter, Organisation, Art der Tätigkeit, Ausbildung, Ort, Familiensituation, Beruf und Engagement der Eltern und der Geschwister). Die Beantwortung der Fragen setzte bei den Interviewpartnern Bereitschaft zum Nachdenken über das eigene Tun und Lernen, Reflexionsvermögen sowie sprachliche Fähigkeiten voraus. Dabei waren sowohl die Wahrnehmung und der Reflexionsgrad dessen, was sie tun oder lernen, als auch die sprachlichen Ausdrucksmöglichkeiten der befragten Jugendlichen sehr unterschiedlich.

Die Befragten der qualitativen Erhebung beschrieben zum einen ihren Werdegang, ihre Aufgaben, Tätigkeiten und Erfahrungen im Engagement, zum anderen reflektierten sie auf einer Meta-Ebene bewusst, was und wie sie im Engagement gelernt haben. Für die Auswertung der qualitativen Interviews wurde dementsprechend zweistufig vorgegangen: Zum einen wurde ausgewertet, was die engagierten Jugendlichen selbst bewusst zum Thema Lernen, zu Lerninhalten, -prozessen und -fortschritten reflektierten und explizit benannten; zum anderen wurde versucht, anhand der von den Befragten beschriebenen Tätigkeiten, Aufgaben, Erfahrungen und Erlebnisse in ihrem Engagement zu rekonstruieren, was dort gelernt wurde.

Einen weiteren Schwerpunkt der Befragung bildeten retrospektive Interviews mit Erwachsenen, die bereits als Jugendliche freiwillig engagiert waren, und heute noch engagiert sind oder auch zwischenzeitlich ihr Engagement beendet haben. Hier ging es in erster Linie um deren Einschätzung früherer Lernerfahrungen aus ihrem freiwilligen Engagement und die biografische Bedeutung dieser Erfahrungen, insbesondere hinsichtlich persönlicher und beruflicher Entscheidungen.

Die Auswahl der zu untersuchenden Einrichtungen und der InterviewpartnerInnen erfolgte nach dem Prinzip des maximalen Kontrastes auf der Ebene der Settings (z.B. Engagement in Verbänden und gesellschaftlichen Großorganisationen wie Kirchen, in der Schülerverwaltung und in neuen Formen und Inhalten des Engagements, z.B. im Bereich Ökologie, Menschenrechte) sowie auf der Ebene der verschiedenen Arbeitsfelder und Verantwortungsbereiche. Neben einer ausgewogenen geschlechtsspezifischen Verteilung wurden auch regionale (Großstadt – Kleinstadt – Dorf) und bildungsmäßige Unterschiede berücksichtigt. Bei den ausgewählten Fällen handelte es sich um längerfristige, kontinuierliche und nicht um punktuelle Übernahme von Verantwortung in den Organisationen.

Ziel der qualitativen Erhebung war es, Aussagen von engagierten Jugendlichen und jungen Erwachsenen zu ihren im freiwilligen Engagement gemachten Erfahrungen, Lernprozessen und gewonnenen Kompetenzen zu erhalten. Lernprozesse und Kompetenzen sollten aus einer subjektorientierten Perspektive, in deren Mittelpunkt die individuellen Erfahrungen und Deutungsmuster der Jugendlichen in ihrer eigenen Artikulation stehen, erfasst werden. Die Ergebnisse der qualitativen Befragung zielen somit nicht auf Repräsentativität, sondern sollten zum einen eigene Erkenntnisse über Lernprozesse und Kompetenzgewinne Jugendlicher liefern und zum anderen die quantitativen Zusammenhänge und statistischen Befunde der standardisierten Erhebung im Vergleich überprüfen, interpretieren, illustrieren, ergänzen und vertiefen sowie in ausgewählten Bereichen plausibilisieren (vgl. Oswald 2003).

Zur Erkundung des Feldes und Annäherung an die Forschungsfrage sowie zur Überprüfung des Leitfadens und der Vorbereitung des Fragebogens der standardisierten Erhebung wurde der Hauptuntersuchung eine Explorationsphase vorgeschaltet, in der 35 offene, leitfadengestützte qualitative Interviews mit jungen Engagierten im Alter zwischen 12 bis 25 Jahren geführt wurden, die in unterschiedlichen Settings des freiwilligen Engagements längerfristig Verantwortung übernommen hatten.[1] Die Exploration diente dazu, möglichst viele Facetten und Aspekte des Themas zu erfassen, um auf dieser Basis eine bundesweite quantitative Erhebung vorzubereiten. Der Fragebogen der standardisierten Untersuchung wurde auf der Basis der Befunde der qualitativen Interviews der Explorationsphase entwickelt. Zudem wurde der Leitfaden für die qualitative Erhebung im Laufe der Explorationsphase modifiziert und für die weitere Befragung um einige neu hinzugekommene Aspekte erweitert.

Die Kontakte zu den GesprächspartnerInnen wurden in der Regel von den Organisationen vermittelt. Die Interviews dauerten durchschnittlich etwa 1,5 Stunden. Die Auswahl des Gesprächsortes blieb den Jugendlichen überlassen. So wurden Interviews in Räumen der Organisationen, in Privatwohnungen, in Räumen der Universität Dortmund oder auch in Cafés geführt. Beim Einsatz des Interviewleitfadens wurde darauf geachtet, möglichst viele Spielräume in den Frageformulierungen, Nachfragestrategien und in der Abfolge der Fragen zu eröffnen. Nach dem Eingangsstimulus, verbunden mit einer Aufforderung zum Erzählen, dominierte das aktive Zuhören auf Seiten der Interviewer; es wurde aber auch gezielt gefragt und nachgefragt.

Alle Interviews wurden auf Tonband aufgezeichnet, vollständig transkribiert und in ein computergestütztes Programm zur Text- und Inhaltsanalyse (MAXQDA) eingespeist. Die Auswertung folgte dem Verfahren der qualitativen Inhaltsanalyse nach Mayring (2003). Dieses Verfahren scheint besonders geeignet, da es fixierte Kommunikation – hier transkribierte Interviews – syste-

1 Die Interviews der Explorationsphase wurden in die Gesamtauswertung einbezogen.

matisch (d.h. regelgeleitet) sowie theoriegeleitet analysiert mit dem Ziel, Rückschlüsse auf bestimmte Aspekte der Kommunikation zu ziehen. Dabei werden drei Grundformen des Interpretierens angewandt: Zusammenfassung, Explikation und Strukturierung. Ziel der Zusammenfassung war es, das Datenmaterial so zu reduzieren, zu bündeln und zu generalisieren, dass die wesentlichen Inhalte deutlich werden. Mit Hilfe des Computerprogramms (MAXQDA) wurden Textsegmente aus den Interviews einzelnen Themen (Codes) zugeordnet. Darauf folgte eine querschnittliche Analyse des Datenmaterials, indem die zu den gleichen Codes gehörenden Textsegmente der verschiedenen Interviews in vergleichender Weise bearbeitet und zusammengefasst wurden. Die Codes wurden zum Teil aus der Forschungsliteratur und dem Interviewleitfaden abgeleitet. Zudem wurden sie durch Paraphrasierung und Bündelung induktiv aus den Daten gewonnen. Die Explikation diente der Erklärung einzelner interpretationsbedürftiger Textstellen mit Hilfe theoretischer Erklärungsansätze. Anschließend erfolgte die inhaltlich-thematische Strukturierung des Materials. Anhand einer theoriegeleiteten systematischen Zuordnung und Zusammenfassung der Codes wurden übergeordnete Kategorien gebildet, die Themenschwerpunkte für die weitere Bearbeitung vorgaben. Diese Kategorien wurden in ihrem internen Zusammenhang theoretisch geordnet. Nach einer Rücküberprüfung des Kategoriensystems an Theorie und Material erfolgte die Interpretation der Ergebnisse in Richtung der Hauptfragestellung.

Bei der Auswertung der Daten wurden zum einen die Hauptkategorien bzw. thematischen Schwerpunkte anhand des Materials interpretiert (z.B. Verantwortungsübernahme, Organisationen als Ermöglichungsräume, Inhalte und Formen des Kompetenzerwerbs, Kompetenztransfer, Identitätsbildung), zum anderen wurde eine typologisch-musterbildende Auswertung vorgenommen. Die Typenbildung erfolgte auf der Basis der codierten Tätigkeitsbeschreibungen der Engagierten. Dabei ließen sich vier unterschiedliche Tätigkeits- bzw. Kompetenztypen bilden, die sich durch Clusterbildung auch in der standardisierten Erhebung nachweisen ließen. Auf diese vier Typen wurde bei der Darstellung der Ergebnisse in den Kapiteln zwei bis fünf durchgehend Bezug genommen. Des Weiteren wurden die Daten der qualitativen und der standardisierten Erhebung daraufhin durchgesehen, inwieweit sie übereinstimmen bzw. sich widersprechen. Es werden einzelne Fälle aufgezeigt, bei denen die qualitativen Daten den Befunden der standardisierten Erhebung widersprechen (Beispiel: Kompensation formaler Bildungsunterschiede durch ein Engagement).

An den Punkten, an denen die qualitative Untersuchung die gleichen Ergebnisse liefert wie die standardisierte Untersuchung, werden die Befunde der qualitativen Erhebung nicht extensiv dargestellt, sondern das qualitative Material wird genutzt, um die Ergebnisse an Hand besonders aussagekräftiger Originalzitate und Ankerbeispiele zu exemplifizieren und zu veranschaulichen. Damit soll aufgezeigt werden, inwieweit die Befunde, die als statistische Häufigkeiten und Zusammenhänge gefunden wurden, auch im Bewusstsein sozialer

Akteure existieren. Die Zitate sollen belegen und illustrieren, inwieweit die Befragten der qualitativen Untersuchung von ähnlichen Lernerfahrungen, Kompetenzgewinnen und Lernorten berichten wie die statistischen Daten.

## 9.2 Anlage der standardisierten Erhebung

Die standardisierte Untersuchung stellt den Versuch dar, bei einem repräsentativen Querschnitt von in ihrer Jugend engagierten Personen einer bestimmten Altersgruppe unterschiedliche Kompetenzen zu ermitteln, diese Kompetenzen bestimmten Lernorten zuzuordnen und die Relevanz eines früheren freiwilligen Engagements für den Erwerb dieser Kompetenzen zu beschreiben. Zudem sollte geprüft werden, ob das im Engagement erworbene Wissen und Können nachhaltige Wirkungen für das Leben im Erwachsenenalter erzeugt, insbesondere hinsichtlich des beruflichen Werdegangs sowie der politischen und sozialen Beteiligung. Die Befragung richtete sich an erwachsene Personen im Alter zwischen 25 und 40 Jahren. Aus dieser Alterskohorte wurden Personen, die vor ihrem 22. Lebensjahr mindestens ein Jahr freiwillig/ehrenamtlich engagiert waren, retrospektiv zu ihren diesbezüglichen Lernerfahrungen befragt. Zusätzlich wurde eine gleichaltrige Vergleichsgruppe befragt, die in ihrer Jugend nicht ehrenamtlich engagiert war. Eine zentrale Frage der standardisierten Erhebung war die Frage nach bestimmten ausgewählten Tätigkeiten, die als Indikatoren für unterschiedliche Kompetenzfelder bei der Auswertung der qualitativen Erhebung rekonstruiert worden waren. Mit dem Fragebogen sollten die Kompetenzen der Befragten durch Selbstnennung und Zuordnung zu verschiedenen Lernorten beschrieben werden.

Stichprobenziehung, Pretest und CATI-Erhebung wurden durch das Sozialwissenschaftliche Umfragezentrum (SUZ GmbH) in Duisburg durchgeführt. Durch diese Zusammenarbeit war eine hohe Qualität der gewonnen Daten sichergestellt. Detaillierte Angaben zur Anlage und zum Verlauf der Erhebung sind in einem Feldbericht des SUZ zusammengefasst. Die folgenden Teile zu „Stichprobenziehung“, „Interviewmethode und Erhebungsinstrument“, „Durchführung der Befragung“ und „Realisierte Interviews und Ausschöpfung“ basieren in weiten Teilen auf dieser Vorlage, die von Frau Dipl.-Soz.-Wiss. Angélique Leven vom Sozialwissenschaftlichen Umfragezentrum (SUZ) in Duisburg erstellt wurde.

### Stichprobenziehung

Zunächst wurden aus 27,5 Mio. Festnetz-Nummern zufällig 120.000 ausgewählt. Die letzte Ziffer wurde gegen eine Zufallszahl zwischen 0 und 9 ausgetauscht. Durch die Anwendung des so genannten Random-Last-Digits (RLD)-Verfahrens ist die Telefonstichprobe repräsentativ für alle Telefonnummern, einschließlich der nicht ins Telefonverzeichnis eingetragenen Anschlüsse. Wegen der hohen Telefondichte der Privathaushalte in Deutschland (94%) werden auf diese Weise weitgehend alle Privathaushalte erfasst. Fax- und Nicht-Privathaushaltsnummern wurden gelöscht.

Innerhalb der Haushalte wurde eine Person nach dem Kriterium Alter zwischen 25 und 40 Jahre ausgewählt. Fielen mehrere Personen innerhalb des Haushaltes in diese Alterskategorie, so wurde nach einem Zufallsschlüssel (Last-Birthday) die Befragungsperson bestimmt. Das Verfahren gewährleistet, dass alle Personen der Grundgesamtheit die gleiche Chance haben, in die Befragung einbezogen zu werden. Nicht erreichte Haushalte wurden bis zu achtmal zu verschiedenen Tageszeiten angerufen.

Nachdem die Quote der Personen zwischen 25 und 40 Jahren, die vor ihrem 22. Lebensjahr *nicht* mindestens ein Jahr lang freiwillig engagiert bzw. ehrenamtlich tätig waren, erfüllt war, wurde anschließend nur noch nach den Personen im Haushalt gefragt, die in diese Altersklasse fielen *und* mindestens ein Jahr lang vor ihrem 22. Lebensjahr freiwillig/ehrenamtlich engagiert waren.

### Interviewmethode und Erhebungsinstrument

Die Befragung wurde mit computerunterstützten telefonischen Interviews (CATI) durchgeführt. Die telefonische Befragung ist im vorliegenden Fall die Methode der Wahl, weil schwer anzutreffende Personen über das Telefon besser zu erreichen sind als mit persönlichen Interviews in der Wohnung (face-to-face).

Der Ablauf der Interviews war – grob skizziert – wie folgt: Nach einer Validierung des Alters der Zielperson, wurde anschließend gefragt, ob die Person vor ihrem 22. Lebensjahr mindestens ein Jahr lang regelmäßig freiwillig/ehrenamtlich engagiert war. War dies der Fall, wurde bei den Engagierten erhoben, in welchen Bereichen und Organisationen sie tätig waren. Es folgten für beide Gruppen Fragen zu Eigenschaften, Erfahrungen, Selbsteinschätzungen von Fähigkeiten, Lernorten, Lernformen und Wissenstransfer. Im Anschluss folgten Fragen zum persönlichen Umfeld, zum Beruf und zu den sozialen Bezügen. Zum Schluss des Interviews wurden soziodemografische Information in enger Anlehnung an die üblichen Standards erfragt.

### Durchführung der Befragung

Nach einem Pretest im Januar 2005 wurde die Haupterhebung in der Zeit von Mitte März 2005 bis Mitte Juni 2005 durchgeführt. Die Kontaktaufnahme mit den Haushalten und den für die Befragung zuständigen Personen sowie die Durchführung der Interviews erfolgten in dieser Zeit zwischen 16.00 und 21.00 Uhr von Montag bis Freitag und samstags zwischen 12.00 und 18.00 Uhr. Bei der Befragung kamen 100 Interviewer und Interviewerinnen zum Einsatz, die vor Beginn der Feldphase im Rahmen von Schulungen ausgiebig mit dem Befragungsinhalt und dem Befragungsprogramm vertraut gemacht worden waren.

Realisierte Interviews und Ausschöpfung

Nach Abschluss der Feldphase lagen 2.052 Interviews vor. Davon waren 552 Interviews mit „früher Nicht-Engagierten" und 1.500 Interviews mit „früher Engagierten". Insgesamt konnten in der Feldzeit 2.052 Interviews realisiert werden. Die durchschnittliche Interviewdauer lag bei den „früher Nicht-Engagierten" bei knapp 20 Minuten und bei den „früher Engagierten" bei knapp 30 Minuten. Die Ausschöpfungsquote lag bei 48% und erreicht damit einen Wert, der in empirischen Untersuchungen dieses Typs üblich ist.

Rekodierung offener Angaben

Im Rohdatensatz waren eine Vielzahl von Angaben offen erhoben worden. Bei den offen erhobenen Berufsangaben wurde für alle Personen nach dem Schema der Klassifikation der Berufe des Statistischen Bundesamts von 1992 (KldB92) ein 3-stelliger Berufscode generiert. Auf der Basis dieser Codes konnten weitere zentrale Variablen abgeleitet werden, so das Berufsprestige nach Wegener (MPS), die Berufsklassifikation nach Blossfeld sowie eine Variable, die Tätigkeiten in Sozial- und Gesundheitsberufen kennzeichnet.[2] Darüber hinaus wurden offene erhobene Organisationsnamen klassifiziert und vercodet.

Gewichte

Zur Schätzung von Populationsparametern sowie zur Untersuchung von Korrelationsbeziehungen, die sich auf die Grundgesamtheit, d.h. auf Personen in Privathaushalten im Alter von 24 bis 40 Jahren beziehen, ist es aus zwei unterschiedlichen Gründen notwendig, Gewichtungsfaktoren einzuführen:

- Erstens handelt es sich um eine disproportional geschichtete Zufallsstichprobe. Nicht-Engagierte sind in der Stichprobe gegenüber der Gesamtbevölkerung unterrepräsentiert. Sollen also Parameter geschätzt werden, die sich auf die Population beziehen, muss diese unterschiedliche Ziehungswahrscheinlichkeit durch Gewichtung ausgeglichen werden.
- Zweitens unterliegt die Stichprobe den in der empirischen Sozialforschung üblichen Verzerrungen, d.h. zum Beispiel, dass Personen mit geringem sozialen Status unterrepräsentiert sind.

2 Für die Generierung des MPS und der Berufsklassifikation wurde dabei auf Arbeiten des German Microdata Lab bei ZUMA aus dem Kontext des Mikrozensus zurückgegriffen. Somit liegen für das Projekt zuverlässige Indikatoren für einen zentralen Bereich sozialer Ungleichheit vor, der sich an anerkannten Standards sozial-wissenschaftlicher Forschung orientiert.

Gewichtung zum Ausgleich der disproportionalen Schichtung

Im Rahmen der Befragung wurden insgesamt 1.500 Engagierte und 552 Nicht-Engagierte interviewt. Insgesamt kam allerdings mit 4.487 Nicht-Engagierten ein Telefonkontakt zustande, d.h. die Zahl der erreichten Personen aus dieser Gruppe ist mehr als achtmal so hoch wie in der Stichprobe. Da die Anzahl der Abbrüche im laufenden Interview sehr gering ist, kann hypothetisch davon ausgegangen werde, dass 4.487 Interviews mit Nicht-Engagierten realisiert worden wären, hätte es nicht die Vorgaben hinsichtlich der Stichprobengröße gegeben. Zum Ausgleich wurde wie folgt vorgegangen:

- Alle Befragte erhalten zunächst ein Gewicht von 1.
- Nicht-Engagierte werden zunächst hoch gewichtet, d.h. bei ihnen wird das Gewicht mit 4.487:552˜8,13 multipliziert. Ein befragter Nicht-Engagierter steht damit für ca. 8 Fälle.
- Durch die Gewichtung steigt die (gewichtete) Fallzahl auf 5.987 (=Summe der Gewichte), d.h. die gewichtete Stichprobe hat damit mehr Fälle, als real befragt worden sind. Um dies auszugleichen, wurden alle Gewichte mit dem Quotienten Fallzahl: Summe der Gewichte, also 2.052 : 5.987, multipliziert. Jeder Engagierte erhält dadurch zunächst ein Gewicht von etwa 0,34, jeder Nicht-Engagierte ein Gewicht von etwa 2,79 (im weiteren Text: Schichtgewicht).

Gewichtung zum Ausgleich von Verzerrungen

Nutzt man diese Gewichtungsfaktoren in weiteren Analysen, so sollten sich im Falle unverzerrter Zufallsauswahl Verteilungen von Variablen denen in der Grundgesamtheit (bzw. in weitgehend unverzerrten Stichproben) nähern.

Dies ist in einigen Bereichen nicht der Fall. Verglichen wurde die Stichprobe mit einem Subsample des Mikrozensus 2000, das die Bevölkerung in Privathaushalten (die damit im Rahmen von Telefonstichproben erreicht werden können) im Alters-Range der gezogenen Stichprobe umfasst. Beim Mikrozensus besteht Auskunftspflicht bei den meisten Fragen, systematische Ausfälle können hier durch einen vom Statistischen Bundesamt generierten Personenhochrechnungsfaktor ausgeglichen werden. Dieser wurde bei den folgenden Analysen benutzt. Untersucht wurden dabei die beiden Dimensionen „höchster Schulabschluss" und „Region", bei denen aufgrund explorativer Analysen größere Probleme vermutet wurden.

Tabelle 9.2 zeigt den Vergleich der Verteilung von Schulabschlüssen im Mikrozensus 2000 und in der Stichprobe. Sehr deutlich wird, dass in der Stichprobe Personen mit Hauptschulabschluss deutlich unter-, Personen mit Fachhochschul- oder Hochschulreife dagegen deutlich überrepräsentiert sind. Tabelle 9.3 zeigt, wie auf der Basis dieser beiden Verteilungen Korrekturgewichte konstruiert wurden.

*Tab. 9.2: Anteile (in %) der höchsten allgemeinbildenden Schulabschlüsse im Mikrozensus 2000 (gewichtet mit dem Personenhochrechnungsfaktor) und Stichprobe (gewichtet mit dem Schichtungsgewicht)*

| Schulabschluss | Mikrozensus 2000 | Stichprobe |
|---|---|---|
| Kein Abschluss | 3 | 1 |
| Hauptschulabschluss | 30 | 13 |
| Realschulabschluss oder Abschluss der POS | 37 | 37 |
| Fachhochschulreife | 6 | 12 |
| Hochschulreife | 24 | 35 |
| Keine Angabe (MZ 2000)/ anderer Abschluss (Sample) | 1 | 1 |

Quelle: Studie „Informelle Lernprozesse“

- Der Gewichtungsfaktor wurde mit dem Quotienten von „Anteil im Mikrozensus 2000“: „Anteil Sample“ multipliziert. Bei Personen mit Fachhochschulreife wird damit bspw. das ursprüngliche Gewicht auf etwa die Hälfte reduziert.
- Zur Anpassung an den ursprünglichen Stichprobenumfang werden diese Gewichte wiederum mit dem Quotienten aus Stichprobengröße (2.052) und Summe der Gewichte (2.049) multipliziert.

Entsprechend wurde mit den Angaben zur aktuellen Region (Ost-/Westdeutschland) sowie – da nicht in Ost und West differenzierbar – Berlin verfahren.

*Tab. 9.3: Konstruktion des Korrekturgewichts für „Schulabschluss“*

| Schulabschluss | Korrektur in der Stichprobe | |
|---|---|---|
| Kein Abschluss | × 2,6:0,6=4,3 | |
| Hauptschulabschluss | × 30,2:13,4=2,3 | |
| Realschulabschluss oder Abschluss der POS | × 36,8:37,4=1,0 | |
| Fachhochschulreife | × 5,5:12,2=0,5 | × 2.052:2.049 |
| Hochschulreife | × 24,0:35,2=0,7 | |
| Keine Angabe/ anderer Abschluss (Sample) | × 0,9:1,3=0,7 | |

Quelle: Studie „Informelle Lernprozesse“

Tabelle 9.4 zeigt die Anteile im Mikrozensus 2000 sowie der Stichprobe – auch hier nur gewichtet mit dem Schichtgewicht. Die Korrekturen durch Gewichte, die hier beschrieben sind, beziehen sich auf Schätzungen, bei denen ein Vergleich von Engagierten und Nicht-Engagierten durchgeführt wurde. Alle wesentlichen Analysen wurden zudem auch jeweils zur Kontrolle ohne Gewichtungsfaktoren durchgeführt, um Artefakte zu verhindern. Dargestellt sind in diesen Fällen allerdings durchgehend die gewichteten Analysen.

*Tab. 9.4: Anteile (in %) der aktuellen Region im Mikrozensus 2000 (gewichtet mit dem Personenhochrechnungsfaktor) und in der Stichprobe (gewichtet mit dem Schichtgewicht)*

| Region (%) | Mikrozensus 2000 | Stichprobe |
|---|---|---|
| Alte Bundesländer | 80 | 86 |
| Berlin | 5 | 3 |
| Neue Bundesländer | 15 | 12 |

Quelle: Studie „Informelle Lernprozesse“

Für Datenauswertungen innerhalb der einzelnen Gruppen ist ihre Nutzung eher fraglich, da die entsprechenden Verteilungen für die Subgruppen nicht bekannt sind, sondern bestenfalls auf der Basis anderer – möglicherweise ebenso verzerrter – Stichproben geschätzt werden könnten. Daher wurden bei der Analyse innerhalb der Gruppen „Engagierte“ und „Nicht-Engagierte“ ungewichtete Daten genutzt.

## 9.3 Indexbildung

Zur Erfassung von Lerneffekten im freiwilligen Engagement wurden im Rahmen der standardisierten Erhebung in zwei Frageblöcken Selbstberichte zu Eigenschaften, Erfahrungen und Fähigkeiten erhoben. Auf der Basis dieser Fragen wurden Summenindizes gebildet, die unterschiedliche Dimensionen von „Kompetenzen“ erfassen sollten. Dabei stand im ersten Block die Einschätzung persönlicher und sozialer Eigenschaften und Fähigkeiten im Vordergrund, während im zweiten und umfassenderen Block versucht wurde, über Fragen nach konkreten Tätigkeiten Proxy-Variablen für Kompetenzen zu erheben. Wie die einzelnen in den vorangegangenen Kapiteln genutzten Indikatoren gebildet wurden, soll im folgenden Teil beschrieben werden.

(1) Indizes zu persönlichen und sozialen Eigenschaften und Fähigkeiten

Persönliche und soziale Eigenschaften und Fähigkeiten wurden über eine Itemliste erhoben, die allen Befragten vorgelegt wurde. Dabei wurde gefragt, für wie stark entwickelt die Befragten ihr Durchhaltevermögen, ihre Belastbarkeit, ihre Fähigkeit zu Selbstreflexion und Selbstkritik, ihr Selbstbewusstsein, ihre Fähigkeit zum Umgang mit Unsicherheit und neuen Anforderungen, ihre Empathiefähigkeit, ihre Konfliktfähigkeit, ihre Kompromissfähigkeit, ihre Fähigkeit, auf andere Menschen zuzugehen, ihre Toleranzfähigkeit und ihre Fähigkeit, mit Kritik von anderen umzugehen einschätzten. Die Antworten wurden auf einer 5-stufigen Skala mit Werten von 1=„sehr stark" bis 5=„überhaupt nicht" erfasst. Diese Items können als Indikatoren für zwei unterschiedliche Dimensionen von Kompetenz betrachtet werden: So stellen etwa Durchhaltevermögen, Belastbarkeit und Selbstbewusstsein eher personale Eigenschaften dar, während sich Kompromissfähigkeit, Konfliktfähigkeit und Toleranz auf Beziehungen zu Anderen beziehen.

*Tab. 9.5: Hauptkomponentenanalyse zur Bewertung persönlicher und sozialer Eigenschaften und Fähigkeiten, Ladungen nach Varimax-Rotation*

| Item: Wie stark entwickelt ist Ihr/-e ... | Rotierte Ladungen d. Komponenten | |
|---|---|---|
| | **1** | 2 |
| Selbstbewusstsein? | 0,72 | |
| Belastbarkeit? | 0,71 | |
| Fähigkeit, mit Unsicherheit und neuen Anforderungen umzugehen? | 0,67 | |
| Durchhaltevermögen? | 0,66 | |
| Fähigkeit, auf andere Menschen zuzugehen? | 0,46 | 0,32 |
| Fähigkeit, das eigene Verhalten u. Handeln kritisch zu hinterfragen? | | 0,68 |
| Fähigkeit, sich in andere hineinversetzen zu können? | | 0,63 |
| Fähigkeit, Kompromisse auszuhandeln? | | 0,57 |
| Konfliktfähigkeit? | | 0,56 |
| Toleranz gegenüber Andersdenkenden? | | 0,54 |
| Fähigkeit, mit Kritik von anderen umzugehen? | | 0,51 |

Anmerkungen: Hauptkomponenten mit einem Eigenwert >1 wurden beibehalten, Werte < 0,3 sind zur Übersichtlichkeit nicht dargestellt.
Quelle: Studie „Informelle Lernprozesse"

Zur Analyse der Korrelationen zwischen den Items sowie zu deren Zuordnung zu den Indizes wurde die Hauptkomponentenanalyse mit Varimax-Rotation gerechnet. Extrahiert wurden die beiden Hauptkomponenten mit Eigenwerten größer als 1. Zur ersten extrahierten Hauptkomponente gehören die Items Durchhaltevermögen, Belastbarkeit, Selbstbewusstsein sowie die Fähigkeit, mit Unsicherheit und neuen Anforderungen umzugehen (vgl. Tab. 9.5).[3] Diese Items stellen zusammengenommen einen Indikator für eine aktive und selbstbewusste Hinwendung zur Welt dar. Die zweite Hauptkomponente bilden die übrigen Items, die einen Indikator für Fähigkeiten des Umgangs mit anderen darstellen.

Zur weiteren Arbeit wurden aus diesen beiden Itemgruppen Summenindizes gebildet, die im Folgenden als „persönliche Eigenschaften und Fähigkeiten" und „soziale Eigenschaften und Fähigkeiten" bezeichnet werden. Zur Prüfung der internen Konsistenz und Reliabilität wurde für beide Skalen Cronbachs $\alpha$ berechnet. Mit Werten von 0,69 für „persönliche Eigenschaften und Fähigkeiten" und 0,66 für „soziale Eigenschaften und Fähigkeiten" ist dieser für eine explorative Studie im noch akzeptablen Bereich (vgl. etwa Schaeper/Briedis 2004, S. 11).

(2) Erfahrungen und Kompetenzen

Die Items des zweiten Blocks wurden auf der Basis der qualitativen Untersuchung entwickelt. Hier wurde zunächst bei allen Interviewten die Häufigkeit erfragt, mit der sie bestimmte Tätigkeiten ausgeübt hatten. Diese Abfrage wird im Folgenden mit dem Begriff „Erfahrungen" bezeichnet. Darauf aufbauend wurden alle Befragten, die die jeweilige Tätigkeit mindestens einmal ausgeübt hatten, um eine Selbsteinschätzung ihrer Fähigkeiten gebeten. Dies soll im Weiteren als „Können" bezeichnet werden. Die Annahme, die dieser Filterführung zugrunde lag, war, dass Personen, die eine Tätigkeit noch nie ausgeübt haben, ihre Kompetenzen nicht valide beurteilen können. Die erfragten 17 Items waren bei der Entwicklung des Erhebungsinstruments als Indikatoren für unterschiedliche Kompetenzbereiche angelegt (vgl. Tab. 9.6). Um zu prüfen, inwieweit sich diese theoretisch angenommene Gruppierung der Items empirisch in einer entsprechenden Korrelationsstruktur widerspiegelte, wurde zunächst für die Items zum Bereich der Erfahrungen eine Hauptkomponentenanalyse gerechnet (vgl. Tab 9.7).

Betrachtet man die Ergebnisse dieser Analyse, so zeigt sich eine deutliche Differenz zu den ursprünglichen Annahmen: Items scheinen sich weniger nach unterstellten Kompetenzen, sondern vielmehr nach praktischen Zusammenhängen zu gruppieren: So umfassen die Items, die auf der ersten Hauptkompo-

3 Das Item zur Fähigkeit, auf andere Menschen zuzugehen, lädt auf beiden Hauptkomponenten, wurde aus inhaltlichen Überlegungen allerdings der zweiten zugerechnet.

*Tab. 9.6: Bei der Entwicklung des Erhebungsinstruments angenommene Zuordnung von Items zu Kompetenzbereichen*

| Bereich | Items: Haben Sie (sich) schon einmal ... |
|---|---|
| Kulturell: Kognitiv | selbständig in einer völlig fremden Umgebung, z.B. im Ausland, zurechtgefunden? |
| | ein längeres Gespräch in einer fremden Sprache geführt? |
| | einen Text geschrieben, der veröffentlicht wurde? |
| | eine Rede vor mehr als 30 Personen gehalten? |
| Kulturell: Musisch | Theater gespielt? |
| | Musik gemacht? |
| Kulturell: Organisatorisch | größere Veranstaltungen, Projekte oder Aktionen außerhalb Ihres Privatbereichs organisiert? |
| | eine Finanzabrechnung außerhalb des privaten Bereichs erstellt? |
| | in Ausschüssen oder Gremien mitgearbeitet? |
| sozial | eine größere Aufgabe im Team bearbeitet? |
| | eine Leitungsaufgabe übernommen? |
| | andere Personen ausgebildet, unterrichtet oder trainiert? |
| | Andere in Beziehungskonflikten beraten? |
| | alte oder kranke Menschen betreut? |
| | nicht eigene Kinder länger als 1 Stunde beaufsichtigt? |
| Instrumentell: Handwerklich/technisch | ein technisches Gerät oder ein Fahrzeug repariert? |
| | Erste Hilfe geleistet? |

Quelle: Studie „Informelle Lernprozesse“

nente laden, Tätigkeiten aus dem organisatorischen Bereich. Hinzu kommen allerdings auch zwei Items, die ursprünglich dem Bereich kognitiver Kompetenzen zugeordnet waren. Die zweite Hauptkomponente umfasst Tätigkeiten, die mit Leitungsaufgaben zu tun haben. Diese Items gehörten ursprünglich einem Bereich an, in dem sich stärker berufsbezogene Erfahrungen wie „Ausbildung“ mit Hilfeleistungen im Privatbereich wie etwa „Andere in Beziehungskonflikten beraten“ mischten. Die dritte Hauptkomponente entspricht den Erwartungen und fasst Erfahrungen im musischen Bereich zusammen. Auf der vierten Hauptkomponente laden beide Items: „Sich selbständig in einer völlig fremden Umgebung orientieren“ und „ein längeres Gespräch in einer Fremdsprache führen“. Damit werden Erfahrungen erfasst, die den Umgang mit Fremdheit beinhalten. Auf diesem Index lädt allerdings zusätzlich, wenn auch

*Tab. 9.7: Explorative Hauptkomponentenanalyse zu Tätigkeitserfahrungen, Ladungen nach Varimax-Rotation*

| Item: Haben Sie (sich) schon einmal … | Rotierte Ladungen d. Komponenten | | | | |
|---|---|---|---|---|---|
| | 1 | 2 | 3 | 4 | 5 |
| in Ausschüssen oder Gremien mitgearbeitet? | 0,77 | | | | |
| größere Veranstaltungen, Projekte oder Aktionen außerhalb Ihres Privatbereichs organisiert? | 0,69 | | | | |
| einen Text geschrieben, der veröffentlicht wurde? | 0,63 | | | | |
| eine Rede vor mehr als 30 Personen gehalten? | 0,59 | | | | |
| eine größere Aufgabe im Team bearbeitet? | | 0,68 | | | |
| eine Leitungsaufgabe übernommen? | | 0,68 | | | |
| andere Personen ausgebildet, unterrichtet oder trainiert? | | 0,60 | | | |
| nicht eigene Kinder länger als 1 Stunde beaufsichtigt? | | 0,47 | 0,40 | | |
| Musik gemacht? | | | 0,61 | | |
| Theater gespielt? | | | 0,57 | | |
| Andere in Beziehungskonflikten beraten? | | | 0,51 | | |
| ein längeres Gespräch in einer fremden Sprache geführt? | | | | 0,68 | |
| selbstständig in einer völlig fremden Umgebung, z.B. im Ausland, zurechtgefunden? | | | | 0,63 | |
| ein technisches Gerät oder ein Fahrzeug repariert? | | | | 0,45 | |
| Erste Hilfe geleistet? | | | | | 0,77 |
| alte oder kranke Menschen betreut? | | | | | 0,75 |
| eine Finanzabrechnung außerhalb des privaten Bereichs erstellt? | | | | | |

Anmerkungen: Tabelle 9.7 zeigt die fünf extrahierten Hauptkomponenten. Hauptkomponenten mit einem Eigenwert >1 wurden beibehalten, Werte < 0,4 sind zur Übersichtlichkeit nicht dargestellt. Dies gilt für das Item zur Erstellung einer Finanzabrechnung.

Quelle: Studie „Informelle Lernprozesse“

deutlich schwächer, das Item „Reparatur von technischen Geräten oder Fahrzeugen“. Die Items „Erste Hilfe leisten“ und „alte oder kranke Menschen betreuen“ laden auf einer fünften Komponente, die Erfahrungen mit helfenden und pflegenden Tätigkeiten zusammenfasst.

Da Erfahrungen nicht notwendigerweise auch Fähigkeiten abbilden, wurden in einem weiteren Schritt die Items zur Selbsteinschätzung der Fähigkeiten („Wie gut können Sie das?“) weiteren Hauptkomponentenanalysen unterzogen. Um die Ergebnisse dieser Analysen im Rahmen der vorhandenen Möglichkeiten methodisch abzusichern, wurden drei unterschiedliche Verfahren genutzt, um mit fehlenden Werten umzugehen, die auf Grund der Filterführung im Erhebungsinstrument bei allen Personen, die die jeweilige Tätigkeit noch nie ausgeübt hatten, auftraten: Zum einen wurden bei der Hauptkomponentenanalyse bivariate Korrelationen benutzt, in einem weiteren Ansatz fehlende

*Tab. 9.8: Hauptkomponentenanalyse zur rekodierten Selbsteinschätzung von Fähigkeiten, Ladungen nach Varimax-Rotation*

| Item: Wie gut können Sie ... | Rotierte Ladungen der Komponente | | | | |
|---|---|---|---|---|---|
| | 1 | 2 | 3 | 4 | 5 |
| in Ausschüssen oder Gremien mitarbeiten | 0,72 | | | | |
| einen Text schreiben | 0,70 | | | | |
| größere Veranstaltungen, Projekte oder Aktionen organisieren | 0,65 | | | | |
| eine Rede halten | 0,58 | | | | |
| eine Finanzabrechnung erstellen | 0,45 | | | | |
| eine Leitungsaufgabe übernehmen | | 0,59 | | | |
| eine Aufgabe im Team bearbeiten | | 0,58 | | | |
| andere ausbilden, unterrichten o. trainieren | | 0,54 | | | |
| Kinder beaufsichtigen | | 0,51 | | | |
| sich in fremder Umgebung zurechtfinden | | | 0,64 | | |
| ein technisches Gerät reparieren | | | 0,60 | | |
| ein Gespräch in e. fremden Sprache führen | | | 0,60 | | |
| Musik machen | | | | 0,62 | |
| Theater spielen | | | | 0,59 | |
| in Beziehungskonflikten beraten | | | | 0,47 | |
| Erste Hilfe leisten | | | | | 0,76 |
| kranke oder alte Menschen betreuen | | | | | 0,66 |

Anmerkungen: Alle Hauptkomponenten mit einem Eigenwert >1 wurden beibehalten, Werte < 0,4 sind nicht dargestellt.
Quelle: Studie „Informelle Lernprozesse“

Werte durch Mittelwerte ersetzt und schließlich die Selbstbewertung der Fähigkeiten unter Einbezug anderer Variablen rekodiert. Bei Letzterem wurden aus den Selbsteinschätzungen dichotome Variablen gebildet: Die Bewertungen „sehr gut" und „gut" wurden jeweils zum Wert 1 zusammengefasst, alle anderen Antworten („relativ gut", „eher schlecht", „gar nicht" sowie „trifft nicht zu", da diese Person die Tätigkeiten noch nie ausgeübt hatte) bekamen den Wert 0 zugeordnet. Die hierbei zugrundeliegende Überlegung war, bei der Einschätzungen der Fähigkeiten nur die Ausprägungen „mindestens gut" und „weniger als gut" zu erfassen; dabei wurde davon ausgegangen, dass Personen, die eine Tätigkeit noch nie ausgeübt haben, diese zwar möglicherweise auch spontan ausführen könnten, sie beim ersten Mal in der Regel aber noch nicht wirklich gut beherrschen. Alle drei Ansätze führten zu nahezu identischen Ergebnissen, daher wird hier nur dieser letzte Ansatz dargestellt (vgl. Tab. 9.8).

Vergleicht man die Tabellen 9.7 und 9.8, so zeigt sich, dass die Struktur nahezu identisch ist: Der einzige Unterschied besteht darin, dass zur ersten Komponente, die organisatorische Fähigkeiten umfasst, nun auch das Item „Finanzabrechnungen erstellen" gehört, das in der vorherigen Lösung keiner Komponente zuzuordnen war.

Auf der Basis der so ermittelten Korrelationsstrukturen wurden aus den Einzelitems Summenindizes gebildet, deren interne Konsistenz über die Berechnung von Cronbachs $\alpha$ geprüft wurde. Items, die zu einer deutlichen Verschlechterung der Reliabilität beitrugen (z.B. „Reparatur von technischen Geräten oder Fahrzeugen" beim Index „sich in einer völlig fremden Umgebung orientieren" und „ein längeres Gespräch in einer Fremdsprache führen") wurden aus dem jeweiligen Index entfernt.[4] Tabelle 9.9 zeigt die jeweils revidierten Indizes zusammen mit den Werten aus den Reliabilitätsanalysen.

In der Literatur werden unterschiedliche Schwellenwerte für ein akzeptables Alpha gesetzt; häufig werden Werte größer als 0,7 gefordert. Dies ist nur für den Erfahrungs-Index zu „Organisatorischen Fähigkeiten" annähernd erfüllt. Wie bereits erwähnt halten einige Autoren (vgl. etwa Schaeper/Briedis 2004, S. 11) Werte ab 0,6 in explorativen Studien für akzeptabel, so dass daneben der Index zu Leitungs- und Ausbildungsfähigkeiten ein akzeptables Niveau erreicht, wenn auf die Häufigkeit von Erfahrungen zurückgegriffen wird und nicht auf die Selbsteinschätzung der Fähigkeiten. Alle anderen Indizes entsprechen nicht den methodischen Standards. Dabei ist allerdings auch zu berücksichtigen, dass der Wert von Cronbachs $\alpha$ nicht nur von der Korrelation der Items, sondern auch von der Anzahl der Items abhängt, die zusammen einen Index bilden. Allein dies erklärt, dass die Reliabilität der ersten beiden Indizes höher ist als die der letzten drei, die jeweils nur zwei Items enthalten. Deshalb

4 Das Item „Haben Sie schon einmal ein technisches Gerät oder ein Fahrzeug repariert?" wurde als Einzelindikator für technische Fähigkeiten in die Analysen aufgenommen.

*Tab. 9.9: Reliabilität der Indizes zu Tätigkeitserfahrung und Selbsteinschätzung der Fähigkeiten*

| Items und Indizes | Cronbachs α | |
|---|---|---|
| | Erfahrung | Können |
| **Index organisatorische Fähigkeiten** | | |
| Größere Veranstaltungen, Projekte oder Aktionen organisieren<br>Einen Text schreiben, der veröffentlicht wurde<br>Eine Rede vor mehr als 30 Personen halten<br>In Ausschüssen oder Gremien mitarbeiten | 0,69 | 0,66 |
| **Index Leitungs- und Ausbildungsfähigkeiten** | | |
| Eine größere Aufgabe im Team bearbeiten<br>Eine Leitungsaufgabe übernehmen<br>Andere Personen ausbilden, unterrichten oder trainieren | 0,63 | 0,56 |
| **Index Fähigkeit des Umgangs mit Fremdheit** | | |
| Sich selbstständig in völlig fremder Umgebung, zum Beispiel im Ausland, zurechtfinden<br>Ein längeres Gespräch in einer fremden Sprache führen | 0,46 | 0,44 |
| **Index musische Fähigkeiten** | | |
| Theater spielen<br>Musik machen | 0,36 | 0,32 |
| **Index helferische und pflegerische Fähigkeiten** | | |
| Erste Hilfe leisten<br>Alte oder kranke Menschen betreuen | 0,44 | 0,37 |

Quelle: Studie „Informelle Lernprozesse"

sollen auch sie im weiteren Verlauf für Analysen genutzt werden, da sie die einzigen zur Verfügung stehenden Indikatoren darstellen. Alle auf diesen Indizes basierenden Interpretationen sollten jedoch in jedem Fall mit der nötigen Vorsicht betrachtet werden.

Insgesamt fällt auf, dass die Indizes aus den Erfahrungsitems generell eine höhere Reliabilität aufweisen als die Indizes aus rekodierten Selbsteinschätzungen von Fähigkeiten. Daher wurde die Möglichkeit geprüft, die Erfahrungsindizes als Proxy-Variablen für Fähigkeiten zu verwenden. Hierbei wurde zunächst für alle Kompetenzbereiche geprüft, wie stark die Korrelation zwischen den beiden Indizes ist. Hierbei erwies sich, dass die schwächste Korrelation den Wert -0,94 hat.[5] Es kann somit zunächst davon ausgegangen werden, dass beide Erfassungsvarianten weitgehend denselben Sachverhalt darstellen.

In einem weiteren Schritt wurde geprüft, ob sich diese Zusammenhänge auch auf der Basis der nicht rekodierten Einzelvariablen zeigen (vgl. Tab. 9.10). Hierbei waren allerdings deutlich schwächere Werte erwartbar: Zum einen konnten durch die Filterführung nur die Fälle für die Analysen genutzt werden, die die jeweilige Tätigkeit bereits mindestens einmal ausgeführt hatten.

*Tab. 9.10: Korrelation zwischen Tätigkeitserfahrung und Selbsteinschätzung der Fähigkeit (ungewichtet, nur Fälle, die jeweils bei beiden Variablen gültige Werte aufweisen)*

| Item: Haben Sie (sich) schon einmal ... | Kendall's tau-b |
|---|---|
| eine größere Aufgabe im Team bearbeitet? | 0,31 |
| selbstständig in einer völlig fremden Umgebung, zum Beispiel im Ausland, zurechtgefunden? | 0,34 |
| nicht eigene Kinder länger als 1 Stunde beaufsichtigt? | 0,35 |
| eine Rede vor mehr als 30 Personen gehalten? | 0,35 |
| einen Text geschrieben, der veröffentlicht wurde? | 0,35 |
| eine Leitungsaufgabe übernommen? | 0,35 |
| größere Veranstaltungen, Projekte oder Aktionen außerhalb Ihres Privatbereichs organisiert? | 0,35 |
| andere Personen ausgebildet, unterrichtet oder trainiert? | 0,36 |
| in Ausschüssen oder Gremien mitgearbeitet? | 0,38 |
| eine Finanzabrechnung außerhalb des privaten Bereichs erstellt? | 0,41 |
| Erste Hilfe geleistet? | 0,41 |
| Andere in Beziehungskonflikten beraten? | 0,42 |
| Theater gespielt? | 0,43 |
| alte oder kranke Menschen betreut? | 0,44 |
| ein längeres Gespräch in einer fremden Sprache geführt? | 0,48 |
| Musik gemacht? | 0,49 |
| ein technisches Gerät oder ein Fahrzeug repariert? | 0,51 |

Quelle: Studie „Informelle Lernprozesse“

5 Hierbei ist zu beachten, dass beim „Erfahrungsindex“ ein hoher Wert geringe Erfahrungen im betrachteten Bereich bedeutet, während beim „Fähigkeitsindex“ ein hoher Wert bedeutet, dass der Befragte Erfahrungen in diesem Bereich hat und die Fähigkeiten als gut oder sehr gut einschätzt. Daher ist eine negative Korrelation erwartungsgemäß.

Hinzu kommt, dass bei den Variablen zur Selbsteinschätzung der Fähigkeiten – wie bereits in Kapitel 4 erwähnt – die Varianz der Variablen insgesamt recht gering ist. Somit erstaunt es nicht, dass die Zusammenhänge zwischen Häufigkeit der Erfahrung und Selbsteinschätzung des Könnens bei den Einzelvariablen schwächer ausfallen als bei Indizes.

Immerhin betragen die Korrelationen[6] mindestens 0,31 und gehen bis 0,51 – stellen also schwache bis mittlere Zusammenhänge dar. Alle Korrelationskoeffizienten sind hoch signifikant. Dieses Ergebnis plausibilisiert somit die Annahme, dass die Häufigkeit von Erfahrungen mit Tätigkeiten als Proxy-Variable für die Selbsteinschätzung von Fähigkeiten genutzt werden kann.

## 9.4 Statistische Auswertungsverfahren

Bei den statistischen Analysen wurden insgesamt Standardverfahren der empirischen Sozialforschung eingesetzt. Neben bivariaten Analysen über Kreuztabellen wurde hierbei vor allem auf unterschiedliche Regressionstechniken zurückgegriffen. Bei Regressionen handelt es sich um Methoden, bei denen eine abhängige Variable – beispielsweise organisatorische Kompetenz – über eine oder mehrere erklärende („unabhängige“) Variablen – hier etwa Geschlecht, Schulbildung und freiwilliges Engagement – geschätzt wird. Sie ermöglichen hierbei, simultan die Einflüsse unterschiedlicher Faktoren zu berücksichtigen. Dies ist in der vorliegenden Untersuchung von besonderer Bedeutung, sind doch auch die erklärenden Variablen untereinander nicht unabhängig. Wenn etwa freiwillig Engagierte mehr organisatorische Kompetenzen zeigen und Personen mit hohem Bildungsabschluss eher freiwillig engagiert sind, so könnte dieser Kompetenzvorsprung auch daran liegen, dass höhere Bildung Kompetenzen in diesem Bereich fördert – und nichts mit freiwilligem Engagement zu tun haben. Mittels Regressionsanalysen kann geprüft werden, ob ein Kompetenzvorsprung freiwillig Engagierter auch unter Kontrolle ihres Bildungsniveaus bestehen bleibt.

Bei Variablen, bei denen angenommen werden konnte, dass sie metrisches Skalenniveau besaßen und auch weitere Annahmen des OLS-Modells nicht verletzt waren, wurden jeweils lineare Regressionen gerechnet. Dort, wo dies nicht gerechtfertigt war, wurde auf binäre oder ordinale logistische Regressionsmodelle zurückgegriffen. Weitere Angaben zu den eingesetzten Verfahren, die zum Standardrepertoire der Sozialwissenschaften gehören, finden sich etwa bei Urban (1982) sowie Andreß et al. (1997).

6 Da beide Variablen ordinal skaliert sind und eine hohe Anzahl von Bindungen („ties“) aufweisen, wurde hier auf Kendall's tau-b als Korrelationsmaß zurückgegriffen.

Für die meisten Regressionsanalysen wurde das Programmpaket STATA in der Version 8.2 genutzt. Dieses erlaubt – anders als andere gängige Programmpakete – eine differenzierte Nutzung von Gewichtungsfaktoren und generell die Berücksichtung einer komplexen Samplestruktur, wie sie hier vorlag.

## 9.5 Methodische Perspektiven

In der vorliegenden Untersuchung wurde versucht, unterschiedliche Lernprozesse in informellen Settings zu erfassen. Diese Aufgabe beinhaltet drei methodische Herausforderungen:

(a) Zum einen liegt eine Herausforderung darin, die in dieser Erhebung interessierenden Fähigkeiten und Eigenschaften zu ermitteln. In diesem Bereich dienen häufig als Referenzgrößen die sogenannten „Kompetenzmessungen" aus dem schulischen Bereich wie PISA, TIMSS oder PIRLS/IGLU, mit denen unterschiedliche, vor allem kognitive Fähigkeiten getestet werden. Diese werden auf der Grundlage der erfolgreichen Bewältigung von Aufgaben bewertet, wobei einerseits der Fragebogen als Form des Tests der üblichen Form der Erledigung dieser Aufgaben als Haus- oder Klassenarbeit ähnlich ist. Für die Bewertungen anderer Formen von „Kompetenz" ähnliche „Ernstfallsituationen" zu schaffen, ist zwar prinzipiell denkbar, im Rahmen von Surveys mit einer hohen Fallzahl allerdings nur mit hohem Einsatz finanzieller Ressourcen zu bestreiten. Zudem besteht bei kognitiven Kompetenzen ein weitgehender Konsens darüber, dass beurteilt werden kann, welche Lösung richtig ist und welche nicht. Ein solcher Konsens besteht für andere Arten von Kompetenzen in weit geringerem Maße.

(b) Zum anderen soll in diesem Projekt „Lernen" untersucht werden, d.h. es geht hier nicht allein darum, festzustellen, dass eine Gruppe A höhere Kompetenzen besitzt als ein Gruppe B, sondern die Lernprozesse sichtbar zu machen, die zum Vorsprung von A geführt haben. Formal gesehen setzt der Begriff des „Lernens" voraus, dass ein Untersuchungsobjekt eine Fähigkeit oder Eigenschaft Y zu einem Zeitpunkt T besitzt, die es zu einem früheren Zeitpunkt T' noch nicht besessen hat. Bei der Untersuchung von Lernprozessen reicht es damit nicht aus, zum Zeitpunkt T eine Fähigkeit oder Eigenschaft Y festzustellen, sondern eine Differenz zwischen dieser Eigenschaft oder Fähigkeit zum Zeitpunkt T ($Y_T$) und dieser Eigenschaft oder Fähigkeit zum früheren Zeitpunkt T' ($Y_{T'}$). Insofern über $Y_{T'}$ plausible Annahmen getroffen werden können – etwa beim Erlernen von Kulturtechniken, bei denen angenommen werden kann, dass ein großer Teil der Kinder im Alter von fünf Jahren bestenfalls rudimentär schreiben kann, im Alter von sieben oder acht hingegen in der Regel in gewissem Umfang – mögen hier Querschnittserhebungen hinreichend sein, können solche Annahmen nicht getroffen werden, sind Längsschnittdaten notwendig, um solche Prozesse valide abzubilden.

(c) Möglicherweise die größte Herausforderung besteht allerdings darin, dass in dieser Untersuchung eine Zuordnung von Lernprozessen zu Lernorten – hier dem freiwilligen Engagement – getroffen werden sollte. Dies geschieht weitgehend unhinterfragt bei Studien im Bereich von Schule, wo der Erwerb kognitiver Fähigkeiten implizit den formalen Bildungseinrichtungen zugeschrieben wird, ohne dass der Umfang der Bedeutung schulischen Lernens sowie der Einfluss paralleler Lernorte jemals untersucht worden wäre. Mittels experimenteller Designs wäre eine solche Zuordnung eventuell möglich – so könnten bspw. Lernprozesse in Ferienfreizeiten untersucht werden, in denen freiwillig engagierte Personen nur in geringem Maße durch andere Lebensbereiche wie Berufstätigkeit, Familie oder Schule beeinflusst werden. Hinsichtlich der Verbesserung von Sprachkompetenzen bei Kindern aus zugewanderten Familien wurde ein vergleichbares Design im Rahmen des Jacobs-Sommercamps von Stanat, Baumert und Müller (2005) erfolgreich erprobt. Durch ein solches Design würde allerdings zugleich eine Situation geschaffen, die der zu untersuchenden nur bedingt entspricht, kennzeichnet freiwilliges Engagement doch unter anderem, dass es sich in den Alltag der Jugendlichen und jungen Erwachsenen neben anderen Lebensbereichen einschreibt. Durch ein experimentelles Design würde damit das Setting, das eigentlich untersucht werden soll, zugleich außer Kraft gesetzt.

In der vorliegenden Untersuchung wurde daher der Versuch unternommen, Lernen im freiwilligen Engagement auf der Basis von Selbstberichten zu erheben, erlaubt dies doch, zumindest aus der Perspektive der Befragten zu erheben, inwieweit es zu Lernprozessen in bestimmten Bereichen gekommen ist und welche Rolle hierbei das freiwillige Engagement gespielt hat. Dass diese Methode in Bezug auf die Erhebung von Kompetenzen mit einer Vielzahl von Messproblemen belastet ist, im Bereich der Surveyforschung aber wenig Alternativen dazu existieren, zeigt ein Blick in die einschlägige Literatur (vgl. als Überblick Allen/van der Velden 2005, S. 7ff.). Insbesondere Allen und van der Velden fassen die zentralen Validitätsbedrohungen dieses Forschungsansatzes zusammen (vgl. ebd., S. 11ff.): Neben dem Problem der *sozialen Wünschbarkeit* ergeben sich Messfehler aus dem Missverständnis von Fragen, aus den Beschränkungen von Verständnis und Gedächtnis der Befragten. Und schließlich besteht hier das Problem, dass Befragte häufig unterschiedliche Maßstäbe oder *„Ankerpunkte"* wählen, um ihre Fähigkeiten zu bewerten. Diesen Problemen sollte in der vorliegenden Erhebung begegnet werden: So wurden Erfahrungen und Fähigkeiten mit einer großen Vielzahl von Bereichen abgefragt, so dass die Tendenz, sich in allen Feldern im Sinne der Wünschbarkeit mit hoher Kompetenz darzustellen, vermindert wurde. Zudem wurde als Filter für alle Selbstbewertungen eine Frage nach Erfahrungen mit der entsprechenden Tätigkeit vorausgeschickt: Hierdurch sollte sichergestellt werden, dass nur solche Personen nach der Selbstbewertung ihrer Fähigkeiten gefragt wurden, die dies auf der Basis praktischer Erfahrungen tun konnten und die diese Antworten auf erinnerte Situationen bezogen.

Das Problem der Ankerpunkte blieb bei der Selbstbewertung weiterhin bestehen, allerdings wurde im Verlauf der Auswertungen deutlich, dass die Häufigkeit von Erfahrungen möglicherweise als Proxy-Variable für die Selbsteinschätzung von Fähigkeiten gelten kann, für die sich das Problem der Maßstäbe in weitaus geringerem Maße stellt.

Dass die Häufigkeit der Erfahrungen als Proxy-Variable für Fähigkeiten gelten kann, konnte allerdings in der vorliegenden Untersuchung nur partiell geprüft werden: So wurden – wie bereits erwähnt – nur die Personen nach einer Selbsteinschätzung der Fähigkeiten, eine bestimmte Tätigkeit auszuführen, gefragt, die diese mindestens einmal ausgeführt hatten. Durch diesen Filter wurden erfolgreich realitätsferne, da nicht empirisch gesättigte Selbsteinschätzungen, reduziert. Die Kehrseite dieses Vorgehens war allerdings, dass diese Filter zu beträchtlichem Item-Nonresponse geführt haben, da nicht alle Befragten alle Fragen beantwortet haben. Als ungünstig erwies sich dabei insbesondere eine Mischung aus Items, bei denen die Aussage, etwas noch nie gemacht zu haben, weitgehend damit gleichgesetzt werden kann, dass die entsprechende Person in diesem Bereich auch keine oder nur geringe Kompetenzen besitzt (z.B. bei der Frage nach „Musik machen“) und Items, bei denen für die Ausübung der Tätigkeit viel stärker entsprechende Gelegenheiten eine Rolle spielen (z.B. erste Hilfe leisten). Etwas nie getan zu haben kann also nicht in jedem Fall gleichgesetzt werden mit fehlenden oder geringen Fähigkeiten in diesem Bereich. Trifft man allerdings die Zusatzannahme, dass Personen, die eine Tätigkeit noch nie ausgeführt haben, diese zumindest in der Regel nicht gut oder sehr gut beherrschen, dann zeigt sich eine hohe Übereinstimmung zwischen den Indizes zur Frage der Erfahrung und zur Selbsteinschätzung der Fähigkeiten. Betrachtet man zudem innerhalb der Gruppe derer, die Erfahrungen mit den genannten Tätigkeiten haben, die Korrelationen zwischen Erfahrung und Selbsteinschätzung, so bestehen auch hier – wenngleich deutlich schwächere – Zusammenhänge. Hierbei ist zu beachten, dass in Bezug auf beide Fragen die Varianz der Antworten systematisch reduziert ist. Methodisch interessant und notwendig wäre es daher zu prüfen, ob der angenommene Zusammenhang zwischen Erfahrung und Selbsteinschätzung auch dann bestehen bleibt, wenn Personen ohne Erfahrungen über ihre Kompetenzen Auskunft geben. Wäre dies so und könnte – wie sich in der vorliegenden Untersuchung abzeichnet – die Selbsteinschätzung von Fähigkeiten durch Selbstberichte über Erfahrungen approximiert werden, stellte dies einen wesentlichen Fortschritt bei der Erfassung von Kompetenzen dar: Die erhobenen Selbstberichte über Erfahrungen bezögen sich – anders als bei Selbsteinschätzungen – auf etwas, das Interviewer und Interviewter ähnlich verstehen.

Für weitergehende Studien könnte dies ein interessanter Ausgangspunkt sein, um Indikatoren zu entwickeln, die Lernprozesse in informellen und non-formalen Kontexten sowie Kompetenzen außerhalb des kognitiven Bereiches sichtbar machen. So sollte in einer Methodenstudie – anders als in der vorliegenden Untersuchung – versucht werden, bezüglich der Erfassung von Fähigkeiten unterschiedliche methodische Zugänge – wie etwa Selbstberichte, Selbst- und Fremdeinschätzungen – mit standardisierten Messverfahren – etwa über videogestützte Erhebungsformen – zu kombinieren, um zu Aussagen zu kommen, die zuverlässig über selbstberichtete Handlungserfahrungen Kompetenzmessungen approximieren können.

Hierbei sollte beachtet werden, dass an einzelnen Stellen anders vorgegangen wird: Zunächst sollte die Anzahl der untersuchten Kompetenzbereiche erheblich reduziert und diese Bereiche sollten deutlich stärker profiliert werden. In der vorliegenden Erhebung wurde eine Vielzahl von Bereichen mit z.T. zu wenigen Items erfasst, was dazu führte, dass die aus diesen Items entwickelten Skalen z.T. nicht zuverlässig waren. Zudem war z.T. nicht deutlich, welche Tätigkeiten durch bestimmte Items erfasst werden sollten: „Musik machen" kann bedeuten, in der Badewanne zu singen, ein Musikinstrument zu lernen oder auch öffentlich aufzutreten. „An einer Unterschriftenaktion teilnehmen" kann bedeuten, eine Liste unterschrieben zu haben oder mit einer Liste durch die Fußgängerzone gegangen zu sein. Da in der vorliegenden Untersuchung ein Überblick über unterschiedliche Bereiche angestrebt war und eine differenziertere Erhebung den zeitlichen und finanziellen Rahmen gesprengt hätte, war eine weitere Differenzierung der Items nicht möglich. Würde eine solche Differenzierung eingeführt, dann könnte es gelingen, Erfahrungen in einer Art zu erfassen, die einen Rückschluss auf zugrundeliegende Fähigkeiten weniger problematisch macht – wobei zu erwarten wäre, dass eine solche profilierte Analyse zwar ein geringeres Spektrum von Erfahrungsbereichen abdeckt, diese aber valider erhebt.

Im Kontext sollten auch Lernorte thematisiert werden. Hierzu sollte nachgefragt werden, in welchen Lebensbereichen bestimmte Erfahrungen gemacht worden sind – idealerweise im Längsschnitt, um Sequenzen des Erfahrungsaufbaus thematisieren zu können. Zusätzlich müsste hierbei auch die subjektive Einschätzung der Bedeutung von Lernorten thematisiert werden, indem die Bedeutung unterschiedlicher Lernorte abgefragt werden sollte. Dabei sollte die Möglichkeit von Mehrfachantworten gegeben sein, hat sich doch gezeigt, dass bei der Frage nach dem hauptsächlichen Lernort im Rahmen einer Retrospektiverhebung die Bereiche Arbeit und Ausbildung alle anderen Lernorte überblenden. Eine andere Form der Abfrage hat sich in diesem Zusammenhang allerdings nicht bewährt: Wird nur nach der Bedeutung eines Lernortes gefragt – wie etwa im Rahmen der vorliegenden Erhebung bei der Frage nach der Bedeutung des freiwilligen Engagements für die Entwicklung unterschiedlicher Persönlichkeitseigenschaften – so lassen die vorliegenden Analysen vermuten, dass diese Abfrage in hohem Maße suggestiv ist.

Wichtig war für die vorliegende Untersuchung die Existenz einer Kontrollgruppe, da nur so die Bedeutung bestimmter Lernorte geprüft werden konnte. Insgesamt hat sich auch bewährt, die Stichprobe disproportional zu schichten, um Differenzierungen innerhalb der Gruppe der früher Engagierten zu ermöglichen. Im vorliegenden Fall hat allerdings die starke Disproportionalität des Samples dazu geführt, dass zum Teil drastische Gewichtungen notwendig wurden. Bei einer Replikation oder Anschlussstudie sollte daher das Verhältnis von Treatment- und Kontrollgruppe ausgewogener sein.

# 10. Literatur

Abels, Heinz (2007): Interaktion, Identität, Präsentation. Wiesbaden

Akademie der Jugendarbeit Baden-Württemberg e.V. (Hrsg.) (2004): Jugendarbeit ist Bildung. Die Offensive Jugendbildung in Baden-Württemberg 2003-2004. Materialien: Berichte, Expertisen, empirische Studien. Stuttgart

Allen, Jim/van der Velden, Rolf (2005):, The Role of Self-Assessment in Measuring Skills, REFLEX Working paper 2, www.fdewb.unimaas.nl/roa/reflex/documents%20public/publications/REFLEX%20Working %20paper%20Role%20of%20Self-Assessment%20of%20Skills%20version%2028%20april%202005.doc (30.04.2007) (s. alternativ auch www.roa.unimaas.nl/seminars/pdf2005/Allen050913.pdf)

Andreß, Hans-Jürgen/Hagenaars, Jacques A./Kühnel, Steffen (1997): Analyse von Tabellen und kategorialen Daten. Berlin/Heidelberg/New York

Aner, Kirsten (2006): Wunsch und Wirklichkeit – Zivilgesellschaftliches Engagement zwischen sozialpolitischen Erwartungen und individuellem Handeln. In: neue praxis, Heft 1, S. 53-68

Auerbach, Sabrina/Wiedemann, Ute (1997): Jugend ohne Amt und Ehre? Eine Untersuchung zu Determinanten ehrenamtlichen Engagements Jugendlicher im kleinstädtischen Milieu. Pfaffenweiler

Baethge, Martin (1985): Individualisierung als Hoffnung und als Verhängnis. In: Soziale Welt, Heft 3, S. 299-312

Bandura, Albert (1986): Self-efficacy: Toward a unifying theory of behavioral change. In: Psychological Review, Vol. 84, S. 191-215

Baraldi, Claudio/Corsi, Giancarlo/Esposito, Elena (1997): GLU. Glossar zu Niklas Luhmanns Theorie sozialer Systeme. Frankfurt am Main/New York

Baur, Jürgen/Braun, Sebastian (2000): Freiwilliges Engagement und Partizipation in ostdeutschen Sportvereinen. Eine empirische Analyse zum Institutionentransfer. Köln

Beck, Sylvia/Liedke, Simone (2004): Fortbildung und Qualifizierung von MitarbeiterInnen in der Jugendarbeit. In: Akademie der Jugendarbeit Baden-Württemberg e.V. (Hrsg.): Jugendarbeit ist Bildung. Die Offensive Jugendbildung in Baden-Württemberg 2003-2004. Materialien: Berichte, Expertisen, empirische Studien. Stuttgart, S. 65-86

Beck, Ulrich (1986): Risikogesellschaft. Auf den Weg in eine andere Moderne. Frankfurt am Main/New York

Beck, Ulrich (1997a): Ursprung als Utopie: Politische Freiheit als Sinnquelle der Moderne. In: Beck, U. (Hrsg.): Kinder der Freiheit. Frankfurt am Main, S. 382-401

Beck, Ulrich (Hrsg.) (1997b): Kinder der Freiheit. Frankfurt am Main

Beck, Ulrich/Beck-Gernsheim, Elisabeth (Hrsg.) (1994a): Riskante Freiheiten. Frankfurt am Main

Beck, Ulrich/Beck-Gernsheim, Elisabeth (Hrsg.) (1994b): Individualisierung in modernen Gesellschaften – Perspektiven und Kontroversen einer subjektorientierten Soziologie. In: Beck, U./Beck- Gernsheim, E. (Hrsg.): Riskante Freiheiten. Frankfurt am Main, S. 10-39

Beher, Karin/Liebig, Reinhard/Rauschenbach, Thomas (2000): Strukturwandel des Ehrenamts. Weinheim/München

Bell, John/Dale, Margaret (1999): Informal Learning in the Workplace. Department for Education and Employment Research Report No. 134. London
Bibouche, Seddik/Held, Josef (2002): IG-Metall-Jugendstudie. Lebenseinstellungen junger Arbeitnehmerinnen und Arbeitnehmer – Neue Orientierungen und Engagementformen. Schüren
Bjørnåvold, Jens (2000): Lernen sichtbar machen. Ermittlung, Bewertung und Anerkennung nicht formal erworbener Kompetenzen in Europa. Thessaloniki
Blume, Michael/Ramsel, Carsten/Graupner, Sven (2006): Religiosität als demographischer Faktor – Ein unterschätzter Zusammenhang? MARBURG JOURNAL OF RELIGION, 11 (1) www.web.uni-marburg.de/religionswissenschaft/journal/mjr/art_blume_germ_2006.html
Bohleber, Werner (1996) Adoleszenz und Identität. Stuttgart
Böhnisch, Lothar (1991): Die Jugendgruppe. In: Böhnisch, L./Gängler, H./Rauschenbach, Th. (Hrsg.): Handbuch Jugendverbände. Weinheim/München, S. 478-490
Böhnisch, Lothar/Münchmeier, Richard (1989): Wozu Jugendarbeit? Orientierungen für Ausbildung, Fortbildung und Praxis. Weinheim/München
Böhnisch, Lothar/Gängler, Hans/Rauschenbach, Thomas (Hrsg.) (1991): Handbuch Jugendverbände: Eine Ortsbestimmung der Jugendverbandsarbeit in Analysen und Selbstdarstellungen. Weinheim/München
Bootz, Hartmut/Hennig, Ingeborg/Iffert, Hannelore (1997): Kompetenz bei jugendlichen Arbeitslosen erhalten und erweitern. Vorstellungen und Angebote. In: ABWF, Berlin, S.107-170
Bourdieu, Pierre (1982): Die feinen Unterschiede. Kritik der gesellschaftlichen Urteilskraft. Frankfurt am Main
Bourdieu, Pierre (1983): Ökonomisches Kapital, kulturelles Kapital, soziales Kapital. In: Kreckel, R. (Hrsg.): Soziale Ungleichheiten, Reihe Soziale Welt, Sonderband 2. Göttingen, S. 183-220
Brater, Michael (1997): Schule und Ausbildung im Zeichen der Individualisierung. In: Beck, Ulrich (Hrsg.): Kinder der Freiheit. Frankfurt am Main/New York
Braun, Sebastian (2004): Arbeitsbericht zum Forschungsprojekt Sozialkapital und Bürgerkompetenz. Soziale und politische Integrationsleistungen freiwilliger Vereinigungen. (Phase II). Berichtszeitraum: 1. November 2002-30. Juni 2004
Braun, Sebastian/Hansen, Stefan/Ritter, Saskia (2007): Vereine als Katalysatoren sozialer und politischer Kompetenzen? Ergebnisse einer qualitativen Untersuchung. In: Schwalb, Lilian/Walk, Heike (Hrsg.): Bürgerschaftliches Engagement und Local Governance. Wiesbaden, S. 109-130
Brenner, Gerd (2003): Bildung in Jugendarbeit und Schule. In: deutsche jugend, 51. Jg., Heft 7/8, S. 344-355
Brettschneider, Wolf-Dietrich/Kleine, Torsten (2001): Jugendarbeit in Sportvereinen. Anspruch und Wirklichkeit. Abschlussbericht. Paderborn
Brinkhoff, Klaus-Peter (1998): Sport und Sozialisation im Jugendalter. Weinheim
Bruner, Franziska C./Dannenbeck, Clemens (2002): Freiwilliges Engagement bei Jugendlichen. Eine qualitative Studie zu Erfahrungen, Motivlagen und Unterstützungsbedarf verbandsmäßig organisierter Jugendlicher in ausgewählten Jugendverbänden und Jugendgemeinschaften des Kreisjugendrings München-Stadt. München

Büchner, Peter/Wahl, Katrin (2005): Die Familie als informeller Bildungsort. Über die Bedeutung familialer Bildungsleistungen im Kontext der Entstehung und Vermeidung von Bildungsarmut. In: ZfE, Zeitschrift für Erziehung, Heft 3, S. 394-411
Buhl, Monika/Kuhn, Hans-Peter (2003): Jugendspezifische Formen politischen und sozialen Engagements. In: Reinders, H./Wild, E. (Hrsg.): Jugendzeit – Time out? Zur Ausgestaltung des Jugendalters als Moratorium. Opladen, S. 85-109
Buhl, Monika/Kuhn, Hans-Peter (2005): Erweiterte Handlungsräume im Jugendalter: Identitätsentwicklung im Bereich gesellschaftlichen Engagements. In: Schuster, B./Kuhn, H.-P./Uhlendorf, H. (Hrsg.): Entwicklung in sozialen Beziehungen. Heranwachsende in ihrer Auseinandersetzung mit Familie, Freunden und Gesellschaft. Stuttgart, S. 217-237
[BJK] Bundesjugendkuratorium (2001): Streitschrift „Zukunftsfähigkeit sichern! – Für ein neues Verhältnis von Bildung und Jugendhilfe". Hrsg. vom BMFSFJ. Bonn
[BJK] Bundesjugendkuratorium (2004): Neue Bildungsorte für Kinder und Jugendliche. Positionspapier des Bundesjugendkuratoriums. Bonn
(BJK] Bundesjugendkuratorium: Sachverständigenkommission für den Elften Kinder- und Jugendbericht/[AGJ] Arbeitsgemeinschaft für Jugendhilfe (2002): Bildung ist mehr als Schule. Leipziger Thesen zur aktuellen bildungspolitischen Debatte. Bonn/Berlin/Leipzig
[BMBF] Bundesministerium für Bildung und Forschung (2001): Deutsche Stellungnahme zum Memorandum der EU-Kommission über lebenslanges Lernen. Berlin
[BMBF] Bundesministerium für Bildung und Forschung (2003): Bildungspässe – Machbarkeit und Gestaltungsmöglichkeiten. Tagungsband des internationalen Fachkongresses vom 21./22. Januar 2003 in Saarbrücken. Berlin
[BMBF] Bundesministerium für Bildung und Forschung (2004): Weiterbildungspass mit Zertifizierung informellen Lernens. Machbarkeitsstudie im Rahmen des BLK-Verbundprojektes. Berlin
[BMBF] Bundesministerium für Bildung und Forschung (Hrsg.) (2006): Berufsbildungsbericht. Bonn/Berlin
[BMFSFJ] Bundesministerium für Familie, Senioren, Frauen und Jugend (Hrsg.) (2000): Freiwilliges Engagement in Deutschland – Freiwilligensurvey 1999 – Ergebnisse der Repräsentativerhebung zu Ehrenamt, Freiwilligenarbeit und bürgerschaftlichem Engagement, Band 1-3. Stuttgart
[BMFSFJ] Bundesministerium für Familie, Senioren, Frauen und Jugend (Hrsg.) (2006): Zwölfter Kinder- und Jugendbericht. Bericht über die Lebenssituation junger Menschen und die Leistungen der Kinder- und Jugendhilfe in Deutschland. Bildung, Betreuung und Erziehung vor und neben der Schule. Berlin
Burdewick, Ingrid (2003): Jugend – Politik – Anerkennung. Eine empirische Studie zur politischen Partizipation 11- bis 18-Jähriger. Bonn
Burdewick, Ingrid (2005): Politische Sozialisation und Geschlecht. Ergebnisse einer qualitativen Studie zur politischen Partizipation Jugendlicher. In: deutsche jugend, Heft 6, S. 269-277
Coleman, James, S. (1988): Social Capital and the Creation of Human Capital. In: American Journal of Sociology, Vol. 94 (Supplement), S. 95-120
Corsa, Mike (1998): Jugendliche, das Ehrenamt und die gesellschaftspolitische Dimension. In: Recht der Jugend und des Bildungswesens, Heft 3, S. 322-334
Corsa, Mike (2003a): Jugendarbeit und das Thema „Jugendarbeit und Schule" – aufgezwungen, nebensächlich oder existenziell. In: deutsche jugend, Heft 9, S. 369-379

Corsa, Mike (2003b): Profi und Laie. Über die Schwierigkeiten einer komplizierten Beziehung. In: Thole, W./Hoppe, J. (Hrsg.): Freiwilliges Engagement – ein Bildungsfaktor. Berichte und Reflexionen zur ehrenamtlichen Tätigkeit von Jugendlichen in Schule und Jugendarbeit. Frankfurt am Main, S. 224-236

Council of Europe (2000): Education for Democratic Citizenship – a lifelong perspective. Strasbourg

Deci, Edward L./Ryan, Richard M. (1985): Intrinsic Motivation and Self-Determination in Human Behavior. New York

Deci, Edward L./Ryan, Richard M. (1993): Die Selbstbestimmungstheorie der Motivation und ihre Bedeutung für die Pädagogik. In: Zeitschrift für Pädagogik, 39, S. 223-238

Deci, Edward L./Ryan, Richard M. (2002): Handbook of self-determination research. Rochester

Dehnbostel, Peter/Gonon, Philipp (Hrsg.) (2002): Informelles Lernen – eine Herausforderung für die berufliche Aus- und Weiterbildung. Bielefeld

Dehnbostel, Peter/Molzberger, Gabriele/Overwien, Bernd (2003): Informelles Lernen in modernen Arbeitsprozessen. Berlin

Deller, Ulrich (2003): Jugendarbeit – der Ort, an dem auf nicht-affirmative Weise Bildung entsteht. In: deutsche jugend, Heft 7/8, S. 324-329

Delmas, Nadine/Scherr, Albert (2005): Bildungspotenziale der Jugendarbeit. Ergebnisse einer explorativen empirischen Studie. In: deutsche jugend, Heft 6, S. 105-109

Delmas, Nadine/Reichert, Jörg/Scherr, Albert (2004): Bildungsprozesse in der Jugendarbeit – Evaluation von Praxiseinrichtungen der Jugendarbeit. In: Akademie der Jugendarbeit Baden-Württemberg e.V. (Hrsg.): Jugendarbeit ist Bildung. Die Offensive Jugendbildung in Baden-Württemberg 2003-2004. Materialien: Berichte, Expertisen, empirische Studien. Stuttgart, S. 86-107

Deutsche Shell (Hrsg.) (2000): Jugend 2000. 13. Shell Jugendstudie. Opladen

Deutsche Shell (Hrsg.) (2002): Jugend 2002. 14. Shell Jugendstudie. Zwischen pragmatischem Idealismus und robustem Materialismus. Frankfurt am Main

Deutsches PISA-Konsortium (Hrsg.) (2001): PISA 2000 – Basiskompetenzen von Schülerinnen und Schülern im internationalen Vergleich. Opladen

Dewey, John (1993): Demokratie und Erziehung. Eine Einleitung in die philosophische Pädagogik. Weinheim/Basel

DIW Berlin (2006): Das Sozio-Ökonomische Panel

Dohmen, Günther (2001): Das Informelle Lernen. Die internationale Erschließung einer bisher vernachlässigten Grundform menschlichen Lernens für das lebenslange Lernen aller. Bonn

Dörre, Klaus (1995): Junge GewerkschafterInnen. Vom Klassenindividuum zum Aktivbürger? Gewerkschaftliches Engagement im Leben junger Lohnabhängiger. Münster

Düx, Wiebken (1999): Das Ehrenamt im Jugendverband. Ein Forschungsbericht. Frankfurt am Main.

Düx, Wiebken (2000): Das Ehrenamt in Jugendverbänden. In: Beher, K./Liebig, R./Rauschenbach, Th. (Hrsg.): Strukturwandel des Ehrenamts. Weinheim/München, S. 99-142

Düx, Wiebken (2003): Lernend Verantwortung übernehmen. Bildungs- und Entwicklungsmöglichkeiten durch freiwilliges Engagement in Jugendverbänden. In: Thole, W./Hoppe, J. (Hrsg.): Freiwilliges Engagement – ein Bildungsfaktor. Berichte und

Reflexionen zur ehrenamtlichen Tätigkeit von Jugendlichen in Schule und Jugendarbeit. Frankfurt am Main, S. 167-184

Düx, Wiebken (2006): „Aber so richtig für das Leben lernt man eher bei der freiwilligen Arbeit." Zum Kompetenzgewinn Jugendlicher im freiwilligen Engagement. In: Rauschenbach, Th./Düx, W./Sass, E. (Hrsg.): Informelles Lernen im Jugendalter. Weinheim/München, S. 205-240

Düx, Wiebken/Sass, Erich (2005a): Lernen in informellen Kontexten. Lernpotenziale in Settings des freiwilligen Engagements. In: ZfE, Zeitschrift für Erziehung, Heft 3, S. 394-411

Düx, Wiebken/Sass, Erich (2005b): Macht Engagement schlau? Oder engagieren sich die Schlauen? In: Hessische Jugend, Heft 4, S. 10-12

Düx, Wiebken/Sass, Erich (2006): Lernen in informellen Settings. Ein Forschungsprojekt der Universität Dortmund und des DJI. In: Tully, C. J. (Hrsg): Lernen in flexibilisierten Welten. Wie sich das Lernen der Jugend verändert. Weinheim/München, S. 201-218

Eckensberger, Lutz H./Silbereisen, Rainer K. (1980): Entwicklung sozialer Kognitionen. Modelle, Theorien, Methoden, Anwendung. Stuttgart

Eckert, Roland/Driesberg/Thomas/Willems, Helmut (1990): Sinnwelt Freizeit. Jugendliche zwischen Märkten und Verbänden. Opladen

Enquete-Kommission (2002): „Zukunft des bürgerschaftlichen Engagements". Deutscher Bundestag. Bericht. Bürgerschaftliches Engagement: auf dem Weg in eine zukunftsfähige Bürgergesellschaft, Schriftenreihe, Band 4. Opladen

Erikson, Erik H. (1968): Identity, Youth and Crisis. New York

Erikson, Erik H. (1989): Identität und Lebenszyklus. Frankfurt am Main

Erpenbeck, John (2005): Kompetenz, Kompetenzmessung und Kompetenzanalyse mit dem Kode®. In: Frank, I./Gutschow, K./Münchhausen, G.: Informelles Lernen. Verfahren zur Dokumentation und Anerkennung im Spannungsfeld von individuellen, betrieblichen und gesellschaftlichen Anforderungen. Bonn, S. 41-57

Erpenbeck, John/Heyse, Volker (1999): Die Kompetenzbiographie. Strategien der Kompetenzentwicklung durch selbstorganisiertes Lernen und multimediale Kommunikation. New York/München/Berlin

Erpenbeck, John/Rosenstiel, Lutz von (2003): Handbuch Kompetenzmessung. Erkennen, verstehen und bewerten von Kompetenzen in der betrieblichen, pädagogischen und psychologischen Praxis. Stuttgart

Erzberger, Christian/Prein, Gerald (2000): Integration statt Konfrontation! Ein Beitrag zu methodologischen Diskussionen um den Stellenwert quantitativen und qualitativen Forschungshandelns. Zeitschrift für Erziehungswissenschaft, Heft 3, S. 343-357

Erzberger, Christian/Prein, Gerald (1997): Triangulation: Validity and Empirically-Based Hypothesis Construction. Quality & Quantity, Vol. 2, S. 141-154

Europäische Kommission (2001): Mitteilung der Kommission: Einen europäischen Raum des Lebenslangen Lernens schaffen. Brüssel

Fatke, Reinhart/Schneider, Helmut (2005): Kinder- und Jugendpartizipation in Deutschland. Daten, Fakten, Perspektiven, Gütersloh

Fauser, Katrin (2004): Ein Jugendverband aus Sicht der Jugendlichen. In: Sozial Extra, Heft 07/08, S. 26-29

Fauser, Katrin/Fischer, Arthur/Münchmeier, Richard (2006): Jugendliche als Akteure im Verband. Ergebnisse einer empirischen Untersuchung der Evangelischen Jugend, Band 1. Opladen/Farmington Hills

Fend, Helmut (1994): Die Entdeckung des Selbst und die Verarbeitung der Pubertät. Bern

Fend, Helmut (2003): Entwicklungspsychologie des Jugendalters. 3. Auflage. Opladen

Fischer, Corinna (2001): „Das gehört jetzt irgendwie zu mir". Mobilisierung von Jugendlichen aus den neuen Bundesländern zum Engagement in einem Umweltverband. Eine explorative Studie am Beispiel der BUNDjugend. Diss. TU Chemnitz

Flick, Uwe (2002): Qualitative Sozialforschung. Eine Einführung. Hamburg

Foley, Griff (1999): Learning in Social Action: A Contribution to Understanding Informal Education. London

Frank, Irmgard /Gutschow, Katrin /Münchhausen, Gesa (2005): Informelles Lernen. Verfahren zur Dokumentation und Anerkennung im Spannungsfeld von individuellen, betrieblichen und gesellschaftlichen Anforderungen. Bonn

Freudenberg Stiftung GmbH (Hrsg.) (1999): Qualifizierungspass, Bildungspass, Kompetenzausweis im Kontext von europäischen Ansätzen zur Ermittlung und Bewertung von erworbenen Kenntnissen und Kompetenzen. Weinheim

Frohmann, Matthias (2003): Aspekte einer körperbezogenen Jugendsoziologie. Jugend – Körper – Mode. In: Mansel, J./Griese, H. M./Scherr, A. (Hrsg.) (2003): Theoriedefizite der Jugendforschung. Standortbestimmung und Perspektiven. Weinheim/München, S. 144-156

Fuhs, Burkhard (1996): Das außerschulische Kinderleben in Ost- und Westdeutschland. In: Büchner, P./Fuhs, B./Krüger, H.-H. (Hrsg.) (1996): Vom Teddybär zum ersten Kuss. Wege aus der Kindheit in Ost- und Westdeutschland. Opladen, S. 129-158

Funk, Heide/Winter, Reiner (1993): Das modernisierte Ehrenamt. Selbstentfaltung und Anerkennung für junge Frauen und Männer im Lebenszusammenhang des Jugendverbandes. Schlussbericht des Forschungs- und Beratungsprojekts „Neue Ehrenamtlichkeit" der Deutschen Pfadfinderschaft St.Georg. Neuß-Holzheim

Furtner-Kallmünzer, Maria/Hössl, Alfred/Janke, Dirk/Kellermann, Doris/Lipski, Jens (2002): In der Freizeit für das Leben lernen. Eine Studie zu den Interessen von Schulkindern. München

Fussan, Nancy (2006): Einbindung Jugendlicher in Peer-Netzwerke: Welche Integrationsvorteile erbringt die Mitgliedschaft in Sportvereinen? In: Zeitschrift für Soziologie der Erziehung und Sozialisation. 26. Jg., H. 4

Gaiser, Wolfgang/de Rijke, Johann (2006): Gesellschaftliche und politische Beteiligung. In: Gille, M./Sardei-Biermann, S./Gaiser, W./de Rijke, J. (Hrsg.): Jugendliche und junge Erwachsene in Deutschland. Lebensverhältnisse, Werte und gesellschaftliche Beteiligung 12- bis 29-Jähriger. DJI-Jugendsurvey, Band 3, Wiesbaden, S. 213-275

Gängler, Hans (1989): Gleichaltrigenerziehung. In: Böhnisch, Lothar/Münchmeier, Richard (Hrsg.): Wozu Jugendarbeit? Orientierungen für Ausbildung, Fortbildung und Praxis. 2. Aufl. Weinheim/München, S. 256-258

Gängler, Hans (1991): Jugendverbände. In: Schröer, W./Struck, N./Wolff, M. (Hrsg.): Handbuch Kinder- und Jugendhilfe. Weinheim/München, S. 581-593

Gängler, Hans (1992): Ehrenamt im Jugendalter. Zur pädagogischen Bedeutung von Ehrenamtlichkeit am Beispiel der Jugendverbandsarbeit. In: Müller, S./Rauschenbach, Th. (Hrsg.): Das soziale Ehrenamt. Weinheim/München, S. 127-134

Gängler, Hans (2001): Jugendverbände und Jugendpolitik. In: Otto, H.-U./Thiersch, H. (Hrsg.): Handbuch Sozialarbeit Sozialpädagogik. Neu überarbeitete und aktualisierte Aufl., Neuwied/Kriftel. S. 894-903
Gängler, Hans (2004): Bildung, Ganztagsschule und Bürgergesellschaft. Jugendverbände – ein Zukunftsmodell?! Erstaunliche Entdeckungen beim Betrachten von Dinosauriern. In: Sozialextra, Juli/August 2004, S. 6-8
Gaskin, Katharina/Smith, Justin D./Paulwitz, Irmtraut u.a. (1996): Ein neues bürgerschaftliches Europa. Eine Untersuchung zur Verbreitung von Volunteering in zehn Ländern, hrsg. von der Robert Bosch Stiftung. Freiburg im Breisgau
Geiss, Sabine/Gensicke, Thomas (2006): Freiwilliges Engagement von Migrantinnen und Migranten. In: Gensicke, T./Picot, S./Geiss, S.: Freiwilliges Engagement in Deutschland 1999-2004. Wiesbaden, S. 302-349
Gensicke, Thomas/Picot, Sibylle /Geiss, Sabine (2006): Freiwilliges Engagement in Deutschland 1999-2004. Ergebnisse der repräsentativen Trenderhebung zu Ehrenamt, Freiwilligenarbeit und bürgerschaftlichem Engagement. Wiesbaden
Gerzer-Sass, Annemarie u.a. (2001a): Die Kompetenzbilanz. Ein Instrument zur Selbsteinschätzung und beruflichen Entwicklung für berufstätige Mütter und Väter, an Weiterbildung Interessierte und Berufsrückkehrer/innen. München
Gerzer-Sass, Annemarie u.a. (2001b): Die Kompetenzbilanz: Ein Instrument zur Optimierung betrieblicher Personalarbeit. Eine Information für Personalverantwortliche. München
Gerzer-Sass, Annemarie/Reupold, Andrea/Nußhart, Christine (2006a): LisU-Projekt Kompetenznachweis Lernen im sozialen Umfeld. Abschlussbericht. München
Gerzer-Sass, Annemarie/Reupold, Andrea/Nußhart, Christine (2006b): KOMPETENZ-BILANZ aus Freiwilligen-Engagement. München
Giddens, Anthony (1995): Die Konsequenzen der Moderne. Frankfurt am Main/New York
Giddens, Anthony (1997): Die Konstitution der Gesellschaft. Frankfurt am Main/New York
Gille, Martina/Sardei-Biermann, Sabine/Gaiser, Wofgang/de Rijke, Johann (2006): Jugendliche und junge Erwachsene in Deutschland. Lebensverhältnisse, Werte und gesellschaftliche Beteiligung 12- bis 29-Jähriger. DJI-Jugendsurvey, Band 3. Wiesbaden
Gnahs, Dieter/Bretschneider, Markus (2005): Weiterbildungspass mit Zertifizierung informellen Lernens. In: Frank, I./Gutschow, K./Münchhausen, G.: Informelles Lernen. Verfahren zur Dokumentation und Anerkennung im Spannungsfeld von individuellen, betrieblichen und gesellschaftlichen Anforderungen. Bonn, S. 25-40
Grunert, Cathleen (2005): Kompetenzerwerb von Kindern und Jugendlichen in außerunterrichtlichen Sozialisationsfeldern. In: Sachverständigenkommission Zwölfter Kinder- und Jugendbericht (Hrsg.): Kompetenzerwerb von Kindern und Jugendlichen im Schulalter. Materialien zum Zwölften Kinder- und Jugendbericht, Band 3. München, S. 9-94
Habermas, Jürgen (1981): Theorie des kommunikativen Handelns. Frankfurt am Main.
Hall, Stuart (1999): Ethnizität: Identität und Differenz. In: Engelmann, J. (Hrsg.): Die kleinen Unterschiede: Der cultural studies reader. Frankfurt am Main/New York, S. 83-98

Helsper, Werner/Böhme, Jeanette/Kramer, Rolf-T./Lingkost, Angelika: (1998): Entwürfe zu einer Theorie der Schulkultur und des Schulmythos – strukturtheoretische, mikropolitische und rekonstruktive Perspektiven. In: Keuffer, J./Krüger, H.-H./Reinhardt, S./Weise, E./Wenzel, H. (Hrsg.) (1998): Schulkultur als Gestaltungsaufgabe. Partizipation - Management - Lebensweltgestaltung. Weinheim, S. 29-75
Hermann, Ulrich (2003): „Bildungsstandards" – Erwartungen und Bedingungen, Grenzen und Chancen. In: Zeitschrift für Pädagogik, Heft 5
Hitzler, Ronald/Pfadenhauer, Michaela (2007): Kompetenzen durch Szenen. Die unsichtbaren Bildungsprogramme juveniler Gemeinschaften. Wiesbaden
Hitzler, Ronald/Bucher, Thomas/Niederbacher, Arne (2001): Leben in Szenen. Formen jugendlicher Vergemeinschaftung heute. Opladen
Hofer, Manfred (1999): Community service and social cognitive development in German adolescents. In: Yates, M./Youniss, J. (Hrsg.): Roots of civic identity. International Perspectives on Community Service and Activism in Youth. Cambridge, S. 114-134
Hofer, Manfred/Buhl, Monika (2000): Soziales Engagement Jugendlicher: Überlegungen zu einer technologischen Theorie der Programmgestaltung. In: Kuhn, H. P./Uhlendorf, H./Krappmann, L. (Hrsg.): Sozialisation zur Mitbürgerlichkeit. Opladen, S. 95-111
Holtappels, Heinz G. (Hrsg.) (1995): Entwicklung von Schulkultur. Ansätze und Wege schulischer Erneuerung. Berlin
Homfeldt, Günther u.a. (1995): Jugendverbandsarbeit auf dem Prüfstand. Die Jugendfeuerwehr – Perspektiven für das verbandliche Prinzip der Jugendarbeit. Weinheim/München
Honneth, Axel (1992): Kampf um Anerkennung. Zur moralischen Grammatik sozialer Konflikte. Frankfurt am Main
Hopf, Christel (2000): Qualitative Interviews – ein Überblick. In: Flick, U./Kardoff, E. von/Steinke, I. (2000): Qualitative Forschung. Ein Handbuch. Hamburg
Hübner-Funk, Sibylle (2003): Körperbezogene Selbstsozialisation. Varianten sozio-kultureller Überformung jugendlicher „Bodies". In: DISKURS, Heft 4, S. 5-9
Hurrelmann, Klaus (1999): Lebensphase Jugend. Eine Einführung in sozialwissenschaftliche Jugendforschung. Weinheim/München
Inglehart, Ronald (1998): Modernisierung und Postmodernisierung. Kultureller, wirtschaftlicher und politischer Wandel in 43 Gesellschaften. Frankfurt am Main
Jakob, Gisela (1993): Zwischen Dienst und Selbstbezug. Opladen
Jonas, Hans (1979): Das Prinzip Verantwortung. Versuch einer Ethik für die technologische Zivilisation. Frankfurt am Main
Jugendministerkonferenz (2004): Ehrenamt in der Jugendhilfe – Dokumentation von im Ehrenamt und bürgerschaftlichen Engagement geleisteter Arbeit und erworbener Kompetenzen. Gütersloh
Jugendwerk der Deutschen Shell (Hrsg.) (1997): Jugend ´97. Zukunftsperspektiven. Gesellschaftliches Engagement. Politische Orientierungen. Opladen
Käpplinger, Bernd (2002): Anerkennung von Kompetenzen. Definitionen, Kontexte und Praxiserfahrungen in Europa. Bonn
Käpplinger, Bernd/Puhl, Achim (2003): Zur Zertifizierung von Kompetenzen. Bonn
Kaufmann, Jean-Claude (2005): Die Erfindung des Ich. Eine Theorie der Identität. Konstanz

Kelle, Udo (1999): Integration qualitativer und quantitativer Methoden, Beitrag für die „CAQD 1999 – Computergestützte Analyse qualitativer Daten". Marburg

Keupp, Heiner (1999): Identitätskonstruktionen. Das Patchwork der Identitäten in der Spätmoderne. Hamburg

Keupp, Heiner (2000): Eine Gesellschaft der Ichlinge? Zum bürgerschaftlichen Engagement von Heranwachsenden. München

Keupp, Heiner (2003): Die Gesellschaft umbauen. Perspektiven bürgerschaftlichen Engagements. München

Keupp, Heiner (2006): Identitätsarbeit durch freiwilliges Engagement. Schlüsselqualifikationen für die Zivilgesellschaft. In: Tully, C. J. (Hrsg.) (2006): Lernen in flexibilisierten Welten. Wie sich das Lernen der Jugend verändert. Weinheim/München

Kirchhof, Steffen/Kreher, Thomas/Kreimeyer, Julia/Schmitt, Liane/Wihstutz, Anne (2003): Informelles Lernen im sozialen Umfeld. In: Zeitschrift für Berufs- und Wirtschaftspädagogik, 99. Band, Heft 4, S. 536-555.

Klement, Carmen (2006): Von der Laienarbeit zur Profession? Zum Handeln und Selbstverständnis beruflicher Akteure in der ambulanten Altenpflege. Leverkusen

Klieme, Eckhard/Bulmahn, Edelgard/Wolff, Karin (2003): Zur Entwicklung nationaler Bildungsstandards. Eine Expertise. Frankfurt am Main

Kohlberg, Lawrence (1974): Zur kognitiven Entwicklung des Kindes. Frankfurt am Main

Konsortium Bildungsberichterstattung (Hrsg.) (2006): Bildung in Deutschland. Ein indikatorengestützter Bericht mit einer Analyse zu Bildung und Migration. Bielefeld

Krafeld, Franz-Josef (1991): Umorientierungen: Zum Funktions- und Bedeutungswandel von Jugendverbandsarbeit. In: deutsche jugend, Heft 10, S. 429-434

Kraus, Katrin (2002): Informelles Lernen im Kontext europäischer Bildungspolitik, In: Dehnbostel, P./Gonon, P. (Hrsg.): Informelles Lernen – eine Herausforderung für die berufliche Aus- und Weiterbildung. Bielefeld, S. 23-32

Krettenauer, Tobias (2006): Informelles Lernen und freiwilliges Engagement aus psychologischer Sicht. In: Rauschenbach, Th./Düx, W./Sass, E. (Hrsg.): Informelles Lernen im Jugendalter. Vernachlässigte Dimensionen der Bildungsdebatte. Weinheim/München, S. 205-240

Kuhn, Hans-Peter/Uhlendorf, Harald/Krappmann, Lothar (Hrsg.) (2000): Sozialisation zur Mitbürgerlichkeit. Opladen

Künzel, Klaus (Hrsg.) (2005): Internationales Jahrbuch der Erwachsenenbildung. International Yearbook of Adult Education, Band 31/32. Informelles Lernen – Selbstbildung und soziale Praxis. Köln/Weimar/Wien

Landesjugendring Baden-Württemberg e.V. (Hrsg.) (1997): Leitfaden Partizipation. Viele Wege – ein Ziel. Stuttgart

Landesjugendring NRW e.V. (Hrsg.) (2004): 1. Bericht Wirksamkeitsdialog. Neuss

Landesjugendring NRW e.V. (Hrsg.) (2005): Kompetenzen Wissen Werte. Nichtformelle und informelle Bildungsprozesse in der Jugendarbeit. Neuss

Lazarsfeld, Paul F./Zeilse, Hans/Jahoda Marie (Hrsg.) (1933): Die Arbcitslosen von Marienthal. Ein soziographischer Versuch. Frankfurt am Main

Larson, Reed W. (2000): Towards a psychology of positive youth development. American Psychologist, 55, S. 170-183

Lehmann, Tobias (2004): Jugendverbände und der Übergang in Arbeit. Vorstellung des Praxisforschungsprojekts „Jugendverbände, Kompetenzentwicklung und biografische Nachhaltigkeit". In: Sozialextra, Heft 07/08, S. 32

Lehmann, Tobias (2005): Jugendverbände, Kompetenzentwicklung und biografische Nachhaltigkeit. Eine neue Perspektive auf Jugendverbandsarbeit. In: Jugendpolitik, Heft 2, S. 16-19
Lempert, Wolfgang (2006): Berufliche Sozialisation : Persönlichkeitsentwicklung in der betrieblichen Ausbildung und Arbeit. Baltmannsweiler
Leontjew, Alexej N. (1982): Tätigkeit, Bewußtsein, Persönlichkeit. Berlin
Lerner, Richard M./Alberts, Amy E./Bobek, Deborah L. (2007): Engagierte Jugend – lebendige Gesellschaft. Möglichkeiten zur Stärkung von Demokratie und sozialer Gerechtigkeit durch positive Jugendentwicklung. Expertise zum Carl Bertelsmann-Preis 2007. Gütersloh
Lex, Tilly/Gaupp, Nora/Reißig, Birgit/Adamczyk, Hardy (2006): Übergangsmanagement: Jugendliche von der Schule ins Arbeitsleben lotsen. Ein Handbuch aus dem Modellprogramm „Kompetenzagenturen". München
Liebisch, Reinhard/Quante, Sonja (1999): Psychomotorik und Salutogenese – Schnittpunkte. In: Haltung und Bewegung, H. 2, S. 13-20
Lindner, Werner (2004): Evaluation von Bildungswirkungen kultureller Bildungsarbeit. In: Bundesvereinigung Kulturelle Jugendbildung e.V. (Hrsg.): Der Kompetenznachweis Kultur. Ein Nachweis von Schlüsselkompetenzen durch kulturelle Bildung, Remscheid 2004, S. 80-91
Lindner, Werner (2005): „Der Worte sind genug gewechselt ..." Konzeptionelle, reflektierende und methodische Annäherungen an die Ausgestaltung des Bildungsauftrages in der Kinder- und Jugendarbeit. In: deutsche jugend, Heft 7/8, S. 339-342
Livingstone, David W. (1999): Informelles Lernen in der Wissensgesellschaft. Erste kanadische Erhebung über informelles Lernverhalten. In: ABWF, S. 65-91
Lompscher, Joachim (2003): Was wir vom Lernen kulturhistorisch wissen. Lernkultur Kompetenzentwicklung – aus kulturhistorischer Sicht. In: Was kann ich wissen? Theorie und Geschichte von Lernkultur und Kompetenzentwicklung. QUEM-report. Schriften zur beruflichen Weiterbildung. Berlin, Heft 82, S. 27-44
Lösch, Hans (2003): Zu diesem Heft. In: DISKURS, Heft 3, S. 2-3
Luckmann, Thomas (Hrsg.) (1998): Moral im Alltag: Sinnvermittlung und moralische Kommunikation in intermediären Institutionen. Gütersloh
Mack, Wolfgang/Lüders, Christian (2004): Jugendliche als Akteure ihrer selbst. In: Merkens, H./Zinnecker J. (Hrsg.) (2003): Jahrbuch Jugendforschung. Opladen
Mamier, Jasmin u.a. (2002): Jugendarbeit in Deutschland. Ergebnisse einer Befragung zu Jugendverbänden und -ringen zu Strukturen und Handlungsmöglichkeiten. München
Mayring, Philipp (2003): Qualitative Inhaltsanalyse. Grundlagen und Techniken. 8. Aufl. Weinheim/Basel
Mead, George H. (1973): Geist, Identität und Gesellschaft. Frankfurt am Main/New York
Meier, Bernd (1996): Sozialkapital in Deutschland. Eine empirische Skizze. Köln
Merkens, Hans (2003): Jugendforschung. In online Familienhandbuch, www.familienhandbuch.de/cmain/f_Fachbeitrag/a_Jugendforschung/s_322.html (09.11.2007)
Meuser Michael/Nagel, Ulrike (1991): ExpertInneninterviews – vielfach erprobt, wenig bedacht. Ein Beitrag zur qualitativen Methodendiskussion. In: Garz, D./Kraimer, K. (Hrsg.): Qualitativ-empirische Sozialforschung. Opladen
Meuser, Michael/Nagel, Ulrike (2003): Das ExpertInneninterview – Wissenssoziologische Voraussetzungen und methodische Durchführung. In: Friebertshäuser,

B./Prengel, A. (Hrsg.): Handbuch qualitative Forschungsmethoden in der Erziehungswissenschaft. Weinheim/München
Moschner, Barbara (1994): Engagement und Engagementbereitschaft. Regensburg
Mücke-Hansen, Anja/Ruhe, Daniela (2000): Das Innenleben der Landjugend im Jahre 2000. In: Berichte über die Landwirtschaft. Zeitschrift für Agrarpolitik und Verbraucherschutz, 214. Sonderheft: Die Landjugendstudie, S. 25-43
Müller, Burkhard/Schmidt, Susanne/Schulz, Mark (2005): „Offene" Jugendarbeit als Ort informeller Bildung. Lern-Ort für differenzierte Beziehungsformen. In: deutsche jugend, Heft 4, S. 151-160
Müller, Burkhard/Schmidt, Susanne/Schulz, Mark (2005): Wahrnehmen können. Jugendarbeit und informelle Bildung. Freiburg im Breisgau
Müller, Siegfried/Rauschenbach, Thomas (Hrsg.) (1988): Das soziale Ehrenamt. Weinheim/München
Münchmeier, Richard (1998): Entstrukturierung der Jugendphase. Zum Strukturwandel des Aufwachsens und zu den Konsequenzen für Jugendforschung und Jugendtheorie. In: APUZ 31, S. 3-13
Münchmeier, Richard (2003): Jugendarbeit in der Offensive. In: Lindner, W./Thole, W./Weber, J. (Hrsg.): Kinder- und Jugendarbeit als Bildungsprojekt. Opladen, S. 69-86
Münchmeier, Richard (2004): Alltagsoffenheit – eine Stärke der Jugendverbände, die sie niemals antasten dürfen. In: Sozialextra, Heft 7/8, S. 13-17
Münchmeier, Richard/Otto, Hans-Uwe/Rabe-Kleberg, Ursula (Hrsg.) (2002): Bildung und Lebenskompetenz. Kinder- und Jugendhilfe vor neuen Aufgaben. Opladen
Mündel, Karsten/Schugurensky, Daniel (2005): The „accidental learning" of volunteers: The case of community-based organizations in Ontario. In: Künzel, K. (Hrsg.): Internationales Jahrbuch der Erwachsenenbildung, Band 31/32. Informelles Lernen – Selbstbildung und soziale Praxis. Köln, S. 183-205
Münkler, Herfried/Loll, Anna (o.J.): Das Dilemma von Tugend und Freiheit. Die Notwendigkeit von Eigenverantwortung in einer funktionierenden Bürgergesellschaft. In: Friedrich-Ebert-Stiftung (Hrsg.): betrifft: Bürgergesellschaft 17. Gütersloh
Neß, Harry (2005): Der deutsche Profilpass. Ausbaufähiges Instrument zur Selbststeuerung. In: Künzel, K. (Hrsg.): Internationales Jahrbuch der Erwachsenenbildung, Bd. 31/32. Köln/Weimar/Wien, S. 223- 243
Neubauer, Gunter (2005): Alles Bildung!? Ergebnisse des Landesjugendberichts Baden-Württemberg zu Bildungsanspruch, Bildungspraxis und Bildungskonzepten in der Kinder- und Jugendarbeit. In: deutsche jugend, Heft 3, S. 119-127
Niemeyer, Beate (1994): Frauen in Jugendverbänden. Interessen, Mitwirkung, Gestaltungschancen, herausgegeben vom Landesjugendring Schleswig-Holstein. Opladen
Noack, Paul (1990): Jugendentwicklung im Kontext. Zum aktiven Umgang mit sozialen Entwicklungsaufgaben in der Freizeit. München
Nörber, Martin (Hrsg.) (2003): Peer Education. Bildung und Erziehung von Gleichaltrigen durch Gleichaltrige. Weinheim/Basel/Berlin
Nolte, Paul (2003): Das große Fressen. In: Die Zeit, Nr. 52
Nörber, Martin (2005): „Was ist Jugendarbeit?" Eine aktuelle Auseinandersetzung mit den vier Versuchen zu einer „Theorie der Jugendarbeit" In: deutsche jugend, Heft 1, S.26-34

Oerter, Rolf/Dreher, Eva (2002): Jugendalter. In: Oerter, R./ Montada L. (Hrsg.): Entwicklungspsychologie. 5. Aufl. Weinheim/Basel/Berlin, S. 258-318
Oesterreich, Detlef (2002): Politische Bildung von 14-Jährigen in Deutschland. Studien aus dem Projekt Civic Education. Opladen
Olk, Thomas (1985): Jugend und gesellschaftliche Differenzierung – Zur Entstrukturierung der Jugendphase. In: Zeitschrift für Pädagogik, 19. Beiheft, S. 290-301
Olk, Thomas (2003): Bürgerschaftliches Engagement. Eckpunkte einer Politik der Unterstützung freiwilliger und gemeinwohlorientierter Aktivitäten in Staat und Gesellschaft. In: neue praxis. H. 3/4, S. 306-325
Oser, Fritz/Biedermann, Horst (2003) (Hrsg.): Jugend ohne Politik. Ergebnisse der IEA-Studie zu politischem Wissen, Demokratieverständnis und gesellschaftlichem Engagement von Jugendlichen in der Schweiz im Vergleich mit 27 anderen Ländern. Zürich/Chur
Oshege, Volker (2002): Freiwillige: Produzenten und Träger sozialen Kapitals. Münster
Oswald, Hans (2003): Was heißt qualitativ forschen? In: Friebertshäuser, B./Prengel, A. (Hrsg.): Handbuch qualitative Forschungsmethoden in der Erziehungswissenschaft. Weinheim/München
Otto, Hans-Uwe/Rauschenbach, Thomas (Hrsg.) (2004): Die andere Seite der Bildung. Zum Verhältnis von formellen und informellen Bildungsprozessen. Wiesbaden
Otto, Hans-Uwe/Thiersch, Hans (Hrsg.) (2001): Handbuch Sozialarbeit/Sozialpädagogik. Neuwied/Kriftel
Overwien, Bernd (2003): Das lernende Subjekt als Ausgangspunkt – Befreiungspädagogik und informelles Lernen. In: Wittwer, W./Kirchhof, S. (Hrsg.): Das Leben als Lehrmeister. Informelles Lernen und individuelle Kompetenzentwicklung, Neuwied
Overwien, Bernd (2005): Stichwort: Informelles Lernen. In: ZfE, Heft 3, S. 339-355
Overwien, Bernd (2006): Informelles Lernen – zum Stand der internationalen Diskussion, In: Rauschenbach, Th./Düx, W./Sass, E. (Hrsg.): Informelles Lernen im Jugendalter. Weinheim/München, S. 35-62
Picot, Sibylle (2006): Freiwilliges Engagement Jugendlicher im Zeitvergleich 1999-2004. In: Gensicke, T./Picot, S./Geiss, S.: Freiwilliges Engagement in Deutschland 1999-2004. Wiesbaden, S. 177-223
Public Opinion GmbH/Institut für qualitative Sozialforschung (2005): Qualifikationsgewinn durch Freiwilligenarbeit. Befragung österreichischer Unternehmen. Linz
Putnam, Robert D. (1993): Making Democracy Work: Civic Traditions in Modern Italy. Princeton
Putnam, Robert D. (2000): Bowling Alone. The Collapse and Revival of American Community. New York u.a.
Putnam, Robert D. (2001): Gesellschaft und Gemeinsinn. Gütersloh
Rauschenbach, Thomas (2001): Ehrenamt. In: Otto, H.-U./Thiersch, H. (Hrsg.): Handbuch Sozialarbeit/Sozialpädagogik, 2. Aufl., Neuwied/Kriftel, S. 344-360
Rauschenbach, Thomas (2003): Das Bildungsdilemma – (Un-)beabsichtigte Nebenwirkungen öffentlicher Bildungsinstanzen, in: Diskurs, 2003, Heft 2, S. 50-58
Rauschenbach, Thomas (2004): Schule und bürgerschaftliches Engagement – zwei getrennte Welten? Anmerkungen zu einer schwierigen Beziehung. In: Bundesnetzwerk Bürgerschaftliches Engagement (Hrsg.): „Bürgerschaftliches Engagement als Bildungsziel (in) der Schule“. Dokumentation der bundesweiten Fachtagung. Berlin, S. 13-20

Rauschenbach, Thomas/Otto, Hans-Uwe (2004): Die neue Bildungsdebatte. Chance oder Risiko für die Kinder und Jugendhilfe. In: Otto, H.-U./Rauschenbach, Th. (Hrsg.): Die andere Seite der Bildung. Zum Verhältnis von formellen und informellen Bildungsprozessen. Wiesbaden, S. 9-29

Rauschenbach, Thomas/Düx, Wiebken/Sass, Erich (Hrsg.) (2006): Informelles Lernen im Jugendalter. Vernachlässigte Dimensionen der Bildungsdebatte. Weinheim/München

Rauschenbach, Thomas/Mack, Wolfgang/Leu, Hans Rudolf/Lingenauber Sabine/Schilling, Matthias/Schneider, Kornelia/Züchner, Ivo (2004): Konzeptionelle Grundlagen für einen Nationalen Bildungsbericht – Non-formale und informelle Bildung im Kindes- und Jugendalter. BMBF (Hrsg.). Berlin

Rehbein, Barbara (2007): Jugend macht Politik – Gremienarbeit verstehen und gestalten. In: Jugendpolitik, Heft 2, 2007

Reichwein, Susanne/Freund, Thomas (1992): Jugend im Verband: Karrieren – Action – Lebenshilfe, herausgegeben von der Jugend der Deutschen Lebensrettungsgesellschaft (DLRG). Opladen

Reinders, Heinz (2005): Jugend. Werte. Zukunft. Wertvorstellungen, Zukunftsperspektiven und soziales Engagement im Jugendalter. Landesstiftung Baden-Württemberg (Hrsg.): Schriftenreihe der Landesstiftung. Baden-Württemberg. Stuttgart

Reinders, Heinz (2006): Freiwilligenarbeit und politische Engagementbereitschaft in der Adoleszenz. Skizze und empirische Prüfung einer Theorie gemeinnütziger Tätigkeit. In: ZfE, 9. Jg. Heft 4, S. 599-616

Reinders, Heinz/Wild, Elke (Hrsg.) (2003): Jugendzeit – Time out? Zur Ausgestaltung des Jugendalters als Moratorium. Opladen

Reinders, Heinz/Youniss, James (2005): Gemeinnützige Tätigkeit und politische Partizipationbereitschaft bei amerikanischen und deutschen Jugendlichen. In: Psychologie in Erziehung und Unterricht, Heft 52, S. 1-19

Reinders, Heinz/Youniss, James (2006): Community Service and Civic Development in Adolescence. Theoretical Considerations and Empirical Evidence. In: Sliwka, A./Diedrich, M./Hofer, M. (Hrsg.): International Perspektives on Citizenship Education. Münster, S. 195-208

Reischmann, Jost (1995): Lernen „en passant" – die vergessene Dimension. In: Grundlagen der Weiterbildung, Heft 4, S. 200-204

Richter, Helmut/Jung, Michael/Riekmann, Wibke (2006): Jugendverbandsarbeit in der Großstadt. Perspektiven für Mitgliedschaft und Ehrenamt am Beispiel der Jugendfeuerwehr Hamburg. Hamburg

Rose, Lotte (2004): Kinder und Jugendliche im Sportverein – ein Verhältnis voller Widersprüche. In: deutsche jugend, 52. Jg., Heft 10, S. 427-434

Rost, Harald/Rupp, Marina/Schulz, Florian/Vaskovics, Laszlo A. (2003): Bamberger Ehepaar-Panel. Bamberg

Sachverständigenkommission Zwölfter Kinder- und Jugendbericht (Hrsg.) (2005): Materialien zum Zwölften Kinder- und Jugendbericht, Band 3. Kompetenzerwerb von Kindern und Jugendlichen im Schulalter. München

Santen, Eric van (2005): Ehrenamt und Mitgliedschaften bei Kindern und Jugendlichen – eine Übersicht repräsentativer empirischer Studien. In: Rauschenbach, Th./Schilling,M. (Hrsg.): Kinder- und Jugendhilfereport II. Weinheim/München

Santen, Eric van /Mamier, Jasmin/Pluto, Liane/Seckinger, Mike/Zink, Gabriela (2003): Kinder- und Jugendhilfe in Bewegung – Aktion oder Reaktion? München

Sass, Erich (2006): „Schule ist ja mehr Theorie ...“ In: Rauschenbach,Th./Düx,W./Sass, E.: Lernen im freiwilligen Engagement und in der Schule aus der Sicht freiwillig engagierter Jugendlicher, S. 241-270

Sass, Jürgen/Gerzer-Sass, Annemarie (2003): Informelles Lernen: ein Thema für das DJI – auch unter dem Aspekt der Familienforschung. Internes Diskussionspapier des DJI. München

Schaeper, Hilde/Briedis, Kolja (2004): Kompetenzen von Hochschulabsolventinnen und Hochschulabsolventen, berufliche Anforderungen und Folgerungen für die Hochschulreform. HIS-Projektbericht Hannover, www.bmbf.de/pub/his_projektbericht_08_04.pdf (05.03.2007)

Schäffter, Ortfried (2001): Weiterbildung in der Transformationsgesellschaft. Baltmannsweiler

Scherr, Albert (2002): Der Bildungsauftrag der Jugendarbeit: Aufgaben und Selbstverständnis im Spannungsfeld von sozialpolitischer Indienstnahme und aktueller Bildungsdebatte. In: Münchmeier, R./Otto, H.-U./Rabe-Kleberg, U. (Hrsg.): Bildung und Lebenskompetenz. Opladen, S. 93-106

Scherr, Albert (2003): Jugendarbeit als Subjektbildung. Grundlagen und konzeptionelle Orientierungen jenseits von Prävention und Hilfe zur Lebensbewältigung. In: Lindner, W./Thole, W./Weber, J. (Hrsg.): Kinder- und Jugendarbeit als Bildungsprojekt. Opladen, S. 87-102

Schiersmann, Christiane/Strauß, Hans Christoph (2003): Informelles Lernen – der Königsweg zum lebenslangen Lernen? In: Wittwer, W./Kirchhof, S. (Hrsg.): Informelles Lernen und Weiterbildung. Neue Wege zur Kompetenzentwicklung. Unterschleißheim

Schmid, Christine (2005): Die Sozialisation von sozialem und politischem Engagement in Elternhaus und Gleichaltrigenwelt. In: Schuster, B./Kuhn, H.-P./Uhlendorf, H. (Hrsg.): Entwicklung in sozialen Beziehungen. Heranwachsende in ihrer Auseinandersetzung mit Familie, Freunden und Gesellschaft. Stuttgart, S. 239-258

Schröder, Achim (1991): Jugendgruppe und Kulturwandel. Die Bedeutung von Gruppenarbeit in der Adoleszenz. Frankfurt am Main

Schröder, Achim (2003): Die Gleichaltrigengruppe als emotionales und kulturelles Phänomen. In: Nörber, M. (Hrsg.): Peer Education. Bildung und Erziehung von Gleichaltrigen durch Gleichaltrige. Weinheim/Basel/Berlin, S. 94-113

Schröder, Achim (2006): Cliquen und Peers als Lernort im Jugendalter. In: Rauschenbach, Th/Düx, W./Sass, E. (Hrsg.): Informelles Lernen im Jugendalter. Vernachlässigte Dimensionen der Bildungsdebatte. Weinheim/München, S. 173-202

Schüll, Peter (2004): Motive Ehrenamtlicher. Eine soziologische Studie zum freiwilligen Engagement in ausgewählten Ehrenamtsbereichen. Berlin

Schulze-Krüdener, Jörgen (1999): Freiwilligenarbeit als Instanz der biografischen Arbeit – Konsequenzen für die Jugendverbände. In: Timmermann, H./Wessels, E. (Hrsg.): Jugendforschung in Deutschland: eine Zwischenbilanz. Opladen, S. 78-91

Schuster, Beate H./Kuhn, Hans-Peter/Uhlendorf, Harald (Hrsg.) (2005): Entwicklung in sozialen Beziehungen. Heranwachsende in ihrer Auseinandersetzung mit Familie, Freunden und Gesellschaft. Stuttgart

Schwab, Jürgen (2006): Bildungseffekte ehrenamtlicher Tätigkeit in der Jugendarbeit. In: deutsche jugend, 54. Jg., Heft 7/8, S. 320-328

Schwab, Jürgen/Nickolai, Werner (2004): Forschungsprojekt 2004: Außerschulische Jugendbildung. In: Akademie der Jugendarbeit Baden-Württemberg e.V. (Hrsg.):

Jugendarbeit ist Bildung. Die Offensive Jugendbildung in Baden-Württemberg 2003-2004. Materialien: Berichte, Expertisen, empirische Studien. Stuttgart, S. 38-61

Seitz, Klaus (2006): Lernen in einer globalisierten Gesellschaft, In: Rauschenbach, Th./Düx, W./Sass, E. (Hrsg.): Informelles Lernen im Jugendalter. Vernachlässigte Dimensionen der Bildungsdebatte. Weinheim/München, S. 63-92

Shell Deutschland Holding (Hrsg.) (2006): Jugend 2006. 15. Shell Jugendstudie. Eine pragmatische Generation unter Druck. Frankfurt am Main

Singer, Wolf (2002): Der Beobachter im Gehirn. Essays zur Hirnforschung. Frankfurt am Main.

Sliwka, Anne (2003): Expertise zum Service-Learning. Unveröffentlichte Expertise. Weinheim

Sliwka, Anne (2004): Service Learning: Verantwortung lernen in Schule und Gemeinde. Berlin

Sliwka, Anne (2006): Citizenship Education as the Responsibility of a Whole School: Structural and Cultural Implications. In: Sliwka, A./Diedrich, M./Hofer, M. (Hrsg.): Citizenship Education. Theory – Research – Practice. Münster, S. 7-18

Sliwka, Anne/Diedrich, Martina/Hofer, Manfred (2006): Citizenship Education. Theory – Research – Practice. Münster

Sliwka, Anne/Petry, Christian/Kalb, Peter E. (Hrsg.) (2004): Durch Verantwortung lernen. Service Learning: Etwas für andere tun. Weinheim/Basel

Spitzer, Manfred (2002) : Lernen. Gehirnforschung und die Schule des Lebens. Heidelberg/Berlin

Stanat, Petra/Baumert, Jürgen/Müller, Andrea G. (2005): Förderung von deutschen Sprachkompetenzen bei Kindern aus zugewanderten und sozial benachteiligten Familien: Evaluationskonzept für das Jacobs-Sommercamp Projekt. Zeitschrift für Pädagogik, Heft 51, S. 856-875

Statistisches Bundesamt (2003): Wo bleibt die Zeit? Die Zeitverwendung der Bevölkerung in Deutschland. Berlin

Stecher, Ludwig (2005): Informelles Lernen bei Kindern und Jugendlichen und die Reproduktion sozialer Ungleichheit. In: ZfE, Heft 3, S. 374-393

Steegmüller, Sybille/Wenzl, Udo (2004): Jugendverbände und Jugendringe in Bewegung. In: Sozialmagazin, 29.Jg., Heft 10, S. 31-37

Sturzenhecker, Benedikt (2002): Bildung. Wiederentdeckung einer Grundkategorie der Kinder- und Jugendarbeit. In: Rauschenbach, Th./Düx, W./Züchner, I. (Hrsg.): Jugendarbeit im Aufbruch. Selbstvergewisserungen, Impulse, Perspektiven. Münster. S. 19-59

Sturzenhecker, Benedikt (2003): Jugendarbeit ist außerschulische Bildung. In: deutsche jugend, Heft 7/8, S. 300-307

Sturzenhecker, Benedikt (2004a): Strukturbedingungen von Jugendarbeit und ihre Funktionalität für die Bildung. In: neue praxis, 34. Jg., Heft 5, S. 444-454

Sturzenhecker, Benedikt (2004b): Zum Bildungsanspruch von Jugendarbeit. In: Otto, H.-U./ Rauschenbach, Th.: Die andere Seite der Bildung. Zum Verhältnis von formellen und informellen Bildungsprozessen. Wiesbaden, S. 147-165

Tenbruck, Friedrich H. (1962): Jugend und Gesellschaft. Freiburg im Breisgau

Thole, Werner (2003): Reflexivität und Eigensinn in einem diffusen Feld. Bildung nach PISA und die Kinder- und Jugendarbeit – vorsichtige Hinweise auf verhüllte oder vergessene Zusammenhänge. In: Lindner, W./Thole, W./Weber, J. (Hrsg.): Kinder- und Jugendarbeit als Bildungsprojekt. Opladen, S. 247-262

Thole, Werner/Hoppe, Jörg (Hrsg.) (2003): Freiwilliges Engagement – ein Bildungsfaktor. Berichte und Reflexionen zur ehrenamtlichen Tätigkeit von Jugendlichen in Schule und Jugendarbeit. Frankfurt am Main

Thomas, Alexander/Chang, Celine/Abt, Heike (2006): Internationale Jugendbegegnungen als Lern- und Entwicklungschance. Bergisch Gladbach

Thomas, Alexander/Chang, Celine/Abt, Heike (2007): Erlebnisse, die verändern. Langzeitwirkungen der Teilnahme an internationalen Jugendbegegnungen. Göttingen

Torney-Purta, Judith/Lehmann, Rainer/Oswald, Hans/Schulz, Wolfram (2001): Citizenship and Education in twenty-eight countries. Civic Knowledgement and engagement at age fourteen. Amsterdam

Tully, Claus J. (1994): Lernen in der Informationsgesellschaft. Informelle Bildung durch Computer und Medien. Opladen

Tully, Claus J. (2004): Nutzung jenseits systematischer Aneignung – Informalisierung und Kontextualisierung. In: Tully, Claus J. (Hrsg.):Verändertes Lernen in modernen technisierten Welten. Organisierter und informeller Kompetenzerwerb Jugendlicher. Wiesbaden, S. 27-56

Tully, Claus J. (2006): Informelles Lernen: eine Folge dynamisierter sozialer Differenzierung. In: Otto, Hans-Uwe/Oelkers, Jürgen (Hrsg.): Zeitgemäße Bildung. Herausforderung für Erziehungswissenschaft und Bildungspolitik. München

Tully, Claus J. (2007): Bildungsqualität im außerschulischen Bereich – Befunde zu informellen Lernwelten. In: ZSE, Zeitschrift für Soziologie der Erziehung und Sozialisation, 27. Jg. Heft 4., S. 403-418

Urban, Dieter (1982): Regressionstheorie und Regressionstechnik. Stuttgart

Verba, Sidney/Schlozman, Kay L./Brady, Henry E.(1995): Voice and equality: Civic volunteerism in American politics. Cambridge

VIS a VIS Agentur für Kommunikation GmbH (Hrsg.) (2006): Unternehmen in der Gesellschaft – Engagement mit Kompetenz und Personal. Praxisdokumentation. Köln

Vogt, Ludgera (2005): Das Kapital der Bürger. Theorie und Praxis zivilgesellschaftlichen Engagements. Frankfurt am Main

Voigts, Gunda (2003): Bewegte Bildung – Kooperation von Schule und Jugendarbeit. In: Jugendpolitik, Heft 3/4, S. 38-39

Wahler, Peter/Tully, Claus J./Preiß, Christine (Hrsg.) (2004): Jugendliche in neuen Lernwelten. Selbstorganisierte Bildung jenseits institutioneller Qualifizierung. Wiesbaden

Wehr, Katharina/Lehmann, Tobias (2002): Jugendverbände als biografisch bedeutsame Lebensorte. Unveröffentlichte Diplomarbeit. Dresden

Weis, Christian (2006): Bildung mit Partizipation und Engagement. In: BBE-Newsletter www.be.de/fileadmin/ inhalte/PDF/aktuelles/GB_060601_jugendverbaende.pdf

Wendt, Peter Ulrich (2005): Selbstorganisation Jugendlicher und ihre Förderung durch kommunale Jugendarbeit. Zur Rekonstruktion professionellen Handelns. Hamburg

Wensierski, Hans-Jürgen von (2003): Jugendcliquen und Jugendbiografien. Biografische und ethnografische Analysen der Mitgliedschaft in Jugendcliquen am Beispiel ostdeutscher Jugendlicher. Habilitationsschrift. Halle

Werner, Micha H. (2002): Verantwortung. In: Düwell, M./Hübenthal, Ch./Werner, M. H.: Handbuch Ethik. Stuttgart/Weinheim, S. 521-527

Westphal, Manuela (2004a): Integrationschancen für Mädchen und Frauen mit Migrationserfahrung im und durch den Sport (I). In: deutsche jugend, Heft 11, S. 480-485
Westphal, Manuela (2004b): Integrationschancen für Mädchen und Frauen mit Migrationserfahrung im und durch den Sport (II). In: deutsche jugend, Heft 12, S. 526-532
Wenzel, Hartmut (2004): Studien zur Organisations- und Schulkulturentwicklung. In: Helsper, W./Böhme, J. (Hrsg.): Handbuch der Schulforschung. Wiesbaden, S. 391-415
Wetzstein, Thomas/Erbeldinger, Patricia Isabella/Hilgers, Judith/Eckert, Roland (2005): Jugendliche Cliquen. Zur Bedeutung der Cliquen und ihrer Herkunfts- und Freizeitwelten. Wiesbaden
Wild, Elke/Hofer, Manfred/Pekrun, Reinhard (2001): Psychologie des Lerners. In: Krapp, A./ Weidenmann, B. (Hrsg.): Pädagogische Psychologie. Weinheim, S. 207-270
Winkler, Michael (2005): Vorbereitet auf Arbeit und Beruf? Perspektiven der Kompetenzforschung. In: Sozial Extra Heft 5, S. 12-19
Wuthnow, Robert (1991): Acts of Compassion: Caring for Ourselves and Helping Others. Princeton
Yates, Miranda/Youniss, James (1996): Communitiy Service and Political-Moral Identity in Adolescents. In: Journal of Research on Adolescence, Vol. 6 (3) 1996, S. 271-284
Yates, Miranda/Youniss, James (Hrsg.) (1999): Roots of civic identity. International Perspectives on Community Service and Activism in Youth. Cambridge
Youniss, James (2005): Die Entwicklung politischer Identität im Kontext sozialer Beziehungen. In: Schuster, B. H./Kuhn, H.-P./Uhlendorf, H. (Hrsg.): Entwicklung in sozialen Beziehungen. Heranwachsende in ihrer Auseinandersetzung mit Familie, Freunden und Gesellschaft. Stuttgart, S. 307-327
Youniss, James/Yates, Miranda (1997): Community Service and Social Responsibility in Youth. Chicago
Youniss, James/Mc Lellan, Jeffrey A./Yates, Miranda (1997): What we know about engendering civic identity. In: American Behavioural Scientist, 40. Jg., S. 620-631
Zimmermann Karsten (2003): Sozialkapital – Grundlage zur Entwicklung von sozialen Systemen? Hannover
Zinnecker, Jürgen/Behnken, Imbke/Maschke, Sabine/Stecher, Ludwig (2002 ): null zoff & voll busy. Die erste Jugendgeneration des neuen Jahrhunderts. Opladen
Züchner, Ivo (2006): Mitwirkung und Bildungseffekte in Jugendverbänden – ein empirischer Blick. In: deutsche jugend, 54. Jg., Heft 5, S. 201-209

*Benutzte URL Adressen*

www.juleica.de
www.kompetenznachweis.de
www.profilpass-online.de
www.sozialkapital.net
www.stepstone.de/tips/content/stepstone/bewerbung/abc_e.html
www.mpib-berlin.mpg.de/de/forschung/eub/projekte/Projektbeschreibung.pdf

# 11. Anhang

## Tabellen

*Tab. A.1: Logistische Regression zur Tätigkeit in Sozial- und Gesundheitsberufen, gewichtet*

| | Beruf im Sozial- und Bildungswesen | Gesundheitsberufe | Sozial- oder Gesundheitsberufe |
|---|---|---|---|
| Alter (R: unter 30 J.) | | | |
| 30 bis 35 J. | 0,41 | -0,68 + | -0,15 |
| 36 J. und mehr | 0,39 | -0,81 * | -0,22 |
| Frau | 1,11 *** | 1,24 *** | 1,30 *** |
| In der DDR geboren | 0,30 | -0,14 | 0,12 |
| Migrationshintergrund | 0,43 | -0,37 | 0,12 |
| Höchster Schulabschluss (R: Abitur) | | | |
| Hauptschulabschluss oder weniger | -1,94 ** | -1,11 + | -1,78 *** |
| Realschulabschluss | -0,95 *** | 0,17 | -0,56 ** |
| Fachhochschulreife | -0,25 | -0,46 | -0,37 |
| In der Jugend engagiert als (R: nicht engagiert) | | | |
| Helfer | 0,59 + | 0,69 * | 0,77 ** |
| Leiter | 0,72 *** | -0,52 + | 0,34 + |
| Organisator | 0,55 ** | 0,33 | 0,54 ** |
| Funktionär | 0,37 | -0,37 | 0,12 |
| Konstante | -2,71 *** | -2,55 *** | -1,73 *** |

+p<0,1 *p<0,05 **p<0,01 ***p<0,001

Quelle: Studie „Informelle Lernprozesse"

*Tab. A.2: Ordinale logistische Regression Berufsabschluss, gewichtet*

| Parameter | Modell 1 | Modell 2 |
|---|---|---|
| Alter (R: unter 30 J.) | | |
| 30 bis 35 J. | 0,12 | 0,14 |
| 36 J. und mehr | 0,36 + | 0,36 + |
| Frau | -0,22 | -0,22 |
| In der DDR geboren | 0,53 ** | 0,52 ** |
| Migrationshintergrund | -0,45 + | -0,46 + |
| Höchster Schulabschluss (R: Abitur) | | |
| Hauptschulabschluss oder weniger | -3,59 *** | -3,63 *** |
| Realschulabschluss | -2,77 *** | -2,83 *** |
| Fachhochschulreife | -1,43 *** | -1,44 *** |
| In der Jugend engagiert (R: nein) | 0,38 *** | 0,34 |
| Interaktionseffekt Engagiert * Schulabschluss | | |
| Engagiert * Hauptschulabschluss oder weniger | | -0,01 |
| Engagiert * Realschulabschluss | | 0,11 |
| Engagiert * Fachhochschulreife | | -0,08 |
| _cut1 (Konstante Lehre etc.) | -5,37 *** | -5,41 *** |
| _cut2 (Konstante Meister-/Techniker-/Fachschule) | -1,56 *** | -1,60 *** |
| _cut3 (Konstante FH) | -0,44 + | -0,47 + |
| _cut4 (Konstante Universität) | 0,27 | 0,24 |

+p<0,1 *p<0,05 **p<0,01 ***p<0,001

Quelle: Studie „Informelle Lernprozesse"

*Tab. A.3: Lineare Regression Berufsprestige, gewichtet*

| Parameter | |
|---|---|
| Alter (R: unter 30 J.) | |
| 30 bis 35 J. | 3,34 |
| 36 J. und mehr | 2,49 |
| Frau | 2,83 + |
| In der DDR geboren | -2,53 |
| Migrationshintergrund | -4,98 ** |
| Höchster Schulabschluss (R: Abitur) | |
| Hauptschulabschluss oder weniger | -34,14 *** |
| Realschulabschluss | -28,85 *** |
| Fachhochschulreife | -17,29 *** |
| In der Jugend engagiert als (R: nicht engagiert) | |
| Helfer | 2,85 |
| Leiter | 5,30 ** |
| Organisator | 1,66 |
| Funktionär | 3,87 + |
| Konstante | 83,19 *** |

+p<0,1 *p<0,05 **p<0,01 ***p<0,001

Quelle: Studie „Informelle Lernprozesse“

*Tab. A.4: Lineare Regression Gesamtindex „aktuelles politisches Engagement", gewichtet*

| | gesamt | ohne früher politische Aktive |
|---|---|---|
| Alter (R: unter 30 J.) | | |
| 30 bis 35 J. | 0,03 * | 0,03 * |
| 36 J. und mehr | 0,03 * | 0,03 * |
| Frau | -0,01 | -0,01 |
| In der DDR geboren | 0,01 | 0,02 |
| Migrationshintergrund | 0,01 | 0,01 |
| Höchster Schulabschluss (R: Abitur) | | |
| Hauptschulabschluss oder weniger | -0,05 *** | -0,05 *** |
| Realschulabschluss | -0,03 * | -0,03 * |
| Fachhochschulreife | -0,01 | -0,01 |
| In der Jugend engagiert als (R: nicht engagiert) | | |
| Helfer | 0,02 | 0,02 + |
| Leiter | 0,01 | 0,01 |
| Organisator | 0,06 *** | 0,06 *** |
| Funktionär | 0,12 *** | 0,10 *** |
| Konstante | 0,20 *** | 0,20 *** |

+p<0,1 *p<0,05 **p<0,01 ***p<0,001
Quelle: Studie „Informelle Lernprozesse"

*Tab. A.5: Lineare Regression der Items der Komponente „Engagementform Hilfeleistungen", gewichtet*

| Parameter | Geldspenden | | Hilfeleistungen | |
|---|---|---|---|---|
| | alle | ohne POL | alle | ohne POL |
| Alter (R: unter 30 J.) | | | | |
| 30 bis 35 J. | 0,26 | 0,26 | 0,21 | 0,22 |
| 36 J. und mehr | 0,60 ** | 0,61 ** | 0,39 + | 0,40 + |
| Frau | 0,02 | 0,02 | 0,15 | 0,14 |
| In der DDR geboren | -0,19 | -0,20 | -0,12 | -0,12 |
| Migrationshintergrund | -0,34 + | -0,35 + | 0,53 ** | 0,52 * |
| Höchster Schulabschluss (R: Abitur) | | | | |
| Hauptschulabschluss oder weniger | -0,64 ** | -0,65 ** | 0,19 | 0,17 |
| Realschulabschluss | -0,10 | -0,10 | 0,05 | 0,05 |
| Fachhochschulreife | -0,07 | -0,09 | 0,39 + | 0,38 + |
| In der Jugend engagiert als (R: nicht engagiert) | | | | |
| Helfer | 0,05 | 0,08 | 0,44 * | 0,44 * |
| Leiter | 0,25 | 0,24 | -0,02 | -0,03 |
| Organisator | 0,56 *** | 0,58 *** | 0,31 * | 0,32 * |
| Funktionär | 0,61 ** | 0,54 * | 0,55 ** | 0,50 * |
| Konstante | 0,38 + | 0,38 + | -1,20 *** | -1,19 *** |

In die Untersuchung gingen alle Befragten ein; POL = ohne früher politische Aktive.
+p<0,1 *p<0,05 **p<0,01 ***p<0,001

Quelle: Studie „Informelle Lernprozesse"

*Tab. A.6: Lineare Regression der Items der Komponente „Engagementform Initiativenarbeit", gewichtet*

| Parameter | Bürgerinitiative | | Eingaben | | Leserbriefe | |
|---|---|---|---|---|---|---|
| | alle | ohne POL | alle | ohne POL | alle | ohne POL |
| Alter (R: unter 30 J.) | | | | | | |
| 30 bis 35 J. | 1,33 *** | 1,35 *** | 0,59 + | 0,63 + | 0,59 * | 0,59 + |
| 36 J. und mehr | 1,25 *** | 1,25 *** | 0,67 * | 0,68 * | 0,44 | 0,42 |
| Frau | 0,51 | 0,54 | 0,06 | 0,11 | -0,16 | -0,15 |
| In der DDR geboren | -0,45 | -0,43 | 0,36 | 0,39 | 0,02 | 0,02 |
| Migrationshintergrund | 0,58 | 0,58 | -0,18 | -0,20 | 0,52 + | 0,54 + |
| Höchster Schulabschluss (R: Abitur) | | | | | | |
| Hauptschulabschluss oder weniger | 0,06 | 0,07 | -1,30 * | -1,34 * | -0,43 | -0,43 |
| Realschulabschluss | -0,05 | -0,05 | -0,26 | -0,29 | -0,60 * | -0,60 * |
| Fachhochschulreife | 0,58 | 0,58 | -0,02 | -0,05 | 0,05 | 0,07 |
| In der Jugend engagiert als (R: nicht engagiert) | | | | | | |
| Helfer | 0,30 | 0,33 | 0,00 | 0,04 | -0,26 | -0,29 |
| Leiter | 0,32 | 0,29 | 0,17 | 0,14 | -0,06 | -0,13 |
| Organisator | 0,77 ** | 0,78 ** | 0,81 *** | 0,82 *** | 0,30 + | 0,30 + |
| Funktionär | 1,17 *** | 1,21 *** | 1,50 *** | 1,39 *** | 0,48 * | 0,19 |
| Konstante | -4,45 *** | -4,49 *** | -2,76 *** | -2,79 *** | -2,03 *** | -2,04 *** |

In die Untersuchung gingen alle Befragten ein; POL = ohne früher politische Aktive.
+p<0,1 *p<0,05 **p<0,01 ***p<0,001
Quelle: Studie „Informelle Lernprozesse"

*Tab. A.7: Lineare Regression der Items der Komponente „aktionistische Engagementform", gewichtet*

| Parameter | Unterschriften | | Demonstrationen | | Aktionen wie Besetzungen oder Blockaden | | Natur- oder Katastrophenschutz | |
|---|---|---|---|---|---|---|---|---|
| | alle | ohne POL | alle | ohne POL | alle | ohne POL | alle | ohne POL |
| Alter (R: unter 30 J.) | | | | | | | | |
| 30 bis 35 J. | 0,22 | 0,21 | -0,14 | -0,13 | -0,35 | -0,40 | -0,13 | -0,11 |
| 36 J. und mehr | 0,22 | 0,21 | -0,48* | -0,49* | -0,23 | -0,18 | -0,39 | -0,39 |
| Frau | 0,22 | 0,22 | -0,54** | -0,53** | 0,19 | 0,22 | -0,30 | -0,28 |
| In der DDR geboren | 0,55* | 0,54* | 0,76** | 0,77** | -0,90+ | -0,81 | 0,33 | 0,34 |
| Migrationshintergrund | -0,41* | -0,42* | -0,00 | -0,02 | 0,77 | 0,76 | 0,19 | 0,19 |
| Höchster Schulabschluss (R: Abitur) | | | | | | | | |
| Hauptschulabschluss oder weniger | -0,97*** | -0,97*** | -0,92** | -0,92** | -1,01 | -1,04 | 0,39 | 0,37 |
| Realschulabschluss | -0,47** | -0,47** | -0,59** | -0,61** | -0,98+ | -1,10+ | 0,22 | 0,20 |
| Fachhochschulreife | -0,64** | -0,64** | -0,32 | -0,33 | 0,56 | 0,52 | -0,08 | -0,07 |
| In der Jugend engagiert als (R: nicht engagiert) | | | | | | | | |
| Helfer | -0,01 | -0,01 | 0,03 | 0,01 | 0,13 | 0,14 | 0,82*** | 0,84*** |
| Leiter | -0,06 | -0,06 | -0,20 | -0,23 | 0,47 | 0,47 | 0,10 | 0,08 |
| Organisator | 0,37* | 0,35* | 0,13 | 0,13 | 0,81+ | 0,82* | 0,98*** | 0,99*** |
| Funktionär | 0,61** | 0,61* | 0,53** | 0,51* | 1,56*** | 1,56** | 0,99*** | 1,05*** |
| Konstante | 0,69** | 0,70** | -0,47* | -0,46* | -3,91*** | -3,89*** | -1,73*** | -1,73*** |

In die Untersuchung gingen alle Befragten ein; POL = ohne früher politische Aktive.
+p<0,1 *p<0,05 **p<0,01 ***p<0,001

Quelle: Studie „Informelle Lernprozesse"

*Tab. A.8: Lineare Regression der Items der Komponente „institutionelle Engagementform", gewichtet*

| Parameter | Parteimitgliedschaft | | politisches Amt | |
|---|---|---|---|---|
| | alle | ohne POL | alle | ohne POL |
| Alter (R: unter 30 J.) | | | | |
| 30 bis 35 J. | -0,48 | -0,47 | -0,32 | -0,26 |
| 36 J. und mehr | 0,23 | 0,22 | -0,57 | -0,59 |
| Frau | -0,89 ** | -0,85 * | -0,96 ** | -1,02 * |
| In der DDR geboren | -1,22 | -1,08 | -0,38 | -0,25 |
| Migrationshintergrund | -0,07 | -0,06 | -0,22 | -0,10 |
| Höchster Schulabschluss (R: Abitur) | | | | |
| Hauptschulabschluss oder weniger | -1,34 * | -1,27 * | -2,31 * | -2,16 + |
| Realschulabschluss | -0,73 * | -0,74 + | 0,05 | 0,09 |
| Fachhochschulreife | -1,12 * | -1,12 + | -0,96 + | -1,17 + |
| In der Jugend engagiert als (R: nicht engagiert) | | | | |
| Helfer | -0,79 | -0,92 | 0,79 | 0,85 |
| Leiter | 0,13 | 0,12 | 2,21 ** | 2,15 ** |
| Organisator | 0,40 | 0,40 | 2,14 ** | 2,20 ** |
| Funktionär | 1,32 *** | -0,33 | 3,20 *** | 2,27 ** |
| Konstante | -2,09 *** | -2,12 *** | -4,54 *** | -4,61 *** |

In die Untersuchung gingen alle Befragten ein; POL = ohne früher politische Aktive.
+p<0,1 *p<0,05 **p<0,01 ***p<0,001

Quelle: Studie „Informelle Lernprozesse"

*Tab. A.9: Lineare Regression der Komponente „Engagementform Betriebsratsarbeit", gewichtet*

| Parameter | Betriebsrat | |
|---|---|---|
| | alle | ohne POL |
| Alter (R: unter 30 J.) | | |
| 30 bis 35 J. | 0,57 * | 0,56 * |
| 36 J. und mehr | 0,47 + | 0,46 + |
| Frau | -0,27 | -0,27 |
| In der DDR geboren | -0,19 | -0,20 |
| Migrationshintergrund | 0,34 | 0,33 |
| Höchster Schulabschluss (R: Abitur) | | |
| Hauptschulabschluss oder weniger | -0,01 | 0,00 |
| Realschulabschluss | 0,04 | 0,05 |
| Fachhochschulreife | 0,11 | 0,13 |
| In der Jugend engagiert als (R: nicht engagiert) | | |
| Helfer | 0,24 | 0,25 |
| Leiter | 0,11 | 0,10 |
| Organisator | 0,58 *** | 0,57 *** |
| Funktionär | 0,95 *** | 1,06 *** |
| Konstante | -1,94 *** | -1,94 *** |

In die Untersuchung gingen alle Befragten ein; POL = ohne früher politische Aktive.
+p<0,1 *p<0,05 **p<0,01 ***p<0,001
Quelle: Studie „Informelle Lernprozesse"

# Tabellen- und Abbildungsverzeichnis

## Tabellen

## Abbildungen

# Abkürzungsverzeichnis

| | |
|---|---|
| ABWF | Arbeitsgemeinschaft Betriebliche Weiterbildungsforschung e.V. |
| AISEC | Association Internationale des Etudiants en Sciences Economiques et Commerciales (internationale Studentenorganisation) |
| attac | association pour une taxation des transactions financières pour l'aide aux citoyens (deutsch: Verein für eine Besteuerung von Finanztransaktionen zum Wohle der Bürger) |
| BDL | Bund der Deutschen Landjugend |
| BdP | Bund der Pfadfinderinnen und Pfadfinder |
| BUND | Bund für Umwelt und Naturschutz Deutschland |
| CATI | computerunterstützte telefonische Interviews |
| CVJM | Christlicher Verein junger Menschen |
| DGB | Deutscher Gewerkschaftsbund |
| DIPF | Deutsches Institut für Internationale Pädagogische Forschung |
| DIW | Deutsches Institut für Wirtschaftsforschung |
| DJF | Deutsche Jugendfeuerwehr |
| DJK | Deutsche Jugendkraft |
| DLRG | Deutsche Lebens-Rettungs-Gesellschaft |
| DPSG | Deutsche Pfadfinderschaft Sankt Georg |
| FFW | Freiwillige Feuerwehr |
| FÖJ | Freiwilliges ökologisches Jahr |
| FSJ | Freiwilliges soziales Jahr |
| Juleica | Jugendleitercard |
| KLJB | Katholische Landjugendbewegung |
| KJB | Katholische Jugendbewegung |
| KldB92 | Schema der Klassifikation der Berufe des Statistischen Bundesamts von 1992 |
| LSV | Landesschülervertretung |
| MPS | Berufsprestige nach Wegener |
| MZ2000 | Mikrozensus 2000 |
| QUEM | Arbeitsgemeinschaft Qualifikations-Entwicklungs-Management |
| RLD-Verfahren | Random-Last-Digits-Verfahren |
| SJD - Die Falken | Sozialistische Jugend Deutschlands - Die Falken |
| SV | Schülervertretung |
| THW | Technisches Hilfswerk |
| VCP | Verband christlicher Pfadfinderinnen und Pfadfinder |
| WLL | Westfälisch-Lippische Landjugend e.V. |